# 建筑企业日常涉税业务实操大全

政策详解 案例分析 会计处理

主 编◎董 宏
副主编◎晏慎友 施玉明

中国市场出版社
China Market Press
·北 京·

**图书在版编目（CIP）数据**

建筑企业日常涉税业务实操大全 / 董宏主编. —北京：中国市场出版社，2020.8
ISBN 978-7-5092-1893-8

Ⅰ. ①建… Ⅱ. ①董… Ⅲ. ①建筑业—税收管理—中国 Ⅳ. ①F812.423

中国版本图书馆 CIP 数据核字（2019）第 226135 号

**建筑企业日常涉税业务实操大全**
JIANZHU QIYE RICHANG SHESHUI YEWU SHICAO DAQUAN

| | | | |
|---|---|---|---|
| **主　　编** | 董　宏 | | |
| **副 主 编** | 晏慎友　施玉明 | | |
| **责任编辑** | 张　瑶（zhangyao9903@126.com） | | |
| **出版发行** | 中国市场出版社 China Market Press | | |
| **社　　址** | 北京月坛北小街 2 号院 3 号楼 | **邮政编码** | 100837 |
| **电　　话** | 编 辑 部（010）68032104 | **读者服务部** | （010）68022950 |
| | 发 行 部（010）68021338　68020340　68053489 | | |
| | 68024335　68033577　68033539 | | |
| | 总 编 室（010）68020336 | | |
| | 盗版举报（010）68020336 | | |
| **印　　刷** | 河北鑫兆源印刷有限公司 | | |
| **规　　格** | 185mm×260mm　16 开本 | **版　　次** | 2020 年 8 月第 1 版 |
| **印　　张** | 32 | **印　　次** | 2020 年 8 月第 1 次印刷 |
| **字　　数** | 553 千字 | **定　　价** | 98.00 元 |
| **书　　号** | ISBN 978-7-5092-1893-8 | | |

# 编委会


**主　　编**　董　宏

**副 主 编**　晏慎友　施玉明

**参编人员**　沈　利　南京永星企业管理服务有限公司总经理

袁雪峰　国家税务总局南京市税务局稽查局

李雪萍　中瑞岳华税务师江苏有限公司高级经理

刘庆元　江苏明豪投资控股集团有限公司财务部经理

徐小萍　南京市路桥工程总公司总会计师

方路爱　锦润建设集团有限公司财务经理

王振华　中国非金属材料南京矿山工程有限公司财务部经理

杨晓薇　江苏省工业设备安装集团有限公司财务部会计

# 思维导图

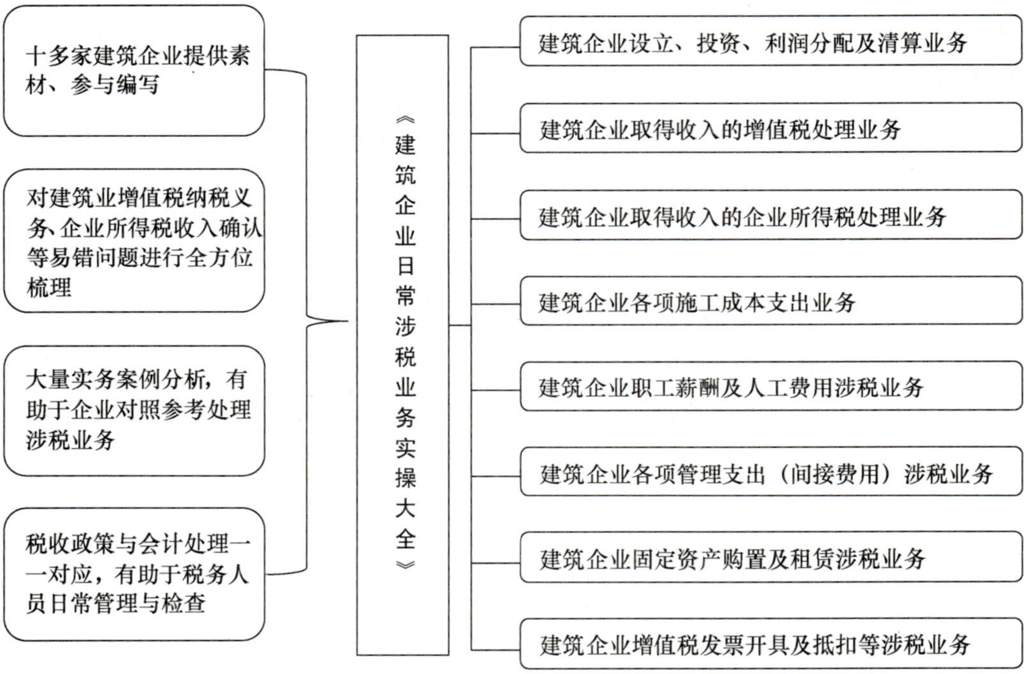
十多家建筑企业提供素材、参与编写
对建筑业增值税纳税义务、企业所得税收入确认等易错问题进行全方位梳理
大量实务案例分析，有助于企业对照参考处理涉税业务
税收政策与会计处理一一对应，有助于税务人员日常管理与检查
《建筑企业日常涉税业务实操大全》
建筑企业设立、投资、利润分配及清算业务
建筑企业取得收入的增值税处理业务
建筑企业取得收入的企业所得税处理业务
建筑企业各项施工成本支出业务
建筑企业职工薪酬及人工费用涉税业务
建筑企业各项管理支出（间接费用）涉税业务
建筑企业固定资产购置及租赁涉税业务
建筑企业增值税发票开具及抵扣等涉税业务

# 前　言



近几年税收新政不断推出，特别是营改增、个人所得税法修订及相关企业所得税政策出台等，使实务中各种涉税业务的处理发生了较大变化。建筑企业由于自身架构特点、会计核算特点等，出现了很多值得分析的涉税业务问题，例如，纳税人提供建筑服务增值税纳税义务确定的时点与企业所得税收入确认的时点差异、建设方要求施工方提前开具增值税发票、工程项目收取进度款不及时与收入确认之间的涉税处理、工程施工成本的归集与结转金额的所得税处理，等等。这些不仅是税务机关需要及时了解的内容，更是建筑企业财务人员在实操中需要及时掌握处理方式的难点。为此，我们编写了《建筑企业日常涉税业务实操大全》，本书不是叙述建筑业整体会计核算的书籍，主要目的是针对实务中发生的涉税（或会计处理）业务，分析其中涉及的税收政策应用，以期给税务管理部门、稽查部门、企业财务以及财税中介机构提供一个业务与政策对应的参考索引。

**一、写作说明**

（一）问题分析形式

本书在解析税收政策时，立足于企业发生的各项会计业务所涉及的税收处理，对每个业务涉及的税收处理尽可能全面介绍，并适当加入会计账务处理讲解。为突出税收政策的解析，对涉及的会计准则处理不做展开分析，而是以“提示”的形式列于问题分析之后。此外，在分析问题时，为保持分析内容的完整和简练，对于一些与问题无直接关系但需要注意的事项和政策，也用“提示”的形式予以说明，让使用者有更加完整的理解。

（二）政策引用方式

为便于读者在使用时对照查找政策，我们在每个涉税业务问题分析中，对所有涉及的税收政策，均列示到文件的条、项、点和款，以方便税务人员、企业财务人员在日常工作中遇到问题时，以最快速度找到解决问题的税收政策。另外，本书以实际操作的应用为主，不对有争议的政策进行讨论。

（三）章节安排

本书的章节安排，听取了大量基层税务人员和企业财务人员的意见，以增值税、企业所得税等新政为主，具体如下：

第 1 章“建筑企业设立、投资、利润分配及清算业务”：以企业在设立等环节遇到的涉税问题为主；

第 2 章“建筑企业取得收入的增值税处理业务”：以企业在实务中遇到的各类涉及增值税销售额计算、纳税义务发生时间确认等业务为主；

第 3 章“建筑企业取得收入的企业所得税处理业务”：以企业在实务中遇到的各类收入确认（企业所得税收入）等业务为主，为简化突出重点，略去企业所得税的具体计算。由于收入的确认与增值税密切相关，同时增值税纳税义务与企业所得税收入确认有差异，因此在分析时，为比对政策，一些条目内容（与第 2 章、本章）有一定重复；

第 4 章“建筑企业各项施工成本支出业务”：以企业归集的直接施工成本业务为主；

第 5 章“建筑企业职工薪酬及人工费用涉税业务”：以企业发生的各类薪酬业务为主，包括在施工工程科目中核算的薪资业务；

第 6 章“建筑企业各项管理支出（间接费用）涉税业务”：以企业发生的各类日常管理费用、财务费用等为主，包括在施工工程科目中核算的管理费用；

第 7 章“建筑企业固定资产购置及租赁涉税业务”：以企业购入（租赁）的房屋及其他固定资产为主，不包括购入施工设备的业务；

第 8 章“建筑企业增值税发票开具及抵扣等涉税业务”：以建筑企业在运行中涉及的各类开票、取得发票等业务为主。

## 二、编写情况

本书的编写，从开始策划到最终完成，得到了中瑞岳华税务师事务所江苏分所合伙人韩登攀先生的鼎力帮助，在此编委会全体成员向韩登攀先生致以衷心的感谢!

为使问题分析方便读者使用，贴近实际操作，在编写这本书的时候，我们向很多一线税务人员、财税中介机构及企业财务人员征求意见，收到了很多反馈。特别是中瑞岳华税务师江苏有限公司、中建八局第三建设公司、中建安装集团公司、中国化学工程第十四建设公司、南京永星企业管理服务有限公司、江苏明豪投资控股集团有限公司、南京市路桥工程总公司、锦润建设集团有限公司、江苏省工业设备安装集团有限公司、中国非金属材料南京矿山工程有限公司等企业在实操业务上提供了很多素材及建议，在此致以衷心的感谢!

本书邀请了中瑞岳华税务师江苏有限公司高级经理李雪萍女士、江苏明豪投资控股集团有限公司财务总监李伟女士参与审核定稿；东北师范大学公共事业管理&特许公认会计师 ACCA 朱婧睿同学对书中会计处理、案例等进行了校对复核。

在日常工作中，笔者经常阅读参考财税界大咖撰写的建筑业务书籍，在实际工作中与编写本书时不可避免地受到这些书的影响和启发，一些问题的处理思路还参考了税屋网及相关网站部分专家的意见，在此一并致以衷心的感谢!

本书的出版，还要感谢中国市场出版社副总编胡超平女士和钱伟、张瑶等编辑老师，她们的热心指导、审阅以及精心编辑，使本书增辉，在此致以衷心的感谢!

由于理论水平有限，书中难免有错漏和不足之处，恳请广大读者批评指正。

**特别提醒：**本书中的政策解释属于个人（本书）观点，正式解释以税务机关解释为准。

# 目录

Tax Practice and Case Analysis for Construction Business

# 案例目录 Tax Practice and Case Analysis for Construction Business

Tax Practice and

Case Analysis for

Construction Business

# 第 1 章

# 建筑企业设立、投资、利润分配及清算业务

建筑企业的设立、增资、投资、利润分配及清算业务活动与其他行业的企业涉及的业务基本一致，包括涉及资本的印花税、视同销售的处理等。本章的内容包括企业设立时发生的日常业务、企业在运行过程中发生的各类增资业务以及投资性业务（不包括股权交易）；对于利润分配及清算业务，主要包括不同形式的利润分配处理、清算资产与所得的处理等。

**特别提请读者注意：**

（1）本书各层级标题中的“企业”均指建筑企业，所称建筑企业是指提供建筑服务的企业，建筑服务的内容（范围）是指《营业税改征增值税试点实施办法》（财税〔2016〕36 号文件附件 1）所附《销售服务、无形资产、不动产注释》第一条第（四）项规定的内容（范围），即工程服务、安装服务、修缮服务、装饰服务和其他建筑服务。

（2）从涉税角度看，本书所称建筑公司（或建筑施工公司）是指建筑公司本部、建筑总公司本部或建筑集团公司本部，分公司是指建筑公司根据相关法律法规设立的二级分支机构，项目部是指分公司所属各个项目部或建筑公司直属项目部。

（3）《国家税务总局关于修改部分税收规范性文件的公告》（国家税务总局公告 2018 年第 31 号）规定：“根据《第十三届全国人民代表大会第一次会议关于国务院机构改革方案的决定》《全国人民代表大会常务委员会关于国务院机构改革涉及法律规定的行政机关职责调整问题的决定》《国务院关于国务院机构改革涉及行政法规规定的行政机关职责调整问题的决定》（国发〔2018〕17 号）有关规定，税收规范性文件规定的国税地税机关的职责和工作，调整适用相关规定，由新的税务机关承担。

国家税务总局依据《税收规范性文件制定管理办法》（国家税务总局令第 41 号公布），对税收规范性文件进行了清理。清理结果已经 2018 年 6 月 5 日国家税务总局局务会议审议通过，现将《修改的税收规范性文件目录》予以公布。

本公告自发布之日起施行。国税机构和地税机构合并前，需要适用本公告公布的税收规范性文件的，按照修改前的规定执行。”

本书涉及的文件，均依据该公告进行了修改，其中涉及税务机关名称的，均按照规定改为“税务机关”“税务局”“主管税务机关”等。

## 1.1 企业开办涉税业务

建筑企业在开办期间的涉税业务除投入资本的业务外，主要是企业设立业务涉及的印花税及日常费用的涉税处理。

### 1.1.1 企业成立的条件及涉税征管

#### 1. 建筑企业的成立及资质

建筑企业的成立及运转，在依据《中华人民共和国公司法》（以下简称《公司法》）、《中华人民共和国合伙企业法》（以下简称《合伙企业法》）、《中华人民共和国独资企业法》（以下简称《独资企业法》）的相关规定成立的同时，还要根据《中华人民共和国建筑法》（以下简称《建筑法》）相关规定取得相应的条件、资质。

（1）从事建筑活动的企业应当具备的条件。《建筑法》第十二条规定："从事建筑活动的建筑施工企业、勘察单位、设计单位和工程监理单位，应当具备下列条件：

（一）有符合国家规定的注册资本；

（二）有与其从事的建筑活动相适应的具有法定执业资格的专业技术人员；

（三）有从事相关建筑活动所应有的技术装备；

（四）法律、行政法规规定的其他条件。"

（2）从事建筑活动的企业需要取得相应的资质。《建筑法》第十三条规定："从事建筑活动的建筑施工企业、勘察单位、设计单位和工程监理单位，按照其拥有的注册资本、专业技术人员、技术装备和已完成的建筑工程业绩等资质条件，划分为不同的资质等级，经资质审查合格，取得相应等级的资质证书后，方可在其资质等级许可的范围内从事建筑活动。"

#### 2. 建筑企业的组织形式及税收征管

建筑企业的组织形式可以有多种，根据《公司法》《合伙企业法》《独资企业法》

等可以成立有限责任公司、股份有限公司或合伙、独资企业等。在实务中，建筑企业成立后，如果异地业务较多，出于资质、核算等方面的考虑，一般情况下会采用“总机构——分支机构——项目部”的架构形式，也有总机构直接设立项目部的形式。

对于设立分支机构的建筑企业，其分支机构（分公司）一般为非法人非独立核算。在税收征管上，对于建筑企业到异地承接施工项目设立分支机构的，根据《税务登记管理办法》（国家税务总局令第 48 号）第二条的规定，“企业，企业在外地设立的分支机构和从事生产、经营的场所，个体工商户和从事生产、经营的事业单位，均应当按照《税收征管法》及《实施细则》和本办法的规定办理税务登记”。

对于建筑企业到异地承接施工项目没有设立分支机构，仅设立项目部（临时）的，在税收征管上，根据《中华人民共和国税收征收管理法实施细则》（以下简称《税收征收管理法实施细则》）第二十一条的规定，“从事生产、经营的纳税人到外县（市）临时从事生产、经营活动的，应当持税务登记证副本和所在地税务机关填开的外出经营活动税收管理证明，向营业地税务机关报验登记，接受税务管理。

从事生产、经营的纳税人外出经营，在同一地累计超过 180 天的，应当在营业地办理税务登记手续”。

由于我国建筑业增值税采取的是施工项目地点预缴增值税的制度，在异地承接施工项目的，增值税需要在项目所在地先预缴，再向机构所在地（办理税务登记的总机构或分支机构）主管税务机关进行纳税申报，即由总机构或分支机构作为纳税主体计算缴纳增值税。

对于实行总分机构体制的跨地区经营建筑企业的企业所得税征管，根据《国家税务总局关于跨地区经营建筑企业所得税征收管理问题的通知》（国税函〔2010〕156 号）的相关规定，实行总分机构体制的跨地区经营建筑企业应按照“统一计算，分级管理，就地预缴，汇总清算，财政调库”的办法计算缴纳企业所得税。

对于建筑企业分支机构直接管理的项目部预缴企业所得税。根据国税函〔2010〕156 号文件第二条的规定，“对建筑企业所属二级或二级以下分支机构直接管理的项目部（包括与项目部性质相同的工程指挥部、合同段等）不就地预缴企业所得税，其经营收入、职工工资和资产总额应汇总到二级分支机构统一核算，由二级分支机构按照规定预缴企业所得税”。

对建筑企业总机构直接管理的跨地区设立的项目部预缴企业所得税。根据国税函〔2010〕156号文件第三条的规定，“对建筑企业总机构直接管理的跨地区设立的项目部，应按项目实际经营收入的0.2%按月或按季由总机构向项目所在地预分企业所得税，并由项目部向所在地主管税务机关预缴”。

**【提示】** 1. 建筑企业在异地（跨地区经营）承接建筑项目，各地税务机关根据国家税务总局政策规定，制定了相应的征管政策，在实务中，具体处理方式、预缴率等政策以当地税务机关规定（解释）为准，本书不做深入叙述。

2.《跨地区经营汇总纳税企业所得税征收管理办法》（国家税务总局公告2012年第57号发布）第四条第二款规定：“二级分支机构，是指汇总纳税企业依法设立并领取非法人营业执照（登记证书），且总机构对其财务、业务、人员等直接进行统一核算和管理的分支机构。”

3. 上述资质登记的申请及管理，根据住房和城乡建设部发布的《建筑业企业资质管理规定和资质标准实施意见》（建市〔2015〕20号）以及《住房和城乡建设部关于建筑业企业资质管理有关问题的通知》（建市〔2015〕154号）处理。

上述资质的划分标准，根据住房和城乡建设部发布的《建筑业企业资质标准》（建市〔2014〕159号）处理。

4.《财政部 国家税务总局 住房和城乡建设部关于进一步做好建筑行业营改增试点工作的意见》（税总发〔2017〕99号）第二条第（七）项规定：“大力营造有序竞争的市场环境。坚决打破区域市场准入壁垒，任何地区和单位不得违法限制或排斥本地区以外的建筑企业参加工程项目投标，严禁强制或变相要求外地建筑企业在本地设立分公司或子公司，为建筑企业营造更加开放、公平的市场环境。”

### 1.1.2 企业开办费的涉税处理

《国家税务总局关于企业所得税若干税务事项衔接问题的通知》（国税函〔2009〕

98号）第九条规定："新税法中开（筹）办费未明确列作长期待摊费用，企业可以在开始经营之日的当年一次性扣除，也可以按照新税法有关长期待摊费用的处理规定处理，但一经选定，不得改变。"

《国家税务总局关于贯彻落实企业所得税法若干税收问题的通知》（国税函〔2010〕79号）第七条规定："企业筹办期间不计算为亏损年度问题。企业自开始生产经营的年度，为开始计算企业损益的年度。企业从事生产经营之前进行筹办活动期间发生筹办费用支出，不得计算为当期的亏损，应按照《国家税务总局关于企业所得税若干税务事项衔接问题的通知》（国税函〔2009〕98号）第九条规定执行。"

根据上述政策规定，自2008年1月1日《中华人民共和国企业所得税法》（以下简称《企业所得税法》）正式实施后，在企业所得税处理上，已经没有开办费必须资本化处理的条款了，因此从2008年1月1日起，对于原政策规定的开办费中的各项费用，企业可以选择"在当年一次性扣除"，也可以选择"按长期待摊费用处理"。若无特殊情况，一般选择"在当年一次性扣除"方式，与会计处理保持一致。

在会计处理中，建筑企业在筹建期发生的费用，如果满足资本化条件，计入相关资产成本；如果不满足资本化条件，则计入损益。根据《企业会计准则》附录《会计科目和主要账务处理》、《企业会计制度》的规定，企业在筹建期间内发生的开办费，包括人员工资、办公费、培训费、差旅费、印刷费、注册登记费以及不计入固定资产成本的借款费用等，在实际发生时，借记"管理费用"科目，贷记"银行存款"等科目。

**【提示】**《国家税务总局关于企业所得税若干税务事项衔接问题的通知》（国税函〔2009〕98号）第九条第一款规定："新税法中开（筹）办费未明确列作长期待摊费用，企业可以在开始经营之日的当年一次性扣除，也可以按照新税法有关长期待摊费用的处理规定处理，但一经选定，不得改变。"

上述筹建期，是指从企业被批准筹建之日起至开始生产、经营（包括试生产、试营业）之日的期间。开办费是指企业在筹建期发生的费用，包括人员工资、办公费、培训费、差旅费、印刷费、注册登记费以及不计入固定资产和无形资产成本的汇兑损益和利息等支出。

**案例 1-1**

## 建筑企业开办费的涉税及会计处理

A 建筑公司成立于 2019 年 5 月，在开办期间购置施工机械若干，价格 120 000 元，增值税 15 600 元。发生人员工资、办公费、培训费、差旅费等 31 000 元。A 公司相关涉税及会计处理如下：

1. 涉税处理。

A 公司购买施工机械，取得增值税专用发票，其进项税额 15 600 元可以抵扣销项税额。

A 公司施工机械单价低于 500 万元，企业未选择享受一次性税前扣除政策，记入“固定资产”科目，按照税法规定的最低折旧年限 10 年摊销。

2. 会计处理。

(1) 购置施工机械：

| | | |
|---|---|---|
| 借：固定资产——机器设备 | 120 000 | |
| 　　应交税费——应交增值税（进项税额） | 15 600 | |
| 　贷：银行存款 | | 135 600 |

(2) 发生其他相关费用（假设无进项税额）：

| | | |
|---|---|---|
| 借：管理费用——开办费 | 31 000 | |
| 　贷：银行存款（或现金） | | 31 000 |

**【提示】** 1. 根据《增值税会计处理规定》（财会〔2016〕22 号文件发布）、《国家税务总局关于进一步明确营改增有关征管问题的公告》（国家税务总局公告 2017 年第 11 号）等文件规定，在计算当期应缴增值税时，进项税额需要经过认证后才能抵扣。为简化和突出主要内容，本书部分案例省略“应交税费——待抵扣进项税额”科目，直接使用“应交税费——应交增值税（进项税额）”科目。

2.《国家税务总局关于设备 器具扣除有关企业所得税政策执行问题的公告》（国家税务总局公告 2018 年第 46 号）第一条第一款规定：“企业在 2018 年 1 月 1 日至 2020 年 12 月 31 日期间新购进的设备、器具，单位价值不超过

500 万元的，允许一次性计入当期成本费用在计算应纳税所得额时扣除，不再分年度计算折旧（以下简称一次性税前扣除政策）”；第四条规定：“企业根据自身生产经营核算需要，可自行选择享受一次性税前扣除政策。未选择享受一次性税前扣除政策的，以后年度不得再变更”。

### 1.1.3　企业在筹建期间发生业务招待费、广告费等支出的涉税处理

《国家税务总局关于企业所得税应纳税所得额若干税务处理问题的公告》（国家税务总局公告 2012 年第 15 号）第五条规定：“企业在筹建期间，发生的与筹办活动有关的业务招待费支出，可按实际发生额的 60%计入企业筹办费，并按有关规定在税前扣除；发生的广告费和业务宣传费，可按实际发生额计入企业筹办费，并按有关规定在税前扣除。”

2013 年国家税务总局所得税司的文章《纳税人不可不知的所得税新政》指出，筹办费中的业务招待费、广告费和业务宣传费仍需合并至同类费用处理，而不是之前理解的按筹办费标准摊销。企业生产经营开始后，其按照《国家税务总局关于企业所得税若干税务事项衔接问题的通知》（国税函〔2009〕98 号）第九条规定摊销的筹办费中的业务招待费、广告费和业务宣传费数额，加上当年发生的业务招待费、广告费和业务宣传费之和，作为该年度业务招待费、广告费和业务宣传费总额，按照《中华人民共和国企业所得税法实施条例》（以下简称《企业所得税法实施条例》）的有关规定计算扣除。

为了方便在企业所得税汇算清缴时对筹建期费用差异进行调整，建议企业在“管理费用——开办费”科目中设置三级科目，特别是有扣除限额的，如“有扣除限额的业务招待费”“广告宣传费”等。

### 1.1.4　企业缴纳印花税、房产税、城镇土地使用税的会计处理

《增值税会计处理规定》第二条第（二）项第 3 点第二款规定，全面试行营业税改征增值税后，“营业税金及附加”科目名称调整为“税金及附加”科目，该科目核算企业经营活动发生的消费税、城市维护建设税、资源税、教育费附加及房产税、

城镇土地使用税、车船税、印花税等相关税费；利润表中的“营业税金及附加”项目调整为“税金及附加”项目。

根据上述政策规定，建筑企业缴纳的印花税、房产税、城镇土地使用税在“税金及附加”科目核算。

### 1.1.5 企业营业账簿（实收资本）印花税的处理

由于减税政策出台，企业营业账簿（实收资本）印花税的计算分为两个阶段。

**1. 2018 年 5 月 1 日之前**

(1) 税目及税率（税额）。根据《中华人民共和国印花税暂行条例》（以下简称《印花税暂行条例》）第二条第（三）项的规定，营业账簿为应纳税凭证。由《印花税暂行条例》所附《印花税税目税率表》可知，“营业账簿”税目的范围为“生产经营用账册”，计税依据及税率为“记载资金的账簿，按固定资产原值与自有流动资金总额万分之五贴花，其他账簿按件贴花五元”。

《中华人民共和国印花税暂行条例施行细则》（以下简称《印花税暂行条例施行细则》）第六条规定，“条例第二条所说的营业账簿，是指单位或者个人记载生产经营活动的财务会计核算账簿”；第七条规定，“税目税率表中的记载资金的账簿，是指载有固定资产原值和自有流动资金的总分类账簿，或者专门设置的记载固定资产原值和自有流动资金的账簿。其他账簿，是指除上述账簿以外的账簿，包括日记账簿和各明细分类账簿”。

(2) 生产经营单位执行“两则”后的变化。《国家税务总局关于资金账簿印花税问题的通知》（国税发〔1994〕25 号）第一条规定，“生产经营单位执行‘两则’后，其‘记载资金的账簿’的印花税计税依据改为‘实收资本’与‘资本公积’两项的合计金额”；第二条规定，“企业执行‘两则’启用新账簿后，其‘实收资本’与‘资本公积’两项的合计金额大于原已贴花资金的，就增加的部分补贴印花”。

(3) 电子账簿的贴花。《国家税务总局关于对金融系统营业账簿贴花问题的具体规定》（国税地字〔1988〕第 28 号）第三条规定，“按照电子计算机会计核算的账务组织和账簿设置要求，输入计算机的核算资料（包括综合、明细核算资料），需要输出打印账页、装订成册，具有账簿的作用。对通过计算机输出打印账页，装订账册的，应按照规定贴花”。

(4) 营业账簿上贴花的位置。《国家税务局关于印花税若干具体问题的规定》(国税地字〔1988〕第 25 号) 第二十一条规定，“在营业账簿上贴印花税票，须在账簿首页右上角粘贴，不准粘贴在账夹上”。

根据上述印花税政策规定，建筑企业营业账簿涉及的印花税主要有以下两种：

一是“记载资金的账簿”，其印花税计税依据为“实收资本”与“资本公积”两项资金的合计金额，税率为万分之五。

二是日记账簿和各明细分类账簿，按件（每个账本）贴花五元，以后更换新账本时再重新贴花。

此外，使用计算机记账的企业，通过计算机输出打印账页，装订账册的，应按照规定贴花。

### 2. 自 2018 年 5 月 1 日起

《财政部 税务总局关于对营业账簿减免印花税的通知》(财税〔2018〕50 号) 规定：“自 2018 年 5 月 1 日起，对按万分之五税率贴花的资金账簿减半征收印花税，对按件贴花五元的其他账簿免征印花税。”

根据上述政策规定，自 2018 年 5 月 1 日起，对企业按照“实收资本”与“资本公积”科目金额计算的印花税，按万分之五税率计算并减半贴花。对企业的日记账簿和各明细分类账簿，即按件（每个账本）贴花五元的其他账簿免征印花税。

**案例 1-2**

#### 新办建筑企业营业账簿贴花的计算

A 建筑公司成立于 2019 年 3 月 10 日。3 月 25 日注册资金到位（到账）4 000 万元，设置总账及各类明细账 6 本。相关印花税计算及会计处理如下：

1. 印花税计算。

(1) 记载资金的账簿印花税计算：4 000×0.000 5＝2（万元）；

实际应缴印花税额：2÷2＝1（万元）。

首次计算缴纳“实收资本”与“资本公积”印花税以后，如果在以后经营（存续）期间“实收资本”与“资本公积”科目余额增加的，只就增加的部分计算缴纳印花税。

（2）其他账簿免征印花税。

2. 会计处理（单位：万元）。

借：税金及附加——印花税 1

贷：应交税费——应交印花税 1

### 1.1.6 企业权利、许可证照印花税（贴花）的处理

《印花税暂行条例》第二条第（四）项及所附《印花税税目税率表》规定，权利、许可证照包括政府部门发给的房屋产权证、工商营业执照、商标注册证、专利证、土地使用证，领受人按件贴花五元。

因此，对于建筑企业，工商营业执照及领取的房屋产权证、土地使用证、专利证等，均要按规定贴花五元。

## 1.2 企业创立（或接受投资）的涉税业务

建筑企业接受投资人各种形式投资，涉及多项资产的核算，涉及企业所得税计税基础的确认以及印花税、契税等多项税收的处理。

### 1.2.1 企业接受现金投入的涉税处理

建筑企业接受现金投入的涉税处理，主要是“实收资本”与“资本公积”的印花税处理。根据《印花税暂行条例》第二条第（三）项、《印花税暂行条例施行细则》第六条、第七条第一款的规定，企业接受投资，按照“记载资金的账簿”计算贴花。根据《国家税务总局关于资金账簿印花税问题的通知》（国税发〔1994〕25号）第一条的规定，“生产经营单位执行‘两则’后，其‘记载资金的账簿’的印花税计税依据改为‘实收资本’与‘资本公积’两项的合计金额”。

《财政部 税务总局关于对营业账簿减免印花税的通知》（财税〔2018〕50 号）规定："自 2018 年 5 月 1 日起，对按万分之五税率贴花的资金账簿减半征收印花税，对按件贴花五元的其他账簿免征印花税。"

根据上述政策规定，自 2018 年 5 月 1 日起，企业"实收资本"与"资本公积"科目增加的金额，按万分之五税率计算并减半贴花。

在会计处理中，企业接受投资者投入的资本，借记"银行存款""其他应收款""固定资产""无形资产""长期股权投资"等科目，按其在注册资本或股本中所占份额，贷记"实收资本"科目，按其差额，贷记"资本公积——资本溢价或股本溢价"科目。

"资本公积"科目核算企业收到投资者出资额超出其在注册资本或股本中所占份额的部分。直接计入所有者权益的利得和损失，也通过"资本公积"科目核算。

**案例 1-3**

### 建筑企业接受现金投入资本的涉税及会计处理

A 建筑公司成立于 2018 年 6 月 15 日。投入资本为 3 000 万元，其中"实收资本"科目贷方金额 2 000 万元，"资本公积"科目贷方金额 1 000 万元。5 月 25 日投资者投入资金到账 3 000 万元，记入相关科目。印花税计算及会计处理如下（单位：万元）：

1. 2018 年 5 月 25 日资金到账时。

| | | |
|---|---|---|
| 借：银行存款 | 3 000 | |
| 　贷：实收资本 | | 2 000 |
| 　　　资本公积 | | 1 000 |

2. 印花税计算。

计税依据：2 000＋1 000＝3 000（万元）；

应缴印花税：3 000×0.000 5＝1.5（万元）；

实际应缴印花税：1.5÷2＝0.75（万元）。

3. 计提印花税时：

| | | |
|---|---|---|
| 借：税金及附加——印花税 | 0.75 | |
| 　贷：应交税费——应交印花税 | | 0.75 |

### 1.2.2 企业设立后"实收资本""资本公积"增加的印花税处理

在企业运行当中，因投资人增加投资、新增投资人等原因，导致"实收资本""资本公积"科目贷方余额增加。

《印花税暂行条例施行细则》第八条规定："记载资金的账簿按固定资产原值和自有流动资金总额贴花后，以后年度资金总额比已贴花资金总额增加的，增加部分应按规定贴花。"国税发〔1994〕25 号文件第二条规定："企业执行'两则'启用新账簿后，其'实收资本'与'资本公积'两项的合计金额大于原已贴花资金的，就增加的部分补贴印花。"

《印花税暂行条例施行细则》第二十四条规定，凡多贴印花税票者，不得申请退税或者抵用。

根据上述政策规定，企业在以后的存续中，不论何种原因，只对比已经贴花资金总额增加的部分计税贴花，对于减少的部分不做税收处理。因此，如果企业在后续投资者增加资本或者有新投资者加入，则只对"实收资本"和"资本公积"科目增加的金额计算贴花。企业以未分配利润等转增资本时，其"实收资本"和"资本公积"两项的合计金额大于原已贴花资金的，就增加的部分补贴印花。

自 2018 年 5 月 1 日起，《财政部 税务总局关于对营业账簿减免印花税的通知》（财税〔2018〕50 号）规定，"对按万分之五税率贴花的资金账簿减半征收印花税，对按件贴花五元的其他账簿免征印花税"。

**案例 1-4**

**建筑企业"实收资本""资本公积"增加的涉税及会计处理**

A 建筑公司成立于 2016 年 5 月 20 日。投入资本为 4 000 万元，其中"实收资本"科目贷方金额 3 000 万元，"资本公积"科目贷方金额 1 000 万元。2016 年 6 月份已经申报缴纳印花税 2 万元。假设 2018 年 2 月发生相关业务，"资本公积"科目贷方余额减少为 500 万元，2018 年 8 月发生相关业务，"资本公积"科目贷方余额增加为 2 500 万元。则印花税计算及会计处理如下：

1. "资本公积"科目增加金额："资本公积"科目贷方余额为 2 500 万元，比期初余额增加：2 500－1 000＝1 500（万元）。

按增加金额计算印花税：1 500×0.000 5＝0.75（万元）。

实际贴花减半：0.75÷2＝0.375（万元）。

2. 会计处理（单位：万元）。

借：税金及附加——印花税　　0.375

　　贷：应交税费——应交印花税　　0.375

**案例 1-5**

### 建筑企业转增资本的涉税及会计处理

A建筑公司2016年5月15日成立，投入资本为3 000万元，其中“实收资本”科目贷方金额2 000万元，“资本公积”科目贷方金额1 000万元。该公司2019年6月20日，经股东大会决议以盈余公积转增实收资本1 000万元，7月20日会计处理调整完毕。假设当年实收资本等不再变化，则印花税计算及会计处理如下（单位：万元）：

1. 实收资本增加的会计处理。

借：盈余公积——法定盈余公积　　1 000

　　贷：实收资本　　1 000

2. 印花税计算及会计处理。

应缴印花税：1 000×0.000 5＝0.5（万元）；

实际缴纳印花税：0.5÷2＝0.25（万元）。

借：税金及附加——印花税　　0.25

　　贷：应交税费——应交印花税　　0.25

**【提示】**如果转增资本的公司有个人股东，则个人股东持有的对应比例的转增金额应按20%的税率申报个人所得税。

## 1.2.3 企业接受实物投资的涉税处理

根据政策规定，企业接受实物投资涉及增值税、企业所得税等的处理。

**1. 增值税处理**

根据《中华人民共和国增值税暂行条例实施细则》(以下简称《增值税暂行条例实施细则》)第四条的规定，纳税人将自产、委托加工或者购进的货物作为投资，提供给其他单位或者个体工商户的行为，视同销售货物。因此，投资者以货物作为投资的业务，在增值税上要视同销售，投资者要计算销项税额（一般纳税人)；对于接受投资的一方，如其为增值税一般纳税人，在收到增值税专用发票时，其进项税额可以抵扣销项税额。

**2. 企业所得税处理**

对于通过投资方式取得资产（实物）的，一般不涉及收入的确定，主要业务是资产价值（计税基础）的确定。《中华人民共和国企业所得税法实施条例》(以下简称《企业所得税法实施条例》）第五十八条第（五）项规定，“通过捐赠、投资、非货币性资产交换、债务重组等方式取得的固定资产，以该资产的公允价值和支付的相关税费为计税基础”。

根据上述政策规定，一般纳税人（企业）通过投资方式取得的资产，其进项税额可抵扣销项税额，不计入资产价值。小规模纳税人，其进项税额计入资产价值，不得抵扣增值税额。

**3. 会计处理**

在企业的会计处理中，对于投资者投入货物的增值税进项税额，应根据《增值税会计处理规定》(财会〔2016〕22 号文件发布）第二条第（一）项第 1 点的规定处理。即按照确定的货物金额，借记“原材料”或“库存商品”等科目，按当月已认证的可抵扣增值税额，借记“应交税费——应交增值税（进项税额）”科目，按当月未认证的可抵扣增值税额，借记“应交税费——待认证进项税额”科目。

**【提示 1】** 根据《企业会计准则第 1 号——存货》第十一条的规定，“投资者投入的存货的成本，应当按照投资合同或协议约定的价值确定，但合同或协议约定价值不公允的除外”。

**【提示 2】** 2019 年 11 月 27 日发布的《中华人民共和国增值税法（征求意见稿)》第十一条指出：“下列情形视同应税交易，应当依照本法规定缴纳增值税：

（一）单位和个体工商户将自产或者委托加工的货物用于集体福利或者个人消费；

（二）单位和个体工商户无偿赠送货物，但用于公益事业的除外；

（三）单位和个人无偿赠送无形资产、不动产或者金融商品，但用于公益事业的除外；

（四）国务院财政、税务主管部门规定的其他情形。”

请读者密切关注后续政策变化。

案例 1-6

### 建筑企业取得投资者投入存货的涉税及会计处理

2019年6月，B企业（一般纳税人）将数台施工机械投资设立A建筑企业（一般纳税人），投资合同约定的价值为90万元；约定B企业的出资额为60万元。B企业7月同类施工机械的平均销售价格为100万元；A建筑企业取得B企业开具的增值税专用发票，增值税税率为13%。次月，上述增值税发票进行了认证。假设A建筑企业取得施工机械记入“固定资产”科目，上述业务没有发生除增值税以外的其他税费。相关涉税及会计处理如下：

1. 涉税处理。

根据规定，B企业将施工机械（库存商品）用于投资，在增值税上应视同销售，销售额按照最近时期同类货物的平均销售价格确定为100万元。B企业发生的销项税额为13万元。

A建筑企业收到B企业开具的增值税专用发票，认证后可抵扣的进项税额为13万元。

2. A建筑企业的会计处理（单位：万元）。

(1) 7月取得B企业投入的机械时：

| | | |
|---|---|---|
| 借：固定资产——某机械 | 90 | |
| 　　应交税费——待认证进项税额 | 13 | |
| 　贷：实收资本——B企业 | | 60 |
| 　　　资本公积——资本溢价 | | 43 |

（2）8月发票通过认证时：

借：应交税费——应交增值税（进项税额） 13

贷：应交税费——待认证进项税额 13

3. A建筑企业取得固定资产企业所得税计税基础。

从企业所得税角度看，对支付现金以外的方式取得的施工机械，以该施工机械的公允价值和支付的相关税费为计税基础。一般情况下，基于理性经济人的假设，交易的双方如果没有关联关系，双方交易的价格应为公允价格。假设A建筑企业与B企业无任何关联关系，此时投资合同约定的价值应为该批施工机械的公允价值。因此A建筑企业取得固定资产的企业所得税计税基础为90万元。

**【提示1】**实务中，投资资产视同销售价格以及计税基础的确定有多种因素需要考虑，本案例为简化处理，仅供参考。

**【提示2】**关于增值税发票认证事项。《国家税务总局关于取消增值税扣税凭证认证确认期限等增值税征管问题的公告》（国家税务总局公告2019年第45号）第一条第一款规定："增值税一般纳税人取得2017年1月1日及以后开具的增值税专用发票、海关进口增值税专用缴款书、机动车销售统一发票、收费公路通行费增值税电子普通发票，取消认证确认、稽核比对、申报抵扣的期限。纳税人在进行增值税纳税申报时，应当通过本省（自治区、直辖市和计划单列市）增值税发票综合服务平台对上述扣税凭证信息进行用途确认。"

根据上述政策规定，"取消认证确认、稽核比对、申报抵扣的期限"，纳税人在进行增值税纳税申报时，应当通过增值税发票综合服务平台对相关扣税凭证信息进行用途确认。

《国家税务总局关于增值税发票综合服务平台等事项的公告》（国家税务总局公告2020年第1号）第一条规定："税务总局将增值税发票选择确认平台升级为增值税发票综合服务平台，为纳税人提供发票用途确认、风险提示、信息下载等服务。纳税人取得增值税专用发票、机动车销售统一发票、收费公路通行费增值税电子普通发票后，如需用于申报抵扣增值税进项税额或申请出口退税、代办退税，应当登录增值税发票综合服务平台确认发票用途。增值税发票综合服务平台登录地址由国家税务总局各省（自治区、直辖市和计划单列市）税务局（以下简称'各省税务局'）确定并公布。

纳税人应当按照发票用途确认结果申报抵扣增值税进项税额或申请出口退税、代办退税。纳税人已经申报抵扣的发票，如改用于出口退税或代办退税，应当向主管税务机关提出申请，由主管税务机关核实情况并调整用途。纳税人已经确认用途为申请出口退税或代办退税的发票，如改用于申报抵扣，应当向主管税务机关提出申请，经主管税务机关核实该发票尚未申报出口退税，并将发票电子信息回退后，由纳税人调整用途。”

根据上述政策规定，税务机关通过“增值税发票综合服务平台”“为纳税人提供发票用途确认、风险提示、信息下载等服务”，“纳税人应当按照发票用途确认结果申报抵扣增值税进项税额或申请出口退税、代办退税”。

关于取消增值税扣税凭证认证确认期限、增值税发票综合服务平台等事项的新规定，本书后面不再完整提示，敬请读者留意。

### 1.2.4　企业接受房屋、土地使用权投资的涉税处理

企业接受房屋、土地使用权投资的涉税处理涉及增值税、企业所得税、印花税、契税、房产税、城镇土地使用税等。

#### 1. 增值税处理

根据《营业税改征增值税试点实施办法》（财税〔2016〕36号文件附件1）第十四条第（二）项的规定，“单位或者个人向其他单位或者个人无偿转让无形资产或者不动产”，应视同销售，但用于公益事业或者以社会公众为对象的除外。

根据上述政策规定，企业以房屋、土地对外投资要视同销售，因此，被投资企业（一般纳税人）如果取得增值税专用发票，则可以对增值税进项税额进行处理。

在会计处理上，根据《增值税会计处理规定》的相关规定，企业接受投资者投入的资本，借记“银行存款”“其他应收款”“固定资产”“无形资产”等科目，根据开具的增值税专用发票注明的进项税额借记“应交税费——应交增值税（进项税额）”，根据实物资产价值与增值税额的合计数在注册资本或股本中所占份额，贷记“实收资本”科目，按其差额，贷记“资本公积——资本溢价或股本溢

价”科目。

### 2. 企业所得税处理

对于通过投资方式取得房屋、土地使用权的，一般不涉及收入的确定，主要业务是房屋、土地使用权价值（计税基础）的确定。《企业所得税法实施条例》第五十八条第（五）项规定，“通过捐赠、投资、非货币性资产交换、债务重组等方式取得的固定资产，以该资产的公允价值和支付的相关税费为计税基础”。

根据上述政策规定，一般纳税人（企业）通过投资方式取得的房屋、土地使用权，其进项税额应抵扣销项税额，不计入固定资产价值。小规模纳税人，则计入房屋、土地使用权价值，不得抵扣应交增值税额。

### 3. 印花税处理

《财政部 国家税务总局关于印花税若干政策的通知》（财税〔2006〕162号）第三条规定：“对土地使用权出让合同、土地使用权转让合同按产权转移书据征收印花税。”

由《印花税暂行条例》所附《印花税税目税率表》可知，产权转移书据，由立据人按所载金额的万分之五贴花。所立书据以合同方式签订的应由持有书据的各方分别按全额贴花。也就是说，出让方、受让方均要按规定计算贴花。

根据上述政策规定，由于接受房屋、土地使用权投资涉及产权转移书据，因此要按照规定计算缴纳印花税。

### 4. 契税处理

《中华人民共和国契税暂行条例》（以下简称《契税暂行条例》）第一条规定：“在中华人民共和国境内转移土地、房屋权属，承受的单位和个人为契税的纳税人，应当依照本条例的规定缴纳契税。”

《中华人民共和国契税暂行条例细则》（以下简称《契税暂行条例细则》）第八条第（一）项规定，“以土地、房屋权属作价投资入股的”，视同土地使用权转让、房屋买卖征收契税。

根据上述政策规定，在涉及“房屋、土地使用权投资”的业务中，由承受房屋、土地使用权的一方，即接受投资的一方缴纳契税。

**【提示1】**《财政部 税务总局关于继续支持企业事业单位改制重组有关契税政策的通知》（财税〔2018〕17号）第六条规定："对承受县级以上人民政府或国有资产管理部门按规定进行行政性调整、划转国有土地、房屋权属的单位，免征契税。

同一投资主体内部所属企业之间土地、房屋权属的划转，包括母公司与其全资子公司之间，同一公司所属全资子公司之间，同一自然人与其设立的个人独资企业、一人有限公司之间土地、房屋权属的划转，免征契税。"

母公司以土地、房屋权属向其全资子公司增资，视同划转，免征契税。

**【提示2】**2019年11月27日发布的《中华人民共和国增值税法（征求意见稿）》第十一条指出："下列情形视同应税交易，应当依照本法规定缴纳增值税：

（一）单位和个体工商户将自产或者委托加工的货物用于集体福利或者个人消费；

（二）单位和个体工商户无偿赠送货物，但用于公益事业的除外；

（三）单位和个人无偿赠送无形资产、不动产或者金融商品，但用于公益事业的除外；

（四）国务院财政、税务主管部门规定的其他情形。"

请读者密切关注后续政策变化。

房产税、城镇土地使用税的处理见1.2.5小节。

**案例1-7**

### 建筑企业接受房屋投资的涉税及会计处理

A建筑公司（一般纳税人）成立于2018年4月18日。其中投资人甲公司（一般纳税人）投入一栋房屋，该房屋为甲于2016年4月外购取得，原始计税成本500万元，房屋投资作价700万元（含税），根据成立章程等文书，A公司注册资本为3 000万元，7月20日各方投资到位（除甲公司外，其他股东为现金出资），其中记入"实收资本"科目的金额为3 000万元，记入"资本公积"科目的金额为1 500万元。相关处理如下：

1. 假设甲公司选择简易计税方法（为简化，甲公司固定资产清理、折旧及土地增值税等相关业务略）。

(1) 甲公司处理。

甲公司应缴增值税：(700－500)÷(1＋5%)×5%＝9.52(万元)。

城市维护建设税及教育费附加：9.52×(7%＋3%＋2%)＝1.14(万元)。

(假定地方教育附加征收率为2%，本书下同。)

(2) A公司处理。

假设甲公司委托税务机关代开具增值税专用发票。A公司取得的进项税额分两年抵扣，第一年抵扣60%，第二年抵扣40%。当年可抵扣进项税额：9.52×60%＝5.71(万元)。

①7月20日各方投资到位时的会计处理（单位：万元，下同）：

| | | |
|---|---|---|
| 借：银行存款 | 3 800 | |
| 固定资产——房屋 | 690.48 | |
| 应交税费——应交增值税（进项税额） | 5.71 | |
| ——应交增值税（待抵扣进项税额） | 3.81 | |
| 贷：实收资本 | | 3 000 |
| 资本公积——资本溢价 | | 1 500 |

②印花税计算。

注册资本印花税计税依据：3 000＋1 500＝4 500（万元）；

应缴印花税：4 500×0.000 5＝2.25（万元）。

实际缴纳（减半）印花税：2.25÷2＝1.125（万元）；

产权转移书据印花税计税依据：700万元；

应缴印花税：700×0.000 5＝0.35（万元）。

③印花税会计处理：

| | | |
|---|---|---|
| 借：税金及附加——印花税 | 1.475 | |
| 贷：应交税费——应交印花税 | | 1.475 |

④契税计算。

A公司承受该房屋时需要缴纳契税。

应缴契税：700÷(1＋5%)×3%＝20（万元）。

⑤契税会计处理。

借：固定资产——房屋——契税　　20

　贷：应交税费——应交契税　　20

2. 假设甲公司选择一般计税方法（为简化，甲公司固定资产清理、折旧及土地增值税等业务略）。

(1) 甲公司处理。

销售额的确定：700÷(1+10%)=636.36（万元）；

销项税额：636.36×10%=63.64（万元）。

(2) A公司处理。

假设甲公司开具增值税专用发票。A公司取得的进行税额分两年抵扣，第一年抵扣60%，第二年抵扣40%。

①7月20日各方投资到位时的会计处理：

当年可抵扣进项税款：63.64×60%=38.18（万元）。

借：银行存款　　3 800

　　固定资产——房屋　　636.36

　　应交税费——应交增值税（进项税额）　　38.18

　　　　——应交增值税（待抵扣进项税额）　　25.46

　贷：实收资本　　3 000

　　资本公积——资本溢价　　1 500

②印花税计算。

注册资本印花税计税依据：3 000+1 500=4 500（万元）；

应缴印花税：4 500×0.000 5=2.25（万元）。

实际缴纳（减半）印花税：2.25÷2=1.125（万元）；

产权转移书据印花税计税依据：700万元；

应缴印花税：700×0.000 5=0.35（万元）。

③印花税会计处理：

借：税金及附加——印花税　　1.475

　贷：应交税费——应交印花税　　1.475

④契税计算。

A公司承受该房屋时需要缴纳契税。

应缴契税：700÷(1+10%)×3%=19.09（万元）。

⑤契税会计处理。

借：固定资产——房屋——契税　　19.09

　贷：应交税费——应交契税　　19.09

【提示】1. 实务中，企业接受投资的业务比较复杂，本案例仅为提醒企业在接受投资时需要注意的涉税点，因此对相关处理（包括数据等）进行了简化。

2.《财政部 税务总局 海关总署关于深化增值税改革有关政策的公告》（财政部 税务总局 海关总署公告 2019 年第 39 号）第五条规定："自 2019 年 4 月 1 日起，《营业税改征增值税试点有关事项的规定》（财税〔2016〕36 号印发）第一条第（四）项第 1 点、第二条第（一）项第 1 点停止执行，纳税人取得不动产或者不动产在建工程的进项税额不再分 2 年抵扣。此前按照上述规定尚未抵扣完毕的待抵扣进项税额，可自 2019 年 4 月税款所属期起从销项税额中抵扣。"

3.《纳税人转让不动产增值税征收管理暂行办法》（国家税务总局公告 2016 年第 14 号发布）第三条第（一）项规定："一般纳税人转让其 2016 年 4 月 30 日前取得（不含自建）的不动产，可以选择适用简易计税方法计税，以取得的全部价款和价外费用扣除不动产购置原价或者取得不动产时的作价后的余额为销售额，按照 5%的征收率计算应纳税额。纳税人应按照上述计税方法向不动产所在地主管地税机关预缴税款，向机构所在地主管国税机关申报纳税。"

4. 上述案例中，甲公司采取简易计税方法，是按照"差额纳税，差额开票"的思路开具增值税专用发票的。按照现行税法规定，在现实操作中也有按照"差额纳税，全额开票"方式处理的。具体以当地税务机关的征管规定为准。

案例 1-8

## 建筑企业接受土地使用权投资的涉税及会计处理

A 建筑公司（一般纳税人）成立于 2019 年 5 月 18 日，其中一个投资人甲公司（一般纳税人）投入一块土地的使用权，投资作价为1 000万元（含税），该土地为2015年5月外购取得，原始计税成本700万元，根据成立章程等文书，A公司注册资本为3 000万元，7月20日各方投资到位，其中记入“实收资本”科目的金额为3 000万元，记入“资本公积”科目的金额为1 500万元。A公司相关处理如下：

1. 假设甲公司选择简易计税方法（为简化，甲公司无形资产摊销及土地增值税等相关业务略）。

（1）甲公司处理。

甲公司应缴增值税：(1 000－700)÷(1＋5%)×5%＝14.29(万元)；

城市维护建设税及教育费附加：14.29×(7%＋3%＋2%)＝1.71(万元)。

（2）A公司处理（单位：万元，下同）。

假设甲公司委托税务机关代开具增值税专用发票。

①7月20日各方投资到位时。

| | | |
|---|---|---|
| 借：银行存款 | 3 500 | |
| 　　无形资产——土地使用权 | 985.71 | |
| 　　应交税费——应交增值税（进项税额） | 14.29 | |
| 　贷：实收资本 | | 3 000 |
| 　　　资本公积——资本溢价 | | 1 500 |

②印花税计算。

实收资本印花税计税依据：3 000＋1 500＝4 500（万元）；

应缴印花税：4 500×0.000 5＝2.25（万元）；

实际缴纳（减半征收）：2.25÷2＝1.125（万元）。

产权转移书据印花税计税依据：1 000万元；

应缴印花税：1 000×0.000 5＝0.5（万元）。

③印花税会计处理：

| | | |
|---|---|---|
| 借：税金及附加——印花税 | 1.625 | |
| 　贷：应交税费——应交印花税 | | 1.625 |

④契税计算。

A公司承受该土地时需要缴纳契税。

应缴契税：1 000÷(1＋5%)×3%＝28.57(万元)。

⑤契税会计处理。

借：无形资产——契税 28.57

贷：应交税费——应交契税 28.57

2. 假设甲公司选择一般计税方法（为简化，甲公司无形资产摊销及土地增值税等业务略）。

(1) 甲公司处理。

销售额的确定：1 000÷(1+9%)=917.43(万元)；

销项税额：917.43×9%=82.57(万元)。

(2) A公司处理。

假设甲公司开具增值税专用发票。

①各方投资到位时。

借：银行存款 3 500

无形资产——土地使用权 917.43

应交税费——应交增值税（进项税额） 82.57

贷：实收资本 3 000

资本公积——资本溢价 1 500

②印花税计算。

注册资本印花税计税依据：3 000+1 500=4 500（万元）；

应缴印花税：4 500×0.000 5=2.25（万元）；

实际缴纳（减半征收）：2.25÷2=1.125（万元）。

产权转移书据印花税计税依据：1 000万元；

应缴印花税：1 000×0.000 5=0.5（万元）。

③印花税会计处理：

借：税金及附加——印花税 1.625

贷：应交税费——应交印花税 1.625

④契税计算。

A公司承受该土地时需要缴纳契税。

应缴契税：1 000÷(1+9%)×3%=27.52(万元)。

⑤契税会计处理。

借：无形资产——契税 27.52

贷：应交税费——应交契税 27.52

【提示】1. 实务中，企业接受投资的业务相对比较复杂，本案例仅为提醒企业在接受投资时需要注意的涉税点，因此对相关处理（包括数据等）进行了简化。

2. 上述案例中，甲公司采取简易计税方法，是按照“差额纳税，差额开票”的思路开具增值税专用发票的。按照现行税法规定，在现实操作中也有按照“差额纳税，全额开票”方式处理的。具体以当地税务机关的征管规定为准。

### 1.2.5 企业接受房屋投资后的房产税、城镇土地使用税的处理

《中华人民共和国房产税暂行条例》（以下简称《房产税暂行条例》）第三条第一款规定：“房产税依照房产原值一次减除10％至30％后的余值计算缴纳。具体减除幅度，由省、自治区、直辖市人民政府规定”；第四条规定：“房产税的税率，依照房产余值计算缴纳的，税率为1.2％”。

根据上述政策规定，投资进入的房屋也是以确定的房产入账原值为房产税的计税基础。

《中华人民共和国城镇土地使用税暂行条例》（以下简称《城镇土地使用税暂行条例》）第二条规定：“在城市、县城、建制镇、工矿区范围内使用土地的单位和个人，为城镇土地使用税（以下简称土地使用税）的纳税人，应当依照本条例的规定缴纳土地使用税”；第三条规定：“土地使用税以纳税人实际占用的土地面积为计税依据，依照规定税额计算征收”。

根据上述城镇土地使用税政策规定，投资进入的房屋实际占用的土地应按规定计算缴纳城镇土地使用税。

对于企业接受房屋投资后的房产税、城镇土地使用税纳税义务发生时点的确定，《财政部 国家税务总局关于房产税城镇土地使用税有关问题的通知》（财税〔2008〕152号）第三条规定：“关于房产税、城镇土地使用税纳税义务截止时间的确定。纳税人因房产、土地的实物或权利状态发生变化而依法终止房产税、城镇土地使用税纳税义务的，其应纳税款的计算应截止到房产、土地的实物或权利状态发生变化的当月末。”

根据上述政策规定，企业接受房屋投资后的房产税、城镇土地使用税纳税义

务（税款计算）应从接受房屋、土地的次月开始。在实际业务中，由于房屋、土地使用权权属的变更与实际交接有时会产生差异，各地基层税务机关在征管上有相应的规范。其处理的原则是在基本政策的前提下，保障税款的不少缴和不多缴，即投资方与被投资方在同一时间段内，只能由一方缴纳。

**案例 1-9**

**建筑企业接受房屋投资后的房产税、城镇土地使用税的计算及会计处理**

A 建筑公司成立于 2017 年 5 月 18 日，其中一个投资人投入一栋房屋，记入“固定资产——房屋”科目的入账价值为 7 000 000 元（不含税），房屋占地面积为 1 500 平方米，当地规定房产税扣除 30%原值计税，城镇土地使用税单位税额为 10 元/平方米。投入的房屋 6 月 20 日办理完过户手续并开始使用，相关入账、印花税处理完毕。房产税、城镇土地使用税计算及会计处理如下：

1. 房产税计算。

年应缴纳税额：7 000 000×(1－30%)×1.2%＝58 800(元)；

2017 年应缴纳税额：58 800×6÷12＝29 400（元）。

2. 城镇土地使用税计算。

年应缴纳税额：1 500×10＝15 000（元）；

2017 年应缴纳税额：15 000×6÷12＝7 500（元）。

3. 会计处理。

借：税金及附加——房产税　　29 400
　　　　　　　——城镇土地使用税　　15 000
　贷：应交税费——应交房产税　　29 400
　　　　　　　——应交城镇土地使用税　　15 000

上述房产税、城镇土地使用税从办理过户或实际使用的次月开始缴纳。

## 1.2.6 企业接受个人股东实物出资的个人所得税处理

企业接受个人股东实物出资的，个人投资者的非货币性资产投资行为涉及个人所得税处理。

《财政部 国家税务总局关于个人非货币性资产投资有关个人所得税政策的通知》（财税〔2015〕41 号）第一条规定："个人以非货币性资产投资，属于个人转让非货币性资产和投资同时发生。对个人转让非货币性资产的所得，应按照'财产转让所得'项目，依法计算缴纳个人所得税。"

对于转让收入的确认，该通知第二条规定："个人以非货币性资产投资，应按评估后的公允价值确认非货币性资产转让收入。非货币性资产转让收入减除该资产原值及合理税费后的余额为应纳税所得额。

个人以非货币性资产投资，应于非货币性资产转让、取得被投资企业股权时，确认非货币性资产转让收入的实现"。

对于上述非货币性资产的范围，该通知第五条规定："本通知所称非货币性资产，是指现金、银行存款等货币性资产以外的资产，包括股权、不动产、技术发明成果以及其他形式的非货币性资产。

本通知所称非货币性资产投资，包括以非货币性资产出资设立新的企业，以及以非货币性资产出资参与企业增资扩股、定向增发股票、股权置换、重组改制等投资行为"。

对于上述计算缴纳个人所得税时的具体处理，该通知第三条规定："个人应在发生上述应税行为的次月 15 日内向主管税务机关申报纳税。纳税人一次性缴税有困难的，可合理确定分期缴纳计划并报主管税务机关备案后，自发生上述应税行为之日起不超过 5 个公历年度内（含）分期缴纳个人所得税"；第四条规定："个人以非货币性资产投资交易过程中取得现金补价的，现金部分应优先用于缴税；现金不足以缴纳的部分，可分期缴纳。

个人在分期缴税期间转让其持有的上述全部或部分股权，并取得现金收入的，该现金收入应优先用于缴纳尚未缴清的税款"。

## 1.3　企业投资的涉税业务

本节内容主要包括企业以实物对外投资涉及的增值税、企业所得税及其他相关税种的处理。

## 1.3.1 企业以货物投资的涉税处理

建筑企业以货物投资，涉及增值税、企业所得税处理，具体如下：

### 1. 增值税处理

《增值税暂行条例实施细则》第四条规定："单位或者个体工商户将自产、委托加工或者购进的货物作为投资，提供给其他单位或者个体工商户的行为，视同销售货物"；第十六条规定："纳税人有视同销售货物行为而无销售额者，按下列顺序确定销售额：

（一）按纳税人最近时期同类货物的平均销售价格确定；

（二）按其他纳税人最近时期同类货物的平均销售价格确定；

（三）按组成计税价格确定。组成计税价格的公式为：

组成计税价格＝成本×(1＋成本利润率)

属于应征消费税的货物，其组成计税价格中应加计消费税额。

公式中的成本是指：销售自产货物的为实际生产成本，销售外购货物的为实际采购成本。公式中的成本利润率由国家税务总局确定"。

根据上述政策规定，投资者以货物作为投资的，在增值税上要视同销售，投资者要计算销项税额；对于接受投资的一方，如其为增值税一般纳税人，在收到增值税专用发票时，其进项税额可以抵扣销项税额。

### 2. 企业所得税处理

企业将非货币性资产对外投资的处理。根据《企业所得税法实施条例》第二十五条、《国家税务总局关于企业处置资产所得税处理问题的通知》（国税函〔2008〕828 号）第二条第（六）项的规定，企业将资产用于对外投资的，因资产所有权属已发生改变而不属于内部处置资产，应按规定视同销售确定收入。其销售收入，根据《国家税务总局关于企业所得税有关问题的公告》（国家税务总局公告 2016 年第 80 号）第二条的规定，应按照被移送资产的公允价值确定。

《财政部 国家税务总局关于非货币性资产投资企业所得税政策问题的通知》（财

税〔2014〕116 号）第一条规定，“居民企业（以下简称企业）以非货币性资产对外投资确认的非货币性资产转让所得，可在不超过 5 年期限内，分期均匀计入相应年度的应纳税所得额，按规定计算缴纳企业所得税”；第二条规定，“企业以非货币性资产对外投资，应对非货币性资产进行评估并按评估后的公允价值扣除计税基础后的余额，计算确认非货币性资产转让所得。企业以非货币性资产对外投资，应于投资协议生效并办理股权登记手续时，确认非货币性资产转让收入的实现”；第五条规定，“非货币性资产是指除现金、银行存款、应收账款、应收票据以及准备持有至到期的债券投资等货币性资产以外的资产”，且“非货币性资产投资限于以非货币性资产出资设立新的居民企业，或将非货币性资产注入现存的居民企业”。

企业发生非货币性资产投资，符合《财政部、国家税务总局关于企业重组业务企业所得税处理若干问题的通知》（财税〔2009〕59 号）等文件规定的特殊性税务处理条件的，也可选择按特殊性税务处理规定执行。

根据上述政策规定，一般情况下，投资人将实物资产用于投资的，增值税上视同销售，按照政策规定的方式和顺序确定计税销售额；企业所得税在政策上也视同销售，其中非货币性资产的价格由评估价格确定。

### 3. 会计处理

在会计处理中，企业以库存商品等对外投资的，应按照库存商品的公允价值，贷记“主营业务收入”科目，同时结转相关的成本。涉及增值税的，根据《增值税会计处理规定》（财会〔2016〕22 号文件发布）第二条第（二）项第 2 点的规定，企业发生税法上视同销售的行为，应当按照企业会计准则制度相关规定进行相应的会计处理，并按照现行增值税制度规定计算的销项税额（或采用简易计税方法计算的应纳增值税额），借记“应付职工薪酬”“利润分配”等科目，贷记“应交税费——应交增值税（销项税额）”或“应交税费——简易计税”科目（小规模纳税人应记入“应交税费——应交增值税”科目）。

**案例 1-10**

#### 建筑企业将自产产品用于投资的涉税及会计处理

2019 年 6 月，A 建筑公司（一般纳税人）将一批自产的非标产品投资到 B 企业（一般纳税人），取得B企业股权。非标产品成本700万元，假定公允价值为1 000万元（不含税），B企业取得的非标产品用于自有项目。假定A公司上述业务没有发生除增值税以外的其他税费。A公司相关涉税及会计处理如下：

1. 涉税处理。

根据规定，A公司将自产的非标产品用于投资，在增值税上应视同销售，销售额按照最近时期同类货物的平均销售价格确定。

销售额：1 000万元；

销项税额：1 000×13%＝130（万元）。

2. 会计处理（单位：万元）。

（1）投资处理。

| | | |
|---|---|---|
| 借：长期股权投资 | 1 130 | |
| 贷：主营业务收入 | | 1 000 |
| 应交税费——应交增值税（销项税额） | | 130 |

（2）结转成本。

| | | |
|---|---|---|
| 借：主营业务成本 | 700 | |
| 贷：库存材料——某非标产品 | | 700 |

（3）企业所得税汇算清缴处理。

假定上述以非货币性资产对外投资确认的转让所得为300万元（1 000－700），根据政策规定，可在不超过5年期限内，分期均匀计入相应年度的应纳税所得额，按规定计算缴纳企业所得税。

> **【提示】** 实务中，企业将非货币性资产对外投资的涉税及会计处理相对比较复杂，本案例仅为提醒企业在投资时需要注意的涉税点，因此对相关处理流程及数据等进行了简化。

## 1.3.2 企业以房屋、土地使用权投资的涉税处理

### 1. 增值税处理

《营业税改征增值税试点实施办法》（财税〔2016〕36号文件附件1）第十四条

第（二）项规定，“单位或者个人向其他单位或者个人无偿转让无形资产或者不动产”，应视同销售，但用于公益事业或者以社会公众为对象的除外；第四十四条规定，纳税人“发生本办法第十四条所列行为而无销售额的，主管税务机关有权按照下列顺序确定销售额：

（一）按照纳税人最近时期销售同类服务、无形资产或者不动产的平均价格确定。

（二）按照其他纳税人最近时期销售同类服务、无形资产或者不动产的平均价格确定。

（三）按照组成计税价格确定。组成计税价格的公式为：

组成计税价格＝成本×（1＋成本利润率）

成本利润率由国家税务总局确定”。

根据上述政策规定，企业以房屋、土地使用权投资的要视同销售，计算缴纳增值税。

**2. 印花税处理**

由《印花税暂行条例》所附《印花税税目税率表》可知，“产权转移书据”税目的范围“包括财产所有权”，由“立据人”“按所载金额万分之五贴花”。

根据上述政策规定，投资与被投资双方均要按规定贴花。

**3. 土地增值税处理**

《财政部 税务总局关于继续实施企业改制重组有关土地增值税政策的通知》（财税〔2018〕57号）第五条规定：“上述改制重组有关土地增值税政策不适用于房地产转移任意一方为房地产开发企业的情形”。

根据上述政策及相关土地增值税政策规定，企业以房屋投资，只要转移任意一方为房地产开发企业，均要按规定进行土地增值税处理。按照旧房转让土地增值税，分如下三种情形处理：

一是能取得评估价格，按房屋及建筑物评估价格及其他成本费用作为扣除项目计算缴纳土地增值税。

根据《财政部 国家税务总局关于土地增值税一些具体问题规定的通知》（财税

字〔1995〕48号）第十条的规定，应按房屋及建筑物的评估价格、取得土地使用权所支付的地价款和按国家统一规定交纳的有关费用以及在转让环节缴纳的税金，作为扣除项目金额计征土地增值税。对取得土地使用权时未支付地价款或不能提供已支付的地价款凭据的，不允许扣除取得土地使用权所支付的金额。评估价格，是指在转让旧房时，由房地产评估机构评定的重置成本价乘以成新度折扣率后的价格，该房地产评估机构应经主管税务机关认可。

二是不能取得评估价格，但能提供购房发票的，按发票金额加计扣除。

根据《财政部 国家税务总局关于土地增值税若干问题的通知》（财税〔2006〕21号）第二条的规定，按发票所载金额并从购买年度起至转让年度止每年加计5%计算。计算扣除项目时的"每年"按购房发票所载日期起至售房发票开具之日止，每满12个月计1年；超过1年，未满12个月但超过6个月的，可以视同为1年。

根据《国家税务总局关于营改增后土地增值税若干征管规定的公告》（国家税务总局公告2016年第70号）第六条的规定，营改增后，纳税人转让旧房及建筑物，凡不能取得评估价格，但能提供购房发票的，《土地增值税暂行条例》第六条第一、第三项规定的扣除项目的金额按照下列方法计算：

"（一）提供的购房凭据为营改增前取得的营业税发票的，按照发票所载金额（不扣减营业税）并从购买年度起至转让年度止每年加计5%计算。

（二）提供的购房凭据为营改增后取得的增值税普通发票的，按照发票所载价税合计金额从购买年度起至转让年度止每年加计5%计算。

（三）提供的购房发票为营改增后取得的增值税专用发票的，按照发票所载不含增值税金额加上不允许抵扣的增值税进项税额之和，并从购买年度起至转让年度止每年加计5%计算"。

三是既没有评估价格，又不能提供购房发票的，则按核定征收。

转让旧房及建筑物，对于既没有评估价格，又不能提供购房发票的情况，地方税务机关可以根据《中华人民共和国税收征收管理法》（以下简称《税收征收管理法》）第三十五条的规定，实行核定征收。

**【提示】**实务中，各地税务机关根据当地具体情况，制定有详细的土地增值税政策，处理具体业务时，以当地税务机关解释为准。

**4. 企业所得税处理**

《财政部 国家税务总局关于非货币性资产投资企业所得税政策问题的通知》（财税〔2014〕116号）第一条规定，“居民企业（以下简称企业）以非货币性资产对外投资确认的非货币性资产转让所得，可在不超过5年期限内，分期均匀计入相应年度的应纳税所得额，按规定计算缴纳企业所得税”；第二条规定，“企业以非货币性资产对外投资，应对非货币性资产进行评估并按评估后的公允价值扣除计税基础后的余额，计算确认非货币性资产转让所得。企业以非货币性资产对外投资，应于投资协议生效并办理股权登记手续时，确认非货币性资产转让收入的实现”；第五条规定，“非货币性资产是指除现金、银行存款、应收账款、应收票据以及准备持有至到期的债券投资等货币性资产以外的资产”，且“非货币性资产投资限于以非货币性资产出资设立新的居民企业，或将非货币性资产注入现存的居民企业”。

企业发生非货币性资产投资，符合《财政部 国家税务总局关于企业重组业务企业所得税处理若干问题的通知》（财税〔2009〕59号）等文件规定的特殊性税务处理条件的，也可选择按特殊性税务处理规定执行。

因此，以不动产作价入股需要缴纳企业所得税，但是符合特殊性税务处理条件的，可按照特殊性税务处理执行。

**【提示】**2019年11月27日发布的《中华人民共和国增值税法（征求意见稿）》第十一条指出：“下列情形视同应税交易，应当依照本法规定缴纳增值税：

（一）单位和个体工商户将自产或者委托加工的货物用于集体福利或者个人消费；

（二）单位和个体工商户无偿赠送货物，但用于公益事业的除外；

（三）单位和个人无偿赠送无形资产、不动产或者金融商品，但用于公益事业的除外；

（四）国务院财政、税务主管部门规定的其他情形。”

请读者密切关注后续政策变化。

案例 1-11

## 建筑企业以房屋投资的综合涉税处理

2018 年 5 月 18 日，A 建筑公司（一般纳税人）以一栋以前年度购入的房屋与其他投资人投资成立 B 公司（房地产开发企业、一般纳税人），该房屋为 2015 年 5 月外购取得，发票记载购买价格为 500 万元（为简化，不考虑可计入计税成本的其他税费），房屋投资作价 700 万元（含税），A 公司相关涉税及会计处理如下（单位：万元）：

1. 增值税计算。

该投资转让的不动产是 2016 年 4 月 30 日之前取得的，根据《营业税改征增值税试点有关事项的规定》（财税〔2016〕36 号文件附件 2）第一条第（八）项相关规定，可以选择简易计税方法适用 5%的征收率。

应缴增值税：(700－500)÷(1＋5%)×5%＝9.52(万元)。

城市维护建设税及教育费附加：9.52×(7%＋3%＋2%)＝1.14(万元)。

2. 印花税计算。

以不动产作价入股属于财产所有权的转移，应当按“产权转移书据”税目征收印花税。[合同未标明价税分离金额，按合同金额（含税）作为计税基数]。

应缴印花税：700×0.5‰＝0.35(万元)。

3. 土地增值税处理。

由于 B 公司为房地产开发企业，因此 A 公司应缴纳土地增值税。

假设上述不动产属于没有评估价格而有原始发票的情形，因此土地增值税计算如下：

①股东转让不含税收入：700－9.52＝690.48（万元）；

②与转让房地产有关的税金（城市维护建设税、教育费附加、印花税）：1.14＋0.35＝1.49（万元）；

③土地增值税扣除项目＝发票所载金额×[1＋(转让年度－购买年度)×5%]＋与房地产转让有关税金＋与房地产转让有关费用＝500×(1＋3×5%)＋1.49＋0 ＝576.49(万元)；

④增值额为：700－9.52－576.49＝113.99(万元)；

⑤增值率为：113.99÷576.49＝19.77%；

⑥应纳土地增值税税额为：113.99×30%＝34.20（万元）。

**【提示】**《财政部 税务总局关于继续实施企业改制重组有关土地增值税政策的通知》（财税〔2018〕57号）第四条规定，“单位、个人在改制重组时以房地产作价入股进行投资，对其将房地产转移、变更到被投资的企业，暂不征土地增值税”；第五条规定，“上述改制重组有关土地增值税政策不适用于房地产转移任意一方为房地产开发企业的情形”。

该通知第九条规定：“本通知执行期限为2018年1月1日至2020年12月31日。”

4. 企业所得税计算。

该房屋投资前无论是作为固定资产核算还是作为投资性房地产核算，假定已按20年折旧年限税前列支折旧合计75万元，其他涉及固定资产清理业务略。

投资转让所得＝收入－成本－税金：690.48－(500－75)－1.49－34.20＝229.79(万元)；

每个纳税年度确认所得＝229.79÷5＝45.96（万元）。

该所得并入A公司当年应纳税所得额一并计算缴纳企业所得税。

**【提示】**实务中，企业将不动产用于投资的涉税处理相对比较复杂，本案例仅仅提醒存在的涉税点，不对相关业务进行分析。

## 1.3.3 企业将自产、委托加工或者购进的货物在总分机构之间转移的增值税、企业所得税处理

### 1. 增值税处理

根据《增值税暂行条例实施细则》第四条第（三）项的规定，设有两个以上机构并实行统一核算的纳税人，将货物从一个机构移送其他机构用于销售，应视同销售货物，但相关机构设在同一县（市）的除外。其销售额的确定，依据《增值税暂行条例实施细则》第十六条规定的方法和顺序确定。

根据上述政策规定，建筑企业将自产、委托加工或者购进的货物（如建筑材料或预制件等货物）移送到分支机构，凡符合政策规定条件的，应按照规定计算缴纳增值税。

### 2. 企业所得税处理

根据《国家税务总局关于企业处置资产所得税处理问题的通知》（国税函〔2008〕828号）第一条第（四）项的规定，“将资产在总机构及其分支机构之间转移”，“由于资产所有权属在形式和实质上均不发生改变，可作为内部处置资产，不视同销售确认收入，相关资产的计税基础延续计算”。

根据公司法的相关规定，分支机构不具有法人资格，其民事责任由公司承担。因此，企业将自产、委托加工或者购进的货物在总分机构之间转移的行为，属于企业内部调拨商品，货物所属权没有改变，从企业所得税角度不确认收入，同时没有外部经济利益流入，从会计准则角度也不确认收入。

但是，对非同一县（市）总分机构之间转移货物，从增值税纳税地点等征管角度出发，规定“视同销售”要计算增值税。分支机构再对外销售货物时，不仅“销售环节”会产生增值税纳税义务，而且要确认企业所得税收入，因外部利益流入，在会计上也要确认收入。

在实务中，非同一县（市）总分机构移送货物的，可分以下两种情形进行会计处理：

一是平价移送。总机构以其库存商品的外购底价或制造成本为移送出库的价格，转移给分支机构。此时，商品移送具有无偿性，总机构并未从分支机构获取任何利益。此类业务在会计实务中普遍按内部商品转移处理，即不确认会计收入。

二是加价移送。总机构以其库存商品的外购底价或制造成本为基础，上浮一定利润作为移送出库的价格，再转移给分支机构，这使得总机构在货物移送环节就实现了上浮价格的利益。此类业务在会计实务中普遍按对外销售处理，确认会计收入并结转商品成本。

建筑安装企业涉及的业务主要是总机构将施工机械转移到分支机构，由于施工机械的所属权没有改变，因此，在企业所得税上一般不涉及收入的确认，但由于总分机构之间不在同一市（县），因此要确定增值税销售额。

**3. 会计处理**

上述业务在具体会计处理中，对于平价移送的，一般按内部商品转移处理，不确认会计收入，但需要计算相应的增值税。

**【提示】** 总机构将自产或委托加工的货物按照平价开具增值税专用发票移送到外地分支机构（销售机构）进行销售的，只要企业能说明业务的性质及具体情况，在一般情况下不属于“纳税人发生应税销售行为的价格明显偏低并无正当理由的”情形，具体以当地税务机关征管规定为准。

**案例 1-12**

**建筑企业在总分机构之间平价移送货物的涉税及会计处理**

A 总机构（一般纳税人）将外购的一批施工机械［价格 50 000 元（不含税），增值税 6 500 元］，按平价开具增值税专用发票移送于外地 B 分支机构，B 分支机构计入固定资产。相关涉税及会计处理如下：

1. A 总机构会计处理：

| | | |
|---|---|---|
| 借：应收账款 | 56 500 | |
| 贷：库存商品 | | 50 000 |
| 应交税费——应交增值税（销项税额） | | 6 500 |

2. B 分支机构会计处理：

| | | |
|---|---|---|
| 借：固定资产 | 50 000 | |
| 应交税费——应交增值税（进项税额） | 6 500 | |
| 贷：应付账款 | | 56 500 |

## 1.4 企业利润分配涉税业务

利润分配业务涉及法人、自然人股东的分配，利润分配的形式既可以是现金，也可以是其他各项资产，相关业务涉及个人所得税、企业所得税等，其中视同销售业务涉及流转税等。

### 1.4.1 企业分配利润时的涉税处理

企业分配利润时，其会计处理是先从净利润中提取盈余公积，借记“利润分配——提取法定盈余公积、提取任意盈余公积”科目，贷记“盈余公积——法定盈余公积、任意盈余公积”科目。在向投资者分配利润时，借记“利润分配——应付利润”科目，贷记“应付利润”科目。

根据企业所得税制度，企业分配的利润是税后利润，因此，一般情况下不再涉及企业所得税的处理，但是，对于个人股东分配的股利，则涉及个人所得税的处理。

**案例 1-13**

**建筑企业分配利润时的会计处理**

A 建筑公司由甲公司与乙公司各出资 50%成立，2017 年实现税后净利润 2 000 万元，按 10%的比例提取法定盈余公积；同时经股东会批准按 5%的比例提取任意盈余公积，另向股东分配利润 600 万元。会计处理如下（单位：万元）：

1. 提取盈余公积时：

| | | |
|---|---|---|
| 借：利润分配——提取法定盈余公积 | 200 | |
| ——提取任意盈余公积 | 100 | |
| 贷：盈余公积——法定盈余公积 | | 200 |
| ——任意盈余公积 | | 100 |

2. 分配时：

| | | |
|---|---|---|
| 借：利润分配——应付利润 | 600 | |
| 贷：应付利润——甲公司 | | 300 |
| ——乙公司 | | 300 |

### 1.4.2 企业分配利润时的个人所得税处理

《中华人民共和国个人所得税法》（以下简称《个人所得税法》）第二条第（六）

项规定，“利息、股息、红利所得”应当缴纳个人所得税；第三条第（三）项规定，“利息、股息、红利所得，财产租赁所得，财产转让所得和偶然所得，适用比例税率，税率为百分之二十”；第九条规定，“个人所得税以所得人为纳税人，以支付所得的单位或者个人为扣缴义务人”。

根据上述政策规定，支付（分配）利息、股息、红利的企业为扣缴义务人，并以支付利息、股息、红利时（个人股东）取得的收入为一次计算应缴税款。

**案例 1-14**

**建筑企业向个人投资者分配利润时扣缴个人所得税的处理**

A 建筑企业于 2018 年 2 月分配 2017 年利润，其中个人股东甲取得 30 万元分配的利润。个人所得税计算及会计处理如下：

1. 个人所得税计算。

股东甲应缴个人所得税：30×20%＝6（万元）。

A 建筑企业应于支付分配的利润时按“利息、股息、红利所得”扣缴股东甲个人所得税 6 万元。

2. 会计处理（单位：万元）。

| | |
|---|---|
| 借：应付利润——甲 | 30 |
| 　贷：银行存款 | 24 |
| 　　　应交税费——应交个人所得税 | 6 |

**【提示】**根据税收征管法的规定，扣缴义务人未履行代扣代缴义务的，税务机关依法给予处理（处罚）。

## 1.4.3　企业将资金借给个人使用的涉税处理

《财政部 国家税务总局关于企业为个人购买房屋或其他财产征收个人所得税问题的批复》（财税〔2008〕83 号）第一条第（二）项规定，根据《中华人民共和国个人所得税法》和《财政部 国家税务总局关于规范个人投资者个人所得税征收管理的通知》（财税〔2003〕158 号）的有关规定，“企业投资者个人、投资者家庭成员或企业其他人员向企业借款用于购买房屋及其他财产，将所有权登记为投资者、投资者家庭成员或企业其他人员，且借款年度终了后未归还借款的”，均视为企业对个人进行了分配，应依法计征个人所得税。

《财政部 国家税务总局关于规范个人投资者个人所得税征收管理的通知》（财税〔2003〕158号）第二条规定，“纳税年度内个人投资者从其投资企业（个人独资企业、合伙企业除外）借款，在该纳税年度终了后既不归还，又未用于企业生产经营的，其未归还的借款可视为企业对个人投资者的红利分配，依照‘利息、股息、红利所得’项目计征个人所得税”。

根据上述政策规定，个人投资者从其投资企业的借款，在该纳税年度终了后既不归还，又未用于企业生产经营的，其未归还的借款可视为企业对个人投资者的红利分配，依照“利息、股息、红利所得”项目计征个人所得税。

## 1.5 企业注销清算涉税业务

企业注销清算的所得税处理，是指企业不再持续经营，发生结束自身业务、处置资产、偿还债务以及向所有者分配剩余财产等经济行为时，对清算所得、清算所得税、股息分配等事项的处理。上述各项业务涉及多个税种的处理，包括个人所得税、企业所得税及流转税。

### 1.5.1 企业注销清算的企业所得税处理

《财政部 国家税务总局关于企业清算业务企业所得税处理若干问题的通知》（财税〔2009〕60号）第三条规定，企业应当在办理注销登记前，就其清算所得向税务机关申报并依法缴纳企业所得税。企业清算的所得税处理包括以下内容：

“（一）全部资产均应按可变现价值或交易价格，确认资产转让所得或损失；（二）确认债权清理、债务清偿的所得或损失；

（三）改变持续经营核算原则，对预提或待摊性质的费用进行处理；

（四）依法弥补亏损，确定清算所得；

（五）计算并缴纳清算所得税；

（六）确定可向股东分配的剩余财产、应付股息等”。

根据上述政策规定，从企业所得税角度看，企业在注销停止经营时，要对相关资产、债权、债务等进行清算，以确定清算所得，进而确定可向股东分配的剩余财产、应付股息等。

除上述企业所得税处理外，企业在注销清算时，各项资产的处理及向股东分配的剩余财产等，均应按规定的政策缴纳增值税，涉及房屋（土地）的还要进行土地增值税处理。

### 1.5.2 企业在年度中间终止经营活动的企业所得税处理

《企业所得税法》第五十五条规定：“企业在年度中间终止经营活动的，应当自实际经营终止之日起六十日内，向税务机关办理当期企业所得税汇算清缴。”

根据上述政策规定，企业在年度中间终止经营活动的，应对当年实际经营期间的正常经营所得，按照企业所得税相关政策进行汇算清缴。待企业所得税汇算清缴业务处理完毕之后，再进入注销清算业务程序。

### 1.5.3 企业注销清算期间的确定

根据《国家税务总局关于印发〈中华人民共和国企业清算所得税申报表〉的通知》（国税函〔2009〕388号）的规定，纳税人实际生产经营终止之日至办理完毕清算事务之日止的期间为清算期间。

上述政策规定的纳税人实际生产经营终止之日，是办理企业所得税汇算清缴和注销清算的分界点，在终止日之前发生的正常业务，按照企业所得税汇算清缴政策处理。

### 1.5.4 企业清算中处置房屋的增值税计算

在建筑企业清算中，如果处置的房屋是企业以购买、接受捐赠、接受投资入股、自建以及抵债等各种形式取得的，按以下政策处理。

《纳税人转让不动产增值税征收管理暂行办法》（国家税务总局公告2016年

第 14 号发布）第三条规定：

“（一）一般纳税人转让其 2016 年 4 月 30 日前取得（不含自建）的不动产，可以选择适用简易计税方法计税，以取得的全部价款和价外费用扣除不动产购置原价或者取得不动产时的作价后的余额为销售额，按照 5%的征收率计算应纳税额。纳税人应按照上述计税方法向不动产所在地主管税务机关预缴税款，向机构所在地主管税务机关申报纳税。

（二）一般纳税人转让其 2016 年 4 月 30 日前自建的不动产，可以选择适用简易计税方法计税，以取得的全部价款和价外费用为销售额，按照 5%的征收率计算应纳税额。纳税人应按照上述计税方法向不动产所在地主管税务机关预缴税款，向机构所在地主管税务机关申报纳税。

（三）一般纳税人转让其 2016 年 4 月 30 日前取得（不含自建）的不动产，选择适用一般计税方法计税的，以取得的全部价款和价外费用为销售额计算应纳税额。纳税人应以取得的全部价款和价外费用扣除不动产购置原价或者取得不动产时的作价后的余额，按照 5%的预征率向不动产所在地主管税务机关预缴税款，向机构所在地主管税务机关申报纳税。

（四）一般纳税人转让其 2016 年 4 月 30 日前自建的不动产，选择适用一般计税方法计税的，以取得的全部价款和价外费用为销售额计算应纳税额。纳税人应以取得的全部价款和价外费用，按照 5%的预征率向不动产所在地主管税务机关预缴税款，向机构所在地主管税务机关申报纳税。

（五）一般纳税人转让其 2016 年 5 月 1 日后取得（不含自建）的不动产，适用一般计税方法，以取得的全部价款和价外费用为销售额计算应纳税额。纳税人应以取得的全部价款和价外费用扣除不动产购置原价或者取得不动产时的作价后的余额，按照 5%的预征率向不动产所在地主管税务机关预缴税款，向机构所在地主管税务机关申报纳税。

（六）一般纳税人转让其 2016 年 5 月 1 日后自建的不动产，适用一般计税方法，以取得的全部价款和价外费用为销售额计算应纳税额。纳税人应以取得的全部价款和价外费用，按照 5%的预征率向不动产所在地主管税务机关预缴税款，向机构所在地主管税务机关申报纳税。”

小规模纳税人清算处置房屋的，按以下政策处理。

《纳税人转让不动产增值税征收管理暂行办法》第四条规定：“小规模纳税人转

让其取得的不动产，按照以下规定缴纳增值税：

（一）小规模纳税人转让其取得（不含自建）的不动产，以取得的全部价款和价外费用扣除不动产购置原价或者取得不动产时的作价后的余额为销售额，按照 5% 的征收率计算应纳税额。

（二）小规模纳税人转让其自建的不动产，以取得的全部价款和价外费用为销售额，按照 5%的征收率计算应纳税额。”

建筑企业转让房屋（不动产）应根据上述政策规定计算增值税。

## 1.5.5　企业清算中处置设备（销售自己使用过的固定资产）的增值税计算

关于建筑企业在清算中处置设备等固定资产的增值税计算，根据《财政部 国家税务总局关于全国实施增值税转型改革若干问题的通知》（财税〔2008〕170 号）、《财政部 国家税务总局关于部分货物适用增值税低税率和简易办法征收增值税政策的通知》（财税〔2009〕9 号）以及《财政部 国家税务总局关于简并增值税征收率政策的通知》（财税〔2014〕57 号）、《国家税务总局关于简并增值税征收率有关问题的公告》（国家税务总局公告 2014 年第 36 号）的相关规定，纳税人销售使用过的固定资产增值税处理如下：

### 1.　一般纳税人销售自己使用过的固定资产的处理

（1）一般纳税人销售自己使用过的属于《增值税暂行条例》第十条规定的不得抵扣且未抵扣进项税额的固定资产，按照简易计税方法依照 3%征收率减按 2%征收增值税。

（2）2008 年 12 月 31 日以前未纳入扩大增值税抵扣范围试点的纳税人，销售自己使用过的 2008 年 12 月 31 日以前购进或者自制的固定资产，按照简易计税方法依照 3%征收率减按 2%征收增值税。

（3）2008 年 12 月 31 日以前已纳入扩大增值税抵扣范围试点的纳税人，销售自己使用过的在本地区扩大增值税抵扣范围试点以前购进或者自制的固定资产，按照简易计税方法依照 3%征收率减按 2%征收增值税；销售自己使用过的在本地区扩大增值税抵扣范围试点以后购进或者自制的固定资产，按照适用税率征收增值税。

（4）销售自己使用过的2009年1月1日以后购进或者自制的固定资产，按照适用税率征收增值税。

**2. 小规模纳税人销售自己使用过的固定资产的处理**

小规模纳税人（除其他个人外）销售自己使用过的固定资产，减按2%征收率征收增值税。

已使用过的固定资产，是指纳税人根据财务会计制度已经计提折旧的固定资产。

**3. 纳税人销售自己使用过的固定资产的发票开具**

根据《国家税务总局关于增值税简易征收政策有关管理问题的通知》（国税函〔2009〕90号）的规定，一般纳税人销售自己使用过的固定资产，适用简易计税办法依照3%征收率减按2%征收增值税政策的，应开具普通发票，不得开具增值税专用发票。

小规模纳税人销售自己使用过的固定资产，应开具普通发票，不得由税务机关代开增值税专用发票。

**4. 适用简易计税办法的情形及计算公式**

对于可以适用简易计税办法的情形，根据《国家税务总局关于一般纳税人销售自己使用过的固定资产增值税有关问题的公告》（国家税务总局公告2012年第1号）、国家税务总局公告2014年第36号的相关规定，“增值税一般纳税人销售自己使用过的固定资产，属于以下两种情形的，可按简易办法依3%征收率减按2%征收增值税，同时不得开具增值税专用发票：

一、纳税人购进或者自制固定资产时为小规模纳税人，认定为一般纳税人后销售该固定资产。

二、增值税一般纳税人发生按简易办法征收增值税应税行为，销售其按照规定不得抵扣且未抵扣进项税额的固定资产”。

根据上述政策规定，增值税一般纳税人销售自己使用过的固定资产，属于以上政策规定的两种情形的，可按简易计税方法依3%征收率减按2%征收增值税，同时不得开具增值税专用发票，其他情形按照适用税率征收增值税。

对上述两种情况中“按照简易办法依3%征收率减按2%征收增值税的”，其销售额和应纳税额，根据国家税务总局公告 2014 年第 36 号第六条的规定，按下列公式确定：

销售额＝含税销售额/(1＋3%)

应纳税额＝销售额×2%

**【提示】**小规模纳税人自行开具增值税专用发票的范围逐渐扩大。自 2020 年 2 月 1 日起，《国家税务总局关于增值税发票管理等有关事项的公告》（国家税务总局公告 2019 年第 33 号）第五条规定："增值税小规模纳税人（其他个人除外）发生增值税应税行为，需要开具增值税专用发票的，可以自愿使用增值税发票管理系统自行开具。选择自行开具增值税专用发票的小规模纳税人，税务机关不再为其代开增值税专用发票。

增值税小规模纳税人应当就开具增值税专用发票的销售额计算增值税应纳税额，并在规定的纳税申报期内向主管税务机关申报缴纳。在填写增值税纳税申报表时，应当将当期开具增值税专用发票的销售额，按照 3%和 5%的征收率，分别填写在《增值税纳税申报表》（小规模纳税人适用）第 2 栏和第 5 栏'税务机关代开的增值税专用发票不含税销售额'的'本期数'相应栏次中。"

**案例 1-15**

**建筑企业清算中处置设备的增值税计算**

A 建筑公司于 2017 年停止经营，在清算中处置一批电脑设备获得价款 60 万元（含税）。设备均于营改增前购置，进项税额未抵扣。A 公司为一般纳税人，增值税计算如下：

不含税价格：60÷(1＋3%)＝58.25（万元）；

应缴增值税：58.25×2%＝1.17（万元）。

## 1.5.6　企业所得税清算所得的计算

《财政部 国家税务总局关于企业清算业务企业所得税处理若干问题的通知》（财税〔2009〕60 号）第四条规定，"企业的全部资产可变现价值或交易价格，减除资产的计税基础、清算费用、相关税费，加上债务清偿损益等后的余额，为清算所得。

企业应将整个清算期作为一个独立的纳税年度计算清算所得”。

根据上述政策规定，企业所得税清算所得主要是对停止正常经营后，对剩余资产处理的所得，余额如果是负的，则为清算损失。在停止经营之前的正常经营活动所得按照企业所得税汇算清缴处理。

案例 1-16

**企业所得税清算所得的计算**

A 建筑公司经股东会决议准备工商注销，于 2016 年 12 月 31 日停止经营。该企业 2016 年以前均为盈利，2016 年会计利润为－30 万元，企业所得税应纳税所得为－5 万元，适用企业所得税税率为 25%。2017 年 1 月成立清算组进行清算，企业固定资产账面价值为 200 万元，变卖获得收入 260 万元（不含税），债务清偿收益为 10 万元，变卖缴纳除增值税以外的税费合计 5 万元，清算费用为 15 万元。相关计算如下：

清算所得：260－200＋10－5－15－5＝45（万元）；

应缴企业所得税：45×25%＝11.25（万元）。

## 1.5.7 企业所得税清算所得与以往亏损的处理

《财政部 国家税务总局关于企业清算业务企业所得税处理若干问题的通知》（财税〔2009〕60 号）第三条第（四）项规定，企业清算的所得税处理包括“依法弥补亏损，确定清算所得”。

上述政策中的亏损是指企业依照《企业所得税法》及其实施条例的规定将每一纳税年度的收入总额减除不征税收入、免税收入和各项扣除后小于零的数额，不是会计亏损。

案例 1-17

**企业所得税清算所得弥补以前年度亏损的处理**

A 建筑公司因股东战略调整准备收回投资，于 2016 年 12 月 31 日停止经营，2017 年 1 月成立清算组进行清算。A 公司 2016 年以前均为盈利，2016 年会计利润为－30万元，企业所得税应纳税所得为－5万元。则A公司清算所得可弥补2016年度亏损5万元。

### 1.5.8 企业清算所得的分配

在企业清算中，进入清算的全部资产处理完毕并扣除清算费用及依法按顺序支付职工补偿金、结清税款、清偿企业债务后，如果有剩余资产，可以向所有者分配，其相关税务处理，根据财税〔2009〕60号文件第五条的规定，“企业全部资产的可变现价值或交易价格减除清算费用，职工的工资、社会保险费用和法定补偿金，结清清算所得税、以前年度欠税等税款，清偿企业债务，按规定计算可以向所有者分配的剩余资产。

被清算企业的股东分得的剩余资产的金额，其中相当于被清算企业累计未分配利润和累计盈余公积中按该股东所占股份比例计算的部分，应确认为股息所得；剩余资产减除股息所得后的余额，超过或低于股东投资成本的部分，应确认为股东的投资转让所得或损失。

被清算企业的股东从被清算企业分得的资产应按可变现价值或实际交易价格确定计税基础”。

此外，对于个人投资者分得的剩余资产中属于投资所得的部分，按照“利息、股息、红利所得”项目征收个人所得税。

**案例1-18**

**被清算企业的股东从被清算企业分得资产的会计处理**

A建筑公司于2016年12月31日停止经营，2017年1月成立清算组进行清算。该公司由甲公司与乙公司各出资500万元成立，截至清算结束，未分配利润与盈余公积合计为100万元。清算结束后，甲公司与乙公司从A建筑公司各分得资产合计400万元（不含税）。甲公司分得的资产中相当于A公司累计未分配利润和累计盈余公积中按50%比例计算为50万元的部分确认为股息所得，其余350万元为投资转让收入，低于投资成本共150万元，确认为投资转让损失。甲公司采用成本法核算“长期股权投资”。甲公司会计处理如下（单位：万元）：

1. 确认股息所得。

借：银行存款　　50

　贷：投资收益　　50

2. 确认投资转让损失。

借：银行存款　　350

　　投资收益　　150

　贷：长期股权投资——A公司　　500

Tax Practice and
Case Analysis for
Construction Business

# 第 2 章
# 建筑企业取得收入的增值税处理业务

营改增后，建筑企业提供建筑服务缴纳增值税。在实务中，纳税人提供“建筑服务”增值税纳税义务发生时间的确认，与提供应税行为、收讫销售款项、取得索取销售款项凭据及发票开具有直接关系。同时，对于异地工程项目、取得预收账款的项目，需要采取先预缴税款的方式。对于不同的工程项目情况，一般纳税人还可以在一般计税方法和简易计税方法两种方法中选择。本章根据建筑企业在实际操作中的不同情况，分析如何按照政策规定计算缴纳增值税。

## 2.1　建筑业总税目及基本业务

建筑业增值税税目、税率、销售额、纳税义务发生时间、纳税地点的确定等，是纳税人正确计算增值税的基础。

### 2.1.1　“建筑服务”增值税税目的基本规定

根据《营业税改征增值税试点实施办法》（财税〔2016〕36 号文件附件 1）所附《销售服务、无形资产、不动产注释》第一条第（四）项第一款的规定，“建筑服务”属于“销售服务——建筑服务”税目，共计有五个子目，具体规定为：“建筑服务，是指各类建筑物、构筑物及其附属设施的建造、修缮、装饰，线路、管道、设备、设施等的安装以及其他工程作业的业务活动。包括工程服务、安装服务、修缮服务、装饰服务和其他建筑服务”。

上述五项子目的分类，根据《全面推开营改增业务操作指引》（国家税务总局发布）的解读（第 75 页第 26 行），参考了国家统计局发布的国家标准《国民经济行业分类（GB/T 4754—2011）》，将建筑服务划分为“工程服务”“安装服务”“修缮服务”“装饰服务”“其他建筑服务”。

### 2.1.2　“建筑服务”税目增值税税率的确定

营改增后，“建筑服务”税率进行了两次调整，具体如下：

**1. 2018 年 5 月 1 日之前**

营改增后至 2018 年 5 月 1 日之前。根据《营业税改征增值税试点实施办法》第十五条第（二）项规定，增值税一般纳税人发生“建筑服务”应税销售行为的，税率为 11％。

**2. 自 2018 年 5 月 1 日起至 2019 年 3 月 31 日**

根据《财政部 税务总局关于调整增值税税率的通知》（财税〔2018〕32 号）第一条的规定，增值税一般纳税人发生“建筑服务”应税销售行为的，税率调整为 10％。

**3. 自 2019 年 4 月 1 日起**

根据《财政部 税务总局 海关总署关于深化增值税改革有关政策的公告》（财政部 税务总局 海关总署公告 2019 年第 39 号）第一条的规定，自 2019 年 4 月 1 日起，增值税一般纳税人发生“建筑服务”应税销售行为的，税率调整为 9％。

**4. 小规模纳税人及适用简易计税方法计税的税率**

根据《营业税改征增值税试点实施办法》第十六条、第十八条第二款、第十九条及第三十四条的规定，“增值税征收率为 3％”，适用“简易计税方法的应纳税额，是指按照销售额和增值税征收率计算的增值税额，不得抵扣进项税额”，“小规模纳税人发生应税行为适用简易计税方法计税”，“一般纳税人发生财政部和国家税务总局规定的特定应税行为，可以选择适用简易计税方法计税，但一经选择，36 个月内不得变更”。

**【提示 1】**关于建筑业小规模纳税人开具增值税专用发票问题，见“2.2.3 建筑业小规模纳税人增值税专用发票的开具”。

**【提示 2】**为简化，本书所有政策解释中涉及税率，一律标注最后一次调整后确定的税率。

## 2.1.3 建筑企业提供“建筑服务”销售额的确定

《营业税改征增值税试点实施办法》第三十七条规定：“销售额，是指纳税人发生应税行为取得的全部价款和价外费用，财政部和国家税务总局另有规定的除外。

价外费用，是指价外收取的各种性质的收费，但不包括以下项目：

（一）代为收取并符合本办法第十条规定的政府性基金或者行政事业性收费。

（二）以委托方名义开具发票代委托方收取的款项。”

对纳税人提供建筑服务适用简易计税方法的，《营业税改征增值税试点有关事项的规定》（财税〔2016〕36 号文件附件 2）第一条第（三）项第 9 点规定：“试点纳税人提供建筑服务适用简易计税方法的，以取得的全部价款和价外费用扣除支付的分包款后的余额为销售额。”

根据上述政策规定，建筑企业在合同价款之外取得的违约赔偿、进度奖励、质量奖励等，凡是没有政策规定可以扣除的，均要计入销售额。

**【提示】**2019 年 11 月 27 日发布的《中华人民共和国增值税法（征求意见稿）》第十五条指出：“销售额，是指纳税人发生应税交易取得的与之相关的对价，包括全部货币或者非货币形式的经济利益，不包括按照一般计税方法计算的销项税额和按照简易计税方法计算的应纳税额。

国务院规定可以差额计算销售额的，从其规定。”

请读者密切关注后续政策变化。

## 2.1.4　建筑企业提供“建筑服务”增值税纳税义务发生时间的确定

### 1. 增值税纳税义务发生时间的基本规定

对于建筑企业提供“建筑服务”增值税纳税义务发生时间的确认，根据《营业税改征增值税试点实施办法》第四十五条第（一）项的规定精神，增值税纳税义务发生时间为纳税人发生“建筑服务”应税行为并收讫销售款项或者取得索取销售款项凭据的当天；先开具发票的，为开具发票的当天。

收讫销售款项，是指纳税人销售服务过程中或者完成后收到款项。

取得索取销售款项凭据的当天，是指书面合同确定的付款日期；未签订书面合同或者书面合同未确定付款日期的，为服务完成的当天。

**2. 纳税人发生政策规定的视同销售的纳税义务发生时间**

根据《营业税改征增值税试点实施办法》第四十五条第（四）项的规定精神，纳税人发生政策规定的视同销售的情形，其纳税义务发生时间为服务完成的当天。

**3. 相关（扣押）质押金、保证金纳税义务发生时间**

《国家税务总局关于在境外提供建筑服务等有关问题的公告》（国家税务总局公告 2016 年第 69 号）第四条规定："纳税人提供建筑服务，被工程发包方从应支付的工程款中扣押的质押金、保证金，未开具发票的，以纳税人实际收到质押金、保证金的当天为纳税义务发生时间。"

上述质押金、保证金，如果在结算中已经并入工程款全额开具了增值税专用发票，则纳税义务为"先开具发票的，为开具发票的当天"。

**4. 纳税人提供建筑服务采取预收款方式的纳税义务发生时间**

根据《财政部 税务总局关于建筑服务等营改增试点政策的通知》（财税〔2017〕58 号）第二条、第三条及《营业税改征增值税试点实施办法》第四十五条第（二）项的规定精神，自 2017 年 7 月 1 日起，对于纳税人提供建筑服务采取预收款方式的，其纳税义务发生时间不再确定为收到预收款的当天。纳税人提供建筑服务取得预收款，应在收到预收款时，以取得的预收款扣除支付的分包款后的余额，按政策规定的预征率预缴增值税。

**案例 2-1**

**建筑企业被扣押的质押金、保证金的涉税处理**

A 建筑公司（一般纳税人）与 B 公司（一般纳税人）签订合同，由 A 公司承建 B 公司某项房屋工程，工程价款 800 万元（含税），适用一般计税方法，合同约定质保金为合同价款的 5%，质保期 1 年（按照竣工验收日期计算）。假定开工日期为 2020 年 3 月 10 日，完工日期为 2020 年 7 月 10 日。房屋竣工验收后付款。A 公司相关增值税计算及会计处理如下：

第一种情况：假定 B 公司支付工程款后，A 公司按照全额开具增值税专用发票。

销售额：800÷（1+9%）=733.94（万元）；

销项税额：733.94×9%=66.06（万元）。

因为 A 公司全额开具了增值税专用发票，因此纳税义务产生，需要全额计算增值税。

第二种情况：假定 B 公司支付工程款后，A 公司按照不含扣押质保金金额开具增值税专用发票。

质保金：800×5%=40（万元）；

销售额：(800−40）÷（1+9%）=697.25（万元）；

销项税额：697.25×9%=62.75（万元）。

如果质保金收取跨年度，则年度终了，或根据会计制度（企业所得税）收入确认时间，计算待转销项税额。

销售额（质保金）：40÷（1+9%）=36.70（万元）；

待转销项税额：36.70×9%=3.30（万元）。

因为 A 公司开具的增值税专用发票不含扣押的质保金，因此，根据政策规定，质保金纳税义务可以后延。

**【提示】** 实务中，如果 A 公司按照不含扣押质保金金额开具增值税专用发票，虽然根据政策规定，质保金纳税义务可以后延，但是如果收取被扣押的质保金跨年度，则根据企业所得税政策，应按全额确认收入，即：800÷（1+9%）=733.94（万元）。

### 2.1.5　建筑企业提供“建筑服务”增值税申报纳税地点的确定

根据《营业税改征增值税试点实施办法》第四十六条的规定，建筑业固定业户应当向其机构所在地或者居住地主管税务机关申报纳税。对总机构和分支机构不在同一县（市）的，应当分别向各自所在地的主管税务机关申报纳税；经财政部和国家税务总局或者其授权的财政和税务机关批准，可以由总机构汇总向总机构所在地的主管税务机关申报纳税。

建筑业非固定业户应当向应税行为发生地主管税务机关申报纳税；未申报纳税

的，由其机构所在地或者居住地主管税务机关补征税款。

其他个人提供建筑服务的，应向建筑服务发生地、不动产所在地、自然资源所在地主管税务机关申报纳税。

固定业户总分支机构不在同一县（市），但在同一省范围内的增值税汇总缴纳处理，根据《营业税改征增值税试点有关事项的规定》（财税〔2016〕36 号文件附件 2）第一条第（十二）项的规定，“属于固定业户的试点纳税人，总分支机构不在同一县（市），但在同一省（自治区、直辖市、计划单列市）范围内的，经省（自治区、直辖市、计划单列市）财政厅（局）和国家税务局批准，可以由总机构汇总向总机构所在地的主管税务机关申报缴纳增值税”。

上述固定业户是指有固定的生产经营场所，从事一定的经济业务，并经工商行政管理部门批准发证的工商业户。固定业户是相对于其主管税务机关离开机构所在地开展经营活动，在经营地的经营活动具有临时性质。

**【提示】**由于建筑工程项目的特殊性，在实务中，各地税务机关对建筑业非固定业户、其他个人甚至包括固定业户的建筑工程项目的税收征管，均制定有详细的征管规定，具体以当地税务机关解释为准。

### 2.1.6 建筑企业跨县（市、区）提供建筑服务的增值税处理

建筑企业跨县（市、区）提供建筑服务的增值税处理包括预缴增值税处理和纳税义务发生时的增值税处理。

**【提示】**建筑企业增值税预缴一般分两类业务，一是纳税人提供建筑服务取得预收款的，需要进行增值税预缴处理（具体参见“2.2.5 建筑企业提供建筑服务取得预收款的增值税处理”）；二是建筑企业跨县（市、区）提供建筑服务的，需要进行增值税预缴处理。

根据《纳税人跨县（市、区）提供建筑服务增值税征收管理暂行办法》（国家税务总局公告 2016 年第 17 号发布）第三条第一款的规定，“纳税人跨县（市、区）提供建筑服务，应按照财税〔2016〕36 号文件规定的纳税义务发生时间和计

税方法，向建筑服务发生地主管税务机关预缴税款，向机构所在地主管税务机关申报纳税”。

对于预缴税款的时间，《纳税人跨县（市、区）提供建筑服务增值税征收管理暂行办法》第十一条规定：“纳税人跨县（市、区）提供建筑服务预缴税款时间，按照财税〔2016〕36 号文件规定的纳税义务发生时间和纳税期限执行”。

根据上述政策规定，对于需要在建筑服务发生地预缴增值税的，具体处理如下：

### 1. 适用一般计税方法计税的处理

根据《营业税改征增值税试点有关事项的规定》第一条第（七）项第 4 点、《纳税人跨县（市、区）提供建筑服务增值税征收管理暂行办法》第四条第（一）项的规定，一般纳税人跨县（市）提供建筑服务，适用一般计税方法计税的，应以取得的全部价款和价外费用为销售额计算应纳税额。纳税人应以取得的全部价款和价外费用扣除支付的分包款后的余额，按照 2%的预征率在建筑服务发生地预缴税款后，向机构所在地主管税务机关进行纳税申报。

### 2. 适用简易计税方法计税的处理

根据《营业税改征增值税试点有关事项的规定》第一条第（七）项第 5 点、《纳税人跨县（市、区）提供建筑服务增值税征收管理暂行办法》第四条第（二）项的规定，一般纳税人跨县（市）提供建筑服务，选择适用简易计税方法计税的，应以取得的全部价款和价外费用扣除支付的分包款后的余额为销售额，按照 3%的征收率计算应纳税额。纳税人应按照上述计税方法在建筑服务发生地预缴税款后，向机构所在地主管税务机关进行纳税申报。

### 3. 小规模纳税人的处理

根据《营业税改征增值税试点有关事项的规定》第一条第（七）项第 6 点、《纳税人跨县（市、区）提供建筑服务增值税征收管理暂行办法》第四条第（三）项的规定，试点纳税人中的小规模纳税人（以下称小规模纳税人）跨县（市）提供建筑服务，应以取得的全部价款和价外费用扣除支付的分包款后的余额为销售额，按照 3%的征收率计算应纳税额。纳税人应按照上述计税方法在建筑服务发生地预缴税款后，向机构所在地主管税务机关进行纳税申报。

对于上述小规模纳税人发票的开具，根据《纳税人跨县（市、区）提供建筑服务增值税征收管理暂行办法》第九条的规定，小规模纳税人跨县（市、区）提供建筑服务，不能自行开具增值税发票的，可向建筑服务发生地主管税务机关按照其取得的全部价款和价外费用申请代开增值税发票。

**【提示】**小规模纳税人发票开具的后续政策见“2.2.3 建筑业小规模纳税人增值税专用发票的开具”。

**4. 应预缴税款的计算**

（1）税款的计算。

《纳税人跨县（市、区）提供建筑服务增值税征收管理暂行办法》第五条规定：“纳税人跨县（市、区）提供建筑服务，按照以下公式计算应预缴税款：

（一）适用一般计税方法计税的，应预缴税款＝（全部价款和价外费用－支付的分包款）÷（1＋11％）×2％

（二）适用简易计税方法计税的，应预缴税款＝（全部价款和价外费用－支付的分包款）÷（1＋3％）×3％

纳税人取得的全部价款和价外费用扣除支付的分包款后的余额为负数的，可结转下次预缴税款时继续扣除。

纳税人应按照工程项目分别计算应预缴税款，分别预缴。”

根据税率调整政策，上述公式中11％的税率，在2018年5月1日至2019年4月1日期间为10％，自2019年4月1日起调整为9％。

（2）扣除分包款的凭证。

《纳税人跨县（市、区）提供建筑服务增值税征收管理暂行办法》第六条规定：“纳税人按照上述规定从取得的全部价款和价外费用中扣除支付的分包款，应当取得符合法律、行政法规和国家税务总局规定的合法有效凭证，否则不得扣除。

上述凭证是指：

（一）从分包方取得的2016年4月30日前开具的建筑业营业税发票。

上述建筑业营业税发票在2016年6月30日前可作为预缴税款的扣除凭证。

（二）从分包方取得的2016年5月1日后开具的，备注栏注明建筑服务发生地所在县（市、区）、项目名称的增值税发票。

（三）国家税务总局规定的其他凭证。”

**5. 预缴税款的抵减及增值税应纳税额小于已预缴税额的处理**

根据《纳税人跨县（市、区）提供建筑服务增值税征收管理暂行办法》第八条的规定，纳税人跨县（市、区）提供建筑服务，向建筑服务发生地主管税务机关预缴的增值税税款，可以在当期增值税应纳税额中抵减，抵减不完的，结转下期继续抵减。

纳税人以预缴税款抵减应纳税额，应以完税凭证作为合法有效凭证。

根据《营业税改征增值税试点有关事项的规定》第一条第（十一）项的规定，一般纳税人跨省（自治区、直辖市或者计划单列市）提供建筑服务，在机构所在地申报纳税时，计算的应纳税额小于已预缴税额，且差额较大的，由国家税务总局通知建筑服务发生地或者不动产所在地省级税务机关，在一定时期内暂停预缴增值税。

**6. 预缴税款的征管**

根据《纳税人跨县（市、区）提供建筑服务增值税征收管理暂行办法》第七条的规定，纳税人跨县（市、区）提供建筑服务，在向建筑服务发生地主管税务机关预缴税款时，需提交以下资料：

（1）《增值税预缴税款表》；

（2）与发包方签订的建筑合同原件及复印件；

（3）与分包方签订的分包合同原件及复印件；

（4）从分包方取得的发票原件及复印件。

该暂行办法第十条规定：“对跨县（市、区）提供的建筑服务，纳税人应自行建立预缴税款台账，区分不同县（市、区）和项目逐笔登记全部收入、支付的分包款、已扣除的分包款、扣除分包款的发票号码、已预缴税款以及预缴税款的完税凭证号码等相关内容，留存备查。”

自 2016 年 9 月 1 日起，《国家税务总局关于营改增试点若干征管问题的公告》（国家税务总局公告 2016 年第 53 号）第八条规定：“《纳税人跨县（市、区）提供建筑服务增值税征收管理暂行办法》（国家税务总局公告 2016 年第 17 号发布）第七条规定调整为：

纳税人跨县（市、区）提供建筑服务，在向建筑服务发生地主管国税机关预缴税款时，需填报《增值税预缴税款表》，并出示以下资料：

（一）与发包方签订的建筑合同复印件（加盖纳税人公章）；

（二）与分包方签订的分包合同复印件（加盖纳税人公章）；

（三）从分包方取得的发票复印件（加盖纳税人公章）。”

### 7. 没有按规定预缴税款的处理

根据《纳税人跨县（市、区）提供建筑服务增值税征收管理暂行办法》第十二条的规定，纳税人跨县（市、区）提供建筑服务，按照该办法应向建筑服务发生地主管税务机关预缴税款而自应当预缴之月起超过6个月没有预缴税款的，由机构所在地主管税务机关按照《税收征收管理法》及相关规定进行处理。

纳税人跨县（市、区）提供建筑服务，未按照该办法缴纳税款的，由机构所在地主管税务机关按照《税收征收管理法》及相关规定进行处理。

对上述预缴增值税的会计处理，根据《增值税会计处理规定》（财会〔2016〕22号文件发布）第二条第（七）项第3点的规定，企业预缴增值税时，借记“应交税费——预交增值税”科目，贷记“银行存款”科目。月末，企业应将“预交增值税”明细科目余额转入“未交增值税”明细科目，借记“应交税费——未交增值税”科目，贷记“应交税费——预交增值税”科目。对于纳税义务尚未发生的，在预缴增值税后，直至纳税义务发生时方可从“应交税费——预交增值税”科目结转至“应交税费——未交增值税”科目。

对于纳税义务发生的增值税处理，根据《增值税会计处理规定》第二条第（二）项第1点的规定，企业销售建筑服务，应当按应收或已收的金额，借记“应收账款”“应收票据”“银行存款”等科目，按取得的收入金额，贷记“工程结算”等科目，按现行增值税制度规定计算的销项税额（或采用简易计税方法计算的应纳增值税额），贷记“应交税费——应交增值税（销项税额）”或“应交税费——简易计税”科目（小规模纳税人应贷记“应交税费——应交增值税”科目）。

**案例 2-2**

#### 建筑企业异地提供建筑服务取得预收账款预缴增值税及会计处理

A建筑总公司（承包人，一般纳税人）与B房地产开发公司（发包人，一般纳税人）签订合同，由 A 公司承包 B 公司甲项目中部分土建安装工程施工，工程价款 800 万元（含税），A 公司机构不在项目所在地。根据合同约定，B 公司支付预付工程款时，A 公司应开具增值税专用发票。开工日期为 2019 年 4 月 10 日，合同约定 4 月 15 日支付预付工程款 100 万元，4 月份 A 建筑公司相关增值税计算及会计处理如下：

1. 假定项目适用一般计税方法。2019 年 4 月 15 日 B 公司预付工程款 100 万元，A 公司同时开具增值税发票。

（1）预缴增值税。

销售额：100÷(1+9%)=91.74（万元）；

销项税额：91.74×9%=8.26（万元）；

预缴税款：91.74×2%=1.83（万元）。

（2）会计处理（单位：万元，下同）：

①预缴税款时：

借：应交税费——已交增值税——预交××项目　　1.83

　贷：现金　　1.83

**【提示】**异地预缴税款，有时无法从“对公”账户支付。遇到具体问题时，以当地税务机关解释为准。

②当月 A 公司（机构所在地）计提增值税（开票）时：

借：银行存款　　100

　贷：工程结算——××项目　　91.74

　　　应交税费——应交增值税（销项税额）　　8.26

③A 公司（机构所在地）计算应缴增值税时：

假定当月可抵扣进项税额 5 万元，其他销项税额 13 万元。

应缴增值税：13+8.26-5=16.26（万元）；

异地预缴增值税 1.83 万元；

实际应缴增值税：16.26-1.83=14.43（万元）。

借：应交税费——已交增值税　　14.43

　贷：银行存款　　14.43

2. 假定项目适用简易计税方法。2019 年 4 月 15 日 B 公司预付工程款 100 万元，

A 公司同时开具增值税发票。

（1）预缴增值税。

销售额：100÷(1+3%)＝97.09（万元）；

预缴税款：97.09×3%＝2.91（万元）。

| | |
|---|---|
| 借：应交税费——已交增值税——预交××项目 | 2.91 |
| 贷：现金 | 2.91 |

（2）回机构所在地计提增值税（开票）时：

| | |
|---|---|
| 借：银行存款 | 100 |
| 贷：工程结算——××项目 | 97.09 |
| 应交税费——应交增值税（简易计税） | 2.91 |

**【提示】**上述案例素材来自实际业务，为了突出异地预缴税款的计算，进行了适当改编和简化。案例中，建筑施工方（乙方）在取得预付工程款时开具了增值税专用发票，所以实现纳税义务。在实务中，很多情况下可以暂不开具增值税专用发票（未达到纳税义务发生时点），如果没有正式开具增值税专用发票，则应按照规定计算预缴税款，待增值税纳税义务发生（正式开具增值税专用发票）时，再按照政策规定计算增值税。

### 2.1.7 建筑企业总公司（总机构）与分公司（包括项目部等分支机构）增值税业务处理

对于建筑公司（总机构）下属分公司或直属项目部承接工程项目（包括异地）的，根据《纳税人跨县（市、区）提供建筑服务增值税征收管理暂行办法》（国家税务总局公告 2016 年第 17 号发布）、《营业税改征增值税试点有关事项的规定》（财税〔2016〕36 号文件附件 2）、《财政部 税务总局关于建筑服务等营改增试点政策的通知》（财税〔2017〕58 号）等现行政策的规定，需先在建筑服务发生地预缴税款后，待纳税义务发生时，向机构所在地主管税务机关进行纳税申报，由总公司（机构）作为纳税主体计算缴纳增值税。具体可参见“2.1.6 建筑企业跨县（市、区）提供建筑服务的增值税处理”。

实务中，对采取总分机构模式提供建筑服务的纳税人，在项目所在地预缴的增值税以及支付的增值税进项税额等，需要结转到总公司（机构所在地），由总公司作为纳税主体向其主管税务机关进行纳税申报。

总分机构架构的建筑企业异地承接建筑工程项目的增值税处理相对比较复杂，一般情况下，总公司（总机构）下属分公司（分支机构）所属项目部（包括分公司直属项目部）的核算均在分公司层面进行，各个项目预交的增值税由分公司直接向当地税务机关申报缴纳。对于总公司（总机构）的直属项目部，在相关核算上与分公司基本相同，工程项目应预交的增值税，由直属项目部直接向当地税务机关申报缴纳。

建筑企业架构比较复杂，并不限于以上叙述的情形，但增值税处理的原则均是先向工程项目所在地（建筑服务发生地）主管税务机关预缴增值税，待纳税义务发生时，再向机构所在地主管税务机关进行纳税申报。

在实务中，对于建筑公司与项目部的增值税会计处理，同样也是以《增值税会计处理规定》第二条的相关规定为基础。在具体核算中情形比较复杂，一些企业采取分公司（或直属项目等分支机构）进行施工项目预缴税款、销项税额或者待转销项税额、待认证进项税额等的处理，上述科目（或明细科目）余额月末结转至总公司后，总公司再根据纳税义务时点的确认，按规定计算（处理）申报缴纳增值税。

**【提示】**建筑业有其特殊的行业规范，由于企业施工资质以及招投标法人主体要求的原因，分公司（分支机构）在承接施工业务时必须以总公司名义进行，所以项目部增值税一般都按照上述政策规定就地预缴、总部申报（包括开具发票、收款等），即由总部作为增值税纳税申报主体。但是，对于分公司（分支机构）发生的其他经营行为，比如对外租赁施工机械、零星工程（不需要招标或者资质要求）等业务，应该由分公司（分支机构）作为增值税纳税主体，以自己的名义缴纳增值税，包括申报、开票、收款等各项业务，同时，取得对应分公司名义的增值税进项税额也可以抵扣。

**案例 2-3**

### 建筑企业总、分机构的增值税及会计处理

A 建筑总公司下属甲分公司（外地）、乙直属项目部（外地）。2019 年 5 月甲分公

司取得工程结算款130.8万元（含税），乙直属项目部取得工程结算款239.8万元（含税），均开具增值税专用发票。甲分公司当月购买材料40万元、增值税（进项税额）5.2万元，乙直属项目部当月购买材料85万元、增值税（进项税额）11.05万元，均取得增值税专用发票。甲分公司、乙直属项目部的工程项目均适用一般计税方法，当月已认证进项税额18万元。A公司相关涉税及会计处理如下：

1. 增值税计算。

(1) 预缴增值税处理。

甲分公司预缴增值税：130.8÷(1+9%)×2%=2.4(万元)；

乙直属项目部预缴增值税：239.8÷(1+9%)×2%=4.4(万元)；

上述税款分别由甲分公司、乙直属项目部在当地缴纳。

(2) 增值税申报处理。

A公司销售额：(130.8+239.8)÷(1+9%)=340(万元)；

A公司销项税额：340×9%=30.6(万元)；

A公司进项税额：5.2+11.05=16.25(万元)；

A公司应缴税额：30.6−18−6.8=5.8(万元)。

2. 会计处理（单位：万元）。

(1) 分公司、直属项目部增值税会计处理。

①甲分公司取得工程结算款。

| | | |
|---|---|---|
| 借：银行存款 | 130.8 | |
| 贷：工程结算 | | 120 |
| 应交税费——应交增值税（销项税额） | | 10.8 |

②甲分公司预缴增值税。

| | | |
|---|---|---|
| 借：应交税费——预交增值税 | 2.4 | |
| 贷：银行存款 | | 2.4 |

③甲分公司购进材料。

| | | |
|---|---|---|
| 借：原材料 | 40 | |
| 应交税费——应交增值税（待认证进项税额） | 5.2 | |
| 贷：银行存款 | | 45.2 |

④乙直属项目部取得工程结算款。

| | | |
|---|---|---|
| 借：银行存款 | 239.8 | |

贷：工程结算　220

应交税费——应交增值税（销项税额）　19.8

⑤乙直属项目部预缴增值税。

借：应交税费——预交增值税　4.4

贷：银行存款　4.4

⑥乙直属项目部购进材料。

借：原材料　85

应交税费——应交增值税（待认证进项税额）　11.05

贷：银行存款　96.05

（2）分公司、直属项目部结转增值税会计处理。

假定A公司设置“集团内部往来”科目核算与分公司、直属项目部之间的增值税金额。

①甲分公司预缴增值税结转。

借：集团内部往来——结转预交增值税　2.4

贷：应交税费——预交增值税　2.4

②甲分公司增值税销项税额结转。

借：应交税费——应交增值税（销项税额）　10.8

贷：集团内部往来——应交增值税（结转销项税额）　10.8

③甲分公司增值税进项税额结转。

借：集团内部往来——应交增值税（结转待认证进项税额）　5.2

贷：应交税费——应交增值税（待认证进项税额）　5.2

④乙直属项目部预缴增值税结转。

借：集团内部往来——结转预交增值税　4.4

贷：应交税费——预交增值税　4.4

⑤乙直属项目部增值税销项税额结转。

借：应交税费——应交增值税（销项税额）　19.8

贷：集团内部往来——应交增值税（结转销项税额）　19.8

⑥乙直属项目部增值税进项税额结转。

借：集团内部往来——应交增值税（结转待认证进项税额）　11.05

贷：应交税费——应交增值税（待认证进项税额）　11.05

(3) A公司会计处理。

①月末，根据预缴余额汇总结转。

借：应交税费——预交增值税 6.8

贷：集团内部往来——甲分公司结转预交增值税 2.4

——乙直属项目部结转预交增值税 4.4

②月末，根据汇总结转销项税额。

借：集团内部往来——甲分公司应交增值税（结转销项税额） 10.8

——乙直属项目部应交增值税（结转销项税额） 19.8

贷：应交税费——应交增值税（销项税额） 30.6

③月末，根据汇总结转待认证进项税额。

借：应交税费——应交增值税（待认证进项税额） 16.25

贷：集团内部往来——甲分公司应交增值税（待认证进项税额） 5.2

——乙直属项目部应交增值税（待认证进项税额） 11.05

④计算当月应缴增值税额。

借：应交税费——应交增值税（已交税金） 5.8

贷：银行存款 5.8

**【提示1】**实务中，建筑企业总、分机构增值税（包括会计）处理有多种方式，上述案例根据实务中的一些处理方式加以整理，仅供涉税处理参考。

**【提示2】**关于增值税进项税额抵扣认证问题，详见“2.1.8 增值税专用发票抵扣的前提条件（认证）”。本书后面不再提醒。

## 2.1.8 增值税专用发票抵扣的前提条件（认证）

2017年7月1日之前，根据《国家税务总局关于调整增值税扣税凭证抵扣期限有关问题的通知》（国税函〔2009〕617号）第一条的规定，“增值税一般纳税人取得2010年1月1日以后开具的增值税专用发票、公路内河货物运输业统一发票和机动车销售统一发票，应在开具之日起180日内到税务机关办理认证，并在认证通过的次月申报期内，向主管税务机关申报抵扣进项税额”。

自2017年7月1日起，《国家税务总局关于进一步明确营改增有关征管问题的公告》（国家税务总局公告 2017 年第 11 号）第十条规定："自 2017 年 7 月 1 日起，增值税一般纳税人取得的 2017 年 7 月 1 日及以后开具的增值税专用发票和机动车销售统一发票，应自开具之日起 360 日内认证或登录增值税发票选择确认平台进行确认，并在规定的纳税申报期内，向主管国税机关申报抵扣进项税额。

增值税一般纳税人取得的 2017 年 7 月 1 日及以后开具的海关进口增值税专用缴款书，应自开具之日起 360 日内向主管国税机关报送《海关完税凭证抵扣清单》，申请稽核比对。

纳税人取得的 2017 年 6 月 30 日前开具的增值税扣税凭证，仍按《国家税务总局关于调整增值税扣税凭证抵扣期限有关问题的通知》（国税函〔2009〕617 号）执行。"

根据上述政策规定，自 2017 年 7 月 1 日起，增值税一般纳税人取得的 2017 年 7 月 1 日及以后开具的增值税专用发票，应自开具之日起 360 日内认证或登录增值税发票选择确认平台进行确认，并在规定的纳税申报期内，向主管税务机关申报抵扣进项税额。

2019 年 12 月 31 日的政策变化。《国家税务总局关于取消增值税扣税凭证认证确认期限等增值税征管问题的公告》（国家税务总局公告 2019 年第 45 号）第一条规定："增值税一般纳税人取得 2017 年 1 月 1 日及以后开具的增值税专用发票、海关进口增值税专用缴款书、机动车销售统一发票、收费公路通行费增值税电子普通发票，取消认证确认、稽核比对、申报抵扣的期限。纳税人在进行增值税纳税申报时，应当通过本省（自治区、直辖市和计划单列市）增值税发票综合服务平台对上述扣税凭证信息进行用途确认。

增值税一般纳税人取得 2016 年 12 月 31 日及以前开具的增值税专用发票、海关进口增值税专用缴款书、机动车销售统一发票，超过认证确认、稽核比对、申报抵扣期限，但符合规定条件的，仍可按照《国家税务总局关于逾期增值税扣税凭证抵扣问题的公告》（2011 年第 50 号，国家税务总局公告 2017 年第 36 号、2018 年第 31 号修改）、《国家税务总局关于未按期申报抵扣增值税扣税凭证有关问题的公告》（2011 年第 78 号，国家税务总局公告 2018 年第 31 号修改）规定，继续抵扣进项税额。"

## 2.2　建筑业增值税计税方法

建筑业增值税计税方法包括一般计税方法和简易计税方法，它不仅是计算税款的公式，更是正确计算增值税的前提。

### 2.2.1 “建筑服务”税目一般计税方法计税处理

建筑业等增值税的计税方法包括一般计税方法和简易计税方法。《营业税改征增值税试点实施办法》（财税〔2016〕36号文件附件1）第十八条第一款规定：“一般纳税人发生应税行为适用一般计税方法计税。”

该实施办法第二十一条规定：“一般计税方法的应纳税额，是指当期销项税额抵扣当期进项税额后的余额。应纳税额计算公式：

应纳税额＝当期销项税额－当期进项税额

当期销项税额小于当期进项税额不足抵扣时，其不足部分可以结转下期继续抵扣。”

根据该实施办法第二十二条的规定，上述公式中的销项税额，是指纳税人发生应税行为按照销售额和增值税税率计算并收取的增值税额。销项税额计算公式：

销项税额＝销售额×税率

根据该实施办法第二十四条的规定，上述公式中的进项税额，是指纳税人购进货物、加工修理修配劳务、服务、无形资产或者不动产，支付或者负担的增值税额。

对于上述计算销项税额公式中的“销售额”，根据该实施办法第二十三条的规定，“一般计税方法的销售额不包括销项税额，纳税人采用销售额和销项税额合并定价方法的，按照下列公式计算销售额：

销售额＝含税销售额÷(1＋税率)”

**案例 2-4**

**建筑业一般纳税人适用一般计税方法的计税处理**

A建筑公司（一般纳税人）与B房地产开发公司（一般纳税人）签订合同，由A公司承包B公司甲项目相关楼栋工程及地下车库工程施工。项目工期：2019年4月10日—2019年9月20日。合同价款2 000万元（含税），无甲供材。增值税计算如下：

假定该项目2019年9月20日完工并开具增值税发票，当月进项税额25万元（购进材料、设备等各类符合政策的进项税额）。

销售额：2 000÷(1+9%)=1 834.86(万元)；

销项税额：1 834.86×9%=165.14(万元)；

应缴增值税：165.14−25=140.14(万元)。

上述A公司给B公司开具的增值税专用发票，其票面注明的增值税税额可以作为B公司的进项税额进行抵扣。

## 2.2.2 建筑业简易计税方法的计税处理

### 1. 简易计税方法的适用范围

《营业税改征增值税试点实施办法》第十九条规定："小规模纳税人发生应税行为适用简易计税方法计税"；第十八条第二款规定："一般纳税人发生财政部和国家税务总局规定的特定应税行为，可以选择适用简易计税方法计税，但一经选择，36个月内不得变更"。

### 2. 简易计税方法的计算方式

《营业税改征增值税试点实施办法》第三十四条规定："简易计税方法的应纳税额，是指按照销售额和增值税征收率计算的增值税额，不得抵扣进项税额。应纳税额计算公式：

应纳税额=销售额×征收率"

对于上述计算应纳税额公式中的"销售额"，该实施办法第三十五条规定，简易计税方法的销售额不包括其应纳税额，纳税人采用销售额和应纳税额合并定价方法的，按照下列公式计算销售额：

销售额=含税销售额÷(1+征收率)

根据上述政策规定，适用简易计税方法计税的纳税人包括小规模纳税人及一般纳税人发生政策规定的特定应税行为。根据相关政策规定，适用及可以选择适用简易计税方法计税的纳税人或情形具体如下：

（1）《营业税改征增值税试点实施办法》第十九条规定，建筑业小规模纳税人发生应税行为适用简易计税方法计税。

（2）《营业税改征增值税试点有关事项的规定》第一条第（七）项第 1 点规定，一般纳税人以清包工方式提供的建筑服务，可以选择适用简易计税方法计税。

（3）《营业税改征增值税试点有关事项的规定》第一条第（七）项第 2 点规定，一般纳税人为甲供工程提供的建筑服务，可以选择适用简易计税方法计税。

（4）《财政部 税务总局关于建筑服务等营改增试点政策的通知》（财税〔2017〕58 号）第一条规定，建筑工程总承包单位为房屋建筑的地基与基础、主体结构提供工程服务，建设单位自行采购全部或部分钢材、混凝土、砌体材料、预制构件的，适用简易计税方法计税。

（5）《国家税务总局关于明确中外合作办学等若干增值税征管问题的公告》（国家税务总局公告 2018 年第 42 号）第六条规定，“一般纳税人销售自产机器设备的同时提供安装服务，应分别核算机器设备和安装服务的销售额，安装服务可以按照甲供工程选择适用简易计税方法计税。

一般纳税人销售外购机器设备的同时提供安装服务，如果已经按照兼营的有关规定，分别核算机器设备和安装服务的销售额，安装服务可以按照甲供工程选择适用简易计税方法计税”。

根据上述规定，建筑业小规模纳税人发生应税行为必须适用简易计税方法计税。对于建筑业一般纳税人，如果发生“清包工”“甲供材”工程，则可以选择适用简易计税方法或一般计税方法。而对于销售设备并同时提供安装服务的，安装服务可以按照甲供工程选择适用简易计税方法计税。

对一般纳税人适用简易计税方法计税的项目，一般开具增值税普通发票，如果发包方需要增值税专用发票，则只能按照征收率开具相应的增值税专用发票。

### 3. 一般纳税人适用简易计税方法计税的备案

根据《国家税务总局关于简化建筑服务增值税简易计税方法备案事项的公告》（国家税务总局公告 2017 年第 43 号）第一条的规定，“增值税一般纳税人（以下称‘纳税人’）提供建筑服务，按规定适用或选择适用简易计税方法计税的，实行一次备案制”。自 2018 年 1 月 1 日起，具体规定如下：

（1）对于备案的手续及提交的资料，该公告第二条规定，“纳税人应在按简易计税方法首次办理纳税申报前，向机构所在地主管国税机关办理备案手续，并提交以下资料：

（一）为建筑工程老项目提供的建筑服务，办理备案手续时应提交《建筑工程施工许可证》（复印件）或建筑工程承包合同（复印件）；

（二）为甲供工程提供的建筑服务、以清包工方式提供的建筑服务，办理备案手续时应提交建筑工程承包合同（复印件）”。

（2）对于纳税人备案后提供其他适用或选择适用简易计税方法的建筑服务。该公告第三条规定：“纳税人备案后提供其他适用或选择适用简易计税方法的建筑服务，不再备案。纳税人应按照本公告第二条规定的资料范围，完整保留其他适用或选择适用简易计税方法建筑服务的资料备查，否则该建筑服务不得适用简易计税方法计税。

税务机关在后续管理中发现纳税人不能提供相关资料的，对少缴的税款应予追缴，并依照《中华人民共和国税收征收管理法》及其实施细则的有关规定处理”。

（3）纳税人跨县（市）提供建筑服务适用或选择适用简易计税方法计税的，根据该公告第四条的规定，“纳税人跨县（市）提供建筑服务适用或选择适用简易计税方法计税的，应按上述规定向机构所在地主管国税机关备案，建筑服务发生地主管国税机关无需备案”。

自 2019 年 10 月 1 日起，根据《国家税务总局关于国内旅客运输服务进项税抵扣等增值税征管问题的公告》（国家税务总局公告 2019 年第 31 号）第八条的规定，“提供建筑服务的一般纳税人按规定适用或选择适用简易计税方法计税的，不再实行备案制。以下证明材料无需向税务机关报送，改为自行留存备查：

（一）为建筑二程老项目提供的建筑服务，留存《建筑工程施工许可证》或建筑工程承包合同；

（二）为甲供工程提供的建筑服务、以清包工方式提供的建筑服务，留存建筑工程承包合同”。

**案例 2-5**

### 建筑业一般纳税人提供服务选择适用简易计税方法的增值税计算

A 建筑公司（一般纳税人）与 B 业主签订合同，由 A 公司承建 B 业主值班房。

项目工期：2018 年 7 月 10 日—2018 年 9 月 20 日。合同价款 20 万元（含税），相关建筑材料等由 B 业主提供。A 公司选择适用简易计税方法，A 公司增值税计算如下：

假定 2018 年 9 月 20 日完工并开具增值税普通发票。

销售额：20÷(1+3%)=19.42(万元)；

应缴增值税：19.42×3%=0.58(万元)。

### 2.2.3 建筑业小规模纳税人增值税专用发票的开具

建筑业小规模纳税人开具增值税专用发票有以下两种情形。

**1. 向主管税务机关申请代开**

根据《营业税改征增值税试点实施办法》第五十四条的规定，“小规模纳税人发生应税行为，购买方索取增值税专用发票的，可以向主管税务机关申请代开”。

**2. 自行开具**

《国家税务总局关于进一步明确营改增有关征管问题的公告》（国家税务总局公告 2017 年第 11 号）第九条规定：“自 2017 年 6 月 1 日起，将建筑业纳入增值税小规模纳税人自行开具增值税专用发票试点范围。月销售额超过 3 万元（或季销售额超过 9 万元）的建筑业增值税小规模纳税人（以下称‘自开发票试点纳税人’）提供建筑服务、销售货物或发生其他增值税应税行为，需要开具增值税专用发票的，通过增值税发票管理新系统自行开具。

自开发票试点纳税人销售其取得的不动产，需要开具增值税专用发票的，仍须向税务机关申请代开。

自开发票试点纳税人所开具的增值税专用发票应缴纳的税款，应在规定的纳税申报期内，向主管税务机关申报纳税。在填写增值税纳税申报表时，应将当期开具增值税专用发票的销售额，按照 3%和 5%的征收率，分别填写在《增值税纳税申报表》（小规模纳税人适用）第 2 栏和第 5 栏‘税务机关代开的增值税专用发票不含税销售额’的‘本期数’相应栏次中。”

根据上述政策规定，建筑业小规模纳税人可以自行开具增值税专用发票，有三点需要注意：一是“通过增值税发票管理新系统自行开具”；二是月销售额超过 3 万元（或季销售额超过 9 万元），包括建筑服务销售货物或发生其他增值税应税行为，但不含“纳税人销售其取得的不动产”；三是在填写增值税纳税申报表时，应将当期开具增值税专用发票的销售额，按照 3%和 5%的征收率，分别填写在《增值税纳税申报表》（小规模纳税人适用）第 2 栏和第 5 栏“税务机关代开的增值税专用发票不含税销售额”的“本期数”相应栏次中。

对于小规模纳税人免征增值税政策，《国家税务总局关于小规模纳税人免征增值税政策有关征管问题的公告》（国家税务总局公告 2019 年第 4 号）第一条规定：“小规模纳税人发生增值税应税销售行为，合计月销售额未超过 10 万元（以 1 个季度为 1 个纳税期的，季度销售额未超过 30 万元，下同）的，免征增值税。

小规模纳税人发生增值税应税销售行为，合计月销售额超过 10 万元，但扣除本期发生的销售不动产的销售额后未超过 10 万元的，其销售货物、劳务、服务、无形资产取得的销售额免征增值税。”

对于适用增值税差额征税政策的小规模纳税人免征增值税政策，该公告第二条规定：“适用增值税差额征税政策的小规模纳税人，以差额后的销售额确定是否可以享受本公告规定的免征增值税政策。

《增值税纳税申报表（小规模纳税人适用）》中的‘免税销售额’相关栏次，填写差额后的销售额”。

**【提示 1】**《国家税务总局关于增值税发票管理等有关事项的公告》（国家税务总局公告 2019 年第 33 号）第五条规定：“增值税小规模纳税人（其他个人除外）发生增值税应税行为，需要开具增值税专用发票的，可以自愿使用增值税发票管理系统自行开具。选择自行开具增值税专用发票的小规模纳税人，税务机关不再为其代开增值税专用发票。

增值税小规模纳税人应当就开具增值税专用发票的销售额计算增值税应纳税额，并在规定的纳税申报期内向主管税务机关申报缴纳。在填写增值税纳税申报表时，应当将当期开具增值税专用发票的销售额，按照 3%和 5%的征收率，分别填写在《增值税纳税申报表》（小规模纳税人适用）第 2 栏和第 5 栏‘税务机关代开的增值税专用发票不含税销售额’的‘本期数’相应栏次中。”

**【提示2】** 2019年11月27日发布的《中华人民共和国增值税法（征求意见稿）》没有关于小规模纳税人的条款，其第二十三条指出：“简易计税方法的应纳税额，是指按照当期销售额和征收率计算的增值税额，不得抵扣进项税额。应纳税额计算公式：

应纳税额＝当期销售额×征收率”

请读者密切关注后续政策变化。

**案例2-6**

## 建筑业小规模纳税人开具增值税专用发票的处理

A建筑公司（小规模纳税人）2018年9月取得三笔（三个客户）收入：房屋修缮收入2.2万元、出租房屋收入1万元、销售墙面涂料等建材收入3万元。客户需要增值税专用发票。增值税计算如下：

A公司2018年取得销售收入6.2万元（2.2＋1＋3），可以通过增值税发票管理新系统自行开具增值税专用发票。

1. 房屋修缮收入。

销售额：22 000÷(1＋3%)＝21 359.22(元)；

应缴增值税：21 359.22×3%＝640.78(元)。

2. 房屋租赁收入。

销售额：10 000÷(1＋3%)＝9 708.74(元)；

应缴增值税：9 708.74×3%＝291.26(元)。

3. 销售墙面涂料等收入。

销售额：30 000÷(1＋3%)＝29 126.21(元)；

应缴增值税：29 126.21×3%＝873.79(元)。

上述A公司开具三张增值税专用发票。房屋修缮收入发票注明的增值税额640.78元可以作为进项税额在接收发票方抵扣；房屋租赁收入发票注明的增值税额291.26元可以作为进项税额在接收发票方抵扣；销售墙面涂料等建材收入发票注明的增值税额873.79元可以作为进项税额在接收发票方抵扣。

**【提示】**《营业税改征增值税试点有关事项的规定》（财税〔2016〕36 号文件附件 2）第一条第（九）项第 1 点规定：“一般纳税人出租其 2016 年 4 月 30 日前取得的不动产，可以选择适用简易计税方法，按照 5%的征收率计算应纳税额。纳税人出租其 2016 年 4 月 30 日前取得的与机构所在地不在同一县（市）的不动产，应按照上述计税方法在不动产所在地预缴税款后，向机构所在地主管税务机关进行纳税申报。”

《营业税改征增值税试点有关事项的规定》第一条第（九）项第 3 点规定：“一般纳税人出租其 2016 年 5 月 1 日后取得的、与机构所在地不在同一县（市）的不动产，应按照 3%的预征率在不动产所在地预缴税款后，向机构所在地主管税务机关进行纳税申报。”

《营业税改征增值税试点有关事项的规定》第一条第（九）项第 4 点规定：“小规模纳税人出租其取得的不动产（不含个人出租住房），应按照 5%的征收率计算应纳税额。纳税人出租与机构所在地不在同一县（市）的不动产，应按照上述计税方法在不动产所在地预缴税款后，向机构所在地主管税务机关进行纳税申报。”

### 2.2.4　对于会计制度确认收入或利得的时点与增值税制度确认增值税纳税义务发生时点不一致的处理

增值税纳税义务发生时间为纳税人发生应税行为并收讫销售款项或者取得索取销售款项凭据的当天；先开具发票的，为开具发票的当天。这与会计制度确认收入（提供相关服务）的原则有一定差异，从会计制度角度（或企业所得税），对跨年度建筑工程项目，一般情况下要按照形象工程进度确认收入，根据增值税纳税义务发生时间的确认原则，增值税纳税义务发生时间有可能早于或迟于按照形象工程进度确认收入的时点。

对于上述问题，主要是通过增值税会计处理方式处理。对会计制度确认收入或利得的时点早于按照增值税制度确认增值税纳税义务发生时点的，《增值税会计处理规定》（财会〔2016〕22 号文件发布）第二条第（二）项第 1 点第二款规定：“按照国家统一的会计制度确认收入或利得的时点早于按照增值税制度确认增值税纳税义务发生时点的，应将相关销项税额记入‘应交税费——待转销项税额’科目，待实际发生纳税义务时再转入‘应交税费——应交增值税（销项税额）’或‘应交税费——简易计税’科目。”

对增值税制度确认增值税纳税义务发生时点早于按照国家统一的会计制度确认收入或利得的时点的，《增值税会计处理规定》第二条第（二）项第1点第三款规定：“按照增值税制度确认增值税纳税义务发生时点早于按照国家统一的会计制度确认收入或利得的时点的，应将应纳增值税额，借记‘应收账款’科目，贷记‘应交税费——应交增值税（销项税额）’或‘应交税费——简易计税’科目，按照国家统一的会计制度确认收入或利得时，应按扣除增值税销项税额后的金额确认收入。”

## 2.2.5 建筑企业提供建筑服务取得预收款的增值税处理

建筑企业提供建筑服务取得预收款的增值税处理分两个阶段，在2017年7月1日之前，《营业税改征增值税试点实施办法》（财税〔2016〕36号文件附件1）第四十五条第（二）项规定：“纳税人提供建筑服务、租赁服务采取预收款方式的，其纳税义务发生时间为收到预收款的当天”。

在2017年7月1日之后，根据《财政部 税务总局关于建筑服务等营改增试点政策的通知》（财税〔2017〕58号）第二条的规定，“《营业税改征增值税试点实施办法》（财税〔2016〕36号印发）第四十五条第（二）项修改为‘纳税人提供租赁服务采取预收款方式的，其纳税义务发生时间为收到预收款的当天’”。也就是说该文件的这个规定删除了原规定中的“建筑服务”。

根据上述政策规定，自2017年7月1日起，建筑企业收到的预收账款纳税义务发生时间不是收到预收账款的当天，而是仍然根据《营业税改征增值税试点实施办法》第四十五条第（一）项关于“增值税纳税义务、扣缴义务发生时间”的规定处理，即“纳税人发生应税行为并收讫销售款项或者取得索取销售款项凭据的当天；先开具发票的，为开具发票的当天”。

自2017年7月1日起，纳税人提供建筑服务取得预收款的，应采取预缴税款方式缴纳（预缴）增值税。财税〔2017〕58号文件第三条规定：“纳税人提供建筑服务取得预收款，应在收到预收款时，以取得的预收款扣除支付的分包款后的余额，按照本条第三款规定的预征率预缴增值税。

按照现行规定应在建筑服务发生地预缴增值税的项目，纳税人收到预收款时在建筑服务发生地预缴增值税。按照现行规定无需在建筑服务发生地预缴增值税的项目，纳税人收到预收款时在机构所在地预缴增值税。

适用一般计税方法计税的项目预征率为 2%，适用简易计税方法计税的项目预征率为 3%。”

建筑企业在工程项目运行中，收取款项的形式有多种，有的企业（或项目）按合同约定取得预收账款，有的企业（或项目）按照项目进度取得（计算）工程进度款，有的企业则按照项目进度的一个折扣比例取得工程进度款，还有的企业无法取得工程进度款，项目完工后再取得（计算）结算款项。同时，自 2017 年 7 月 1 日起，建筑企业收到预收账款不再确认纳税义务的实现，而是预缴增值税。因此，企业（特别是中小企业）在核算中根据各自的情况及处理习惯有不同的处理方法。

在实务中，有的企业（或项目）能取得预收账款，因此，取得的项目款项（包括预收账款、进度款）基本上是通过“预收账款”科目核算处理的；有的企业无法取得预收账款，甚至相关进度款也无法及时取得，因此，取得的项目款项有些是通过“应收账款”科目核算处理的。建议不论是“预收账款”科目还是“应收账款”科目，对同一项目（或同一客户）最好使用同一个科目核算，这样可以在一个科目中显示出完整的累计发生额，使项目收款核算一目了然，增值税的计算也不会出现差错。

对于预缴税款的会计处理，根据《增值税会计处理规定》（财会〔2016〕22 号文件发布）第二条第（七）项第 3 点的规定，企业预缴增值税时，借记“应交税费——预交增值税”科目，贷记“银行存款”科目。月末，企业应将“预交增值税”明细科目余额转入“未交增值税”明细科目，借记“应交税费——未交增值税”科目，贷记“应交税费——预交增值税”科目。

**特别提请读者注意：为便于阅读参考，案例 2-9 至案例 2-13 涉及的知识点除“预收账款”涉税内容外，还包括增值税纳税义务发生、预交增值税、发票开具、会计制度确认收入时点与增值税确认纳税义务时点的差异处理等综合内容。**

**案例 2-7**

### 纳税人提供建筑服务取得预收款的增值税（一般计税方法）及会计处理

A 建筑公司（一般纳税人）与 B 公司（一般纳税人）签订合同，由 A 公司承担

B 公司某项目施工，工程价款 400 万元（含税），该项目在 A 公司机构所在地。根据合同约定，2019 年 8 月 10 日 B 公司支付首笔预付工程款 200 万元，其余工程款在完工时支付。假定工程项目适用一般计税方法，8 月份 A 公司预缴增值税及会计处理如下（单位：万元）：

1. 预缴增值税计算。

销售额：200÷(1+9%)=183.49(万元)；

预缴税款：183.49×2%=3.67（万元）。

2. 会计处理。

（1）8 月份缴纳税款：

借：应交税费——预交增值税　　3.67

　贷：银行存款　　3.67

（2）月末结转时：

借：应交税费——未交增值税　　3.67

　贷：应交税费——预交增值税　　3.67

**案例 2-8**

## 纳税人提供建筑服务取得预收款的增值税（简易计税方法）及会计处理

A 建筑公司（一般纳税人）与 B 公司（一般纳税人）签订合同，由 A 公司承担 B 公司某项目施工，工程价款 200 万元（含税），该项目在 A 公司机构所在地。根据合同约定，2019 年 11 月 10 日 B 公司支付首笔预付工程款 50 万元，其余工程款在完工时支付。假定工程项目适用简易计税方法，11 月份 A 公司预缴增值税及会计处理如下（单位：万元）：

1. 预缴增值税计算。

销售额：50÷(1+3%)=48.54(万元)；

预缴税款：48.54×3%=1.46(万元)。

2. 会计处理。

（1）缴纳税款时：

借：应交税费——预交增值税　　1.46

　贷：银行存款　　1.46

(2) 月末结转时：

借：应交税费——未交增值税 1.46

贷：应交税费——预交增值税 1.46

案例 2-9

## 建筑企业提供建筑服务取得进度款的增值税（一般计税方法）及会计处理

A建筑公司（一般纳税人）与B房地产开发公司（一般纳税人）签订合同，由A公司承包B公司某项目中部分土建安装工程，工程价款3 000万元（含税），工程价款包括分包款。根据合同约定，B公司按工程进度支付预付工程款，项目完工后A公司开具增值税专用发票。合同约定，每个会计年度年中和年末，双方计算确定工程进度并支付工程进度款。假定开工日期为2019年6月1日，竣工日期为2020年12月20日。假定该项目在A公司所在地，适用一般计税方法计税，(扣押) 质押金、保证金业务略，其他相关业务及A公司增值税、会计处理如下（单位：万元）：

1. 2019年6月收到预付账款500万元。

(1) 预缴增值税计算。

销售额：500÷(1+9%)=458.72(万元)；

预缴税款：458.72×2%=9.17(万元)。

(2) 会计处理。

①收到预付账款时：

借：银行存款 500

贷：预收账款——B公司 500

②缴纳税款时：

借：应交税费——预交增值税 9.17

贷：银行存款 9.17

③月末结转时：

借：应交税费——未交增值税 9.17

贷：应交税费——预交增值税 9.17

2. 2019年12月，双方根据工程量进度确定A公司收取进度款700万元，扣除已经收取的500万元，实际收取200万元。

（1）增值税计算。

销售额：700÷（1+9%）=642.20（万元）；

销项税额：642.20×9%=57.80（万元）。

应交增值税等业务略。

**【提示1】**企业收到“工程进度款”时，如果合同有约定或开具正式增值税专用发票，即符合“纳税人发生应税行为并收讫销售款项或者取得索取销售款项凭据的当天；先开具发票的，为开具发票的当天”原则的，则增值税纳税义务发生。对合同没有具体（明确）约定进度款收取的，如果其收取的“工程进度款”属于预收账款性质，则需要先预交增值税，待纳税义务发生时，在据实计算申报缴纳增值税。

在实务中，各地税务机关对合同约定等相关情形纳税义务发生时间有具体的政策规定，具体以当地税务管理机关规定（解释）为准。本案例中，假定合同明确约定了工程进度款的收取，A公司取得工程进度款即实现增值税纳税义务。

**【提示2】**根据企业所得税相关政策，在2019年度企业所得税汇算清缴时，对该项目，A公司应按照形象工程进度确认（结转）收入642.20万元。

（2）会计处理。

①收到款项时：

| | | |
|---|---|---|
| 借：银行存款 | 200 | |
| 　　贷：预收账款——B公司 | | 200 |

②计提销项税额时：

| | | |
|---|---|---|
| 借：预收账款——B公司 | 700 | |
| 　　贷：工程结算——B公司 | | 642.20 |
| 　　　　应交税费——应交增值税（销项税额） | | 57.80 |

**【提示】**实务中，很多工程项目是在完工后开具全额增值税专用发票的，一些企业从自身管理出发，会要求施工企业在收到预付账款（进度款）时，开具

相应的票据。一般情况下，建筑企业在系统中开具的预收账款票据是没有税额的，具体参考流程为：点击“智能编码”——点击“商品编码”——点击“批量添加”——输入预付款——保存。待纳税义务确定（发生时）而开具最后一张发票时，显示完整的税额。

在实务中，各地税务机关对各类情形的开票处理一般有详细的征管规定，具体以当地税务管理机关规定（解释）为准。本书后面相关开票内容不再完整提示。

3. 2020年6月1日，双方根据工程量进度确定支付进度款850万元，其中含50万元分包款。

（1）增值税计算。

销售额：850÷(1+9%)=779.82(万元)；

销项税额：779.82×9%=70.18(万元)。

（2）会计处理。

①收到款项时：

借：银行存款　850

　贷：预收账款——B公司　850

②计提销项税额时：

借：预收账款——B公司　850

　贷：工程结算——B公司　779.82

　　　应交税费——应交增值税（销项税额）　70.18

③支付分包款时：

借：预付账款　50

　贷：银行存款　50

④收到分包方开具的增值税专用发票时：

销售额：50÷(1+9%)=45.87(万元)；

进项税额：45.87×9%=4.13(万元)。

借：工程施工——合同成本（分包××项目）　45.87

　　应交税费——应交增值税（进项税额）　4.13

　贷：预付账款　50

4. 2020年12月20日项目完工，A公司取得剩余工程款1 450万元，相关质保金、押金等涉及尾款业务略。A公司开具增值税专用发票。

(1) 增值税计算。

销售额：1 450÷(1+9%)=1 330.28(万元)；

销项税额：1 330.28×9%=119.72（万元）。

(2) 会计处理。

①收到款项时：

| | | |
|---|---|---|
| 借：银行存款 | 1 450 | |
| 　贷：预收账款——B公司 | | 1 450 |

②计提销项税额时：

| | | |
|---|---|---|
| 借：预收账款——B公司 | 1 450 | |
| 　贷：工程结算——B公司 | | 1 330.28 |
| 　　　应交税费——应交增值税（销项税额） | | 119.72 |

**【提示】**上述案例的基本素材来自实际业务，为了突出增值税计算政策，对案例进行了适当改编，与实务有一定差异，仅供参考。

**案例 2-10**

## 建筑企业提供建筑服务取得进度款的增值税（简易计税方法）及会计处理

A建筑公司（一般纳税人）与B房地产开发公司（一般纳税人）签订合同，由A公司承包B公司某项目中部分建筑安装工程，工程价款200万元（含税）。根据合同约定，B公司按工程进度支付预付工程款，完工后A公司开具增值税专用发票。假定开工日期为2019年5月3日，竣工日期为2020年7月20日，约定2019年12月31日按照工程进度，B公司支付工程进度款。假定该项目在A公司所在地，适用简易计税方法计税，（扣押）质押金、保证金业务略，其他相关业务及A公司增值税、会计处理如下（单位：万元）：

1. 2019年5月1日收到预付账款100万元。

(1) 预缴增值税计算。

销售额：100÷(1+3%)=97.09(万元)；

预缴税款：97.09×3%=2.91(万元)。

(2) 会计处理。

①收到预付账款时：

借：银行存款　100

　贷：预收账款——B公司　100

②缴纳税款时：

借：应交税费——预交增值税　2.91

　贷：银行存款　2.91

③月末结转时：

借：应交税费——未交增值税　2.91

　贷：应交税费——预交增值税　2.91

2. 2019年12月31日，A公司根据工程进度取得进度款130万元，扣除已经取得的100万元，实际收取30万元。

(1) 增值税计算。

销售额：130÷(1+3%)=126.21(万元)；

应缴税款：126.21×3%=3.79 (万元)。

(2) 会计处理。

①收到预付账款时：

借：银行存款　30

　贷：预收账款——B公司　30

②计提应缴税款时：

借：预收账款　130

　贷：工程结算　126.21

　　应交税费——简易计税　3.79

**【提示1】**假定该案例中合同明确约定了工程进度款的收取，A公司取得工程进度款即实现增值税纳税义务。

**【提示2】**2019年度企业所得税汇算清缴时，应按照形象工程进度确认企业所得税收入126.21万元。

3. 2020年7月20日，工程项目完工，取得剩余款项70万元。A公司开具增值税发票。

(1) 增值税计算。

销售额：70÷(1+3%)=67.96(万元)；

应缴税款：67.96×3%=2.04(万元)。

(2) 会计处理。

①收到预付账款时：

借：银行存款　70

　贷：预收账款——B公司　70

②计提应缴税款时：

借：预收账款　70

　贷：工程结算　67.96

　　应交税费——简易计税　2.04

**【提示】**如果B公司要求开具增值税专用发票，A公司可以按照政策规定开具税率3%的增值税专用发票。

案例2-11

## 建筑企业提供建筑服务按已完成工作量的一定比例收取进度款的增值税（计提待转销项税额）及会计处理（一般计税方法）

A建筑公司（一般纳税人）与B房地产开发公司（一般纳税人）签订合同，由A公司承包B公司某项目中部分土建安装工程施工，工程价款3 000万元（含税），工程价款包括分包款。根据合同约定，B公司在合同生效后支付预付款300万元，A公司开具预收款票据。每个会计年度年中和年末，根据确定的工程进度，按已完成工作量的60%支付工程进度款，待工程完工后，支付剩余全部款项，A公司按总金额开具增值税专用发票。假定开工日期为2019年6月5日，竣工日期为2020年12月20日，A公司分包给C公司工程金额500万元。假定该项目在A公司所在地，适用一般计税方法计税，（扣押）质押金、保证金业务略，其他相关业务及A公司增值税、会计处理如下（单位：万元）：

1. 2019年6月1日，A公司收取预收账款300万元，支付分包方C公司50

万元。

（1）预缴增值税计算。

销售额：(300−50)÷(1+9%)=229.36(万元)；

预缴税款：229.36×2%=4.59(万元)。

（2）会计处理。

①收到预付工程款时：

借：银行存款　300

　贷：预收账款——B公司　300

②预缴增值税（各项附加略）时：

借：应交税费——预交增值税　4.59

　贷：银行存款　4.59

③月末结转时：

借：应交税费——未交增值税　4.59

　贷：应交税费——预交增值税　4.59

④支付分包款时：

借：预付账款——C公司　50

　贷：银行存款　50

**【提示】**一般情况下C公司不开具发票，若开具票据也是零税率发票，只能视同收款依据，本案例中暂按此处理。

2. 2019年12月20日，双方根据工程进度（50%）确定已完成工作量1 500万元，扣除已经支付的300万元，A公司收到工程款600万元。本次未支付分包款。

（1）增值税计算。

按实际完工量应取得进度款：3 000×50%=1 500(万元)；

按照60%取得进度款：1 500×60%=900(万元)；

扣除已收取的300万元，实际收到600万元。

60%进度款销售额：900÷(1+9%)=825.69(万元)；

60%进度款销项税额：825.69×9%=74.31(万元)；

40%进度款销售额：1 500×40%÷(1+9%)=550.46(万元)；

待转销项税额：550.46×9%=49.54(万元)。

**【提示1】**根据会计制度（包括企业所得税），跨年度工程项目应按照工程形象进度确认收入，假定该案例增值税计税销售额只有“工程形象进度”的60%，剩余40%在完工时实现。在会计处理上，按照“对会计制度确认收入或利得的时点早于按照增值税制度确认增值税纳税义务发生时点的”处理原则来处理。

**【提示2】**2019年度企业所得税汇算清缴确认收入：1 500÷(1＋9%)＝1 376.15(万元)。

（2）会计处理。

①收到预付工程款时：

借：银行存款　600

　贷：预收账款——B公司　600

②计提销项税额时：

借：预收账款——B公司　1 500

　贷：工程结算　1 376.15

　　应交税费——应交增值税（销项税额）　74.31

　　　——待转销项税额　49.54

③收到分包发票（增值税专用发票）时：

假设此时收到分包方开来50万元发票，为已在2019年6月支付的预付款项。

借：工程施工——分包　45.87

　应交税费——应交增值税（进项税额）　4.13

　贷：预付账款——C公司　50

3. 2020年6月1日，双方根据工程新增进度30%（总进度80%）确定新增完成工作量900万元，A公司收到工程款项540万元。本次未支付分包款。

（1）增值税计算。

新增完工量应取得进度款：3 000×30%＝900(万元)；

按照60%取得进度款：900×60%＝540(万元)；

60%进度款销售额：540÷(1＋9%)＝495.41(万元)；

60%进度款销项税额：495.41×9%＝44.59(万元)；

40%进度款销售额：900×40%÷(1＋9%)＝330.28(万元)；

待转销项税额：330.28×9%=29.72(万元)；

**【提示】** 当期可以结转企业所得税收入：900÷(1+9%)=825.69(万元)。

(2) 会计处理。

①收到预付工程款时：

| | | |
|---|---|---|
| 借：银行存款 | 540 | |
| 　贷：预收账款——B 公司 | | 540 |

②计提销项税额时：

| | | |
|---|---|---|
| 借：预收账款——B 公司 | 900 | |
| 　贷：工程结算 | | 825.69 |
| 　　应交税费——应交增值税（销项税额） | | 44.59 |
| 　　　　——待转销项税额 | | 29.72 |

4. 2020 年 12 月 20 日，剩余 20%工程量完工，双方确认决算价为 3 000 万元。A 公司收到余款 1 560 万元，开具增值税专用发票。本次支付 C 公司分包款 450 万元。

(1) 增值税计算。

销售额：3 000×20%÷(1+9%)=550.46(万元)；

销项税额：550.46×9%=49.54(万元)。

(2) 会计处理。

①收到款项时：

| | | |
|---|---|---|
| 借：银行存款 | 1 560 | |
| 　贷：预收账款——B 公司 | | 1 560 |

②计算销项税额时：

| | | |
|---|---|---|
| 借：预收账款——B 公司 | 600 | |
| 　应交税费——待转销项税额 | 79.26 | |
| 　贷：工程结算 | | 550.46 |
| 　　应交税费——应交增值税（销项税额） | | 49.54 |
| 　　　　——应交增值税（销项税额） | | 79.26 |

③支付分包款时：

| | | |
|---|---|---|
| 借：预付账款——C 公司 | 450 | |
| 　贷：银行存款 | | 450 |

④收到分包方开具的发票（增值税专用发票）时：

借：工程施工——分包　　412.84

　　应交税费——应交增值税（进项税额）　　37.16

　贷：预付账款——C公司　　450

**【提示】**上述案例根据实务案例改编，目的是突出“待转销项税额”等业务的处理，与实务有一定的差异，仅供参考。

此外，在实务中，很多建筑企业（特别是中小企业）没有设置“待转销项税额”明细科目核算相关内容。因此企业在处理相关业务时，要注意两点：一是对收取的工程款项，要确定是否具有“预收账款”的性质；二是对增值税纳税义务发生时点的把握，不能形成税款滞纳。

**案例 2-12**

## 建筑企业提供建筑服务按已完成工作量的一定比例收取进度款的增值税及会计处理（简易计税方法）

A建筑公司（承包人，一般纳税人）与B房地产开发公司（发包人，一般纳税人）签订合同，由A公司承包B公司某项目中的部分土建安装工程，工程价款1 500万元（含税），其中包括分包款。根据合同约定，合同生效后，B公司支付预付款200万元。约定2019年12月31日，按双方确定的工程进度，B公司按已完成工作量的60%支付工程款，其余款项待工程完工后支付，A公司按总金额开具增值税发票。假定开工日期为2019年6月5日，竣工日期为2020年7月1日，总分包给C公司金额300万元。假定该项目在A公司所在地，适用简易计税方法计税，（扣押）质押金、保证金业务略，其他相关业务及A公司增值税、会计处理如下（单位：万元）：

1. 2019年6月1日，A公司收到预收账款200万元，支付分包方C公司50万元。

(1) 预缴增值税计算。

销售额：(200－50)÷(1＋3%)＝145.63(万元)；

应预缴增值税：145.63×3%＝4.37(万元)。

（2）会计处理。

①收到预付工程款时：

借：银行存款　　200

　　贷：预收账款——B 公司　　200

②预缴增值税（各项附加略）时：

借：应交税费——预交增值税　　4.37

　　贷：银行存款　　4.37

③月末结转时：

借：应交税费——未交增值税　　4.37

　　贷：应交税费——预交增值税　　4.37

④支付分包款（未收到发票）时：

借：预付账款——C 公司　　50

　　贷：银行存款　　50

2. 2019 年 12 月 31 日，双方根据工程进度（50%）确定已完成工作量 750 万元，A 公司收到进度款 250 万元（750×60%－200）。本次未支付分包款。

（1）增值税计算。

按实际完工量应取得进度款：1 500×50%＝750(万元)；

按照 60%取得进度款：750×60%＝450(万元)；

扣除已收取的 200 万元，实际收到 250 万元；

60%进度款销售额：(750－50)×60%÷(1＋3%)＝407.77(万元)；

60%进度款应缴增值税：407.77×3%＝12.23(万元)；

40%进度款销售额：(750－50)×40%÷(1＋3%)＝271.84(万元)；

待缴（预提）增值税：271.84×3%＝8.16(万元)。

**【提示】**2019 年度企业所得税汇算清缴确认收入：750－(750－50)÷(1＋3%)×3%＝729.61(万元)。

（2）会计处理。

①收到预付工程款时：

借：银行存款　　250

　　贷：预收账款——B 公司　　250

②计提简易计税税额时：

借：预收账款——B公司 750

贷：工程结算 729.61

应交税费——应交增值税（简易计税） 12.23

——待缴（预提）增值税 8.16

③收到分包发票（普通发票）时：

借：工程施工——分包 50

贷：预付账款——C公司 50

3. 2020年7月1日，剩余50%工程量完工，双方确认价格为1 500万元。A公司于2020年7月5日收到余款1 050万元，开具增值税发票。本次支付C公司分包款150万元。

**【提示】**根据现行政策，如果B公司要求开具增值税专用发票，A公司可以根据政策规定开具相应的增值税专用发票。

（1）增值税计算。

销售额：(750－150)÷(1＋3%)＝582.52(万元)；

应缴增值税：582.52×3%＝17.48(万元)。

（2）会计处理。

①收到工程款时：

借：银行存款 1 050

贷：预收账款——B公司 1 050

②计算简易计税税额时：

借：预收账款——B公司 750

应交税费——待缴（预提）增值税 8.16

贷：工程结算 732.52

应交税费——应交增值税（简易计税） 17.48

——应交增值税（简易计税） 8.16

③支付分包款时：

借：预付账款——C公司 150

贷：银行存款 150

④收到分包方开具的发票（普通发票）时：

借：工程施工——分包　150

　贷：预付账款——C 公司　150

案例 2-13

## 建筑企业提供建筑服务取得预收账款的增值税（最后确认纳税义务）及会计处理

A 建筑公司（承包人，一般纳税人）与 B 房地产开发公司（发包人，一般纳税人）签订合同，由 A 公司承包 B 公司某项目中的部分土建安装工程，工程价款 900 万元（含税）。根据合同约定，工程完工后支付工程款，并开具增值税专用发票。假定开工日期为 2019 年 6 月 1 日，竣工验收日期为 2020 年 7 月 10 日，期间 A 建筑公司收到 B 公司支付的部分预付账款。假定该项目在 A 公司所在地，项目适用一般计税方法。（扣押）质押金、保证金等业务略，其他相关业务及 A 公司增值税、会计处理如下（单位：万元）：

1. 2019 年 6 月 5 日收到预收账款 100 万元。

(1) 预交增值税计算。

销售额：100÷(1+9%)=91.74(万元)；

应预缴增值税：91.74×2%=1.83(万元)。

(2) 会计处理。

①收到预收款时：

借：银行存款　100

　贷：预收账款——B 公司　100

②预缴增值税（各项附加略）时：

借：应交税费——预交增值税　1.83

　贷：银行存款　1.83

③月末结转时：

借：应交税费——未交增值税　1.83

　贷：应交税费——预交增值税　1.83

2. 2019 年 12 月 30 日收到预收账款 200 万元。

(1) 增值税计算。

销售额：200÷(1+9%)=183.49(万元)；

应预缴增值税：183.49×2%=3.67(万元)。

(2) 会计处理。

①收到预收款时：

借：银行存款　200

　贷：预收账款——B公司　200

②预缴增值税（各项附加略）时：

借：应交税费——预交增值税　3.67

　贷：银行存款　3.67

③月末结转时：

借：应交税费——未交增值税　3.67

　贷：应交税费——预交增值税　3.67

**【提示】**2019年度企业所得税汇算清缴时，A公司应按照工程形象进度确认收入。

3. 2020年7月10日项目完工，A公司取得工程款，开具增值税专用发票。

销售额：900÷(1+9%)=825.69(万元)；

销项税额：825.69×9%=74.31(万元)。

借：预收账款　300

　　应收账款　600

　贷：工程结算　825.69

　　　应交税费——应交增值税（销项税额）　74.31

## 2.2.6 建筑企业以清包工方式提供建筑服务的增值税处理

《营业税改征增值税试点有关事项的规定》（财税〔2016〕36号文件附件2）第一条第（七）项第1点规定："一般纳税人以清包工方式提供的建筑服务，可以选择适用简易计税方法计税。

以清包工方式提供建筑服务，是指施工方不采购建筑工程所需的材料或只采购辅助材料，并收取人工费、管理费或者其他费用的建筑服务。"

以清包工方式提供建筑服务，主要是提供人力资源，因此，可以是为增值税所有子目涉及的工程提供服务。在实务中，以清包工方式提供建筑服务时，增值税子目的确定，主要看工程的性质。例如，如果工程属于“工程服务”子目内容，则“清包工”工程属于“工程服务子目”。根据政策规定，一般纳税人可以在简易计税方法和一般计税方法两种方法中选择。

在实务中，白于以清包工方式提供建筑服务，施工方不采购建筑工程所需的材料或只采购辅助材料，造成施工方可以取得的进项税额较少，如果一般纳税人按照一般计税方法计税，则很可能会导致税负（比原营业税）增加。因此，在实际操作中，一般纳税人以清包工方式提供建筑服务的，大多选择简易计税方法计税。

**案例 2-14**

### 建筑企业以清包工方式提供房屋建筑工程服务的涉税及会计处理

A 建筑公司（一般纳税人）与 B 建筑工程总公司（一般纳税人）签订合同，由 A 公司以清包工方式为 B 公司提供建筑服务，主要工程内容为 B 公司总承包的某项目相关土建工程施工。A 公司收取的费用包括人工费、管理费等各项费用，不含工程所需材料（少量辅材除外）。项目工期为 2019 年 5 月 10 日—2020 年 12 月 20 日。合同价款 240 万元（含税）。增值税计算如下：

1. 假定 A 公司选择一般计税方法计税。

A 公司选择一般计税方法计税，开具增值税专用发票。

(1) 增值税计算：

销售额：240÷(1+9%)＝220.18（万元）；

销项税额：220.18×9%＝19.82（万元）。

(2) 会计处理（单位：万元，下同）：

| | |
|---|---|
| 借：应收账款——B 公司 | 240 |
| 　贷：工程结算——××项目 | 220.18 |
| 　　应交税费——应交增值税（销项税额） | 19.82 |

上述 B 公司取得增值税专用发票，票面注明的增值税（进项税额）可以抵扣。

2. 假定 A 公司选择简易计税方法计税。

A 公司采取清包工方式，不采购建筑工程所需的材料，因此可以选择简易计税方法计税。A公司开具增值税普通发票。

(1) 增值税计算：

销售额：240÷(1+3%)=233.01（万元）；

应缴增值税：233.01×3%=6.99（万元）。

(2) 会计处理：

| | |
|---|---|
| 借：应收账款——B公司 | 240 |
| 贷：工程结算——××项目 | 233.01 |
| 应交税费——应交增值税（简易计税） | 6.99 |

B公司取得增值税普通发票，没有进项税额抵扣。如果B公司需要增值税专用发票，则A公司可以开具3%的增值税专用发票，进项税额可以抵扣。

## 2.2.7 建筑企业为甲供工程提供建筑服务的增值税处理

《营业税改征增值税试点有关事项的规定》第一条第（七）项第2点规定："一般纳税人为甲供工程提供的建筑服务，可以选择适用简易计税方法计税。

甲供工程，是指全部或部分设备、材料、动力由工程发包方自行采购的建筑工程。"

根据上述政策规定，从税收政策角度看，甲供工程（或称甲供材）是指甲方（建设方、发包方等）自行采购全部或部分设备、材料、动力并交给建筑施工企业进行施工的工程。从施工方角度看，则是采购部分设备、材料、动力及辅助材料。

在实务中，如果施工方仅采购少量建筑工程所需的材料或只采购辅助材料，则有可能造成施工方可以取得的进项税额较少，如果一般纳税人按照一般计税方法计税，会导致税负（比原营业税）增加。因此，在实际操作中，一般纳税人为甲供工程提供的建筑服务，可以根据采购的设备、材料、动力体量（进项税额的多少），来判断采用一般计税方法或者简易计税方法计税。

在实际操作中，甲供工程的涉税及会计处理一般分为总额法（转售）和差额法（直接计入成本）两种情况。

### 1. 总额法

在总额法中，甲方和乙方之间相关设备、材料、动力的转移均按照正常销售处理。

（1）甲方处理。甲方购入工程材料时按照购进货物处理，即根据《增值税会计处理规定》（财会〔2016〕22 号文件发布）第二条第（一）项第 1 点的规定处理：一般纳税人购进货物，按应计入相关成本费用或资产的金额，借记“原材料”“库存商品”等科目，按当月已认证的可抵扣增值税额，借记“应交税费——应交增值税（进项税额）”科目，按当月未认证的可抵扣增值税额，借记“应交税费——待认证进项税额”科目，按应付或实际支付的金额，贷记“应付账款”“应付票据”“银行存款”等科目。发生退货的，如原增值税专用发票已做认证，应根据税务机关开具的红字增值税专用发票做相反的会计分录；如原增值税专用发票未做认证，应将发票退回并做相反的会计分录。

甲方将工程材料提供给建筑施工方时，按照销售处理，即向建筑施工企业开具增值税发票，其增值税处理，根据《增值税会计处理规定》第二条第（二）项第 1 点的规定处理：一般纳税人销售货物，应当按应收或已收的金额，借记“应收账款”“应收票据”“银行存款”等科目，按取得的收入金额，贷记“其他业务收入”“工程结算”等科目，按现行增值税制度规定计算的销项税额，贷记“应交税费——应交增值税（销项税额）”科目。

（2）乙方处理。乙方选择一般计税方法计税的，也应按照《增值税会计处理规定》第二条第（一）项第 1 点的规定处理。

乙方选择简易计税方法计税的，按照《增值税会计处理规定》第二条第（一）项第 2 点的规定处理，即一般纳税人购进货物，用于简易计税方法计税项目等，其进项税额按照现行增值税制度规定不得从销项税额中抵扣的，取得增值税专用发票时，应借记相关成本费用或资产科目，借记“应交税费——待认证进项税额”科目，贷记“银行存款”“应付账款”等科目，经税务机关认证后，应借记相关成本费用或资产科目，贷记“应交税费——应交增值税（进项税额转出）”科目。

上述建筑业税目，自 2019 年 4 月 1 日起，适用一般计税方法计税的，税率为 9%，涉及工程材料销售的，税率为 13%。对于适用简易计税方法计税的，征收率为 3%。

（3）发票开具。对于按照总额法处理的发票开具，由于甲方在发出工程材料时是通过预付账款核算的，甲供材没有计入项目的工程成本，因此，建筑施工方应按照包括甲供材金额在内的数额向甲方开具增值税专用发票（一般计税方法）或增值税普通发票（简易计税方法）。

**2. 差额法**

在差额法中，甲方和乙方之间相关设备、材料、动力的转移不是按照销售处理，施工方的工程款不包含甲方提供的相关设备、材料、动力等。

（1）甲方处理。甲方购入工程材料时按照购进货物处理，即根据《增值税会计处理规定》第二条第（一）项第1点的规定处理。

（2）乙方处理。甲方将工程材料提供给建筑施工方时，直接记入“在建工程”科目。由于工程材料已经计入了工程成本，因此，乙方在收到工程材料时不再进行会计处理。

上述建筑业税目，自2019年4月1日起，适用一般计税方法计税的，税率为9%，涉及工程材料销售的，税率为13%。对于适用简易计税方法计税的，征收率为3%。

（3）发票开具。对于按照差额法处理的发票开具，由于甲方在发出工程材料时直接计入了项目工程成本，因此，建筑施工方在开具增值税发票时，只能按照不包含甲供材金额的数额向甲方开具增值税专用发票（一般计税方法）或增值税普通发票（简易计税方法）。

**案例 2-15**

**建筑企业提供甲供工程（总额法）的涉税及会计处理**

2019年5月15日，A建筑公司（一般纳税人，乙方）与B房地产开发公司（一般纳税人，甲方）签订合同，由A公司总承包B公司甲项目中游泳池等附属设施工程施工。合同约定，工程价款850万元（含税），另甲供材金额300万元（不含税），增值税税率13%。假定该项目采取总额法处理甲供材业务，相关涉税及会计处理如下（单位：万元）：

1. B房地产开发公司的处理。

（1）B公司购入建筑材料。

进项税额：300×13%=39（万元）。

借：工程物资 300

应交税费——应交增值税（进项税额） 39

贷：银行存款 339

(2) B公司将材料再转售给A公司。

开具增值税专用发票。

销项税额：300×13%=39（万元）。

①转售材料时：

借：预付账款——A公司 339

贷：其他业务收入 300

应交税费——应交增值税（销项税额） 39

②结转成本时：

借：其他业务成本 300

贷：工程物资 300

2. A公司选择一般计税方法的处理。

(1) A公司收到工程材料。

收到增值税专用发票。

进项税额：300×13%=39（万元）。

借：工程物资 300

应交税费——应交增值税（进项税额） 39

贷：预收账款——B公司 339

(2) A公司将工程物资用于工程。

借：工程施工——材料费 300

贷：工程物资 300

(3) A公司计算增值税时（纳税义务发生）。

A公司开具的增值税发票金额应包括甲供材金额339万元。

销售额：300+850÷(1+9%)=300+779.82=1 079.82(万元)；

销项税额：1 079.82×9%=97.18(万元)。

3. A公司选择简易计税方法的处理。

(1) A公司收到工程材料。

借：工程物资 339

贷：预收账款——B公司 339

(2) A 公司将工程物资用于工程。

借：工程施工——材料费　　339

　贷：工程物资　　339

(3) A 公司计算增值税时（纳税义务发生）。

A 公司开具的增值税发票金额应包括甲供材金额 339 万元。

销售额：(339+850)÷(1+3%)=1 154.37(万元)；

应缴税额：1 154.37×3%=34.63(万元)。

案例 2-16

## 建筑企业提供甲供工程（差额法）的涉税及会计处理

2019 年 5 月 15 日，A 建筑公司（一般纳税人）与 B 房地产开发公司（一般纳税人）签订合同，由 A 公司总承包 B 公司甲项目中游泳池等附属设施工程施工。合同约定，工程价款 900 万元（含税），另甲供材金额 280 万元（不含税）、增值税（进项）25.20 万元。假定该项目采取差额法处理甲供材业务，相关涉税及会计处理如下（单位：万元）：

1. B 房地产开发公司的处理。

(1) B 公司购入建筑材料。

借：工程物资　　280

　　应交税费——应交增值税（进项税额）　　25.20

　贷：银行存款　　305.20

(2) B 公司将工程材料计入在建工程。

借：开发成本　　280

　贷：工程物资　　280

2. A 公司的处理。

A 公司不做账务处理，开具的增值税发票金额不包括甲供材金额 280 万元。

销售额：900÷(1+9%)=825.69(万元)；

销项税额：825.69×9%=74.31(万元)。

如果 A 公司选择简易计税方法计税，则增值税计算如下：

销售额：900÷(1+3%)=873.79(万元)；

应缴税额：873.79×3%=26.21(万元)。

B公司取得增值税普通发票，没有进项税额抵扣。如果B公司需要增值税专用发票，则A公司可以开具3%的增值税专用发票，进项税额可以抵扣。

### 2.2.8　总承包单位为房屋建筑的地基与基础、主体结构提供工程服务且建设单位自行采购材料的增值税处理

根据政策规定，一般纳税人为甲供工程提供的建筑服务，可以选择适用简易计税方法计税。但是，在甲供工程情形中有一个例外。根据《财政部 税务总局关于建筑服务等营改增试点政策的通知》（财税〔2017〕58号）第一条的规定，建筑工程总承包单位为房屋建筑的地基与基础、主体结构提供工程服务，建设单位自行采购全部或部分钢材、混凝土、砌体材料、预制构件的，适用简易计税方法计税。

地基与基础、主体结构的范围，按照《建筑工程施工质量验收统一标准》（GB50300—2013）附录B《建筑工程的分部工程、分项工程划分》中的“地基与基础”“主体结构”分部工程的范围执行。

根据上述政策解释，“建筑工程总承包单位为房屋建筑的地基与基础、主体结构提供工程服务，建设单位自行采购全部或部分钢材、混凝土、砌体材料、预制构件的，适用简易计税方法计税”，而不是“可以选择”。对其他各种“甲供工程”提供建筑服务，其增值税计算方式既可以选择适用一般计税方法计税，也可以选择适用简易计税方法计税。

**案例 2-17**

**建筑企业（总承包）提供房屋建筑工程服务的涉税及会计处理**

A建筑公司（一般纳税人）与B房地产开发公司（一般纳税人）签订合同，由A公司总承包B公司某项目，主要工程内容为B公司某项目房屋建筑的地基与基础、主体结构工程等，B公司自行采购主要钢材、混凝土、砌体材料、预制构件。项目工期为：2018年5月10日—2019年12月20日。合同价款3500万元（含税）。工程款支付时均包括工程款和增值税，乙方需向甲方提供合法的增值税发票。增值税计算如下：

A公司采取总承包B公司某项目房屋建筑的地基与基础、主体结构工程等，主要建材由B公司自行采购，因此A公司可以选择适用简易计税方法计税。

销售额：3 500÷(1+3%)=3 398.06（万元）；

应缴增值税：3 398.06×3%=101.94（万元）。

B公司取得增值税普通发票，没有进项税额抵扣。如果B公司需要增值税专用发票，则A公司可以开具3%的增值税专用发票，进项税额可以抵扣。

### 2.2.9 建筑企业授权集团内其他纳税人为发包方提供建筑服务的增值税处理

根据《国家税务总局关于进一步明确营改增有关征管问题的公告》(国家税务总局公告2017年第11号）第二条的规定，“建筑企业与发包方签订建筑合同后，以内部授权或者三方协议等方式，授权集团内其他纳税人（以下称‘第三方’）为发包方提供建筑服务，并由第三方直接与发包方结算工程款的，由第三方缴纳增值税并向发包方开具增值税发票，与发包方签订建筑合同的建筑企业不缴纳增值税。发包方可凭实际提供建筑服务的纳税人开具的增值税专用发票抵扣进项税额”。

根据上述政策规定，从税收角度看，在建筑企业集团内可共享相关建筑资质。建筑企业与发包方签订建筑合同后，如果是集团总公司签订合同，则可以授权集团下属分公司或子公司提供建筑服务并直接结算，由分公司或子公司直接向发包方开具发票；如果是集团下属子公司签订合同，则可以授权集团其他分公司或子公司提供建筑服务并直接结算，由分公司或子公司直接向发包方开具发票。

**案例2-18**

**建筑企业提供房屋建筑工程服务（授权合同）的涉税处理**

A建筑总公司（一般纳税人）与B房地产开发公司（一般纳税人）签订合同，由A建筑总公司承包B公司某项目各楼栋及地下车库工程施工。合同约定，该工程总造价8 000万元（含税），其中甲供材金额1 200万元（含税）。假定项目工期为2019年4月10日—2019年12月20日。合同签订后，A建筑总公司、A建筑总公司C子公司与B房地产公司通过三方协议，由A建筑总公司授权C公司为B房地产公司提供建筑服务，并由C公司直接与发包方B公司结算工程款、开具增值税专用发票。C 公司增值税处理如下：

销售额：(8 000－1 200)÷(1＋9%)＝6 238.53（万元）；

销项税额：6 238.53×9%＝561.47（万元）。

上述工程款由 B 公司支付给 C 公司，并由 C 公司向 B 公司开具增值税专用发票，票面注明的增值税（进项税额）561.47 万元，可以在 B 公司抵扣。

## 2.2.10　建筑工程采取分包的增值税处理

建筑工程的分包，就是建筑工程总承包单位将承包工程中的部分工程再发包给具有相应资质条件的单位。

### 1. 一般计税方法

对于一般纳税人且适用一般计税方法的（项目），根据增值税政策规定，应以取得的全部价款和价外费用为销售额计算增值税销项税额。因此，对于一般纳税人且适用一般计税方法的（项目），其分包的工程应取得分包工程承包人开具的增值税专用发票，其票面注明的进项税额可以抵扣。

### 2. 简易计税方法（差额计算）

对于适用简易计税方法的纳税人（项目），根据《营业税改征增值税试点有关事项的规定》第一条第（二）项第 9 点的规定，“试点纳税人提供建筑服务适用简易计税方法的，以取得的全部价款和价外费用扣除支付的分包款后的余额为销售额”。

《国家税务总局关于国内旅客运输服务进项税抵扣等增值税征管问题的公告》（国家税务总局公告 2019 年第 31 号）第七条“关于建筑服务分包款差额扣除”规定：自 2019 年 10 月 1 日起，“纳税人提供建筑服务，按照规定允许从其取得的全部价款和价外费用中扣除的分包款，是指支付给分包方的全部价款和价外费用”。

国家税务总局办公厅的解读指出：“纳税人提供特定建筑服务，可按照现行政策规定，以取得的全部价款和价外费用扣除支付的分包款后的余额为销售额计税。总包方支付的分包款是打包支出的概念，即其中既包括货物价款，也包括建筑服务价款。因此，《公告》明确，纳税人提供建筑服务，按照规定允许从取得的全部价款和价外费用中扣除的分包款，是指支付给分包方的全部价款和价外费用。”

根据上述政策规定及国家税务总局解读理解，“总包方支付的分包款是打包支出的概念，即其中既包括货物价款，也包括建筑服务价款”。因此，“打包支出”中的材料部分，只要总包方支付的分包款项中，包含材料价款，那么按照规定取得货物（材料）销售发票，可以从“取得的全部价款和价外费用”中扣除。

在会计处理中，根据《增值税会计处理规定》第二条第（三）项关于“差额征税的账务处理”第1点的规定，企业发生相关成本费用允许扣减销售额的账务处理为：按现行增值税制度规定企业发生相关成本费用允许扣减销售额的，发生成本费用时，按应付或实际支付的金额，借记“主营业务成本”“存货”“工程施工”等科目，贷记“应付账款”“应付票据”“银行存款”等科目。待取得合规增值税扣税凭证且纳税义务发生时，按照允许抵扣的税额，借记“应交税费——应交增值税（销项税额抵减）”或“应交税费——简易计税”科目（小规模纳税人应借记“应交税费——应交增值税”科目），贷记“主营业务成本”“存货”“工程施工”等科目。

**【提示】**根据《中华人民共和国建筑法》第二十九条的规定，建筑工程总承包单位可以将承包工程中的部分工程发包给具有相应资质条件的分包单位；但是，除总承包合同中约定的分包外，必须经建设单位认可。施工总承包的，建筑工程主体结构的施工必须由总承包单位自行完成。

建筑工程总承包单位按照总承包合同的约定对建设单位负责；分包单位按照分包合同的约定对总承包单位负责。总承包单位和分包单位就分包工程对建设单位承担连带责任。

禁止总承包单位将工程分包给不具备相应资质条件的单位。禁止分包单位将其承包的工程再分包。

**案例 2-19**

### 一般纳税人（适用一般计税方法项目）分包工程的增值税处理

A房地产开发公司（发包人，一般纳税人）与B建筑总公司（承包人，一般纳税人）签订合同，由B公司承包A公司甲项目中部分土建安装工程施工，工程价款3 500万元（含税）。根据合同约定内容，B公司将部分工程分包给C公司（一般纳税人），价款800万元（含税）。假定上述项目适用一般计税方法。工程款支付时均需提供合法的增值税专用发票。假定开工日期为2019年5月10日，竣工日期为2020年12月20日。相关增值税计算如下：

1. C公司增值税计算处理。

销售额：800÷(1+9%)=733.94(万元)；

销项税额：733.94×9%=66.05(万元)。

C公司给B公司开具增值税专用发票，销售额733.94万元，增值税税额66.05万元，B公司取得的进项税额66.05万元可以进行抵扣。

2. B公司增值税计算处理。

销售额：3 500÷(1+9%)=3 211.01(万元)；

销项税额：3 211.01×9%=288.99(万元)。

B公司向A公司开具增值税专用发票，销售额3 211.01万元，增值税税额288.99万元，A公司取得的进项税额288.99万元可以进行抵扣。

**案例2-20**

## 小规模纳税人（一般纳税人适用简易计税方法项目）分包工程的增值税处理

A房地产开发公司（发包人，一般纳税人）与B建筑总公司（承包人，一般纳税人）签订合同，由B公司承包A公司甲项目中部分土建安装工程施工，工程价款1 500万元（含税）。根据合同约定内容，B公司将部分工程分包给C公司（小规模纳税人），价款600万元（含税）。假定上述项目选择适用简易计税方法（甲供工程）。工程款支付时均需提供合法的增值税专用发票。假定开工日期为2018年5月10日，竣工日期为2019年12月20日。相关增值税计算如下：

1. C公司增值税计算处理。

销售额：600÷(1+3%)=582.52(万元)；

应缴增值税：582.52×3%=17.48(万元)。

C公司向B公司开具增值税普通发票，发票金额600万元，B公司没有进项税额抵扣。

2. B公司增值税计算处理。

销售额：(1 500－600)÷(1＋3％)＝873.79(万元)；

销项税额：873.79×3％＝26.21(万元)。

B公司给A公司开具增值税普通发票，发票金额1 500万元，A公司没有进项税额抵扣。如果A公司需要抵扣进项税额，则需要要求B公司开具增值税专用发票，税率为3％。

假设B公司需要C公司提供增值税专用发票，则可以开具专用发票，销售额582.52万元，增值税17.48万元，B公司取得的进项税额17.48万元不可以抵扣（因为该项目B公司选择的是简易计税）；如果C公司不符合自行开具专用发票条件，则可以向税务机关申请代开增值税专用发票。

## 2.3 建筑业税目各子目的增值税业务

本节内容主要是对建筑业税目的各项子目涉及的业务进行讲述，这些子目本身业务不同，但都属于建筑业税目，在增值税处理上基本相同。

### 2.3.1 “工程服务”税目的增值税处理

《营业税改征增值税试点实施办法》（财税〔2016〕36号文件附件1）所附《销售服务、无形资产、不动产注释》第一条第（四）项第1点规定：“工程服务，是指新建、改建各种建筑物、构筑物的工程作业，包括与建筑物相连的各种设备或者支柱、操作平台的安装或者装设工程作业，以及各种窑炉和金属结构工程作业。”

根据《全面推开营改增业务操作指引》（国家税务总局发布）的解读（第76页第3行），“工程服务，涵盖房屋建筑服务、土木工程（包括铁路、道路、隧道和桥梁工程，水利和内河港口工程，海洋工程，工矿工程，架线和管道工程和其他土木工程）建筑服务”。

在实务中，上述税目内容属于合同法规定的建设工程合同内容，按照“建筑——工程服务”税目缴纳增值税。

**案例 2-21**

## 建筑企业矿山总包工程的增值税处理

A 矿山机械工程建设公司（一般纳税人）与 B 公司（一般纳税人）签订合同，由 A 公司总承包 B 公司某采矿项目土建及安装工程。项目工期：2019 年 4 月 15 日—2019 年 12 月 15 日。合同价款 1 450 万元（含税），其中甲供材 800 万元。A 公司增值税计算如下：

1. 一般计税方法计算。

销售额：(1 450－800)÷(1＋9％)＝596.33(万元)；

销项税额：596.33×9％＝53.67(万元)。

B 公司取得增值税专用发票，进项税额可以抵扣。

2. 假定 A 公司选择简易计税方法。

销售额：(1 450－800)÷ (1＋3％)＝ 631.07(万元)；

应缴增值税：631.07×3％＝18.93(万元)。

B 公司取得增值税普通发票，没有进项税额抵扣。如果 B 公司需要增值税专用发票，则 A 公司可以开具 3％的增值税专用发票，B 公司可以抵扣进项税额。

**案例 2-22**

## 岩土工程公司提供桩基工程服务的增值税处理

A 岩土工程公司（一般纳税人）与 B 房地产开发公司（一般纳税人）签订合同，由 A 公司承包 B 公司某项目桩基工程。合同价款 850 万元（含税），无甲供材。项目工期：2019 年 4 月 20 日—2019 年 12 月 20 日。A 公司增值税计算如下：

1. 一般计税方法计算。

销售额：850÷(1＋9％)＝779.82(万元)；

销项税额：779.82×9％＝70.18(万元)。

B 公司取得增值税专用发票，进项税额可以抵扣。

2. 如果符合简易计税的条件，则适用简易计税方法计算。

销售额：850÷(1＋3％)＝825.24(万元)；

应缴增值税：825.24×3％＝24.76(万元)。

B公司取得增值税普通发票，没有进项税额抵扣。如果B公司需要增值税专用发票，则A公司可以开具3%的增值税专用发票，B公司可以抵扣进项税额。

**案例 2-23**

**路桥建设工程公司道路、桥梁工程服务的增值税处理**

A路桥建设工程总公司（一般纳税人）与B业主（某地政府发包人）签订合同，由A公司总承包B业主路桥建设项目甲。工程内容为10公里道路建设，包括沥青路面、大桥1座、涵洞14道及其他相关构造物等。项目工期：2019年4月20日—2020年7月20日。合同价款8 650万元（含税），无甲供材。A公司增值税计算如下：

销售额：8 650÷(1+9%)=7 935.78(万元)；

销项税额：7 935.78×9%=714.22(万元)。

A公司开具增值税专用发票或普通发票。

**【提示】**对于向政府提供（销售）建筑服务的，可以开具普通发票，但仍然按照9%的税率计算销项税额。

## 2.3.2 “安装服务”税目的增值税处理

《营业税改征增值税试点实施办法》所附《销售服务、无形资产、不动产注释》第一条第（四）项第2点规定：“安装服务，是指生产设备、动力设备、起重设备、运输设备、传动设备、医疗实验设备以及其他各种设备、设施的装配、安置工程作业，包括与被安装设备相连的工作台、梯子、栏杆的装设工程作业，以及被安装设备的绝缘、防腐、保温、油漆等工程作业。

固定电话、有线电视、宽带、水、电、燃气、暖气等经营者向用户收取的安装费、初装费、开户费、扩容费以及类似收费，按照安装服务缴纳增值税。”

在实务中，上述税目内容同时涉及合同法规定的买卖合同、建设工程合同、承揽合同及相关无名合同，其中仅涉及“建筑服务——安装服务”内容的有以下两种：

### 1. 经营者向用户收取费用

固定电话、有线电视、宽带、水、电、燃气、暖气等经营者向用户收取的各类费用，实际上是基于经营者已经完成（或将要完成）的安装服务工程，对经营者按照“建筑服务——安装服务”税目计征增值税，税率为9%。

**2. 纳税人单纯提供安装服务**

建筑企业单纯提供安装服务，包括土建、辅助设施等建设工程合同规定的相关内容，不涉及设备购买等业务，则属于“建筑服务——工程服务”税目，税率为9%。

**案例 2-24**

**有线电视安装工程公司提供安装服务的增值税处理**

A电力工程安装工程公司（一般纳税人）与B公司房地产开发公司（一般纳税人）签订合同，由A公司承包B公司甲项目电力工程项目。无甲供材。项目工期：2019年4月20日—2019年12月20日。合同价款（安装）800万元（含税）。增值税处理如下：

销售额：800÷(1+9%)=733.95(万元)；

销项税额：733.95×9%=66.05(万元)。

B公司取得增值税专用发票，进项税额可以抵扣。

**【提示】** 实务中，房地产开发企业支付有线电视、水、电、燃气等各项费用时，有时为保证费用支付合规，往往签订三方协议，即由房地产开发企业与经营者、施工方三方签订相关合同。

**案例 2-25**

**电梯安装工程公司提供工程服务（纯安装工程）的增值税处理**

A设备安装工程公司（一般纳税人）与B房地产开发公司（一般纳税人）签订合同，由A公司承包B公司电梯安装工程项目。合同内容为安装工程，设备由B公司购买。项目工期：2019年4月20日—2019年12月20日。合同价款（安装）60万元（含税）。增值税处理如下：

1. 假设A公司选择一般计税方法。

销售额：60÷(1+9%)=55.05(万元)；

销项税额：55.04×9%=4.95(万元)。

B公司取得增值税专用发票，进项税额可以抵扣。

2. 假设A公司选择简易计税方法。

销售额：60÷(1+3%)=58.25(万元)；

应缴增值税：58.25×3%=1.75(万元)。

B公司取得增值税普通发票，没有进项税额抵扣。如果B公司需要增值税专用发票，则A公司可以开具3%的增值税专用发票，B公司可以抵扣进项税额。

### 2.3.3 “修缮服务”税目的增值税处理

根据《营业税改征增值税试点实施办法》所附《销售服务、无形资产、不动产注释》的规定，“修缮服务，是指对建筑物、构筑物进行修补、加固、养护、改善，使之恢复原来的使用价值或者延长其使用期限的工程作业”。

在实务中，修缮合同不在合同法列举的有名合同内，属于无名合同，一般按照建筑业合同的规范进行处理，按照“建筑服务——修缮服务”税目征税，税率为9%。

**案例 2-26**

**建筑企业提供修缮服务的增值税处理**

A外墙修复装饰公司（小规模纳税人）与B公司（一般纳税人）签订合同，由A公司承包B公司某大楼外墙修复装饰工程项目。施工时间为2018年8月5日—2018年8月25日。合同价款为22万元（含税），无甲供材。增值税计算如下：

销售额：22÷(1+3%)=21.36(万元)；

应缴增值税：21.36×3%=0.64(万元)。

B公司取得增值税普通发票，没有进项税额抵扣。如果B公司需要增值税专用发票，则A公司可以开具3%的增值税专用发票，B公司可以抵扣进项税额。

### 2.3.4 “装饰服务”税目的增值税处理

根据《营业税改征增值税试点实施办法》所附《销售服务、无形资产、不动产注释》的规定，“装饰服务，是指对建筑物、构筑物进行修饰装修，使之美观或者具有特定用途的工程作业”。

《财政部 国家税务总局关于明确金融 房地产开发 教育辅助服务等增值税政策的通知》（财税〔2016〕140 号）第十五条规定：“物业服务企业为业主提供的装修服务，按照‘建筑服务’缴纳增值税。”

在实务中，装饰合同不在合同法列举的有名合同内，属于无名合同，一般按照建筑业合同的规范进行处理，按照“建筑服务——装饰服务”税目征税，税率为 9%。

**案例 2-27**

## 建筑企业提供房屋装饰装修工程服务的增值税处理

A 建筑装饰公司（一般纳税人）与 B 房地产开发公司（一般纳税人）签订合同，由 A 公司承包 B 公司物业用房装修工程项目。项目工期：2019 年 4 月 10 日—2019 年 6 月 25 日。合同价款 48 万元（含税），无甲供材。增值税计算如下：

销售额：48÷(1+9%)=44.04(万元)；

销项税额：44.04×9%=3.96(万元)。

**案例 2-28**

## 建筑企业提供房屋装饰装修工程服务（甲供工程）的增值税处理

A 装饰公司（一般纳税人）与 B 房地产开发公司（一般纳税人）签订合同，由 A 公司承包 B 公司物业用房装修工程项目。项目工期：2019 年 7 月 10 日—2019 年 8 月 25 日。合同约定，工程价款 60 万元（含税），其中包括甲供材金额 12 万元。增值税计算如下：

1. 假设 A 公司选择一般计税方法。

销售额：(60−12)÷(1+9%)=44.04(万元)；

销项税额：44.04×9%=3.96(万元)。

B 公司取得增值税专用发票，进项税额可以抵扣。

2. 假设 A 公司选择简易计税方法。

销售额：(60−12)÷(1+3%)=46.60(万元)；

应缴增值税：46.60×3%=1.40(万元)。

B公司取得增值税普通发票，没有进项税额抵扣。如果B公司需要增值税专用发票，则A公司可以开具3%的增值税专用发票，B公司可以抵扣进项税额。

案例 2-29

**建筑企业精装修房业务（与购房人）的增值税处理**

A装饰公司（小规模纳税人）与B业主（购房人，自然人）签订合同，由A公司承包B业主房屋装修工程。项目工期：2018年7月10日—2018年8月25日。合同价款15万元（含税），无甲供材。增值税计算如下：

销售额：15÷(1+3%)=14.56(万元)；

应缴增值税：14.56×3%=0.44(万元)。

A公司向业主（自然人）开具增值税普通发票。

## 2.3.5 “其他建筑服务”税目的增值税处理

根据《营业税改征增值税试点实施办法》所附《销售服务、无形资产、不动产注释》的规定，“其他建筑服务，是指上列工程作业之外的各种工程作业服务，如钻井（打井）、拆除建筑物或者构筑物、平整土地、园林绿化、疏浚（不包括航道疏浚）、建筑物平移、搭脚手架、爆破、矿山穿孔、表面附着物（包括岩层、土层、沙层等）剥离和清理等工程作业”。

在实务中，上述税目内容不在合同法列举的有名合同内，属于无名合同，一般按照建筑业合同的规范进行处理，按照“建筑服务——其他建筑服务”税目征税。

案例 2-30

**建筑企业提供拆除建筑物服务的增值税处理**

A房屋拆迁公司与B业主（某地政府）签订合同，由A公司承包B业主甲项目某路段房屋拆迁工程。工程内容包括合同约定范围内的建筑物拆除及建筑垃圾清运等。合同约定，建筑物拆除变卖收入归A公司所有。项目工期：2018年6月30日—2018年8月30日。合同价款30万元（含税）。增值税处理如下：

1. 假设A公司是小规模纳税人。

销售额：30÷(1+3%)=29.13(万元)；

应缴增值税：29.13×3%=0.87(万元)。

A公司开具增值税普通发票。

2. 假设A公司是一般纳税人。

销售额：30÷(1+9%)=27.52(万元)；

销项税额：27.52×9%=2.48(万元)。

A公司开具增值税普通发票或专用发票。

**【提示】**对于一般纳税人向政府提供（销售）建筑服务的，可以开具普通发票，但仍然需按照9%的税率计算销项税额。

**案例2-31**

## 建筑企业提供园林绿化工程服务的增值税处理

A园林绿化工程公司（一般纳税人）与B置业公司（一般纳税人）签订合同，由A公司承包B公司某项目绿化工程。工程内容包括土方工程（造型土回填、土方造型、种植土回填等）、景观绿化工程等。项目工期：2019年7月20日—2019年11月30日。合同价款95万元（含税），无甲供材。假定A公司从C苗木有限责任公司购买一批树苗，取得增值税专用发票，价格20万元，增值税（进项）2.6万元（已认证）。直接从D村苗木合作社购买树木15万元，取得增值税普通发票（如果是农民直接卖苗木，则是收购发票）。

1. 增值税销项税额计算。

销售额：95÷(1+9%)=87.16(万元)；

销项税额：87.16×9%=7.84(万元)。

B公司取得增值税专用发票，进项税额可以抵扣。

2. 应缴增值税计算。

A公司从C公司购进树苗取得增值税专用发票，按照注明（支付）的进项税额抵扣，A公司从D村购进的树木，按照购进价格计算进项税额。

进项税额：15×9%=1.35(万元)。

当月应交增值税：7.84－2.6－1.35=3.89(万元)。

**【提示】**1. 根据《增值税暂行条例》第八条第（三）项的规定，准予从销项税额中抵扣的进项税额，包括“购进农产品，除取得增值税专用发票或者海关进口增值税专用缴款书外，按照农产品收购发票或者销售发票上注明的农产品买价和11%的扣除率计算的进项税额，国务院另有规定的除外。进项税额计算公式：进项税额=买价×扣除率”。

根据《增值税暂行条例》第十五条第（一）项的规定，“农业生产者销售的自产农产品”，免征增值税。

根据《增值税暂行条例实施细则》第三十五条第（一）项的规定，所称农业，是指种植业、养殖业、林业、牧业、水产业。农业生产者，包括从事农业生产的单位和个人。农产品，是指初级农产品，具体范围由财政部、国家税务总局确定。

《财政部 国家税务总局关于农民专业合作社有关税收政策的通知》（财税〔2008〕81号）第一条规定：“对农民专业合作社销售本社成员生产的农业产品，视同农业生产者销售自产农业产品免征增值税”；第二条规定：“增值税一般纳税人从农民专业合作社购进的免税农业产品，可按13%的扣除率计算抵扣增值税进项税额”。

2.《财政部 税务总局关于调整增值税税率的通知》（财税〔2018〕32号）第二条规定：“纳税人购进农产品，原适用11%扣除率的，扣除率调整为10%”；第三条规定：“纳税人购进用于生产销售或委托加工16%税率货物的农产品，按照12%的扣除率计算进项税额”。

《财政部 税务总局 海关总署关于深化增值税改革有关政策的公告》（财政部 税务总局 海关总署公告2019年第39号）第二条规定：“纳税人购进农产品，原适用10%扣除率的，扣除率调整为9%。纳税人购进用于生产或者委托加工13%税率货物的农产品，按照10%的扣除率计算进项税额。”

## 2.4　建筑企业其他税目的增值税业务

本节内容主要包括建筑企业在运营中涉及的非建筑业税目增值税涉税业务。

### 2.4.1　建筑企业销售建筑材料的增值税处理

建筑企业在运营当中，除主营业务以外，还会发生销售建筑材料的业务，其基本政策如下：

依据《增值税暂行条例》《增值税暂行条例实施细则》等的规定，一般纳税人销售货物，除政策规定的情形外，税率为 13%。除政策规定的情形外，一般纳税人销售货物，应纳税额为当期销项税额抵扣当期进项税额后的余额。应纳税额计算公式为：

应纳税额＝当期销项税额－当期进项税额

销项税额＝销售额×税率

纳税人购进货物、劳务、服务、无形资产、不动产支付或者负担的增值税额，为进项税额。

小规模纳税人销售货物，增值税征收率为 3%。应纳税额计算公式为：

应纳税额＝销售额×征收率

关于纳税义务发生时间。纳税人销售货物，纳税义务发生时间为："销售货物或者应税劳务，为收讫销售款项或者取得索取销售款项凭据的当天；先开具发票的，为开具发票的当天"。

**案例 2-32**

**建筑企业销售建筑材料的增值税处理**

A 建筑公司于 2019 年 5 月将库存某类型建筑材料销售给 B 建筑公司，价格为 24 000 元（不含税），增值税税率 13%，A 公司开具增值税专用发票，A 公司当月进项税额 1 480 元（已认证）。A、B 公司均为一般纳税人，则相关增值税处理如下：

1. A 公司处理。

销项税额：24 000×13%=3 120(元)；

应缴增值税：3 120－1 480=1 640(元)。

2. B公司处理。

B公司取得A公司开具的增值税专用发票，进项税额3 120元，可以抵扣。

## 2.4.2 建筑企业出租设备的增值税处理

建筑企业在运营当中，会将一些多余施工机械出租（经营性租赁），以取得租赁收入，其涉及的增值税处理如下：

### 1. 在约定的时间内将建筑机械转让他人使用且所有权不变更

纳税人提供经营性租赁，主要是指提供有形动产或者不动产的使用权，既不变更租赁资产的所有权，也不转移与资产所有权有关的全部风险和报酬。

根据《营业税改征增值税试点实施办法》（财税〔2016〕36号文件附件1）所附《销售服务、无形资产、不动产注释》第一条“销售服务”税目第（六）项“现代服务”第5点“租赁服务”第（2）则第一款的规定，“经营租赁服务，是指在约定时间内将有形动产或者不动产转让他人使用且租赁物所有权不变更的业务活动”。

根据《营业税改征增值税试点实施办法》第四十五条第（二）项及《财政部 税务总局关于建筑服务等营改增试点政策的通知》（财税〔2017〕58号）第二条的规定，纳税人提供租赁服务采取预收款方式的，其纳税义务发生时间为收到预收款的当天。

纳税人提供有形动产租赁服务，自2019年4月1日起税率为13%。

在企业日常会计处理中，如果企业取得的经营性租赁收入与增值税纳税义务相统一，则根据《增值税会计处理规定》（财会〔2016〕22号文件发布）第二条第（二）项第1点第一款的规定处理；如果企业提供租赁服务采取预收款方式，其纳税义务发生时间为收到预收款的当天，根据《增值税会计处理规定》第二条第（二）项第1点第三款的规定，按照增值税制度确认增值税纳税义务发生时点早于按照国家统一的会计制度确认收入或利得的时点的，应将应纳增值税额，借记“应收账款”科目，贷记“应交税费——应交增值税（销项税额）”或“应交税费——简易计税”科目，按照国家统一的会计制度确认收入或利得时，应按扣除增值税销项税额后的金额确认收入。

**2. 将建筑施工设备出租给他人使用并配备操作人员**

在实际业务中，一些建筑企业，特别是机械施工企业，不仅承接施工项目、出租施工机械业务，还会承接“将建筑施工设备出租给他人使用并配备操作人员”的业务，例如，企业将挖掘机及操作人员一起移交给承租方使用，挖掘机的所有权、人员的劳务关系均不改变，操作人员工资仍然由原单位（出租方）承担。对于这种情形，《财政部 国家税务总局关于明确金融 房地产开发 教育辅助服务等增值税政策的通知》（财税〔2016〕140 号）第十六条规定：“纳税人将建筑施工设备出租给他人使用并配备操作人员的，按照‘建筑服务’缴纳增值税”。

根据上述政策规定，纳税人将建筑施工设备出租给他人使用并配备操作人员，按照“建筑服务”缴纳增值税，自 2019 年 4 月 1 日起税率为 9%。

**案例 2-33**

**建筑企业出租设备的增值税处理**

A 建筑公司（一般纳税人）将 2 台挖掘机出租给 B 建筑公司（一般纳税人），租赁时间为 2019 年 5 月 5 日至 2019 年 9 月 5 日，租金 14 万元（含税）；2019 年 6 月至 2019 年 10 月将 4 台挖掘机及相应操作人员，出租给 C 建筑公司（一般纳税人），租金 42 万元（含税），操作人员工资由 A 公司承担。A 公司相关增值税计算如下：

1. 单独出租挖掘机。

销售额：14÷(1+13%)=12.39(万元)；

销项税额：12.39×13%=1.61(万元)。

2. 出租挖掘机并配备操作人员。

销售额：42÷(1+9%)=38.53(万元)；

销项税额：38.53×9%=3.47(万元)。

**【提示】**如果 A 建筑公司的施工机械是营改增之前购买的，可以选择简易计税方法。

### 2.4.3 建筑企业出租房屋的增值税处理

如果建筑企业为一般纳税人，且适用一般计税方法，根据《营业税改征增值税试点实施办法》第十五条、第十六条、第二十一条、第二十二条、第二十三条、第二十四条的规定：

先计算销售额：

销售额＝含税销售额÷(1＋税率)

再计算销项税额：

销项税额＝销售额×税率

最后计算应纳税额：

应纳税额＝当期销项税额－当期进项税额

如果当期销项税额小于当期进项税额，不足抵扣，其不足部分可以结转下期继续抵扣。

进项税额，是指纳税人购进货物、加工修理修配劳务、服务、无形资产或者不动产，支付或者负担的增值税额。

**【提示】**根据《财政部 税务总局关于建筑服务等营改增试点政策的通知》（财税〔2017〕58 号）第二条的规定，“《营业税改征增值税试点实施办法》（财税〔2016〕36 号印发）第四十五条第（二）项修改为‘纳税人提供租赁服务采取预收款方式的，其纳税义务发生时间为收到预收款的当天’”。

**案例 2-34**

**建筑企业出租房屋的涉税处理**

B 建筑公司 2019 年 7 月 25 日与 A 公司签订租赁合同，租赁某写字楼（假定为 2016 年 4 月 30 日后取得的房屋）用于办公，租期 3 年，每年租金 60 万元（含税），A 公司一次性收取租金 180 万元。假定 A 公司 8 月份进项税额为 5 万元（已认证），则 A 公司增值税及附加计算如下：

1. 增值税计算。

不含税销售额：180÷(1+9%)=165.14(万元)；

销项税额：165.14×9%=14.86(万元)；

应纳税额：14.86−5=9.86(万元)。

2. 其他税费及附加计算。

(1) 城市维护建设税：9.86×7%=0.69(万元)。

(2) 教育费附加：9.86×3%=0.30(万元)。

(3) 地方教育附加（假设当地征收率为 2%）：9.86×2%=0.20(万元)。

(4) 印花税：180×0.001=0.18(万元)。

(5) 房产税：165.14×12%=19.82(万元)。

**【提示 1】** 上例中，如果合同中将价税分别列明，即价格为 165.14 万元、增值税为 14.86 万元，则印花税为：165.14×0.001=0.165（万元）。

**【提示 2】** 根据房产税相关政策的规定，房产税按年征收、分期缴纳。纳税期限由省、自治区、直辖市人民政府规定。对于房产租赁的，各地均有具体的征管规范，在实务中要按照当地税务机关的征管规定执行。

## 2.4.4 建筑企业出租 2016 年 4 月 30 日前取得房屋的增值税处理

《营业税改征增值税试点有关事项的规定》(财税〔2016〕36 号文件附件 2）第一条第（九）项第 1 点规定："一般纳税人出租其 2016 年 4 月 30 日前取得的不动产，可以选择适用简易计税方法，按照 5%的征收率计算应纳税额。纳税人出租其 2016 年 4 月 30 日前取得的与机构所在地不在同一县（市）的不动产，应按照上述计税方法在不动产所在地预缴税款后，向机构所在地主管税务机关进行纳税申报。"

根据上述政策规定，出租 2016 年 4 月 30 日前取得的房屋，在计算增值税时，可以选择适用简易计税方法，按照 5%的征收率计算应纳税额。

**【提示】** 根据《营业税改征增值税试点有关事项的规定》第一条第（九）项第 3 点的规定，"一般纳税人出租其 2016 年 5 月 1 日后取得的、与机构所在地不在同一县（市）的不动产，应按照3%的预征率在不动产所在地预缴税款后，向机构所在地主管税务机关进行纳税申报”。

案例 2-35

**建筑企业出租 2016 年 4 月 30 日前取得房屋的增值税计算**

A建筑公司（一般纳税人）2019年7月25日与B公司签订租赁合同，出租房屋一幢。假定该房屋为2015年4月25日取得，租期3年，用于办公，每年租金60万元（含税），A公司一次性收取租金180万元。假定A公司8月份进项税额为6.50万元（已认定），A公司选择简易计税方法，则增值税及附加计算如下：

发票按180万元全额开具普通发票，增值税在开具发票时一次性完税，企业所得税可以按所属期结转收入成本。

不含税销售额：180÷(1+5%)=171.43(万元)；

应纳税额：171.43×5%=8.57(万元)；

本期应交增值税额：8.57万元。

**【提示】**1. 选用简易计税方法的，不得抵扣进项税额。

2. 建筑企业小规模纳税人有销售建筑材料、出租设备的业务的，在计算增值税时，按照3%的征收率计算应纳税额；有出租房屋业务的，在计算增值税时，按照5%的征收率计算应纳税额。

## 2.5 其他各类涉及建筑业的增值税业务

本节内容主要是对涉及混合销售、兼营及建筑业其他相关业务的增值税处理。

### 2.5.1 混合销售业务的增值税处理

根据《营业税改征增值税试点实施办法》（财税〔2016〕36号文件附件1）所附《销售服务、无形资产、不动产注释》第一条第（四）项第2点的规定，“安装服务”

子目涉及销售行为，即企业销售需要安装的设备，同时提供安装服务。

《营业税改征增值税试点实施办法》第四十条规定："一项销售行为如果既涉及服务又涉及货物，为混合销售。从事货物的生产、批发或者零售的单位和个体工商户的混合销售行为，按照销售货物缴纳增值税；其他单位和个体工商户的混合销售行为，按照销售服务缴纳增值税。

本条所称从事货物的生产、批发或者零售的单位和个体工商户，包括以从事货物的生产、批发或者零售为主，并兼营销售服务的单位和个体工商户在内。"

《国家税务总局关于进一步明确营改增有关征管问题的公告》（国家税务总局公告 2017 年第 11 号）第一条规定："纳税人销售活动板房、机器设备、钢结构件等自产货物的同时提供建筑、安装服务，不属于《营业税改征增值税试点实施办法》（财税〔2016〕36 号文件附件 1）第四十条规定的混合销售，应分别核算货物和建筑服务的销售额，分别适用不同的税率或者征收率。"

在实务中，根据上述政策规定，混合销售的增值税按如下方式确定：

一是企业销售活动板房、机器设备、钢结构件等自产货物的同时提供建筑、安装服务，不属于混合销售，应分别核算货物和建筑服务的销售额，分别适用不同的税率（或者征收率）。销售建筑服务的税率为 9%，销售货物的税率为 13%。

二是企业销售外购货物的同时提供建筑、安装服务的，属于混合销售。其主营业务为销售货物的，按照销售货物税目缴纳增值税，税率为 13%；主营业务是销售建筑安装服务的，则按照建筑服务税目缴纳增值税，税率为 9%。例如销售外购的医疗 CT 机及安装、供电系统控制柜及安装、停车场道闸及安装、楼宇监控系统及安装等，均属于销售货物，按照"销售货物"税目缴纳增值税，税率为 13%。

除上述政策外，还有两个特例。

一是一般纳税人销售电梯的同时提供安装服务的处理。《国家税务总局关于进一步明确营改增有关征管问题的公告》（国家税务总局公告 2017 年第 11 号）第四条规定："一般纳税人销售电梯的同时提供安装服务，其安装服务可以按照甲供工程选择适用简易计税方法计税。

纳税人对安装运行后的电梯提供的维护保养服务，按照'其他现代服务'缴纳增值税。"

根据上述政策规定，一般纳税人销售电梯的同时提供安装服务，既可以选择适用一般计税方法，也可以选择适用简易计税方法计税。但前提是销售电梯与安装服务分开核算。

二是一般纳税人销售自产机器设备的同时提供安装服务的处理。《国家税务总局关于明确中外合作办学等若干增值税征管问题的公告》（国家税务总局公告 2018 年第 42 号）第六条规定："一般纳税人销售自产机器设备的同时提供安装服务，应分别核算机器设备和安装服务的销售额，安装服务可以按照甲供工程选择适用简易计税方法计税。

一般纳税人销售外购机器设备的同时提供安装服务，如果已经按照兼营的有关规定，分别核算机器设备和安装服务的销售额，安装服务可以按照甲供工程选择适用简易计税方法计税。"

根据上述政策规定，纳税人销售自产机器设备的同时提供安装服务，分别核算机器设备和安装服务的销售额的，安装服务可以按照甲供工程选择适用简易计税方法计税；纳税人销售外购机器设备的同时提供安装服务，如果已按照兼营的有关规定分别核算机器设备和安装服务的销售额，则安装服务可以视为为甲供工程提供的服务，选择适用简易计税方法计税。

**【提示】**关于电梯等设备专业分包项目的增值税（差额征税）政策。

《国家税务总局关于国内旅客运输服务进项税抵扣等增值税征管问题的公告》（国家税务总局公告 2019 年第 31 号）第七条"关于建筑服务分包款差额扣除"规定：自 2019 年 10 月 1 日起，"纳税人提供建筑服务，按照规定允许从其取得的全部价款和价外费用中扣除的分包款，是指支付给分包方的全部价款和价外费用"。

国家税务总局办公厅的解读指出："纳税人提供特定建筑服务，可按照现行政策规定，以取得的全部价款和价外费用扣除支付的分包款后的余额为销售额计税。总包方支付的分包款是打包支出的概念，即其中既包括货物价款，也包括建筑服务价款。因此，《公告》明确，纳税人提供建筑服务，按照规定允许从取得的全部价款和价外费用中扣除的分包款，是指支付给分包方的全部价款和价外费用。"

根据上述政策规定及国家税务总局解读理解，如果电梯等设备供应和安装服务属于同一个分包（合同）项目中的内容，那么总包方支付给分包方的电梯等设备款（材料）和安装服务费，应属于"打包支出的概念"，"允许从其取得的全部价款和价外费用中扣除"。

**案例2-36**

## 企业提供移动房屋销售、安装业务（自产）的增值税处理

A移动房屋销售安装有限公司（一般纳税人）与B建筑施工企业（一般纳税人）签订合同，由A公司承包B公司某项目临时住宿、办公、仓库等移动板房。项目工期：2019年5月10日—2019年10月10日。合同价款90万元，其中活动板房价款70万元（含税），安装工程价款20万元（含税）。无甲供材。A公司增值税处理如下：

1. 销售建筑服务税率为9%。

销售额：20÷(1+9%)=18.35(万元)；

销项税额：18.35×9%=1.65(万元)。

B公司取得增值税专用发票，进项税额可以抵扣。

2. 销售活动板房税率为13%。

销售额：70÷(1+13%)=61.95(万元)；

销项税额：61.95×13%=8.05(万元)。

B公司取得增值税专用发票，进项税额可以抵扣。

**案例2-37**

## 企业提供消防安装工程服务（外购消防设备）的增值税处理

A消防安装工程有限公司（一般纳税人，主营安装服务）与B仓储股份有限公司（一般纳税人）签订合同，由A公司承包B公司某配送中心消防改造项目，即提供消防设备和负责安装。项目工期：2019年5月10日—2019年7月25日。合同价款220万元（含税），包括A公司外购消防设备，无甲供材。A公司相关增值税处理如下：

销售额：220÷(1+9%)=201.83(万元)；

销项税额：201.83×9%=18.17(万元)。

A公司购进的消防设备，取得增值税专用发票，进项税额可以抵扣。

**案例2-38**

## 消防设备公司开展相关业务（外购消防设备）的增值税处理

C消防设备有限公司（一般纳税人，主营设备销售）与B仓储股份有限公司

司（一般纳税人）签订合同，B公司实施某配送中心消防改造项目，购买C公司消防设备，C公司同时提供安装服务。项目工期：2019年7月10日—2019年8月25日。合同价款220万元（含税），包括C公司外购消防设备，无甲供材。C公司相关增值税处理如下：

销售额：220÷(1+13%)=194.69(万元)；

销项税额：194.69×13%=25.31(万元)。

C公司购进的消防设备，取得增值税专用发票，进项税额可以抵扣。

**案例 2-39**

## 企业销售医疗CT机并负责安装的增值税处理

2019年5月20日，A医疗机械贸易公司（一般纳税人）向B医院销售一套医疗CT机，合同约定机器价格450万元（含税），安装费65万元（含税）。A公司增值税处理如下：

1. 性质判断。

A公司销售的属于外购货物，同时提供安装服务，根据相关政策属于混合销售。因其主营业务为销售货物，因此，要按照销售货物税目缴纳增值税，税率为13%。

2. 增值税计算。

销售额：(450+65)÷(1+13%)=455.75(万元)；

销项税额：455.75×13%=59.25(万元)。

**案例 2-40**

## 销售医疗CT机与安装分属两家公司的增值税处理

2019年5月20日，A医疗机械贸易公司（一般纳税人）向B医院销售一套医疗CT机，合同约定机器价格450万元（含税）。机器的安装由C专业安装公司承担，安装费65万元（含税）。假定机器价格与安装价格均符合公平交易原则，A、C公司增值税处理如下：

1. A公司属于货物销售，税率为13%。

销售额：450÷(1+13%)=398.23(万元)；

销项税额：398.23×13%＝51.77(万元)。

2. C公司属于销售建筑服务，税率为9%。

销售额：65÷(1＋9%)＝59.63(万元)；

销项税额：59.63×9%＝5.37(万元)。

## 2.5.2 兼营业务的增值税处理

《营业税改征增值税试点实施办法》第三十九条规定："纳税人兼营销售货物、劳务、服务、无形资产或者不动产，适用不同税率或者征收率的，应当分别核算适用不同税率或者征收率的销售额；未分别核算的，从高适用税率。"

《营业税改征增值税试点有关事项的规定》(财税〔2016〕36号文件附件2) 第一条第（一）项关于"兼营"规定："试点纳税人销售货物、加工修理修配劳务、服务、无形资产或者不动产适用不同税率或者征收率的，应当分别核算适用不同税率或者征收率的销售额，未分别核算销售额的，按照以下方法适用税率或者征收率：

1. 兼有不同税率的销售货物、加工修理修配劳务、服务、无形资产或者不动产，从高适用税率。

2. 兼有不同征收率的销售货物、加工修理修配劳务、服务、无形资产或者不动产，从高适用征收率。

3. 兼有不同税率和征收率的销售货物、加工修理修配劳务、服务、无形资产或者不动产，从高适用税率。"

根据上述政策规定，企业的生产经营范围同时包括"销售货物"及"销售服务"两项，即存在兼营业务，且分开核算，相关合同分别签订的，应按照兼营的政策分别按货物销售和提供建筑服务征税。其中货物销售税率为13%，销售服务税率为9%。

**案例2-41**

**企业销售电梯兼营安装服务的涉税及会计处理**

A公司2019年9月向B房地产开发公司（一般纳税人）销售10台电梯，合同约定：价格250万元（不含税），增值税税率13%；向C公司销售5台电梯，合同约定：价格125万元（不含税），增值税税率13%，同时签订安装服务合同，安装费50万元（含税）。A公司销售设备业务与销售建筑安装业务分开核算，增值税计算如下：

1. 向B公司销售电梯业务。

销售额：250万元；

销项税额：250×13%＝32.5(万元)。

B公司购进的电梯设备，取得增值税专用发票，进项税额可以抵扣。

2. 向C公司销售电梯、安装业务。

(1) 销售电梯业务。

销售额：125万元；

销项税额：125×13%＝16.25(万元)。

C公司购进的电梯设备，取得增值税专用发票，进项税额可以抵扣。

(2) 安装业务。

销售额：50÷(1＋9%)＝45.87(万元)；

销项税额：45.87×9%＝4.13(万元)。

C公司取得增值税专用发票，进项税额可以抵扣。

3. 假设A公司选择简易计税方法。

销售额：50÷(1＋3%)＝48.54(万元)；

应缴增值税：48.54×3%＝1.46(万元)。

C公司取得增值税普通发票，没有进项税额抵扣。如果C公司需要增值税专用发票，则A公司可以开具3%的增值税专用发票，进项税额可以抵扣。

案例2-42

### 企业销售楼宇监控系统并兼营安装的增值税处理

2019年5月20日，A公司（一般纳税人）向B企业销售一套楼宇监控系统，价格350万元（不含税），增值税税率13%。A公司同时兼营楼宇监控系统安装服务，安装合同约定安装费80万元（不含税），税率9%。A公司设备销售与安装服务均分别核算销售额等，其自销设备安装服务费与对外安装服务费价格一致，A公司增值税处理如下：

1. A公司销售货物，适用税率为13%。

销售额：350万元；

销项税额：350×13%=45.5(万元)。

2. A公司安装服务，适用税率为9%。

销售额：80万元；

销项税额：80×9%=7.2（万元）。

## 2.5.3 建筑企业取得增值税计税价格（销售额）明显偏低的处理

《营业税改征增值税试点实施办法》第四十四条规定："纳税人发生应税行为价格明显偏低或者偏高且不具有合理商业目的的"，"主管税务机关有权按照下列顺序确定销售额：

（一）按照纳税人最近时期销售同类服务、无形资产或者不动产的平均价格确定。

（二）按照其他纳税人最近时期销售同类服务、无形资产或者不动产的平均价格确定。

（三）按照组成计税价格确定。组成计税价格的公式为：

组成计税价格=成本×(1+成本利润率)

成本利润率由国家税务总局确定。

不具有合理商业目的，是指以谋取税收利益为主要目的，通过人为安排，减少、免除、推迟缴纳增值税税款，或者增加退还增值税税款。"

根据增值税政策，价格明显偏低并无正当理由的，要按照政策规定的顺序确定销售额计算增值税。目前对于"正当理由"的界线尚没有明确规定，如果企业"发生应税行为价格明显偏低或者偏高"的情形，应参照当地税务机关的具体征管规定处理。

**【提示】**企业所得税没有专门的政策规定，根据企业所得税政策，企业以非货币形式取得收入或发生视同销售行为等一些特殊业务的，需要按照公允价值确定收入额。对于价格（或收入）异常的情况，凡不属于"关联企业交易"的正常交易，一般不按照关联企业交易"特别纳税调整"政策处理。

**案例 2-43**

### 建筑企业销售货物计税价格明显偏低的涉税处理

A建筑装饰公司（一般纳税人）与B公司（一般纳税人）2019年5月签订合同，承包B公司某办公场所的装修业务，合同约定单价350元/平方米（含税），装修面积1 000平方米，无甲供材。假定当月A公司同类同档次价格为750元/平方米（含税），则增值税处理如下：

假定A公司价格明显偏低并无正当理由，则可以按照750元/平方米（含税）计算增值税。

销售额：750×1 000÷(1+9%)=688 073.39(元)；

销项税额：688 073.39×9%=61 926.61(元)。

**【提示】** 上述案例选用A公司同类同档次价格仅仅是一种参考，具体以当地税务机关确认价格的征管规定为准。

## 2.5.4 建筑企业视同销售行为的增值税处理

《营业税改征增值税试点实施办法》第十条第一款规定，“销售服务、无形资产或者不动产，是指有偿提供服务、有偿转让无形资产或者不动产”。

该实施办法第十四条第（一）项规定，单位或者个体工商户向其他单位或者个人无偿提供服务的，视同销售服务，但用于公益事业或者以社会公众为对象的除外。

该实施办法第四十四条规定，视同销售服务无销售额的，“主管税务机关有权按照下列顺序确定销售额：

（一）按照纳税人最近时期销售同类服务、无形资产或者不动产的平均价格确定。

（二）按照其他纳税人最近时期销售同类服务、无形资产或者不动产的平均价格确定。

（三）按照组成计税价格确定。组成计税价格的公式为：

组成计税价格=成本×(1+成本利润率)

成本利润率由国家税务总局确定”。

根据上述政策规定，除“用于公益事业或者以社会公众为对象的”以外，无偿提供服务和无偿转让无形资产或者不动产的，均视同销售服务、无形资产或者不动产。视同销售确定销售额的原则是按照政策规定的方式及顺序，参照纳税人自己或其他纳税人的正常销售价格确定，无法参照的按照组成计税价格确定。

## 2.5.5　建筑企业取得进项税额可抵扣与不得抵扣的情形及处理

根据相关政策规定，建筑企业取得进项税额分为可抵扣与不得抵扣两种情形，具体处理如下：

### 1. 可以抵扣的进项税额

《营业税改征增值税试点实施办法》第二十五条第（一）项规定，“从销售方取得的增值税专用发票（含税控机动车销售统一发票，下同）上注明的增值税额”，准予从销项税额中抵扣；第（四）项规定，“从境外单位或者个人购进服务、无形资产或者不动产，自税务机关或者扣缴义务人取得的解缴税款的完税凭证上注明的增值税额”，准予从销项税额中抵扣。

自 2019 年 4 月 1 日起，根据《财政部 税务总局 海关总署关于深化增值税改革有关政策的公告》（财政部 税务总局 海关总署公告 2019 年第 39 号）第六条第（一）项的规定，纳税人购进国内旅客运输服务，其进项税额允许从销项税额中抵扣。

“纳税人未取得增值税专用发票的，暂按照以下规定确定进项税额：

1. 取得增值税电子普通发票的，为发票上注明的税额；

2. 取得注明旅客身份信息的航空运输电子客票行程单的，为按照下列公式计算进项税额：

航空旅客运输进项税额＝(票价＋燃油附加费)÷(1＋9％)×9％

3. 取得注明旅客身份信息的铁路车票的，为按照下列公式计算的进项税额：

铁路旅客运输进项税额＝票面金额÷(1＋9％)×9％

4. 取得注明旅客身份信息的公路、水路等其他客票的，按照下列公式计算进项税额：

公路、水路等其他旅客运输进项税额＝票面金额÷(1＋3％)×3％”

上述“关于国内旅客运输服务进项税抵扣”的征管，自 2019 年 9 月 16 日起，根据《国家税务总局关于国内旅客运输服务进项税抵扣等增值税征管问题的公告》（国家税务总局公告 2019 年第 31 号）第一条的规定，具体处理如下：

“（一）《财政部 税务总局 海关总署关于深化增值税改革有关政策的公告》（财政部 税务总局 海关总署公告 2019 年第 39 号）第六条所称‘国内旅客运输服务’，限于与本单位签订了劳动合同的员工，以及本单位作为用工单位接受的劳务派遣员工发生的国内旅客运输服务。

（二）纳税人购进国内旅客运输服务，以取得的增值税电子普通发票上注明的税额为进项税额的，增值税电子普通发票上注明的购买方‘名称’‘纳税人识别号’等信息，应当与实际抵扣税款的纳税人一致，否则不予抵扣。

（三）纳税人允许抵扣的国内旅客运输服务进项税额，是指纳税人 2019 年 4 月 1 日及以后实际发生，并取得合法有效增值税扣税凭证注明的或依据其计算的增值税税额。以增值税专用发票或增值税电子普通发票为增值税扣税凭证的，为 2019 年 4 月 1 日及以后开具的增值税专用发票或增值税电子普通发票”。

根据上述政策规定，增值税电子普通发票上注明的购买方“名称”“纳税人识别号”等信息，必须与实际抵扣税款的纳税人一致，才可以抵扣。因此，纳税人在购进国内旅客运输服务时，要关注如何取得符合抵扣要求的票据。

### 2. 不可以抵扣的进项税额

进项税额不可以抵扣的情形分为两类。

（1）由增值税扣税凭证不符合规定造成的不可抵扣。

根据《营业税改征增值税试点实施办法》第二十六条的规定，纳税人取得的增值税扣税凭证不符合法律、行政法规或者国家税务总局有关规定的，其进项税额不得从销项税额中抵扣。

增值税扣税凭证，是指增值税专用发票、海关进口增值税专用缴款书、农产品收购发票、农产品销售发票和完税凭证。

纳税人凭完税凭证抵扣进项税额的，应当具备书面合同、付款证明和境外单位的对账单或者发票。资料不全的，其进项税额不得从销项税额中抵扣。

（2）由所属抵扣项目造成的不可抵扣。

根据《营业税改征增值税试点实施办法》第二十七条、《营业税改征增值税试点有关事项的规定》（财税〔2016〕36 号文件附件 2）第二条第（一）项第 5 点及《财政部 税务总局 海关总署关于深化增值税改革有关政策的公告》（财政部 税务总局海关总署公告 2019 年第 39 号）第六条第（二）项的规定，下列项目的进项税额不得从销项税额中抵扣：

①用于简易计税方法计税项目、免征增值税项目、集体福利或者个人消费的购进货物、加工修理修配劳务、服务、无形资产和不动产。其中涉及的固定资产、无形资产、不动产，仅指专用于上述项目的固定资产、无形资产（不包括其他权益性无形资产）、不动产。

纳税人的交际应酬消费属于个人消费。

②非正常损失的购进货物，以及相关的加工修理修配劳务和交通运输服务。

③非正常损失的在产品、产成品所耗用的购进货物（不包括固定资产）、加工修理修配劳务和交通运输服务。

④非正常损失的不动产，以及该不动产所耗用的购进货物、设计服务和建筑服务。

⑤非正常损失的不动产在建工程所耗用的购进货物、设计服务和建筑服务。

纳税人新建、改建、扩建、修缮、装饰不动产，均属于不动产在建工程。

⑥购进的贷款服务、餐饮服务、居民日常服务和娱乐服务。

⑦财政部和国家税务总局规定的其他情形。

⑧纳税人接受贷款服务向贷款方支付的与该笔贷款直接相关的投融资顾问费、手续费、咨询费等费用，其进项税额不得从销项税额中抵扣。

上述第④项、第⑤项所称货物，是指构成不动产实体的材料和设备，包括建筑装饰材料和给排水、采暖、卫生、通风、照明、通讯、煤气、消防、中央空调、电梯、电气、智能化楼宇设备及配套设施。

根据上述政策规定，需要特别注意的是，一般纳税人提供的建筑服务，对适用简易计税方法计税的工程项目，其发生的进项税额不得从销项税额中抵扣。

（3）不得抵扣进项税额已经抵扣的处理。

《营业税改征增值税试点有关事项的规定》第二条第（一）项第 6 点规定：“已抵扣进项税额的购进服务，发生上述第 5 点规定情形（简易计税方法计税项目、免征增值税项目除外）的，应当将该进项税额从当期进项税额中扣减；无法确定该进项税额的，按照当期实际成本计算应扣减的进项税额”；

第 7 点规定：“已抵扣进项税额的无形资产或者不动产，发生上述第 5 点规定情形的，按照下列公式计算不得抵扣的进项税额：

不得抵扣的进项税额＝无形资产或者不动产净值×适用税率”

第 8 点规定：“按照《增值税暂行条例》第十条和上述第 5 点不得抵扣且未抵扣进项税额的固定资产、无形资产、不动产，发生用途改变，用于允许抵扣进项税额的应税项目，可在用途改变的次月按照下列公式，依据合法有效的增值税扣税凭证，计算可以抵扣的进项税额：

可以抵扣的进项税额＝固定资产、无形资产、不动产净值/(1＋适用税率)×适用税率

上述可以抵扣的进项税额应取得合法有效的增值税扣税凭证”。

Tax Practice and

Case Analysis for

Construction Business

# 第3章

# 建筑企业取得收入的企业所得税处理业务

相对于其他行业，建筑企业所得税的处理比较复杂。对建筑企业而言，在实务中，很多情况下增值税纳税义务确定的时点与企业所得税收入确认的时点不同。同时，建筑企业取得收入款项的情形很多，如何从税收角度确认收入比较复杂。本章内容主要是根据实务中不同的收款方式以及增值税纳税义务发生的时点，按照政策规定准确确认企业所得税收入。此外，还包括其他业务收入、营业外收入的涉税内容。

## 3.1 建筑企业所得税收入的确认

在建筑工程施工中，由于很多工程建设周期长，耗用资金多，为使建筑施工企业在工程施工中耗用的资金及时得到补偿，需要对工程价款进行中间结算，即按照工程进度进行结算，待全部工程竣工验收后，再进行竣工结算。在实务中，工程结算的进度款通过“工程结算”科目核算。但是，这个“工程结算”的时点与企业所得税收入确认的时点不同，“工程结算”可以按月、季度或年度，而对于施工项目收入（包括企业所得税收入）的确认，如果持续时间超过12个月（跨年度），要按照纳税年度内完工进度或者完成的工作量确认收入的实现。本节内容主要是如何根据不同的“工程结算”方式（情形）正确确认收入（包括企业所得税收入）。

### 3.1.1 建筑企业收入核算（确认）简述

#### 1. 中标工程项目的利润测算

建筑施工企业工程中标后，需要在前期预算的基础上对中标的工程进行再次测算，即企业组织内部相关部门（如工程管理部、合约商务部、财务审计部、项目部等）共同测算该工程的目标利润率（合同毛利率）。该利润率是后期确认工程收入的主要依据。

在工程施工过程中据实确认成本时，要求收支配比，具体如下：

（1）对于建筑施工企业自行施工的工程（部分）按照实际工程完工量确认成本；

（2）对于分包工程（含整体分包工程与部分分包工程）每季度（或约定时间）按照跟踪审计确认的计量单（如无跟踪审计，按照业主确认的计量单、财务支付月报、审定单等）进行成本拆分与分包单位结算成本；

（3）对于劳务、材料、机械租赁、运输的成本，按照实际用量与分供商进行结算，但结算上报的数量必须做到收支配比。

月末根据所确认的成本及其目标利润率确认对应的收入。

### 2. 工程项目收入、成本核算基本流程

上述测算完成后，建筑施工企业将正式开始进行收入、成本的核算，其中最重要的科目有“工程结算”“工程施工”“主营业务收入”“主营业务成本”等。主要核算流程如下：

（1）收取进度款。

建筑施工企业根据工程施工合同的完工进度向业主收取进度款时，借记“应收账款”等科目，贷记“工程结算”科目。工程施工合同完工后，将“工程结算”科目余额与相关工程施工合同的“工程施工”科目对冲，借记“工程结算”科目，贷记“工程施工”科目。“工程结算”科目期末贷方余额，反映尚未完工工程已开出工程价款结算单办理结算的价款。

（2）发生施工成本。

“工程施工”科目下设两个二级科目，其中“工程施工——合同成本”科目核算各项工程施工合同发生的实际成本，一般包括施工企业在施工过程中发生的人工费、材料费、机械使用费、其他直接费、间接费用等。

其中“工程施工——合同毛利”科目核算各项工程施工合同确认的合同毛利，按单个项目确认。

建筑施工企业进行施工发生的各项成本费用，借记“工程施工——合同成本”科目，贷记“应付职工薪酬”“原材料”等科目。

在“工程施工——合同成本”科目的具体核算中，应按成本核算对象和成本项目进行归集。

成本项目一般包括人工费、材料费、机械使用费、其他直接费和间接费用。其他直接费包括有关的设计和技术援助费用、施工现场材料的二次搬运费、生产工具和用具使用费、检验试验费、工程定位复测费、工程点交费用、场地清理费用、临时设施摊销费用、水电费等。间接费用是企业下属各施工单位为组织和管理施工生产活动所发生的费用，包括施工和生产单位管理人员的工资、奖金、职工福利费、

劳动保护费，固定资产折旧费和修理费，以及物料消耗、低值易耗品摊销、取暖费、办公费、差旅费、财产保险费、工程保修费、排污费等。

其中，属于人工费、材料费、机械使用费和其他直接费等直接成本费用，直接计入有关工程成本，间接费用可先在本科目（合同成本）下设置“间接费用”明细科目进行核算，月份终了，再按一定分配标准，分配计入有关工程成本。

（3）确认工程合同收入。

根据《小企业会计准则》《企业会计准则第15号——建造合同（2006）》（在2017年发布的企业会计准则中，相关规定已经合并到第14号收入准则中）等规定，对于会计确认收入时间，同一会计年度内开始并完成的劳务，应当在提供劳务交易完成且收到款项或取得收款权利时，确认提供劳务收入。提供劳务收入的金额为从接受劳务方已收或应收的合同或协议价款。劳务的开始和完成分属不同会计年度的，如果建造合同的结果能够可靠估计，建筑企业应根据合同完工进度在资产负债表日确认当期工程项目的成本、收入、毛利。相关计算公式如下：

完工进度＝(累计发生实际成本/项目预计总成本)×100%

当期项目收入＝项目预计总收入×完工进度－以前会计期间累计已经确认项目收入

当期项目成本＝项目预计总成本×完工进度－以前会计期间累计已经确认项目成本

当期项目毛利＝当期项目收入－当期项目成本

在具体会计处理中，按规定确认工程合同收入和工程合同费用时，按当期确认的工程合同费用，借记“主营业务成本”科目，按当期确认的工程合同收入，贷记“主营业务收入”科目，按其差额，借记或贷记“工程施工——合同毛利”科目。

对于设置“存货跌价准备——合同预计损失准备”科目核算合同预计损失的，合同完工确认工程合同收入、费用时，还应转销合同预计损失准备，按累计实际发生的合同成本减去以前会计年度累计已确认的工程合同费用后的余额，借记“主营业务成本”科目，按实际合同总收入减去以前会计年度累计已确认的工程合同收入后的余额，贷记“主营业务收入”科目，按其差额，借记或贷记“工程施工——合同毛利”科目。同时，按相关工程施工合同已计提的预计损失准备，借记“存货跌价准备——合同预计损失准备”科目，贷记“管理费用”科目。

正常情况下，“工程施工”科目期末借方余额，反映尚未完工工程施工合同的成本和合同毛利。

（4）合同完工时。

首先要进行工程项目竣工结算。工程竣工验收后，在法律、法规和施工企业与建设方约定的时间内，项目合约（预算）人员负责整理、收集相关结算资料（主要包括：工程施工招投标文件、工程施工合同、工程施工图纸/设计图、工程竣工图纸、工程设计变更通知书及变更设计图、工程施工隐蔽资料、未计价材料的签证或结算协议、反映工程量的现场签证等），并编制《工程竣工结算报告》，主要内容包括按照合同约定的工程合同价款和价款的调整以及现场签证、索赔等事项。

其次是工程结算审核。工程结算审核是建设单位对施工单位在工程竣工或年度终了时，围绕工程价款结算自行或者委托专业第三方开展的审核工作。其主要内容包括：一是中间结算（含跨年），检查工程形象进度的工程量，施工产值和预算成本是否正确、真实，本期应结工程价款净值是否与本期实际完成的施工产值或结算价值，扣除预收工程款、抵扣备料款、甲方材料款以及其他应扣款后的余额相符；二是竣工结算，应审查竣工质量验收、竣工决算的合规性，未完部分尾工预提费用的合理性，以及双方经济往来是否清楚，有无违反结算纪律行为。

对于建筑施工企业，主要根据双方确定的工程结算审核结论，扣除前期工程预付款、进度款结算金额后的差额相应记入“工程结算”科目。

最后是结清账户。合同完工需要结清“工程施工”和“工程结算”账户时，借记“工程结算”科目，贷记“工程施工”科目。

### 3. 企业所得税收入、成本的确认

对于建筑工程企业所得税收入的确认，根据政策规定，企业在各个纳税期末，提供劳务交易的结果能够可靠估计的，应采用完工进度（完工百分比）法确认提供劳务收入。

根据《小企业会计准则》第六十三条第二款的规定，“劳务的开始和完成分属不同会计年度的，应当按照完工进度确认提供劳务收入。年度资产负债表日，按照提供劳务收入总额乘以完工进度扣除以前会计年度累计已确认提供劳务收入后的金额，确认本年度的提供劳务收入；同时，按照估计的提供劳务成本总额乘以完工进度扣除以前会计年度累计已确认营业成本后的金额，结转本年度营业成本”。

根据《企业会计准则第 14 号——收入》第十二条的规定，对于在某一时段内履行的履约义务，企业应当在该段时间内按照履约进度确认收入，其具体确认收入的方法，从一般建筑项目性质考虑，应采取投入法，即根据企业为履行履约义务的投入确定履约进度。

企业所得税收入确认的具体方法与《小企业会计准则》规定的收入确认方法基本一致。与《企业会计准则第 14 号——收入》规定的收入确认的处理主要区别在于，企业会计准则是按照"某一时段""履约进度"确认收入，而企业所得税是按照"纳税年度""完工进度"确认收入。

**【提示 1】**《企业会计准则第 14 号——收入》带来的变化与调整。

现在有部分大中型的建筑施工企业根据《企业会计准则第 14 号——收入》要求，开始调整核算科目和会计处理，具体如下：

1. 科目调整。

（1）增设"合同履约成本——工程施工成本"科目，核算原"工程施工——合同成本"科目核算内容。账面不再体现"工程施工——合同毛利"。

（2）增设"合同资产""合同负债"科目。工程施工与工程结算科目余额为借方的项目，调整到"合同资产——工程款（已完工未结算）"科目；工程施工与工程结算科目余额为贷方的项目，调整到"合同负债——已结算未完工"科目；"预收账款"科目核算内容调整到"合同负债"科目；质保金从"应收账款"科目中调整至"合同资产——质保金"科目。

2. 基本核算流程。

（1）项目发生实际成本：

借：合同履约成本

　　其他应收款——待确认进项税（发票收到时转入"应交税费"科目）

　　贷：应付账款

（2）收到预收款：

借：银行存款

　　贷：合同负债——工程款——预收工程款

（3）主营业务成本确认：

借：主营业务成本

贷：合同履约成本

（4）主营业务收入确认（投入法，按照完工百分比推算收入确认金额）：

借：合同结算——工程款

贷：主营业务收入

（5）业主确认工程量：

借：应收账款——工程款——进度结算

应收账款——待转销项税额

合同负债——工程款——预收工程款（本次冲减预收工程款金额）

贷：合同结算——工程款

应交税费——增值税——待转销项税额

应收账款——工程款——进度结算（本次冲减预收工程款金额）

（6）期末将合同结算余额转入合同资产或合同负债：

借：合同资产——工程款（已完工未结算）

贷：合同结算——工程款期末结转

或

借：合同结算——工程款期末结转

贷：合同负债——工程款——已结算未完工

**【提示2】**《企业会计准则第14号——收入》第十二条规定："对于在某一时段内履行的履约义务，企业应当在该段时间内按照履约进度确认收入，但是，履约进度不能合理确定的除外。企业应当考虑商品的性质，采用产出法或投入法确定恰当的履约进度。其中，产出法是根据已转移给客户的商品对于客户的价值确定履约进度；投入法是根据企业为履行履约义务的投入确定履约进度。对于类似情况下的类似履约义务，企业应当采用相同的方法确定履约进度。

当履约进度不能合理确定时，企业已经发生的成本预计能够得到补偿的，应当按照已经发生的成本金额确认收入，直到履约进度能够合理确定为止。"

**【提示3】**《小企业会计准则》第六十三条规定："同一会计年度内开始并完成的劳务，应当在提供劳务交易完成且收到款项或取得收款权利时，确认提供劳务收入。提供劳务收入的金额为从接受劳务方已收或应收的合同或协议价款。

劳务的开始和完成分属不同会计年度的，应当按照完工进度确认提供劳务收入。年度资产负债表日，按照提供劳务收入总额乘以完工进度扣除以前会计年度累计已确认提供劳务收入后的金额，确认本年度的提供劳务收入；同时，按照估计的提供劳务成本总额乘以完工进度扣除以前会计年度累计已确认营业成本后的金额，结转本年度营业成本。”

### 3.1.2　建筑企业的企业所得税征管

由于建筑企业施工项目所在地与机构所在地大多不一致，因此，不仅增值税的征管有预缴等特殊的政策规定，企业所得税的征管也有特殊的政策规定。

对于业务范围仅限于机构所在地的企业，企业所得税的征管与一般企业没有区别，都是根据税法的规定计算出应纳税所得额，在当地主管税务机关申报企业所得税。

对于在异地承接施工项目的，在税收征管上，根据《税务登记管理办法》第二条的规定，“企业，企业在外地设立的分支机构和从事生产、经营的场所，个体工商户和从事生产、经营的事业单位，均应当按照《税收征管法》及《实施细则》和本办法的规定办理税务登记”。

在企业所得税征管中，根据《国家税务总局关于跨地区经营建筑企业所得税征收管理问题的通知》（国税函〔2010〕156 号）、《跨地区经营汇总纳税企业所得税征收管理办法》（国家税务总局公告 2012 年第 57 号发布）等文件的规定，跨省（经营）的企业所得税处理如下：

#### 1. 建筑企业所属二级或二级以下分支机构直接管理的项目部

建筑企业所属二级或二级以下分支机构直接管理的项目部（包括与项目部性质相同的工程指挥部、合同段等，下同）不就地预缴企业所得税，其经营收入、职工工资和资产总额应汇总到二级分支机构统一核算，由二级分支机构按照《跨地区经营汇总纳税企业所得税征收管理办法》的规定预缴企业所得税。

根据上述政策规定，一般建筑企业的分公司（分支机构）直接管理的项目部不就地预缴企业所得税，其所有的核算数据应汇总到二级分支机构统一核算进行企业所得税处理。

**2. 建筑企业总机构直接管理的跨地区设立的项目部**

建筑企业总机构直接管理的跨地区设立的项目部，应按项目实际经营收入的0.2%按月或按季由总机构向项目所在地预分企业所得税，并由项目部向所在地主管税务机关预缴。

根据上述政策规定，建筑企业总机构直接管理（没有设立分支机构）的跨地区设立的项目部，其取得的收入，应由项目部向所在地主管税务机关预缴。

**3. 建筑企业总机构汇总计算企业应纳所得税的预缴方法**

建筑企业总机构汇总计算企业应纳所得税，按照以下方法进行预缴：

（1）总机构只设跨地区项目部的，扣除已由项目部预缴的企业所得税后，按照其余额就地缴纳；

（2）总机构只设二级分支机构的，按照《跨地区经营汇总纳税企业所得税征收管理办法》的规定计算总、分支机构应缴纳的税款；

（3）总机构既有直接管理的跨地区项目部，又有跨地区二级分支机构的，先扣除已由项目部预缴的企业所得税后，再按照《跨地区经营汇总纳税企业所得税征收管理办法》的规定计算总、分支机构应缴纳的税款。

**4. 对于年度企业所得税汇算清缴**

建筑企业总机构应按照有关规定办理企业所得税年度汇算清缴，各分支机构和项目部不进行汇算清缴。总机构年终汇算清缴后应纳所得税额小于已预缴的税款时，由总机构主管税务机关办理退税或抵扣以后年度的应缴企业所得税。

建筑企业总机构在办理企业所得税预缴和汇算清缴时，应附送其所直接管理的跨地区经营项目部就地预缴税款的完税证明。

**5. 《外出经营活动税收管理证明》的提供**

跨地区经营的项目部（包括二级以下分支机构管理的项目部）应向项目所在地主管税务机关出具总机构所在地主管税务机关开具的《外出经营活动税收管理证明》，未提供上述证明的，项目部所在地主管税务机关应督促其限期补办；不能提供上述证明的，应作为独立纳税人就地缴纳企业所得税。同时，项目部应向所在地主管税务机关提供总机构出具的证明该项目部属于总机构或二级分支机构管理的证明文件。

对于跨区域涉税事项报验管理，根据《国家税务总局关于明确跨区域涉税事项报验管理相关问题的公告》（国家税务总局公告 2018 年第 38 号）的相关规定，纳税人跨省（自治区、直辖市和计划单列市）临时从事生产经营活动的，向机构所在地的税务机关填报《跨区域涉税事项报告表》，跨区域报验管理事项的报告、报验、延期、反馈等信息，通过信息系统在机构所在地和经营地的税务机关之间传递，实时共享。

**6. 省内跨区域经营建筑企业所得税征收规定**

上述企业所得税征管政策主要是针对跨省（经营）业务，对于建筑企业在同一省、自治区、直辖市和计划单列市设立的跨地（市、县）项目部，根据国税函〔2010〕156 号文件第八条的规定，“其企业所得税的征收管理办法，由各省、自治区、直辖市和计划单列市国家税务局、地方税务局共同制定，并报国家税务总局备案”。部分省市规定列举如下：

（1）北京市规定。《北京市国家税务局 北京市地方税务局关于跨地区经营建筑企业所得税征收管理问题的公告》（北京市国家税务局 北京市地方税务局公告 2010 年第 1 号）第一条规定：“我市建筑企业总机构直接管理的在我市行政区域内跨区、县（地区）设立的项目部不实行按项目实际经营收入的 0.2%按月或按季由总机构向项目所在地预分企业所得税的办法，其实际取得的经营收入和发生的成本费用等涉税事项应由总机构按照有关规定汇总计算并缴纳企业所得税。”

（2）江苏省规定。《江苏省国家税务局、江苏省地方税务局转发〈国家税务总局关于跨地区经营建筑企业所得税征收管理问题的通知〉的通知》（苏国税发〔2010〕108 号）规定：“建筑企业总机构在我省的，总机构直接管理、在省内跨地区设立的项目部暂不就地预分企业所得税，其经营收入、职工工资和资产总额汇总到总机构统一核算，由总机构按规定申报缴纳企业所得税。”

（3）广东省规定。《国家税务总局广东省税务局关于省内跨市经营建筑企业所得税征收管理问题的公告》（国家税务总局广东省税务局公告 2018 年第 5 号）第二条规定：“建筑企业总机构、所属二级或二级以下分支机构直接管理的跨地区经营的项目部（包括与项目部性质相同的工程指挥部、合同段等，下同）应向机构所在地税务机关填报《跨区域涉税事项报告表》，按规定向经营地税务机关报验，不就地预缴企业所得税，其经营收入、职工工资和资产总额应分别汇总到总机构或二级分支机构统一核算，按照2013年13号公告规定的办法计算缴纳企业所得税。未填报《跨区域涉税事项报告表》的，应作为独立纳税人就地缴纳企业所得税。”

**【提示】** 1.《国家税务总局关于跨地区经营建筑企业所得税征收管理问题的通知》（国税函〔2010〕156号）中规定的具体处理政策，是依据《跨地区经营汇总纳税企业所得税征收管理暂行办法》（国税发〔2008〕28号文件发布）的规定形成的，自2013年1月1日起，该文件作废，相关业务按照新发布的《跨地区经营汇总纳税企业所得税征收管理办法》（国家税务总局公告2012年第57号发布）规定处理。

2. 相对于其他企业而言，在实务中，建筑企业异地企业所得税业务（或政策）比较复杂，企业在承接项目时，要及时与当地主管税务机关沟通，按照当地的征管政策执行。

### 3.1.3 企业提供建筑服务企业所得税收入及成本确认原则

《企业所得税法实施条例》第九条规定：“企业应纳税所得额的计算，以权责发生制为原则，属于当期的收入和费用，不论款项是否收付，均作为当期的收入和费用；不属于当期的收入和费用，即使款项已经在当期收付，也不作为当期的收入和费用。本条例和国务院财政、税务主管部门另有规定的除外。”

根据上述政策规定，纳税人提供建筑服务，企业所得税收入确认的基本原则是权责发生制。对于建筑合同（项目）在当年度（一个会计年度）内完成的，相关建筑合同收入与成本应配比结转；对于提供的建筑服务持续时间超过12个月的，其收入的确定，根据《企业所得税法实施条例》第二十三条第（二）款的规定，企业从事建筑、安装、装配工程业务或者提供劳务等，“持续时间超过12个月的，按照纳税年度内完工进度或者完成的工作量确认收入的实现”。

对于具体计算确认方式，《国家税务总局关于确认企业所得税收入若干问题的通知》（国税函〔2008〕875号）第二条第一款规定：“企业在各个纳税期末，提供劳务交易的结果能够可靠估计的，应采用完工进度（完工百分比）法确认提供劳务收入”。

根据上述政策规定，从企业所得税政策角度，建筑企业销售收入的确认，必须遵循权责发生制原则和实质重于形式原则（除企业所得税法及实施条例另有规定外），在按照合同进度确定收入的同时确定对应的成本。

**【提示】**小企业会计准则规定。根据《小企业会计准则》第六十三条的规定，同一会计年度内开始并完成的劳务，应当在提供劳务交易完成且收到款项或取得收款权利时，确认提供劳务收入；对劳务的开始和完成分属不同会计年度的，应当按照完工进度确认提供劳务收入。

企业会计准则规定。根据《企业会计准则第14号——收入》第十二条的规定，对于在某一时段内履行的履约义务，企业应当在该段时间内按照履约进度确认收入。

### 3.1.4 建设工程当年完工企业所得税收入的确认

根据《企业所得税法实施条例》第九条及《国家税务总局关于确认企业所得税收入若干问题的通知》（国税函〔2008〕875号）等的相关规定精神，对于在一个纳税期内完工的建筑项目，因为完工验收后，与项目（商品）所有权相关的主要风险和报酬转移给建设方（发包方），既没有保留通常与所有权相联系的继续管理权，也没有实施有效控制，同时，合同收入的金额已经准确计量，已发生的合同成本也可以进行准确可靠的核算。因此，建筑企业在一个纳税期内完工的建筑项目，应在当年确定收入。

对于“一个纳税期”的确定，一般应按照公历年度，即以公历每年1月1日至12月31日为一个纳税年度。

对于增值税纳税义务，根据《营业税改征增值税试点实施办法》（财税〔2016〕36号文件附件1）第四十五条第（一）项的规定处理，即一项销售服务增值税纳税义务实现的判断是，“收讫销售款项或者取得索取销售款项凭据的当天”与增值税发票开具孰先原则。

对于建筑企业提供建筑服务取得的预收款，采取预缴增值税制度。《财政部 税务总局关于建筑服务等营改增试点政策的通知》（财税〔2017〕58号）第三条规定："纳税人提供建筑服务取得预收款，应在收到预收款时，以取得的预收款扣除支付的分包款后的余额，按照本条第三款规定的预征率预缴增值税。"

案例 3-1

### 建筑企业当年完工项目的涉税及会计处理

A建筑公司（一般纳税人）与B公司（一般纳税人）签订合同，由A公司承建一个材料仓库。项目工期：2019年4月10日—2019年6月10日。合同价款110万元（含税），增值税税率为9%。约定开工后10天内支付工程款44万元，竣工验收后1个月内支付剩余款项61万元并开具增值税专用发票，约定质保金（尾款）5万元，待质保期3个月结束并经验收后支付。该项目无甲供材。适用一般计税方法。2019年6月竣工结算并验收，工程实际发生成本70万元。A公司相关处理如下：

1. 增值税处理。

（1）2019年4月份收到预付工程款44万元，没有开具增值税发票，应预缴增值税（增值税附加等其他各项略）。

销售额：44÷(1+9%)＝40.37（万元）；

预缴增值税：40.37×2%＝0.81（万元）。

**【提示】**适用简易计税方法计税的项目预征率为3%。

（2）2019年6月结算价款，增值税纳税义务发生，A公司按照全额（包括质保金等）开具增值税专用发票。

销售额：110÷(1+9%)＝100.92（万元）；

销项税额：100.92×9%＝9.08（万元）。

（3）假定2019年6月份，A公司认证可抵扣进项税额7万元，其他销项税额12万元。

应缴增值税：12+9.08－7＝14.08（万元）；

实际应缴增值税：14.08－0.81＝13.27（万元）。

2. 会计处理（单位：万元）。

（1）2019年4月份收到预付工程款。

借：银行存款　44

　贷：预收账款　44

(2) 4月收到预付工程款预缴增值税。

借：应交税费——应交增值税（预交增值税）　0.81

　贷：银行存款　0.81

(3) 施工期间实际发生施工成本、费用。

借：工程施工——合同成本　70

　贷：应付账款（银行存款、现金、应付票据等）　70

(4) 6月份工程竣工验收合格，结算价款，增值税纳税义务发生。

借：预收账款　44

　　应收账款　66

　贷：工程结算　100.92

　　　应交税费——应交增值税（销项税额）　9.08

(5) 5月份确定合同收入。

借：主营业务成本　70

　　工程施工——合同毛利　30.92

　贷：主营业务收入　100.92

(6) 5月份合同完工。

借：工程结算　100.92

　贷：工程施工——合同成本　70

　　　　　　——合同毛利　30.92

(7) 6月份收到工程款。

借：银行存款　61

　　应收账款——质保金　5

　贷：应收账款　66

(8) 9月份收到质保金。

借：银行存款　5

　贷：应收账款——质保金　5

【提示】上述案例根据实际发生业务改编，目的是突出相关涉税要点，例如预缴增值税、全款开具增值税发票等。实务中，由于种种原因，有些建筑企业（或项目）对工程款没有采取预收账款（不采用“预收账款”科目）方式，而是采取“应收账款”（采用“应收账款”科目）方式，在日常处理时，如果收取的款项符合预收账款性质的，仍然要按照政策规定处理。

### 3.1.5 建设工程当年完工企业无法及时收到款项的涉税处理

根据《企业所得税法实施条例》第九条及《国家税务总局关于确认企业所得税收入若干问题的通知》（国税函〔2008〕875 号）等的相关规定精神，对于在一个纳税年度内完工的建筑项目，应当在当年确定收入。

一些中小企业由于建设单位（发包方）结算资金不到位或者其他各种原因，经常无法及时收取结算资金，以致需要先期垫付全部或部分资金，在年终时没有及时收到工程款（或在第二年实际取得工程款）。在这种情况下，从企业所得税角度看，企业仍应根据上述政策规定在当年确认收入。

对于企业最终无法收取的工程款，应按照资产损失处理。根据《企业资产损失所得税税前扣除管理办法》（国家税务总局公告 2011 年第 25 号发布）第十九条的规定，企业应收款的损失，属于企业货币资产损失。可以依据该办法第二十二条、第二十三条及第二十四条的规定处理，除需要相关事项合同、协议或说明外，对属于债务人破产清算的、属于诉讼案件的、属于债务人停止营业的、属于债务人死亡、失踪的，等等，需要提供相应的证据材料；对企业逾期三年以上的应收款项（及企业逾期一年以上，单笔数额不超过五万元或者不超过企业年度收入总额万分之一的应收款项），会计上已经作为损失处理的，还需要出具专项报告。

对于没有及时取得款项的增值税处理，根据《营业税改征增值税试点实施办法》（财税〔2016〕36 号文件附件 1）第四十五条第（一）项的规定，纳税义务发生的时间为：书面合同确定的付款日期，先开具发票的，为开具发票的当天，未签订书面合同或者书面合同未确定付款日期的，为服务完成的当天。即“收讫销售款项或者取得索取销售款项凭据的当天”与增值税发票开具孰先原则。

根据上述政策规定，企业是否最终取得工程款不是判断增值税纳税义务是否发生的条件，只要达到纳税义务发生的节点，就需要按照规定计算缴纳增值税。

【提示】《企业会计准则——基本准则》第二十七条第四款规定："损失是指由企业非日常活动所发生的、会导致所有者权益减少的、与向所有者分配利润无关的经济利益的流出。"

**案例 3-2**

## 建设项目完成企业无法及时取得工程款的涉税及会计处理

A 建筑公司（一般纳税人）与 B 公司（一般纳税人）签订合同，由 A 公司承建一个车间的土建部分。项目工期：2019 年 5 月 10 日—2019 年 7 月 10 日。合同价款 60 万元（含税），增值税税率为 9%。合同约定，项目竣工验收后 10 日内支付款项并开具增值税专用发票。该项目无甲供材。假定项目按期完工，工程实际发生成本 45 万元。假设截至 2019 年 12 月 31 日，A 公司尚未收到工程款，A 公司相关涉税及会计处理如下：

1. 涉税计算。

2019 年 7 月，按照合同确定增值税纳税义务。

销售额：60÷(1+9%)=55.05（万元）；

销项税额：55.05×9%=4.95（万元）。

2. 会计处理（单位：万元）。

(1) 按照合同约定的付款日（或项目完成日）确认增值税纳税义务。

借：应收账款　60

　贷：工程结算　55.05

　　应交税费——应交增值税（销项税额）　4.95

(2) 日常发生成本、费用时：

借：工程施工——合同成本　45

　贷：应付账款（银行存款、现金、应付票据等）　45

(3) 7 月份按照合同约定确定合同收入。

借：主营业务成本　45

　工程施工——合同毛利　10.05

贷：主营业务收入　　55.05

(4) 项目完工结算。

借：工程结算　　55.05

贷：工程施工——合同成本　　45

——合同毛利　　10.05

上述应收账款 60 万元，到年底 A 公司还没有收到，因此需要按照上述规定，确认增值税销售额、企业所得税收入。如果该笔应收账款长期拖欠，形成资产损失，应依照《企业资产损失所得税税前扣除管理办法》（国家税务总局公告 2011 年第 25 号发布）的规定处理。

### 3.1.6 建设工程跨年度完工企业所得税收入的确认

对于建筑合同（项目）在当年度完成的，从企业所得税角度，相关建筑合同收入与成本配比结转比较简单。对于提供的建筑劳务持续时间超过 12 个月的，其收入的确定，要根据《企业所得税法实施条例》第二十三条第（二）款的规定处理，企业从事建筑、安装、装配工程业务或者提供劳务等，“持续时间超过 12 个月的，按照纳税年度内完工进度或者完成的工作量确认收入的实现”。

对于具体确认计算方式，《国家税务总局关于确认企业所得税收入若干问题的通知》（国税函〔2008〕875 号）第二条第一款规定：“企业在各个纳税期末，提供劳务交易的结果能够可靠估计的，应采用完工进度（完工百分比）法确认提供劳务收入”。

上述“提供劳务交易的结果能够可靠估计的”，根据该通知第二条第（一）项的规定，是指同时满足下列条件：

“1. 收入的金额能够可靠地计量；

2. 交易的完工进度能够可靠地确定；

3. 交易中已发生和将发生的成本能够可靠地核算”。

上述“完工进度（完工百分比）法”，根据该通知第二条第（二）项的规定，可选用下列方法：

“1. 已完工作的测量；

2. 已提供劳务占劳务总量的比例；

3. 发生成本占总成本的比例”。

对于当年（每个年度）企业所得税收入的确认，该通知第二条第（三）项规定："企业应按照从接受劳务方已收或应收的合同或协议价款确定劳务收入总额，根据纳税期末提供劳务收入总额乘以完工进度扣除以前纳税年度累计已确认提供劳务收入后的金额，确认为当期劳务收入；同时，按照提供劳务估计总成本乘以完工进度扣除以前纳税期间累计已确认劳务成本后的金额，结转为当期劳务成本”。

对于建设工程跨年度增值税的处理，按照《营业税改征增值税试点实施办法》（财税〔2016〕36 号文件附件 1）第四十五条第（一）项的规定执行，即，建筑项目增值税纳税义务实现的判断仍然是，“收讫销售款项或者取得索取销售款项凭据的当天”与增值税发票开具孰先原则，对于建筑企业收到的预收账款，实行增值税预缴制度。

**【提示】** 1.《小企业会计准则》处理。根据《小企业会计准则》第六十三条的规定，对劳务的开始和完成分属不同会计年度的，应在年度资产负债表日，按照提供劳务收入总额乘以完工进度扣除以前会计年度累计已确认提供劳务收入后的金额，确认本年度的提供劳务收入；同时，按照估计的提供劳务成本总额乘以完工进度扣除以前会计年度累计已确认营业成本后的金额，结转本年度营业成本。

2.《企业会计准则》处理。根据《企业会计准则第 14 号——收入》第十二条的规定，对于在某一时段内履行的履约义务，企业应当在该段时间内按照履约进度确认收入，其具体确认收入的方法，从一般建筑项目性质考虑，应采取投入法，即根据企业为履行履约义务的投入确定履约进度。

如果上述履约进度不能合理确定，企业已经发生的成本预计能够得到补偿的，应当按照已经发生的成本金额确认收入，直到履约进度能够合理确定为止。

企业所得税收入确认的具体方法与《小企业会计准则》规定的收入确认方法基本一致。与《企业会计准则》规定的收入确认处理主要区别在于，企业会计准则按照“某一时段”“履约进度”确认收入，而企业所得税按照“纳税年度”“完工进度”确认收入。

案例 3-3

## 建筑企业跨年度完工项目的涉税及会计处理

A建筑公司（一般纳税人）与B公司（一般纳税人）签订合同，由A公司承建B公司办公大楼（项目在同城）。项目工期：2017年10月8日—2019年3月1日。合同价款6 500万元（含税），假设税率均为10%（不考虑2018年5月1日前11%税率），无甲供材、分包业务，选择一般计税方法。

合同约定：合同签订后三日内，甲方预付总价款的10%；甲方按季度工程进度以双方确认的工程量支付进度款；项目全部施工完成，经验收等合格后再支付至结算总价款的95%，同时全额开具增值税专用发票；质保期结束，经验收合格后支付剩余的5%质保金。A公司相关涉税、会计处理如下：

1. A公司2017年10月某日收到预付工程款650万元。

（1）增值税处理。

2017年10月份收到预付工程款650万元，应预缴增值税（其他各项税收略）。

销售额：650÷(1+10%)=590.91(万元)；

预缴增值税：590.91×2%=11.82(万元)。

**【提示】**适用简易计税方法计税的项目预征率为3%。

（2）会计处理（单位：万元，下同）。

①收到预付工程款时：

借：银行存款　650

　贷：预收账款——甲工程　650

②预缴增值税时：

借：应交税费——预交增值税　11.82

　贷：银行存款　11.82

③月末结转时：

借：应交税费——未交增值税　11.82

　贷：应交税费——预交增值税　11.82

2. 2017年12月底按季度结算价款，完成工程进度的15%。根据合同约定支付进度款，增值税纳税义务发生。

（1）增值税处理。

应收取进度款：6 500×15%＝975(万元)；

实收取进度款：975－650＝325(万元)。

按进度结算（确认）销售额：975÷(1＋10%)＝886.36(万元)

销项税额：886.36×10%＝88.64(万元)。

**【提示 1】** 关于建筑企业取得进度款是否发生纳税义务，要根据合同的具体约定判断。一般情况下，凡是符合《营业税改征增值税试点实施办法》（财税〔2016〕36 号文件附件 1）第四十五条第（一）项规定的，则纳税义务发生。实务中，各地税务机关在具体征管上对此有一些明细规定，在处理时，以当地税务机关规定为准。

**【提示 2】** 实务中，有的企业在按照合同约定支付进度款时，开具（索取）增值税专用发票。也有很多企业的工程项目是在完工后开具全额增值税专用发票。一些企业从自身管理出发，会要求施工企业在收到进度款时，先开具相应的票据。一般情况下，这类仅仅体现进度款（预收账款）数据的票据是没有税额的，具体参考流程为：点击"智能编码"——点击"商品编码"——点击"批量添加"——输入预付款——保存。待开具最后一张发票时，显示完整的税额。

在实务中，各地税务机关对各类情形的开票处理一般有详细的征管规定，具体以当地税务管理机关规定（解释）为准。下同。

**【提示 3】** 如果工程项目在异地，则根据现行政策规定，需要在项目所在地预缴增值税。

（2）会计处理。

2017 年 12 月底按照项目进度结算工程款 975 万元，实际应收 325 万元。

①结算进度工程款时：

| | |
|---|---|
| 借：应收账款——甲工程 | 325 |
| 　　预收账款——甲工程 | 650 |
| 　贷：工程结算——甲工程 | 886.36 |
| 　　　应交税费——应交增值税（销项税额） | 88.64 |

②施工期间实际发生施工成本、费用时：

假定当期发生合同成本：753.41 万元。

借：工程施工——甲合同成本　　753.41

　贷：应付账款（银行存款、现金、应付票据等）　　753.41

③结转收入时：

借：主营业务成本——甲工程　　753.41

　　工程施工——甲合同毛利　　132.95

　贷：主营业务收入　　886.36

**【提示】**根据会计制度及企业所得税确认收入的规定，2017 年 12 月 31 日应按照工程形象进度确认收入，实务中，部分企业可能没有在会计处理上确认收入，但必须在年度企业所得税汇算清缴时，按照规定确认收入。

3. 2018 年 3 月底按季度结算价款，双方确定进度为 35%。

（1）增值税处理。

应收取进度款：6 500×35%＝2 275(万元)；

实收取进度款：2 275－975＝1 300(万元)。

按进度结转（确认）销售收入：2 275÷(1＋10%)－886.36＝1 181.82(万元)

销项税额：1 181.82×10%＝118.18(万元)。

（2）会计处理。

2018 年 3 月底按照项目进度结算工程款 2 275 万元，实际应收 1 300 万元。

①收到进度结算工程款时：

借：应收账款——甲工程　　1 300

　贷：工程结算——甲工程　　1 181.82

　　　应交税费——应交增值税（销项税额）　　118.18

②施工期间实际发生施工成本、费用时：

假定累计发生合同成本：1 757.96 万元；

当期发生合同成本：1 757.96－753.41＝1 004.55(万元)。

借：工程施工——甲合同成本　　1 004.55

　贷：应付账款（银行存款、现金、应付票据等）　　1 004.55

③结转收入时：

借：主营业务成本——甲工程　　1 004.55

　　工程施工——合同毛利　　177.27

　　贷：主营业务收入——甲工程　　1 181.82

4. 2018 年 6 月底按季度结算价款，双方确定进度为 50%。

(1) 增值税处理。

应收取进度款：6 500×50%=3 250(万元)；

实收取进度款：3 250-2 275=975(万元)；

按进度结转（确认）销售收入：3 250÷(1+10%)-886.36-1 181.82=886.36(万元)；

销项税额：886.36×10%=88.64(万元)。

(2) 会计处理。

2018 年 6 月底按照项目进度结算工程款 3 250 万元，实际应收 975 万元。

①收到进度结算工程款时：

借：应收账款——甲工程　　975

　　贷：工程结算——甲工程　　886.36

　　　　应交税费——应交增值税（销项税额）　　88.64

②施工期间实际发生施工成本、费用时：

假定累计发生合同成本：2 511.37 万元；

当期发生合同成本：2 511.37-(753.41+1 004.55)=753.41(万元)。

借：工程施工——甲合同成本　　753.41

　　贷：应付账款（银行存款、现金、应付票据等）　　753.41

③结转收入时：

借：主营业务成本——甲工程　　753.41

　　工程施工——合同毛利　　132.95

　　贷：主营业务收入——甲工程　　886.36

5. 2018 年 9 月底按季度结算价款，双方确定进度为 70%。

(1) 增值税处理。

应收取进度款：6 500×70%=4 550(万元)；

实收取进度款：4 550-3 250=1 300(万元)；

按进度结转（确认）销售收入：

4 550÷(1+10%)-886.36-1 181.82-886.36=1 181.82(万元)；

销项税额：1 181.82×10%=118.18(万元)。

(2) 会计处理。

2018 年 9 月底按照项目进度结算工程款 4 550 万元，实际应收 1 300 万元。

①收到进度结算工程款时：

借：应收账款——甲工程　　1 300

　贷：工程结算——甲工程　　1 181.82

　　应交税费——应交增值税（销项税额）　　118.18

②施工期间实际发生施工成本、费用时：

假定累计发生合同成本：3 515.91 万元；

当期发生合同成本：3 515.91－(753.41＋1 004.55＋753.41)＝1 004.55(万元)。

借：工程施工——甲工程　　1 004.55

　贷：应付账款（银行存款、现金、应付票据等）　　1 004.55

③结转收入时：

借：主营业务成本——甲工程　　1 004.55

　工程施工——合同毛利　　177.27

　贷：主营业务收入——甲工程　　1 181.82

6. 2018 年 12 月底按季度结算价款，2018 年 12 月底双方确定进度为 88%。

(1) 增值税处理。

应收取进度款：6 500×88%＝5 720(万元)；

实收取进度款：5 720－4 550＝1 170(万元)；

按进度结转（确认）销售收入：

5 720÷(1＋10%)－886.36－1 181.82－886.36－1 181.82＝1 063.64(万元)。

销项税额：1 063.64×10%＝106.36（万元）。

(2) 会计处理。

2018 年 12 月底按照项目进度结算工程款 5 720 万元，实际应收 1 170 万元。

①收到进度结算工程款时：

借：应收账款——甲工程　　1 170

　贷：工程结算——甲工程　　1 063.64

　　应交税费——应交增值税（销项税额）　　106.36

②施工期间实际发生施工成本、费用时：

假定累计发生合同成本：4 420 万元；

当期发生合同成本：4 420－(753.41＋1 004.55＋753.41＋1 004.55)＝904.08(万元)。

借：工程施工——甲工程　　904.08

　贷：应付账款（银行存款、现金、应付票据等）　　904.08

③结转收入时：

借：主营业务成本——甲工程　　904.08

　　工程施工——合同毛利　　159.56

　贷：主营业务收入——甲工程　　1 063.64

**【提示】**根据会计制度及企业所得税确认收入的规定，2018年12月31日应按照工程形象进度确认收入，实务中，部分企业可能没有在年度中间（按季度）确认收入，但必须在年度企业所得税汇算清缴时，按照规定确认收入。

7. 2019年3月工程完成。

(1) 增值税处理。

2019年3月项目验收合格及工程结算完成，全额开具增值税专用发票。

按合同应收取款项：6 500×95%－1 170－1 300－975－1 300－325－650＝455(万元)；

质保金：6 500×5%＝325(万元)；

销售额（总）：6 500÷(1＋10%)＝5 909.09(万元)；

销项税额（总）：5 909.09×10%＝590.91(万元)；

当期销售额：

6 500÷(1＋10%)－886.36－1 181.82－886.36－1 181.82－1 063.64＝709.09(万元)；

销项税额：709.09×10%＝70.91(万元)；

按进度结转销售收入（尾款）：

5 909.09－886.36－1 181.82－886.36－1 181.82－1 063.64＝709.09(万元)。

**【提示】**因为甲方扣押的质保金已经并入开票总金额，因此应全额计算增值税，如果扣押的质保金部分暂未开具增值税专用发票（未并入开票总额），则根据现行政策规定，纳税人提供建筑服务，被工程发包方从应支付的工程款中扣押的质押金、保证金，未开具发票的，以纳税人实际收到质押金、保证金的当天为纳税义务发生时间。

（2）会计处理。

2019 年 3 月，项目完工验收合格及工程结算完成，全额开具增值税专用发票。假定结算款仍然为 6 500 万元，应收 455 万元，扣押质保金 325 万元，共计 780 万元。

①完工结算工程款计提销项税额时：

| | |
|---|---|
| 借：应收账款——甲工程 | 455 |
| ——甲工程质保金 | 325 |
| 贷：工程结算 | 709.09 |
| 应交税费——应交增值税（销项税额） | 70.91 |

②施工期间实际发生施工成本、费用时：

假定累计发生合同成本：5 022.73 万元；

当期发生合同成本：5 022.73－(753.41＋1 004.55＋753.41＋1 004.55＋904.08)＝602.73（万元）。

| | |
|---|---|
| 借：工程施工——甲工程 | 602.73 |
| 贷：应付账款（银行存款、现金、应付票据等） | 602.73 |

③结转收入时：

| | |
|---|---|
| 借：主营业务成本——甲工程 | 602.73 |
| 工程施工——合同毛利 | 106.36 |
| 贷：主营业务收入——甲工程 | 709.09 |

④合同完工时：

| | |
|---|---|
| 借：工程结算 | 5 909.09 |
| 贷：工程施工——合同成本 | 5 022.73 |
| ——合同毛利 | 886.36 |

### 3.1.7 建设工程含分包业务的跨年度完工企业所得税收入的确认

对于工程项目含有分包业务的，如果提供的建筑劳务持续时间超过 12 个月，其收入的确定，仍然要根据《企业所得税法实施条例》第二十三条第（二）款及《国家税务总局关于确认企业所得税收入若干问题的通知》（国税函〔2008〕875 号）第二条的相关规定处理。

对于增值税纳税义务，也是按照《营业税改征增值税试点实施办法》（财税〔2016〕36号文件附件1）第四十五条第（一）项的规定处理。

关于增值税销售额的确定，对一般纳税人且适用一般计税方法的，根据《营业税改征增值税试点实施办法》第三十七条的规定，按照“纳税人发生应税行为取得的全部价款和价外费用”（财政部和国家税务总局另有规定的除外）确定。对适用简易计税方法的，根据《营业税改征增值税试点有关事项的规定》（财税〔2016〕36号文件附件2）第一条第（三）项第9点的规定处理，即“试点纳税人提供建筑服务适用简易计税方法的，以取得的全部价款和价外费用扣除支付的分包款后的余额为销售额”。

关于分包方的涉税处理，如果分包方是一般纳税人，适用一般计税方法，可以按照规定开具增值税专用发票，票面注明的增值税额（进项税额）可以抵扣。如果分包方是小规模纳税人或一般纳税人可以适用简易计税方法的，开具增值税普通发票，也可以根据需要依据政策规定自行或委托税务机关代开增值税专用发票（税率3%）。

**案例3-4**

## 建筑企业提供建筑服务取得预收账款含分包业务跨年度的涉税及会计处理（一般计税方法）

A建筑公司（一般纳税人）与B房地产开发公司（一般纳税人）签订合同，由A公司承包B公司某项目中部分土建安装工程施工，工程价款3 000万元（含税），工程价款包括分包款。根据合同约定，B公司按工程进度支付进度款，A公司开具增值税发票。如果根据需要B公司提前支付预付账款的，不开具增值税发票。合同约定，每个会计年度年中和年终，双方计算确定工程进度并支付工程进度款。假定开工日期为2019年6月1日，竣工日期为2020年12月20日。该项目适用一般计税方法计税，假定发生总成本2 600万元。质保金业务略。A公司相关涉税及会计处理如下（单位：万元）：

1. 2019年12月的处理。

按照合同约定，2019年12月双方根据工程量606.67万元、进度23%，确定支付款项为700万元，A公司取得进度款同时开具增值税专用发票。

（1）增值税计算：

销售额：700÷(1+9%)=642.20（万元）；

销项税额：642.20×9%=57.80（万元）。

（2）会计处理。

①收到款项时：

借：银行存款　　700

　贷：预收账款——B公司　　700

②计提销项税额时：

借：预收账款——B公司　　700

　贷：工程结算——B公司　　642.20

　　　应交税费——应交增值税（销项税额）　　57.80

③结转相应施工成本、费用时：

借：工程施工——甲合同成本　　606.67

　贷：应付账款（银行存款、现金、应付票据等）　　606.67

④结转收入时：

借：主营业务成本——甲工程　　606.67

　　工程施工——甲合同毛利　　35.53

　贷：主营业务收入　　642.20

2. 2020年3月的处理。

假定2020年3月由于种种原因B公司提前支付工程款850万元，其中含50万元分包款，没有开具增值税专用发票。

（1）增值税计算。

收到预收账款支付分包款50万元，计算预缴增值税。

销售额：(850－50)÷(1+9%)=733.95（万元）；

应预缴增值税：733.95×2%=14.68（万元）。

（2）会计处理。

①收到款项时：

借：银行存款　　850

　贷：预收账款——B公司　　850

②预缴增值税（各项附加略）时：

借：应交税费——预交增值税　　14.68

贷：银行存款　14.68

③月末结转时：

借：应交税费——未交增值税　14.68

贷：应交税费——预交增值税　14.68

④支付分包款时：

分包单位为一般纳税人，适用一般计税方法。

借：预付账款　50

贷：银行存款　50

⑤收到分包方开具的发票时：

借：工程施工——分包成本——××项目　45.87

应交税费——应交增值税（进项税额）　4.13

贷：预付账款　50

3. 2020年6月的处理。

2020年6月双方根据工程进度确定支付款项为2 100万元，当月支付剩余的550万元（2 100－700－850＝550），其中包含150万元分包款，A公司取得进度款同时开具增值税发票。

(1) 增值税计算。

销售额：(2 100－700) ÷(1＋9%)＝1 284.40（万元）；

销项税额：1 284.40×9%＝115.60（万元）。

(2) 会计处理。

①收到款项时：

借：银行存款　550

贷：预收账款——B公司　550

②计提销项税额时：

借：预收账款——B公司　1 440

贷：工程结算——B公司　1 284.40

应交税费——应交增值税（销项税额）　115.60

③支付分包款时：

借：预付账款　150

贷：银行存款　150

④收到分包方开具的发票时：

借：工程施工——分包成本——××项目　137.61

　　应交税费——应交增值税（进项税额）　12.39

　贷：预付账款　150

4. 2020年12月的处理。

假定2020年12月20日项目竣工。支付剩余工程款900万元，发生成本1 993.33万元，A公司全额开具增值税专用发票，纳税义务发生。

（1）增值税计算。

销售额：900÷(1+9%)=825.69（万元）；

销项税额：825.69×9%=74.31（万元）。

（2）会计处理。

①收到款项时：

借：银行存款　900

　贷：预收账款——B公司　900

②计提销项税额时：

借：预收账款——B公司　900

　贷：工程结算——B公司　825.69

　　　应交税费——应交增值税（销项税额）　74.31

③结转相应施工成本、费用时：

借：工程施工——甲合同成本　1 993.33

　贷：应付账款（银行存款、现金、应付票据等）　1 993.33

④结转收入时：

借：主营业务成本——甲工程　1 993.33

　　工程施工——甲合同毛利　116.76

　贷：主营业务收入　2 110.09

**案例3-5**

## 建筑企业提供建筑服务取得预收账款含分包业务的涉税及会计处理（简易计税方法）

A建筑公司（一般纳税人）与B房地产开发公司（一般纳税人）签订合同，由

A公司承包B公司某项目中部分土建安装工程施工，工程价款3 000万元（含税），工程价款包括分包款。根据合同约定，B公司按工程进度支付进度款，A公司开具增值税发票。如果根据需要B公司提前支付预付账款的，不开具增值税发票。合同约定，每个会计年度年中和年终，双方计算确定工程进度并支付工程进度款。假定开工日期为2019年6月1日，竣工日期为2020年12月20日。该项目适用简易计税方法计税，质保金业务略。A公司相关涉税及会计处理如下（单位：万元）：

1. 2019年12月的处理。

按照合同约定，2019年12月双方根据工程量606.67万元、进度23%，确定支付款项为700万元，A公司取得预收账款同时开具增值税发票，纳税义务发生。

（1）增值税计算。

销售额：700÷(1+3%)=679.61(万元)；

应缴增值税额：679.61×3%=20.39(万元)。

（2）会计处理。

①收到款项时：

借：银行存款　　700

　贷：预收账款——B公司　　700

②计提增值税额时：

借：预收账款——B公司　　700

　贷：工程结算——B公司　　679.61

　　应交税费——应交增值税（简易计税）　　20.39

③缴纳增值税时：

借：应交税费——已交增值税（简易计税）　　20.39

　贷：银行存款　　20.39

④结转相应施工成本、费用时：

借：工程施工——甲合同成本　　606.67

　贷：应付账款（银行存款、现金、应付票据等）　　606.67

⑤结转收入时：

借：主营业务成本——甲工程　　606.67

　工程施工——甲合同毛利　　72.94

　贷：主营业务收入　　679.61

**【提示】**实务中，很多中小企业采取更加简化（非规范）的处理方式，例如，收到预收账款并开具发票时确认收入、结转成本。确认收入时：借记“预收账款”科目，贷记“主营业务收入”“应交税费”科目。结转成本时：借记“主营业务成本”科目，贷记“工程施工”科目。

2. 2020 年 3 月的处理。

按照合同约定，2020 年 3 月由于种种原因 B 公司提前支付工程款 850 万元，其中含 50 万元分包款，没有开具增值税发票。

(1) 收到预收账款不开票，计算预缴税款（各项附加略）。

销售额：(850－50)÷(1＋3%)＝776.70(万元)；

应预缴增值税：776.70×3%＝23.30(万元)。

(2) 会计处理。

①收到款项时：

借：银行存款　　850

　贷：预收账款——B 公司　　850

②缴纳预缴税款时：

借：应交税费——预交增值税　　23.30

　贷：银行存款　　23.30

③支付分包款时：

借：预付账款　　50

　贷：银行存款　　50

④收到分包方开具的发票时：

借：工程施工——分包成本——××项目　　50

　贷：预付账款　　50

3. 2020 年 6 月的处理。

2020 年 6 月双方根据工程进度确定支付款项为 2 100 万元，当月支付剩余的 550 万元（2 100－700－850＝550），其中包含 150 万元分包款，A 公司取得预收账款同时开具增值税发票，纳税义务发生。

(1) 增值税计算（各项附加略）。

销售额：(1 400－200)÷(1＋3%)＝1 165.05(万元)；

应缴增值税：1 165.05×3%=34.95(万元)；

已缴增值税：23.30 万元；

实缴增值税：34.95－23.30=11.65(万元)。

(2) 会计处理。

①收到款项时：

借：银行存款 550

贷：预收账款——B公司 550

②计提应缴税款时：

借：预收账款——B公司 1 400

贷：工程结算——B公司 1 365.05

应交税费——应交增值税（简易计税） 34.95

③支付分包款时：

借：预付账款 150

贷：银行存款 150

④收到分包方开具的发票时：

借：工程施工——分包成本——××项目 150

贷：预付账款 150

4. 2020年12月的处理。

假定2020年12月20日项目竣工。支付剩余工程款900万元，发生成本1 993.33万元，A公司开具增值税专用发票，纳税义务发生。

(1) 增值税计算。

销售额：900÷(1+3%)=873.79(万元)；

应缴增值税：873.79×3%=26.21(万元)。

(2) 会计处理。

①收到款项时：

借：银行存款 900

贷：预收账款——B公司 900

②计提应缴税额时：

借：预收账款——B公司 900

贷：工程结算——B公司 873.79

应交税费——应交增值税（简易计税） 26.21

③结转相应施工成本、费用时：

借：工程施工——甲合同成本 1 993.33

贷：应付账款（银行存款、现金、应付票据等） 1 993.33

④结转收入时：

借：主营业务成本——甲工程 1 993.33

工程施工——甲合同毛利 45.51

贷：主营业务收入 2 038.84

借：工程施工——合同成本 2 800

——合同毛利 118.45

贷：工程结算 2 918.45

### 3.1.8 建筑企业跨年度项目在年底确认收入的涉税处理

在建筑施工企业实务中，由于受建设方资金不到位影响，一些建筑施工企业往往无法在合同约定的时间取得结算资金，或者合同不约定施工期间的预付资金（或进度款），工程施工在一定程度上要依靠建筑企业的垫资。但在一般情况下（当地建筑市场监管），建筑企业可以在年底取得建设方的相应款项。在这种情况下，一些建筑施工企业如果在年中收到预收账款，一般不结转收入、成本，而是在年底结转收入、成本。

从企业所得税角度看，如果符合国税函〔2008〕875 号文件第二条的规定，则当年度应结转的收入、成本，要按照该文件第二条第（三）项的规定处理，即“企业应按照从接受劳务方已收或应收的合同或协议价款确定劳务收入总额，根据纳税期末提供劳务收入总额乘以完工进度扣除以前纳税年度累计已确认提供劳务收入后的金额，确认为当期劳务收入；同时，按照提供劳务估计总成本乘以完工进度扣除以前纳税期间累计已确认劳务成本后的金额，结转为当期劳务成本”。因此，企业年中没有及时确认收入，实际影响的是年中企业所得税的预缴，对此，各地基层税务部门在征管上有一些处理措施，例如年中根据一定的比例预缴，或者按照合同约定预缴。

对于增值税，根据《营业税改征增值税试点实施办法》第四十五条第（一）项的规定，如果企业在年中收取预付工程款（或进度款），符合纳税义务发生时间条件的，则要按照规定计算增值税。

对于收取的款项，具有预收账款性质的，自 2017 年 7 月 1 日起，建筑企业收到的预收账款纳税义务发生时间不再是收到预收账款的当天。《财政部 税务总局关于建筑服务等营改增试点政策的通知》（财税〔2017〕58 号）第三条规定："纳税人提供建筑服务取得预收款，应在收到预收款时，以取得的预收款扣除支付的分包款后的余额，按照本条第三款规定的预征率预缴增值税。

对跨地区的项目，纳税人收到预收款时在建筑服务发生地预缴增值税。按照现行规定无须在建筑服务发生地预缴增值税的项目，纳税人收到预收款时在机构所在地预缴增值税。

适用一般计税方法计税的项目预征率为 2%，适用简易计税方法计税的项目预征率为 3%。"

**案例 3-6**

### 建筑企业跨年度完工项目年底确认收入的涉税及会计处理（一般计税方法）

A 建筑公司（一般纳税人）与 B 公司（总承包人，一般纳税人）签订合同，由 A 公司承建 B 公司总承包的某项目部分土建等工程（同城项目）。项目工期：2019 年 7 月 8 日—2020 年 10 月 10 日。合同价款 1 500 万元（含税）。合同约定：合同签订后三日内，甲方支付 110 万元启动资金，项目竣工验收等各项工作完成后，支付（至）总价款的 95%，同时开具增值税专用发票，扣押总价款 5%的质保金，一年质保期结束后支付。项目适用一般计税方法。假定合同总成本为 1 300 万元。A 公司相关涉税及会计处理如下：

1. 2019 年 7 月 15 日收到预收账款 110 万元，应预缴增值税（增值税附加略）。

（1）增值税处理。

销售额：110÷(1+9%)=100.92(万元)；

预缴增值税：100.92×2%=2.02(万元)。

（2）会计处理（单位：万元，下同）。

①收到预付工程款时：

借：银行存款　　110

　贷：预收账款——甲工程　　110

②预缴增值税时：

借：应交税费——预交增值税　　2.02

　贷：银行存款　　2.02

③月末结转时：

借：应交税费——未交增值税　　2.02

　贷：应交税费——预交增值税　　2.02

2. 2019年12月31日。假定工程已经完成进度的35%，A公司按进度收取款项，根据进度计算收取的工程款为525万元，扣除前期已收取款项，实收415万元。

可收取进度款：1 500×35%=525(万元)；

实收取进度款：525−110=415(万元)。

(1) 企业所得税、增值税处理。

销售额：525÷(1+9%)=481.65(万元)；

待转销项税额：481.65×9%=43.35(万元)。

根据企业所得税政策，应按照工程形象进度确认收入，在企业所得税汇算清缴时确认收入481.65万元。

根据增值税会计处理规定，已确认相关收入但尚未发生增值税纳税义务而需于以后期间确认为销项税额的增值税额，通过“待转销项税额”处理。

**【提示】也可按照总销售收入计算：销售额（总）：**1 500÷(1+9%)=1 376.15(**万元**)**；按进度结转销售收入：**1 376.15×35%=481.65(**万元**)。

(2) 会计处理。

①年底收到进度工程款时：

借：银行存款　　415

　贷：预收账款——甲工程　　415

②计提待转销项税额时：

借：预收账款——甲工程　　525

　贷：工程结算——甲工程　　481.65

　　　应交税费——应交增值税（待转销项税额）　　43.35

③施工期间实际发生施工成本、费用时：

当期发生合同成本：1 300×35%=455(万元)。

借：工程施工——甲合同成本 455

贷：应付账款（银行存款、现金、应付票据等） 455

④结转收入时：

借：主营业务成本——甲工程 455

工程施工——甲合同毛利 26.65

贷：主营业务收入 481.65

**【提示】**在实务中，有的企业因种种原因，年底没有收到工程进度款，但是仍然要根据企业所得税政策，在年度企业所得税汇算清缴时确认收入、成本。

3. 2020年9月10日，项目完工验收合格及工程结算完成。假定结算款仍然为1 500万元。

(1) 增值税处理。

销售额（总）：1 500÷(1+9%)=1 376.15(万元)；

销项税额（总）：1 376.15×9%=123.85(万元)；

结转销售收入：1 376.15-481.65=894.50(万元)。

当期销售额：975÷(1+9%)=894.50(万元)；

销项税额：894.50×9%=80.50(万元)；

(2) 会计处理。

2020年9月，项目完工验收合格及工程结算完成。假定结算款仍然为1 500万元，A公司按照全额开具增值税专用发票。如果开具的增值税专用发票金额不包括扣押的质保金，则质保金增值税纳税义务在后期产生。

**【提示】**如果质保金收取夸年度，则年度终了，或根据会计制度（企业所得税）收入确认时间，计算待转销项税额。

应收取进度款：1 500-525=975(万元)；

扣押质保金：1 500×5%=75(万元)；

实际收取款项：975-75=900(万元)。

①收到工程款时：

借：银行存款 900

贷：预收账款——甲工程 900

②完工结算工程款计提销项税额时：

借：预收账款——甲工程 900

应收账款——甲工程质保金 75

应交税费——应交增值税（待转销项税额） 43.35

贷：工程结算 894.50

应交税费——应交增值税（销项税额） 80.50

——应交增值税（销项税额） 43.35

③施工期间实际发生施工成本、费用时：

2019 年：1 300×35%=455（万元）。

累计发生合同成本：1 300 万元。

当期发生合同成本：1 300－455=845（万元）。

借：工程施工——甲工程 845

贷：应付账款（银行存款、现金、应付票据等） 845

④结转收入时：

借：主营业务成本——甲工程 845

工程施工——合同毛利 49.50

贷：主营业务收入——甲工程 894.50

⑤合同完工时：

借：工程结算 1 376.15

贷：工程施工——合同成本 1 300

——合同毛利 76.15

### 3.1.9 建筑企业按预收账款确认收入的企业所得税处理

在建筑施工企业实务中，受建设方资金不到位影响，一些中小建筑施工企业，特别是承担分包项目的企业，有时无法正常取得结算资金，维持工程施工进度主要靠建筑企业的垫资。在这种情况下，一些建筑施工企业以收到预收账款作为结转收入、成本的节点。

在实务中，一些小型施工企业按照这类方式核算，如果年底（跨纳税年度项目）没有收到结算资金，则其企业所得税的处理仍应按照国税函〔2008〕875 号文件第二条的规定执行，即“企业在各个纳税期末，提供劳务交易的结果能够可靠估计的，应采用完工进度（完工百分比）法确认提供劳务收入”。

同样，对于增值税的处理也是按照《营业税改征增值税试点实施办法》第四十五条第（一）项等的相关规定执行。

案例 3-7

**小规模纳税人建筑企业按预收账款确认收入的涉税及会计处理（简易计税方法）**

A 建筑公司（小规模纳税人）与 B 公司（总承包方）签订合同，由 A 公司承建 B 公司总承包的一个项目土建部分。项目工期：2018 年 6 月 10 日—2019 年 3 月 20 日。合同价款 110 万元（含税）。合同明确约定竣工验收后 1 个月内支付工程款，并开具增值税发票，质保金等业务略。2019 年 3 月 20 日竣工结算并验收，工程实际发生成本 90 万元。A 公司采取按收到预收账款的时点确认工程收入、成本的方式，A 公司相关业务涉税、会计处理如下：

1. 2018 年 10 月 15 日收到预收账款 10 万元。

（1）增值税计算。

销售额：10÷(1+3%)=9.71(万元)；

应缴增值税：9.71×3%=0.29(万元)。

（2）会计处理（单位：万元，下同）。

①收到预收账款时：

| | | |
|---|---|---|
| 借：银行存款 | 10 | |
| 　贷：预收账款 | | 10 |

②计提税金时：

| | | |
|---|---|---|
| 借：预收账款 | 10 | |
| 　贷：工程结算 | | 9.71 |
| 　　应交税费——应交增值税 | | 0.29 |

③施工期间发生成本时：

假定这段施工期间实际发生施工成本、费用 10 万元。

借：工程施工——甲工程　　10

　贷：应付账款（银行存款、现金、应付票据等）　　10

2. 2018 年 12 月 31 日，没有收到工程款。A 公司因为没有收到预付的工程款，也没有在会计处理中确认收入，但是在企业所得税汇算清缴时，要采用完工进度（完工百分比）法确认收入。假定已发生成本 36 万元，完成工程进度的 40%。

工程总销售额（总收入）：110÷(1+3%)=106.80(万元)；

40%进度应确认收入：106.80×40%=42.72(万元)。

在 2018 年度企业所得税汇算清缴时，应确认收入 42.72 万元，确认成本 36 万元。

3. 2019 年 1 月 20 日收到预收账款 30 万元。

(1) 增值税计算。

销售额：30÷(1+3%)=29.13(万元)；

应缴增值税：29.13×3%=0.87(万元)。

(2) 会计处理。

①收到预收账款时：

借：银行存款　　30

　贷：预收账款　　30

②计提税金时：

借：预收账款　　30

　贷：工程结算　　29.13

　　　应交税费——应交增值税　　0.87

③施工期间发生成本时：

假定这段施工期间实际发生施工成本、费用 20 万元。

借：工程施工——甲工程　　20

　贷：应付账款（银行存款、现金、应付票据等）　　20

4. 2019 年 3 月 20 日项目竣工，假定工程总价款不变，收到合同价款 70 万元。

(1) 增值税计算。

销售额（总）：110÷(1+3%)=106.80(万元)；

当期销售额：(110−10−30)÷(1+3%)=67.96(万元)；

应缴增值税：67.96×3%=2.04(万元)。

（2）会计处理。

①收到预收账款时：

借：银行存款　　70

　贷：预收账款　　70

②计提税金时：

借：预收账款　　70

　贷：工程结算　　67.96

　　　应交税费——应交增值税　　2.04

③施工期间发生成本时：

假定这段时间发生施工成本、费用 54 万元。

借：工程施工——甲工程　　54

　贷：应付账款（银行存款、现金、应付票据等）　　54

④合同完工结转收入时：

借：主营业务成本——甲工程　　90

　　工程施工——合同毛利　　16.80

　贷：主营业务收入——甲工程　　106.80

⑤合同完工结转成本时：

借：工程结算　　106.80

　贷：工程施工——合同成本　　90

　　　　　　——合同毛利　　16.80

2019 年度企业所得税汇算清缴时，不是按照主营业务收入 106.80 万元确认收入，而是要减除已经在 2018 年确认的收入 42.72 万元，实际应确认收入 64.08 万元（106.80−42.72）。同样，确认成本时，主营业务成本 90 万元，要减除 2018 年已经确认的成本 36 万元，实际应确认成本 54 万元。

**【提示】**上述案例为非规范处理方式。对于增值税的正确处理方式，如果收取的款项属于预收账款性质，则应先预交增值税。在会计处理中，应该按照工程形象进度确认收入、成本，如果在会计处理中没有结转收入、成本，则要在企业所得税汇算清缴时，按照政策规定结转确认收入、成本。否则，带来少缴或滞纳税款的风险。

案例 3-8

### 建筑企业按预收账款确认收入的涉税及会计处理（一般计税方法）

A 建筑公司（一般纳税人）与 B 房地产开发公司（一般纳税人）签订合同，由 A 公司承包 B 公司甲项目中的部分安装工程施工，工程价款 1 100 万元（含税）。合同明确约定工程竣工验收后 10 日内支付工程款，开具增值税专用发票。假定开工日期为 2019 年 5 月 1 日，竣工日期为 2020 年 9 月 20 日。假定工程实际发生成本 850 万元。A 公司采取按收到预收账款的时点确认工程收入、成本，A 公司相关业务涉税、会计处理如下（单位：万元）：

1. 2019 年 11 月 10 日收到预收账款 100 万元。

（1）增值税计算。

销售额：100÷(1＋9％)＝91.74(万元)；

销项税额：91.74×9％＝8.26(万元)。

（2）会计处理。

①收到预收款时：

| | | |
|---|---|---|
| 借：银行存款 | 100 | |
| 　贷：预收账款 | | 100 |

②计提税金时：

| | | |
|---|---|---|
| 借：预收账款 | 100 | |
| 　贷：工程结算 | | 91.74 |
| 　　　应交税费——应交增值税（销项税额） | | 8.26 |

③施工期间发生成本时：

假定这段时间发生施工成本、费用 90 万元。

| | | |
|---|---|---|
| 借：工程施工——甲工程 | 90 | |
| 　贷：应付账款（银行存款、现金、应付票据等） | | 90 |

2. 2019 年 12 月 31 日，没有收到工程款。A 公司因为没有收到预付的工程款，

也没有在会计处理中确认收入，但是在企业所得税汇算清缴时，要采用完工进度（完工百分比）法确认收入。假定已发生成本300万元，完成工程进度的35%。

工程总销售额（总收入）：1 100÷(1+9%)=1 009.17(万元)；

35%进度应确认收入：1 009.17×35%=353.21(万元)。

在2019年度企业所得税汇算清缴时，应确认收入353.21万元，确认成本300万元。

3. 2020年1月20日收到预收账款120万元。

(1) 增值税计算。

销售额：120÷(1+9%)=110.09(万元)；

销项税额：110.09×9%=9.91(万元)。

(2) 会计处理。

①收到预收账款时：

借：银行存款　　120

　贷：预收账款　　120

②计提税金时：

借：预收账款　　120

　贷：工程结算　　110.09

　　　应交税费——应交增值税（销项税额）　　9.91

③施工期间发生成本时：

假定这段施工期间实际发生施工成本、费用100万元。

借：工程施工——甲工程　　100

　贷：应付账款（银行存款、现金、应付票据等）　　100

4. 2020年9月20日项目竣工，假定工程总价款不变，收到合同价款880万元。

(1) 增值税计算。

销售额（总收入）：1 100÷(1+9%)=1 009.17(万元)；

当期销售额：(1 100−100−120)÷(1+9%)=807.34(万元)；

销项税额：807.34×9%=72.66(万元)。

(2) 会计处理。

①收到预收款时：

借：银行存款　880

贷：预收账款　880

②计提税金时：

借：预收账款　880

贷：工程结算　807.34

应交税费——应交增值税（销项税额）　72.66

③施工期间发生成本时：

假定这段时间发生施工成本、费用460万元。

借：工程施工——甲工程　460

贷：应付账款（银行存款、现金、应付票据等）　460

④合同完工结转收入时：

借：主营业务成本——甲工程　850

工程施工——甲合同毛利　159.17

贷：主营业务收入　1 009.17

⑤合同完工结转成本时：

借：工程结算　1 009.17

贷：工程施工——合同成本　850

——合同毛利　159.17

（3）应缴增值税。

假设2020年9月可抵扣进项税额65万元，其他销项税额12万元，各项附加略。

应交增值税：90.83＋12－65＝37.83(万元)。

借：应交税费——应交增值税（已交增值税）　37.83

贷：银行存款　37.83

**【提示】**上述案例为非规范处理方式，但实务中，很多中小建筑企业按照此方法处理。对于增值税的正确处理方式，如果收取的款项属于预收账款性质以及异地工程，则应先预交增值税。在会计处理中，应该按照工程形象进度确认收入、成本，如果在会计处理中没有结转收入、成本，则要在企业所得税汇算清缴时，按照政策规定结转确认收入、成本。否则，会带来少缴或滞纳税款的风险。

### 3.1.10 建筑企业按开具的增值税发票确认收入的企业所得税处理

在项目施工中，建筑企业根据建设方的要求开具增值税专用发票。根据《营业税改征增值税试点实施办法》第四十五条第（一）项的规定，增值税纳税义务发生时间为“纳税人发生应税行为并收讫销售款项或者取得索取销售款项凭据的当天；先开具发票的，为开具发票的当天”。

根据上述政策规定，如果建筑企业先开具发票的，其纳税义务发生时间为开具发票的当天。

但是，企业所得税仍应按照国税函〔2008〕875号文件第二条的规定处理，即企业在各个纳税期末，提供劳务交易的结果能够可靠估计的，应采用完工进度（完工百分比）法确认提供劳务收入。

### 3.1.11 以清包工方式提供建筑劳务的企业所得税收入的确认

企业以清包工方式提供建筑服务，主要是提供人力资源，施工方不采购建筑工程所需的材料或只采购相应的辅助材料，主要是收取人工费、管理费或者其他费用的建筑服务。

对于提供的建筑劳务跨年度的，根据国税函〔2008〕875号文件第二条的规定处理，即企业在各个纳税期末，提供劳务交易的结果能够可靠估计的，应采用完工进度（完工百分比）法确认提供劳务收入。

对于增值税，一般纳税人以清包工方式提供建筑服务时，其增值税计税方法可以在简易计税方法和一般计税方法两种方法中选择。由于以清包工方式提供建筑服务，无法取得或只能取得很少的进项税额，因此，一般纳税人从税负角度考虑，通常会选择简易计税方法，不选择一般计税方法。

**案例3-9**

**以清包工方式提供建筑服务确认收入的涉税及会计处理（一般计税方法）**

A建筑公司（一般纳税人）与B建筑工程总公司（一般纳税人）签订合同，由

A 公司以清包工方式为 B 公司提供建筑服务，主要工程内容为 B 公司总承包的某项目相关土建工程施工。A 公司收取的费用包括人工费、管理费等各项其他费用，不含工程所需材料（少量辅材除外）。项目工期：2019 年 4 月 10 日—2019 年 12 月 20 日。合同价款 240 万元（含税），完工后支付。A 公司相关业务涉税及会计处理如下（单位：万元）：

A 公司选择一般计税方法计税。

1. 增值税计算：

（1）取得预收账款时，预缴增值税。

预缴税款：50÷(1+9%)×2%=0.92(万元)。

（2）假定 2019 年 12 月 20 日完工，收到工程款。

销售额：240÷(1+9%)=220.18(万元)；

销项税额：220.18×9%=19.82(万元)。

2. 会计处理。

（1）2019 年 5 月取得预收账款时：

借：银行存款 50

　贷：预收账款 50

（2）预缴增值税（各项附加略）时：

借：应交税费——预交增值税 0.92

　贷：银行存款 0.92

（3）月末结转时：

借：应交税费——未交增值税 0.92

　贷：应交税费——预交增值税 0.92

（4）2019 年 12 月 20 日完工，收到工程款，开具增值税专用发票。

借：银行存款 190

　贷：预收账款 190

（5）计提销项税额时：

借：预收账款——B 公司 240

　贷：工程结算——××项目 220.18

　　　应交税费——应交增值税（销项税额） 19.82

（6）结转施工成本、费用时：

假定施工期间实际发生施工成本、费用210万元：

借：工程施工——合同成本 210

贷：应付账款（银行存款、现金、应付票据等） 210

（7）结转确定合同收入。

借：主营业务成本 210

工程施工——合同毛利 10.18

贷：主营业务收入 220.18

（8）项目完工结算。

借：工程结算 220.18

贷：工程施工——合同成本 210

——合同毛利 10.18

**案例3-10**

## 以清包工方式提供建筑服务确认收入的涉税及会计处理（简易计税方法）

A建筑公司（一般纳税人）与B建筑工程总公司（一般纳税人）签订合同，由A公司以清包工方式为B公司提供建筑服务，主要工程内容为B公司总承包的某项目相关土建工程施工。A公司收取的费用包括人工费、管理费等各项其他费用，不含工程所需材料（少量辅材除外）。项目工期：2019年4月10日—2019年12月20日。合同价款240万元（含税），完工后支付。A公司相关涉税及会计处理如下（单位：万元）：

A公司采取清包工方式，不采购建筑工程所需的材料，因此可以选择简易计税方法计税。2019年10月20日完工，未收到款项，A公司开具增值税普通发票（或代开3%的专用发票）。

1. 增值税计算：

销售额：180÷(1+3%)=174.76(万元)；

应缴增值税：174.76×3%=5.24(万元)。

2. 会计处理。

（1）假定施工期间实际发生施工成本、费用155万元：

借：工程施工——合同成本 155

贷：相关成本费用科目 155

（2）计提应缴税款时：

借：应收账款——B公司 180

贷：工程结算——××项目 174.76

应交税款——应交增值税（简易计税） 5.24

B公司取得增值税普通发票，没有进项税额抵扣。如果B公司需要增值税专用发票，则A公司可以开具3%的增值税专用发票，进项税额可以抵扣。

（3）结转确定合同收入。

借：主营业务成本 155

工程施工——合同毛利 19.76

贷：主营业务收入 174.76

（4）项目完工结算。

借：工程结算 174.76

贷：工程施工——合同成本 155

——合同毛利 19.76

## 3.1.12 视同销售建筑服务的处理

### 1. 企业所得税处理

《企业所得税法实施条例》第二十五条规定："企业发生非货币性资产交换，以及将货物、财产、劳务用于捐赠、偿债、赞助、集资、广告、样品、职工福利和利润分配等用途的，应当视同销售货物、转让财产和提供劳务，但国务院财政、税务主管部门另有规定的除外。"

根据上述政策规定，建筑企业提供的建筑劳务用于捐赠、偿债、赞助、职工福利等用途的，应当视同销售劳务。根据企业所得税相关政策，其收入按照公允价值确定。

### 2. 增值税处理

根据《营业税改征增值税试点实施办法》第十条第一款的规定，"销售服务、无形资产或者不动产，是指有偿提供服务、有偿转让无形资产或者不动产"。

根据该实施办法第十四条第（一）项的规定，单位或者个体工商户向其他单位或者个人无偿提供服务的，视同销售服务，但用于公益事业或者以社会公众为对象的除外。

根据该实施办法第四十四条的规定，视同销售服务无销售额的，“主管税务机关有权按照下列顺序确定销售额：

（一）按照纳税人最近时期销售同类服务、无形资产或者不动产的平均价格确定。

（二）按照其他纳税人最近时期销售同类服务、无形资产或者不动产的平均价格确定。

（三）按照组成计税价格确定。组成计税价格的公式为：

组成计税价格＝成本×（1＋成本利润率）

成本利润率由国家税务总局确定”。

### 3. 会计处理

在企业日常会计处理中，根据《增值税会计处理规定》（财会〔2016〕22 号文件发布）第二条第（二）项第 2 点的规定，企业发生税法上视同销售的行为，应当按照企业会计准则制度相关规定进行相应的会计处理，并按照现行增值税制度规定计算的销项税额（或采用简易计税方法计算的应纳增值税额），借记“应付职工薪酬”“利润分配”等相关科目，贷记“应交税费——应交增值税（销项税额）”或“应交税费——简易计税”科目（小规模纳税人应记入“应交税费——应交增值税”科目）。

在会计与企业所得税处理上，会出现企业所得税视同销售需要确认收入，而从会计角度不需要确认收入的情形，因此产生税会差异。在实务中，一般是根据会计收入确认原则来确定企业收入的实现，对于企业所得税视同销售而会计上可以不确认收入的情形，可以在企业所得税汇算清缴时处理，即调整企业所得税应纳税所得额。实务中也有少量企业（非适用会计准则企业）根据企业所得税的政策规定直接确认会计收入，这样就无须在企业所得税汇算清缴时进行处理了。

**【提示 1】**《企业会计准则第 14 号——收入》第二条规定：“收入，是指企业在日常活动中形成的、会导致所有者权益增加的、与所有者投入资本无关的经济利益的总流入。”

从会计角度看，只有符合上述情形的经济利益流入才能确认收入。对于不产生直接经济利益流入的情形，会计上不确认收入。

**【提示2】** 2019年11月27日发布的《中华人民共和国增值税法（征求意见稿）》第十五条指出："销售额，是指纳税人发生应税交易取得的与之相关的对价，包括全部货币或者非货币形式的经济利益，不包括按照一般计税方法计算的销项税额和按照简易计税方法计算的应纳税额。

国务院规定可以差额计算销售额的，从其规定。"

第十六条指出："视同发生应税交易以及销售额为非货币形式的，按照市场公允价格确定销售额。"

请读者密切关注后续政策变化。

### 3.1.13 建筑企业取得非货币资产的涉税处理

在实务中，由于种种原因，建设单位会因为资金短缺在支付工程款时无法支付货币资金，采取以实物抵顶的方式支付工程款。

（1）对于增值税处理。根据《营业税改征增值税试点实施办法》第一条、第十条、第十一条的规定，纳税人有偿销售服务、无形资产或者不动产，应当缴纳增值税。有偿，是指取得货币、货物或者其他经济利益。

根据上述政策规定，建筑企业取得的对方（甲方）以非货币资产支付的工程款，应按照规定缴纳增值税。

（2）对于企业所得税处理。《企业所得税法》第六条第一款规定："企业以货币形式和非货币形式从各种来源取得的收入，为收入总额。"

《企业所得税法实施条例》第十三条规定："企业所得税法第六条所称企业以非货币形式取得的收入，应当按照公允价值确定收入额。

前款所称公允价值，是指按照市场价格确定的价值。"

根据上述政策规定，建筑企业取得的对方（甲方）以非货币资产支付的工程款，应按照规定确认收入。

**【提示】** 从企业所得税角度，应当按照公允价值确定收入额。从增值税角度，

2019年11月27日发布的《中华人民共和国增值税法（征求意见稿）》第十六条指出："视同发生应税交易以及销售额为非货币形式的，按照市场公允价格确定销售额。"但目前该法尚未出台，具体处理以当地税务机关解释为准。

**案例3-11**

## 建筑企业接受房地产开发公司以房屋抵顶工程款的涉税及会计处理

A建筑公司承接B房地产开发公司某项目（同城），均为增值税一般纳税人，项目采用一般计税方法。2020年5月10日，工程完工并且款项结算完毕（质保金等业务略），A公司按照合同规定开具增值税专用发票，B公司尚欠A公司300万元（含税）工程款，约定3个月后付款，A公司记入"应收账款"科目。8月10日，B公司因资金短缺，双方再次约定用B公司一套公允价值为300万元（含税）的房屋抵顶未付的工程款。A公司相关增值税、企业所得税（其他税种略）及会计处理如下：

A公司在2020年7月10日已经开具增值税专用发票，应收工程款记入"应收账款"科目。该款项已经按照规定进行增值税、企业所得税处理。

8月10日收到B公司公允价值为300万元（含税）的房屋。

B公司开具增值税专用发票，B公司确认销售额：300÷(1＋9%)＝275.23(万元)；B公司确认销项税额：275.23×9%＝24.77(万元)。

A公司取得B公司开具的增值税专用发票，进项税额24.77万元可以抵扣。

A公司取得房屋（抵顶工程款的）的会计处理：

| | |
|---|---|
| 借：固定资产——房屋 | 275.23 |
| 　　应交税费——应交增值税（进项税额） | 24.77 |
| 　贷：应收账款 | 300 |

A公司取得房屋后，应按照规定缴纳房产税、城镇土地使用税（略）。

**【提示】**在建筑业务实务中，经常发生甲方（建设方）用非货币资产抵顶工程款的问题，一般情况下，抵顶工程款的非货币资产与工程款金额相当。如果有差异，根据企业所得税政策规定，"以非货币形式取得的收入，应当按照公允价值确定收入额"。对于增值税处理，尚无具体明确规定，一般情况下只要（确认的）价格不是明显偏低或者偏高，均可按照确认的价格计算增值税，否则，根据《营业税改征增值税试点实施办法》第四十四条的规定处理。在实务中，各地税务机关根据不同情况制定有具体的征管措施，遇到具体问题，以当地税务机关解释为准。

在实务中，抵顶工程款的情形（类型）很多，本案例为简化案例，目的是提醒这类业务必须按照规定进行涉税处理，不能长期挂账，否则有涉税风险。

## 3.2 其他业务收入的确认

建筑企业的其他收入主要包括租赁收入、销售原材料收入等，其取得收入的处理与工程项目取得收入的处理不同。

### 3.2.1 企业设备租赁取得收入的涉税处理

建筑企业在运营当中，会将一些多余施工机械出租（经营性租赁），以取得租赁收入，相关企业所得税、增值税处理如下：

#### 1. 企业所得税处理

根据《企业所得税法》第六条第（六）项的规定，企业的收入总额包括“租金收入”。《企业所得税法实施条例》第十九条规定：“企业所得税法第六条第（六）项所称租金收入，是指企业提供固定资产、包装物或者其他有形资产的使用权取得的收入。”

对于租赁收入的确认，《国家税务总局关于贯彻落实企业所得税法若干税收问题的通知》（国税函〔2010〕79号）第一条第一款规定：“根据《实施条例》第十九条的规定，企业提供固定资产、包装物或者其他有形资产的使用权取得的租金收入，应按交易合同或协议规定的承租人应付租金的日期确认收入的实现。其中，如果交易合同或协议中规定租赁期限跨年度，且租金提前一次性支付的，根据《实施条例》第九条规定的收入与费用配比原则，出租人可对上述已确认的收入，在租赁期内，分期均匀计入相关年度收入。”

### 2. 增值税处理

纳税人提供的设备租赁属于有形动产租赁，其具体处理，执行《营业税改征增值税试点实施办法》（财税〔2016〕36号文件附件1）第四十五条第（二）项及《财政部 税务总局关于建筑服务等营改增试点政策的通知》（财税〔2017〕58号》第二条的规定，纳税人提供租赁服务采取预收款方式的，其纳税义务发生时间为收到预收款的当天。

根据政策规定，有形动产租赁的税率，自2018年5月1日起至2019年4月1日期间，由17%调整为16%；自2019年4月1日起，由16%调整为13%。

在日常会计处理中，如果企业取得的经营性租赁收入与增值税纳税义务相统一，则根据《增值税会计处理规定》（财会〔2016〕22号文件发布）第二条第（二）项第1点第一款的规定处理；如果企业提供租赁服务采取预收款方式，其纳税义务发生时间为收到预收款的当天，则根据《增值税会计处理规定》第二条第（二）项第1点第三款的规定，按照增值税制度确认增值税纳税义务发生时点早于按照国家统一的会计制度确认收入或利得的时点的，应将应纳增值税额，借记“应收账款”科目，贷记“应交税费——应交增值税（销项税额）”或“应交税费——简易计税”科目，按照国家统一的会计制度确认收入或利得时，应按扣除增值税销项税额后的金额确认收入。

**案例3-12**

#### 建筑企业出租机械设备的涉税及会计处理

2019年5月3日，A建筑公司（一般纳税人）与B建筑公司（一般纳税人）签订合同，将2台单价60万元的施工机械（不配操作人员）出租给B公司，租赁期间为2019年5月5日至2019年11月5日，租金14万元（含税），增值税税率为13%。A公司相关涉税及会计处理如下：

1. 涉税计算。

销售额：14÷(1+13%)=12.39(万元)；

销项税额：12.39×13%=1.61(万元)。

2. 会计处理（单位：万元）。

(1) 出租设备收取租金时（一次性确认收入，也可以分年度确认收入）：

借：银行存款　　14

　贷：其他业务收入　　12.39

　　应交税费——应交增值税（销项税额）　　1.61

（2）2019年度计提设备折旧时：

假定折旧年限10年，无残值，每台设备月折旧额为0.5万元（2019年度租赁期8个月的折旧4万元）。

借：其他业务支出——××设备折旧　　4

　贷：累计折旧——××设备折旧　　4

## 3.2.2　企业房屋租赁取得收入的涉税处理

建筑企业在运营当中，会将一些富余的办公用房或其他用房出租，以取得租赁收入，相关企业所得税、增值税处理如下：

### 1. 企业所得税处理

根据《企业所得税法》第六条第（六）项、《企业所得税法实施条例》第十九条的规定，企业出租房屋取得的收入要计入企业收入总额。

对于房屋租赁收入的具体确认，依据国税函〔2010〕79号文件第一条第一款的规定处理，企业提供房屋的使用权取得的租金收入，应按交易合同或协议规定的承租人应付租金的日期确认收入的实现。其中，如果交易合同或协议中规定租赁期限跨年度，且租金提前一次性支付的，根据收入与费用配比原则，出租人可对上述已确认的收入，在租赁期内，分期均匀计入相关年度收入。

### 2. 增值税处理

纳税人提供的房屋租赁属于不动产租赁，其具体处理，执行《营业税改征增值税试点实施办法》第四十五条第（二）项及财税〔2017〕58号文件第二条的规定，纳税人提供租赁服务采取预收款方式的，其纳税义务发生时间为收到预收款的当天。

自2018年5月1日起至2019年4月1日，不动产租赁的税率，由11%调整为10%。自2019年4月1日起，不动产租赁的税率，由10%调整为9%。

在日常会计处理中，如果企业取得的经营性租赁收入与增值税纳税义务相统一，则根据《增值税会计处理规定》第二条第（二）项第1点第一款的规定处理；如果企业提供租赁服务采取预收款方式，其纳税义务发生时间为收到预收款的当天，根据《增值税会计处理规定》第二条第（二）项第1点第三款的规定，按照增值税制度确认增值税纳税义务发生时点早于按照国家统一的会计制度确认收入或利得的时点的，应将应纳增值税额，借记“应收账款”科目，贷记“应交税费——应交增值税（销项税额）”或“应交税费——简易计税”科目，按照国家统一的会计制度确认收入或利得时，应按扣除增值税销项税额后的金额确认收入。

**【提示】**《国家税务总局关于土地价款扣除时间等增值税征管问题的公告》（国家税务总局公告2016年第86号）第七条规定：“纳税人出租不动产，租赁合同中约定免租期的，不属于《营业税改征增值税试点实施办法》（财税〔2016〕36号文件印发）第十四条规定的视同销售服务。”

**案例3-13**

### 建筑企业出租房屋的涉税及会计处理

2019年4月20日，A建筑公司（一般纳税人）与B公司（一般纳税人）签订合同，将价值210万元的一层写字楼出租给B公司，租赁期间为2019年5月1日至2020年10月25日，年租金18万元，租金支付时间为每半年租期开始日支付，并开具增值税专用发票。A公司相关涉税及会计处理如下（单位：万元）：

1. 涉税处理。

每次支付租金9万元，增值税计算。

销售额：9÷(1+9%)=8.26(万元)；

销项税额：8.26×9%=0.74(万元)。

房产税：8.26×12%=0.99(万元)。

2. 会计处理。

(1) 2019年5月收到租金时：

对应期间为2019年5月至10月。

| | |
|---|---|
| 借：银行存款 | 9 |
| 　贷：其他业务收入 | 8.26 |

应交税费——应交增值税（销项税额） 0.74

（2）2019 年 11 月收到租金时：

对应期间为 2019 年 11 月至 2020 年 4 月。

当年确定收入：8.26÷6×2=2.75(万元)。

借：银行存款 9

贷：其他业务收入 2.75

预收账款 5.51

应交税费——应交增值税（销项税额） 0.74

（3）2020 年确认收入时：

2020 年确认收入：8.26−2.75=5.51(万元)。

借：预收账款 5.51

贷：其他业务收入 5.51

（4）2020 年 5 月收到租金时：

对应期间为 2020 年 5 月至 10 月。

借：银行存款 9

贷：其他业务收入 8.26

应交税费——应交增值税（销项税额） 0.74

（5）计提房产税时：

借：税金及附加——应交房产税 0.99

贷：应交税费——应交房产税 0.99

（6）缴纳房产税时：

借：应交税费——应交房产税 0.99

贷：银行存款 0.99

（7）每月提取折旧：

假定折旧年限 20 年，无残值，月折旧额为 0.88 万元。

借：其他业务支出——××房屋 0.88

贷：累计折旧——××房屋 0.88

**【提示】**根据房产税政策规定，房屋出租的从租计征房产税，税率为 12%。

### 3.2.3　企业销售材料取得收入的涉税处理

建筑企业在日常经营当中，除主营业务以外，会兼营销售建筑材料的业务，相关企业所得税、增值税处理如下：

**1. 企业所得税处理**

《国家税务总局关于确认企业所得税收入若干问题的通知》（国税函〔2008〕875 号）第一条第一款规定："除企业所得税法及实施条例另有规定外，企业销售收入的确认，必须遵循权责发生制原则和实质重于形式原则。"

根据上述政策规定，在确认企业所得税收入时，要遵循权责发生制原则和实质重于形式原则，即属于当期销售应确认的收入即使没有收到销售货款，也要在当期确认收入。

根据国税函〔2008〕875 号文件第一条第（一）项的规定，企业销售收入的确认，必须遵循权责发生制原则和实质重于形式原则，"企业销售商品同时满足下列条件的，应确认收入的实现：

1. 商品销售合同已经签订，企业已将商品所有权相关的主要风险和报酬转移给购货方；

2. 企业对已售出的商品既没有保留通常与所有权相联系的继续管理权，也没有实施有效控制；

3. 收入的金额能够可靠地计量；

4. 已发生或将发生的销售方的成本能够可靠地核算"。

根据上述政策规定，在遵循权责发生制原则和实质重于形式的原则下，只要满足上述政策规定的四个条件，即可确认为当期收入。

**2. 增值税处理**

企业确定销售货物或者应税劳务增值税纳税义务发生的原则不是按照权责发生制原则和实质重于形式原则，而是收讫销售款项或者取得索取销售款项凭据的当天；先开具发票的，为开具发票的当天。具体应根据《增值税暂行条例》第十九条第（一）项的规定处理。

增值税纳税义务发生的原则与企业所得税收入确认的原则有差异，其差异依据《增值税会计处理规定》第二条第（二）项的规定处理。

案例 3-14

**建筑企业销售建筑材料的涉税及会计处理**

A 建筑公司于 2019 年 5 月将库存某类型建筑材料销售给 B 建筑公司，价格为 24 000 元（不含税），增值税税率 13%，材料成本 21 000 元，A 公司当月进项税额 1 480 元。A、B 公司均为一般纳税人，A 公司相关涉税及会计处理如下：

1. 涉税计算。

销项税额：24 000×13%＝3 120(元)；

应缴增值税：3 120－1 480＝1 640(元)。

B公司取得 A 公司开具的增值税专用发票，进项税额 1 640 元，可以抵扣。

2. 会计处理。

（1）销售材料时：

| | | |
|---|---|---|
| 借：银行存款 | 27 120 | |
| 　贷：其他业务收入——材料 | | 24 000 |
| 　　　应交税费——应交增值税（销项税额） | | 3 120 |

（2）结转成本时：

| | | |
|---|---|---|
| 借：其他业务支出——库存材料 | 21 000 | |
| 　贷：库存材料 | | 21 000 |

（3）计提应缴增值税时：

| | | |
|---|---|---|
| 借：应交税费——应交增值税（转出未交增值税） | 1 640 | |
| 　贷：应交税费——未交增值税 | | 1 640 |

（4）次月缴纳税款时：

| | | |
|---|---|---|
| 借：应交税费——未交增值税 | 1 640 | |
| 　贷：银行存款 | | 1 640 |

## 3.3 营业外收入的确认

本节内容主要包括建筑企业建筑材料的盘盈（盘亏）处理、资产处置以及政府补贴收入的处理等涉及的税收业务。

### 3.3.1　企业发生资产盘盈、盘亏的涉税处理

企业发生资产盘盈、盘亏业务主要涉及企业所得税的处理。

#### 1. 建筑企业发生资产盘盈、盘亏的涉税处理

建筑企业在工程施工中，会发生建筑材料的盘盈、盘亏情形。根据《企业所得税法》第六条、第八条的规定，其建筑材料的盘盈利得计入企业所得税应纳税所得额。

对于盘亏的金额，根据《企业资产损失所得税税前扣除管理办法》（国家税务总局公告2011年第25号发布）第十八条、第二十六条的规定处理，符合条件的可以税前扣除。

对于盘亏建筑材料的进项税额，根据《增值税暂行条例》第十条第（二）项的规定，“非正常损失的购进货物”，其进项税额不得从销项税额中抵扣。

#### 2. 建筑企业发生资产盘盈、盘亏的会计处理

企业发生建筑材料盘盈的，通过“待处理财产损溢”“营业外收入”等科目核算，对盘盈的各种材料，借记“原材料”科目，贷记“待处理财产损溢”科目。处理时，对盘盈的各种材料，借记“待处理财产损溢”科目，贷记“营业外收入”等科目。

对盘亏的各种材料，借记“待处理财产损溢”科目，贷记“原材料”科目。对于材料采用计划成本核算的，还应同时结转成本差异。对涉及进项税额的，根据《增值税会计处理规定》（财会〔2016〕22号文件发布）第二条第（五）项的规定，因发生非正常损失，原已计入进项税额，但按现行增值税制度规定不得从销项税额中抵扣的，借记“待处理财产损溢”科目，贷记“应交税费——应交增值税（进项税额转出）”科目。

盘亏的各项资产，经批准后处理时，按残料价值，借记“原材料”等科目，按“待处理财产损溢”科目余额，贷记“待处理财产损溢”科目，按其借方差额，借记“营业外支出”科目。

案例 3-15

**建筑企业发生建筑材料盘盈的涉税及会计处理**

A 建筑公司 2019 年 3 月底盘盈建筑材料一批，价值 15 000 元。A 公司相关涉税及会计处理如下：

1. 发生盘盈建筑材料时：

借：库存商品　　15 000

　贷：待处理财产损溢——待处理流动资产损溢　　15 000

2. 按程序处理时：

借：待处理财产损溢——待处理流动资产损溢　　15 000

　贷：营业外收入　　15 000

## 3.3.2 企业处置设备等固定资产取得收入的处理

建筑企业处置设备等固定资产取得收入涉及增值税、企业所得税的处理，具体如下：

### 1. 增值税处理

根据《财政部 国家税务总局关于全国实施增值税转型改革若干问题的通知》（财税〔2008〕170 号）、《财政部 国家税务总局关于部分货物适用增值税低税率和简易办法征收增值税政策的通知》（财税〔2009〕9 号）以及《财政部 国家税务总局关于简并增值税征收率政策的通知》（财税〔2014〕57 号）、《国家税务总局关于简并增值税征收率有关问题的公告》（国家税务总局公告 2014 年第 36 号）的相关规定，纳税人销售使用过的固定资产增值税处理如下：

（1）一般纳税人销售自己使用过的固定资产的处理。

①一般纳税人销售自己使用过的属于《增值税暂行条例》第十条规定不得抵扣且未抵扣进项税额的固定资产，按照简易办法依照 3%征收率减按 2%征收增值税。

②2008 年 12 月 31 日以前未纳入扩大增值税抵扣范围试点的纳税人，销售自己使用过的 2008 年 12 月 31 日以前购进或者自制的固定资产，按照简易计税方法依照 3%征收率减按 2%征收增值税。

③2008 年 12 月 31 日以前已纳入扩大增值税抵扣范围试点的纳税人，销售自己使用过的在本地区扩大增值税抵扣范围试点以前购进或者自制的固定资产，按照简易计税方法依照 3%征收率减按 2%征收增值税；销售自己使用过的在本地区扩大增值税抵扣范围试点以后购进或者自制的固定资产，按照适用税率征收增值税。

④销售自己使用过的 2009 年 1 月 1 日以后购进或者自制的固定资产，按照适用税率征收增值税。

（2）小规模纳税人销售自己使用过的固定资产的处理。

小规模纳税人（除其他个人外）销售自己使用过的固定资产，减按 2%征收率征收增值税。

已使用过的固定资产，是指纳税人根据财务会计制度已经计提折旧的固定资产。

（3）纳税人销售自己使用过的固定资产的发票开具。

根据《国家税务总局关于增值税简易征收政策有关管理问题的通知》（国税函〔2009〕90 号）的规定，一般纳税人销售自己使用过的固定资产，适用简易计税方法依照 3%征收率减按 2%征收增值税政策的，应开具普通发票，不得开具增值税专用发票。

《国家税务总局关于营业税改征增值税试点期间有关增值税问题的公告》（国家税务总局公告 2015 年第 90 号）第二条规定，纳税人销售自己使用过的固定资产，适用简易计税方法依照 3%征收率减按 2%征收增值税政策的，可以放弃减税，按照简易计税方法依照 3%征收率缴纳增值税，并可以开具增值税专用发票。小规模纳税人销售自己使用过的固定资产，应开具普通发票，不得由税务机关代开增值税专用发票。

（4）适用简易办法计税的情形。

对于可以适用简易办法计税的情形，《国家税务总局关于一般纳税人销售自己使用过的固定资产增值税有关问题的公告》（国家税务总局公告 2012 年第 1 号）、国家税务总局公告 2014 年第 36 号规定，“增值税一般纳税人销售自己使用过的固定资产，属于以下两种情形的，可按简易办法依 3%征收率减按 2%征收增值税，同时不得开具增值税专用发票：

一、纳税人购进或者自制固定资产时为小规模纳税人，认定为一般纳税人后销售该固定资产。

二、增值税一般纳税人发生按简易办法征收增值税应税行为，销售其按照规定不得抵扣且未抵扣进项税额的固定资产”。

【提示】小规模纳税人自行开具增值税专用发票的范围逐渐扩大，自2020年2月1日起，《国家税务总局关于增值税发票管理等有关事项的公告》（国家税务总局公告2019年第33号）第五条规定："增值税小规模纳税人（其他个人除外）发生增值税应税行为，需要开具增值税专用发票的，可以自愿使用增值税发票管理系统自行开具。选择自行开具增值税专用发票的小规模纳税人，税务机关不再为其代开增值税专用发票。

增值税小规模纳税人应当就开具增值税专用发票的销售额计算增值税应纳税额，并在规定的纳税申报期内向主管税务机关申报缴纳。在填写增值税纳税申报表时，应当将当期开具增值税专用发票的销售额，按照3%和5%的征收率，分别填写在《增值税纳税申报表》（小规模纳税人适用）第2栏和第5栏'税务机关代开的增值税专用发票不含税销售额'的'本期数'相应栏次中。"

### 2. 企业所得税处理

（1）收入的确认。根据《企业所得税法》第六条第（三）项、《企业所得税法实施条例》第十六条的规定，企业转让固定资产取得的收入，应计入企业所得税收入总额。

（2）固定资产的摊销。《企业所得税法》第十一条规定："在计算应纳税所得额时，企业按照规定计算的固定资产折旧，准予扣除。"如果企业转让固定资产，则按照实际折旧后的净值计算转让成本。

### 3. 会计处理

在会计处理中，一般通过"固定资产清理"科目核算，企业因出售、报废等转出的固定资产，按该项固定资产的账面价值，借记"固定资产清理"科目；按已计提的累计折旧，借记"累计折旧"科目；按其账面原价，贷记"固定资产"科目。已计提减值准备的，还应同时结转减值准备。

清理过程中应支付的相关税费及其他费用，借记"固定资产清理"科目，贷记"银行存款""应交税费——应交增值税"等科目。收回出售固定资产的价款、残料价值和变价收入等，借记"银行存款""原材料"等科目，贷记"固定资产清理"科目。

固定资产清理完成后，属于生产经营期间正常的处理损失，借记"营业外支出——处置非流动资产损失"科目，贷记"固定资产清理"科目；如为贷方余额，借记“固定资产清理”科目，贷记“营业外收入”科目。

案例 3-16

**企业销售使用过的设备的涉税及会计处理（2009 年 1 月 1 日后购入）**

2019 年 6 月，A 公司（一般纳税人）将一台设备以 20 000 元的价格卖给了 B 公司（一般纳税人），开具增值税专用发票。该设备 2014 年 12 月底以 12 万元购入，增值税进项税额 2.04 万元，购入时取得增值税专用发票，并进行了抵扣。假定无残值，按照 10 年平均计提折旧。B 公司取得该设备后按照固定资产进行核算。相关涉税及会计处理如下：

1. A 公司涉税及会计处理。

（1）2014 年 12 月购入固定资产时：

| | |
|---|---|
| 借：固定资产 | 120 000 |
| 　　应交税费——应交增值税（进项税额） | 20 400 |
| 　贷：银行存款 | 140 400 |

（2）2019 年 6 月转入固定资产清理时：

截至 2019 年 6 月已提折旧：120 000÷10×4.5＝54 000（元）。

| | |
|---|---|
| 借：固定资产清理 | 66 000 |
| 　　累计折旧 | 54 000 |
| 　贷：固定资产 | 120 000 |

（3）变卖固定资产（计算增值税）时：

销项税额：20 000÷(1＋13%)×13%＝2 300.88（元）。

| | |
|---|---|
| 借：银行存款 | 20 000 |
| 　贷：固定资产清理 | 17 699.12 |
| 　　　应交税费——应交增值税（销项税额） | 2 300.88 |

（4）结转固定资产处置损益时：

| | |
|---|---|
| 借：营业外支出——处置非流动资产损失 | 48 300.88 |
| 　贷：固定资产清理 | 48 300.88 |

2. B 公司涉税及会计处理。

固定资产入账价值：20 000－2 300.88＝17 699.12（元）；

进项税额：2 300.88 元。

借：固定资产　　17 699.12

　　应交税费——应交增值税（进项税额）　　2 300.88

　贷：银行存款　　20 000

### 3.3.3 企业取得政府补助的处理

在实务中，企业取得政府补助的处理可以分为两种方式。

**1. 按照企业所得税方式处理**

企业从政府取得的资金拨付，从性质上分为“不征税收入”和“征税收入”两种。

一是不征税收入。

（1）按不征税收入核算的条件。

《财政部 国家税务总局关于专项用途财政性资金所得税处理问题的通知》（财税〔2011〕70 号）第一条规定：“企业从县级以上各级人民政府财政部门及其他部门取得的应计入收入总额的财政性资金，凡同时符合以下条件的，可以作为不征税收入，在计算应纳税所得额时从收入总额中减除：

（一）企业能够提供规定资金专项用途的资金拨付文件；

（二）财政部门或其他拨付资金的政府部门对该资金有专门的资金管理办法或具体管理要求；

（三）企业对该资金以及以该资金发生的支出单独进行核算。”

（2）不征税收入用于支出所形成的费用及资产折旧处理。

财税〔2011〕70 号文件第二条规定：“根据实施条例第二十八条的规定，上述不征税收入用于支出所形成的费用，不得在计算应纳税所得额时扣除；用于支出所形成的资产，其计算的折旧、摊销不得在计算应纳税所得额时扣除。”

（3）不征税收入 5 年内未使用的处理。

财税〔2011〕70 号文件第三条规定：“企业将符合本通知第一条规定条件的财政性资金作不征税收入处理后，在 5 年（60 个月）内未发生支出且未缴回财政部门或其他拨付资金的政府部门的部分，应计入取得该资金第六年的应税收入总额；计入应税收入总额的财政性资金发生的支出，允许在计算应纳税所得额时扣除。”

二是征税收入。

企业取得的政府拨付、补助、补贴、奖励等各类拨付资金，凡是不符合财税〔2011〕70 号文件规定的，应计入应纳税所得额，缴纳企业所得税。

在会计处理中，企业取得的与日常活动无关的政府补助一般记入“营业外收入”科目核算。企业确认政府补助利得时，借记“银行存款”“递延收益”等科目，贷记“营业外收入”科目。

**2. 按照企业会计准则规定处理**

根据《企业会计准则第 16 号——政府补助》第四条的规定，政府补助分为与资产相关的政府补助和与收益相关的政府补助。与资产相关的政府补助，是指企业取得的、用于购建或以其他方式形成长期资产的政府补助。与收益相关的政府补助，是指除与资产相关的政府补助之外的政府补助。

该准则第十一条规定，与企业日常活动相关的政府补助，应当按照经济业务实质，计入其他收益或冲减相关成本费用。与企业日常活动无关的政府补助，应当计入营业外收支。

上述两种处理方式的区别在于：若根据财税〔2011〕70 号文件的规定处理，需要每年在企业所得税汇算清缴时进行调整；若根据《企业会计准则第 16 号——政府补助》处理，则不需要每年在企业所得税汇算清缴时进行调整。

**【提示】**在实务中，上述两种处理方法的最终结果虽然一致，但在选择时，要与当地税务机关沟通，以当地税务机关确定的方法为准。

### 3.3.4 企业取得的代扣代缴个人所得税手续费涉税处理

《个人所得税法》第十七条规定：“对扣缴义务人按照所扣缴的税款，付给百分之二的手续费。”

对于 2% 手续费的处理，根据《个人所得税代扣代缴暂行办法》（国税发〔1995〕065 号）第十七条的规定，扣缴义务人可将其用于代扣代缴费用开支和奖励代扣代缴工作做得较好的办税人员。但该文件已经被《国家税务总局关于公布全文废止和部分条款废止的税务部门规章目录的决定》（国家税务总局令第 40 号）从

2016 年 5 月 27 日起作废。目前，针对“2%手续费”的使用及涉税问题，国家税务总局层面还没有新的政策出台。

目前各地基层税务机关对“2%手续费”掌握的尺度有一定的差异。一些地方对于个人取得的从手续费中列支的奖励一般不征收个人所得税，但对于年底有结余的，则要求结转所得，进行企业所得税处理，有的地方则不要求结转所得，留待以后年度使用。在具体处理上，如果企业对“2%手续费”结转所得，则支出计入成本费用；反之，则不计入成本费用。

营改增后，对税务机关支付给企业的“2%手续费”返还是否应作为增值税应税收入，目前也没有具体规定，从各地征管情况看，一些地区税务机关在解释上，将“2%手续费”收入列为增值税应税收入，也有很多基层税务机关尚未对此问题做出解释。

**【提示】**对企业取得的代扣代缴个人所得税手续费涉税处理，各地在征管上有一定差异，具体以当地税务机关解释为准。

### 3.3.5 企业政策性搬迁取得补偿的涉税处理

《企业政策性搬迁所得税管理办法》（国家税务总局公告 2012 年第 40 号发布）第三条规定：“企业政策性搬迁，是指由于社会公共利益的需要，在政府主导下企业进行整体搬迁或部分搬迁。企业由于下列需要之一，提供相关文件证明资料的，属于政策性搬迁：

（一）国防和外交的需要；

（二）由政府组织实施的能源、交通、水利等基础设施的需要；

（三）由政府组织实施的科技、教育、文化、卫生、体育、环境和资源保护、防灾减灾、文物保护、社会福利、市政公用等公共事业的需要；

（四）由政府组织实施的保障性安居工程建设的需要；

（五）由政府依照《中华人民共和国城乡规划法》有关规定组织实施的对危房集中、基础设施落后等地段进行旧城区改建的需要；

（六）法律、行政法规规定的其他公共利益的需要。”

凡是符合上述政策规定的政策性搬迁，取得补偿的增值税、企业所得税处理如下：

### 1. 增值税处理

企业因土地被政府征用而搬迁的，对政府给予的补偿款，其增值税处理，根据《营业税改征增值税试点过渡政策的规定》（财税〔2016〕36 号文件附件 3）第一条第（三十七）项的规定，“土地所有者出让土地使用权和土地使用者将土地使用权归还给土地所有者免征增值税”。

对于企业搬迁时处置房屋及机器设备等固定资产而取得的补偿款等，应按照政策规定缴纳增值税。

### 2. 企业所得税处理

（1）搬迁收入的确认。

《企业政策性搬迁所得税管理办法》第五条规定：“企业的搬迁收入，包括搬迁过程中从本企业以外（包括政府或其他单位）取得的搬迁补偿收入，以及本企业搬迁资产处置收入等。”

对于搬迁中处置存货的收入，该管理办法第七条规定：“企业搬迁资产处置收入，是指企业由于搬迁而处置企业各类资产所取得的收入。

企业由于搬迁处置存货而取得的收入，应按正常经营活动取得的收入进行所得税处理，不作为企业搬迁收入。”

（2）搬迁支出的确认。

《企业政策性搬迁所得税管理办法》第八条规定：“企业的搬迁支出，包括搬迁费用支出以及由于搬迁所发生的企业资产处置支出。”

对于搬迁费用支出，该管理办法第九条规定：“搬迁费用支出，是指企业搬迁期间所发生的各项费用，包括安置职工实际发生的费用、停工期间支付给职工的工资及福利费、临时存放搬迁资产而发生的费用、各类资产搬迁安装费用以及其他与搬迁相关的费用。”

对于资产处置支出，该管理办法第十条规定：“资产处置支出，是指企业由于搬迁而处置各类资产所发生的支出，包括变卖及处置各类资产的净值、处置过程中所发生的税费等支出。

企业由于搬迁而报废的资产，如无转让价值，其净值作为企业的资产处置支出。”

此外，该管理办法第十四条规定：“企业搬迁期间新购置的各类资产，应按《企业所得税法》及其实施条例等有关规定，计算确定资产的计税成本及折旧或摊销年限。企业发生的购置资产支出，不得从搬迁收入中扣除。”

（3）搬迁所得的处理。

搬迁收入和支出要进行汇总清算。根据《企业政策性搬迁所得税管理办法》第十五条的规定，“企业在搬迁期间发生的搬迁收入和搬迁支出，可以暂不计入当期应纳税所得额，而在完成搬迁的年度，对搬迁收入和支出进行汇总清算”。

对于搬迁所得的确定年度，该管理办法第十六条规定：“企业的搬迁收入，扣除搬迁支出后的余额，为企业的搬迁所得。

企业应在搬迁完成年度，将搬迁所得计入当年度企业应纳税所得额计算纳税。”

对于上述搬迁完成年度确认的条件，该管理办法第十七条规定：“下列情形之一的，为搬迁完成年度，企业应进行搬迁清算，计算搬迁所得：

（一）从搬迁开始，5 年内（包括搬迁当年度）任何一年完成搬迁的。

（二）从搬迁开始，搬迁时间满 5 年（包括搬迁当年度）的年度。”

（4）搬迁损失的处理。

对于搬迁损失的处理年度，《企业政策性搬迁所得税管理办法》第十八条规定：“企业搬迁收入扣除搬迁支出后为负数的，应为搬迁损失。搬迁损失可在下列方法中选择其一进行税务处理：

（一）在搬迁完成年度，一次性作为损失进行扣除。

（二）自搬迁完成年度起分 3 个年度，均匀在税前扣除。

上述方法由企业自行选择，但一经选定，不得改变”。

对于视为已经完成搬迁的条件，该管理办法第十九条规定：“企业同时符合下列条件的，视为已经完成搬迁：

（一）搬迁规划已基本完成；

（二）当年生产经营收入占规划搬迁前年度生产经营收入 50%以上。”

对于搬迁年度，该管理办法第二十条规定：“企业边搬迁、边生产的，搬迁年度应从实际开始搬迁的年度计算。”

（5）搬迁资产的税务处理。

对于搬迁后需要简单安装或不需要安装即可继续使用的资产，《企业政策性搬迁所得税管理办法》第十一条规定：“企业搬迁的资产，简单安装或不需要安装即可继续使用的，在该项资产重新投入使用后，就其净值按《企业所得税法》及其实施条例规定的该资产尚未折旧或摊销的年限，继续计提折旧或摊销”。

对于搬迁后需要安装才能重新继续使用的资产，该管理办法第十二条规定：“企业搬迁的资产，需要进行大修理后才能重新使用的，应就该资产的净值，加上大修理过程所发生的支出，为该资产的计税成本。在该项资产重新投入使用后，按该资产尚可使用的年限，计提折旧或摊销。”

对于搬迁中置换的土地，该管理办法第十三条规定：“企业搬迁中被征用的土地，采取土地置换的，换入土地的计税成本按被征用土地的净值，以及该换入土地投入使用前所发生的各项费用支出，为该换入土地的计税成本，在该换入土地投入使用后，按《企业所得税法》及其实施条例规定年限摊销。”

对于资产置换还有补充政策规定。《国家税务总局关于企业政策性搬迁所得税有关问题的公告》（国家税务总局公告 2013 年第 11 号）第二条规定：“企业政策性搬迁被征用的资产，采取资产置换的，其换入资产的计税成本按被征用资产的净值，加上换入资产所支付的税费（涉及补价，还应加上补价款）计算确定。”

### 3. 会计处理

在实务中，企业由于搬迁（拆迁）处置存货而取得的收入（或支出），按正常经营活动取得的收入进行会计处理以及增值税、所得税处理，不计入搬迁（拆迁）收入（或支出）。

对于取得政府给予的各项搬迁补偿款，大部分中小企业通过“其他应付款”科目核算。取得补偿款时，借记“银行存款”科目，贷记“其他应付款——政策搬迁”科目。处理各项资产损失及支付相关拆迁费用时，借记“其他应付款”科目，贷记相关资产类科目。待搬迁业务完成，如果“其他应付款”科目有贷方余额，则转入“营业外收入”科目，即借记“其他应付款”科目，贷记“营业外收入”科目；如果“其他应付款”科目有借方余额，则转入“营业外支出”科目，即借记“营业外支出”科目，贷记“其他应付款”科目。

企业在搬迁中处置相关资产涉及增值税的，按照《增值税会计处理规定》第二条第二项第 1 点的规定处理。

企业在进行上述会计处理时，从企业所得税角度看，最重要的是搬迁完成年度。在搬迁期间发生的企业所得税政策口径收入和支出，可以暂不计入当期应纳税所得额，在搬迁完成年度，对收入和支出进行汇总清算，即总的搬迁（拆迁）收入减除总的搬迁支出，对于有所得的，计入当年度企业应纳税所得额计算纳税，对于搬迁损失（即负数），应在搬迁完成当年一次性作为损失进行扣除，或者自搬迁（拆迁）完成年度起分 3 个年度，均匀在税前扣除。

在实务中，搬迁企业要根据《企业政策性搬迁所得税管理办法》的规定向税务机关报送《中华人民共和国企业政策性搬迁清算损益表》，并在企业所得税汇算清缴时填报 A105110《政策性搬迁纳税调整明细表》。

**【提示】**适用企业会计准则的企业搬迁（拆迁）的会计处理。

根据《企业会计准则第 16 号——政府补助》第三条的规定，政策补助具有两个特征，一是“来源于政府的经济资源”；二是“无偿性”。

关于政府补助的分类，根据该准则第四条的规定，“政府补助分为与资产相关的政府补助和与收益相关的政府补助。

与资产相关的政府补助，是指企业取得的、用于购建或以其他方式形成长期资产的政府补助。

与收益相关的政府补助，是指除与资产相关的政府补助之外的政府补助”。

对于企业政策搬迁（或拆迁）业务性质的判断，应分为两种情形：

一是对资产的补偿，即对企业在搬迁和重建过程中发生的固定资产和无形资产损失的补偿。根据《〈企业会计准则第 16 号——政府补助〉应用指南 2018》第二条“关于政府补助的定义和特征”的相关规定及［例 1］相关解释的原则，在政策搬迁业务中，政府因要获取搬迁企业的土地，而支付的土地及相关固定资产补偿款，不符合政府补助无偿性的特点，因此，企业在搬迁业务中收到的与资产相关的补偿款不能作为政府补助处理，而应作为处置非流动资产的收入处理。

对于房屋等固定资产的处置，《企业会计准则第 4 号——固定资产》第二十三条第一款规定：“企业出售、转让、报废固定资产或发生固定资产毁损，应当将处置收入扣除账面价值和相关税费后的金额计入当期损益。固定资产的账面价值是固定资产成本扣减累计折旧和累计减值准备后的金额。”

对于土地（属于无形资产）的处置，《企业会计准则第 6 号——无形资产》第二十二条规定：“企业出售无形资产，应当将取得的价款与该无形资产账面价值的差额计入当期损益。”

《〈企业会计准则第 6 号——无形资产〉应用指南》第六条第二款规定：“自行开发建造厂房等建筑物，相关的土地使用权与建筑物应当分别进行处理。外购土地及建筑物支付的价款应当在建筑物与土地使用权之间进行分配；难以合理分配的，应当全部作为固定资产。”

二是对与资产无关的补偿，即对企业在搬迁和重建过程中发生的有关费用性支出、停工损失等进行的补偿。根据《〈企业会计准则第 16 号——政府补助〉应用指南 2018》第四条“关于政策补助的分类”第三款的规定，“与收益相关的政府补助，是指除与资产相关的政府补助之外的政府补助。此类补助主要是用于补偿企业已发生或即将发生的相关成本费用或损失，收益期相对较短，通常在满足补助所附条件时计入当期损益或冲减相关成本”。

根据《〈企业会计准则第 16 号——政府补助〉应用指南 2018》第五条“关于政府补助的确认与计量”第（二）项的相关规定，“本准则规定，与收益相关的政府补助，应当分情况按照以下规定进行会计处理：用于补偿企业以后期间的相关成本费用或损失的，确认为递延收益，并在确认相关成本费用或损失的期间，计入当期损益或冲减相关成本；用于补偿企业已发生的相关成本费用或损失的，直接计入当期损益或冲减相关成本”。

根据上述指南规定，由于通常情况下政府搬迁补偿均在相关业务开展之前确认，属于补偿企业以后期间（搬迁期间）的相关成本费用或损失，因此，应确认为递延收益。

**案例 3-17**

## 建筑企业政策性搬迁的涉税及会计处理

2016 年 6 月 30 日（相关事项处理日期），A 建筑公司因政府基础设施建设而搬迁。搬迁时处置库存剩余原材料一批，收取价款 1.17 万元，该批原材料账面成本为 0.9 万元。A 公司处置原址房屋一幢，该房屋于 2011 年 6 月底建成（自建），入账价值 320 万元，按照 20 年计提折旧，已提折旧 5 年共计 80 万元，A 公司收到政府给予的房屋补偿 500 万元。A 公司原址土地使用权账面价值 2 400 万元，累计摊销

500 万元，收到征地补偿款 2 500 万元。2016—2018 年发生各类搬迁费用 90 万元，取得政府给予的补偿款 110 万元。假定 A 公司 2018 年 4 月搬迁完成。A 公司相关涉税及会计处理如下：

1. 涉税处理。

（1）增值税计算。

处置库存原材料销售额：1.17÷(1+17%)=1(万元)；

增值税销项税额：1×17%=0.17(万元)。

上述属于企业销售原材料行为，按照日常销售进行处理，不计入搬迁（拆迁）收入。

房屋（及固定资产）补偿应缴增值税：500÷(1+5%)×5%=23.81(万元)；

政府收回土地使用权给予的补偿免征增值税。

**【提示】**本案例设定 A 公司收到政府给予的房屋补偿 500 万元，应按照规定缴纳增值税。具体以当地税务机关解释为准。

（2）企业所得税处理。

2018 年搬迁完成，进行搬迁清算。

房屋（被征用资产）：500−(320−80)−23.81=236.19(万元)；

土地使用权（被征用资产）：2 500−(2 400−500)=600(万元)；

其他：110−90=20(万元)。

搬迁总收入：2 500+500+110=3 110(万元)；

搬迁总支出：(320−80)+23.81+(2 400−500)+90=2 253.81(万元)；

搬迁所得：3 110−2 253.81=856.19(万元)。

2018 年企业所得税汇算清缴时，应计入应纳税所得额 856.19 万元。具体内容要填报 A105110《政策性搬迁纳税调整明细表》。

2. 会计处理（单位：万元）。

（1）收到政府补偿时：

借：银行存款　　3 110

　贷：其他应付款——政策搬迁　　3 110

（2）支付相关费用时（2016—2018 年期间）：

借：其他应付款——政策搬迁　　90

　贷：银行存款　　90

(3) 处置房屋（固定资产）时（2016—2018 年期间）：

借：累计折旧——固定资产清理 80

其他应付款——政策搬迁 263.81

贷：固定资产——房屋 320

应交税费——应交增值税 23.81

(4) 处置土地使用权（无形资产）时（2016—2018 年期间）：

借：累计摊销——土地使用权 500

其他应付款——政策搬迁 1 900

贷：无形资产——土地使用权 2 400

(5) 结转搬迁收入时（2018 年）：

借：其他应付款——政策搬迁 856.19

贷：营业外收入——政策搬迁 856.19

**【提示 1】** 适用企业会计准则的会计处理。

1. 收到政府补偿时（单位：万元，下同）：

借：银行存款 3 110

贷：专项应付款——政策搬迁 110

其他应付款——政策搬迁 3 000

2. 与资产无关的补偿处理。

(1) 支付相关搬迁费用时（2016—2018 年期间）：

借：相关费用科目——政策搬迁 90

贷：银行存款 90

同时确认相关补偿（2016—2018 年期间）：

借：专项应付款 110

贷：递延收益 110

(2) 结转收益（2018 年）：

借：递延收益 110

贷：其他收益 110

3. 处置房屋（固定资产）时。

(1) 将房屋转入固定资产清理时：

借：固定资产清理 240

累计折旧 80

贷：固定资产 320

（2）确认补偿时：

借：其他应付款——政策搬迁 500

贷：递延收益 500

（3）计算增值税时（按照补偿金额计算）：

借：固定资产清理 23.81

贷：应交税费——应交增值税（简易计税） 23.81

（4）结转固定资产损益时：

借：资产处置损益 263.81

贷：固定资产清理 263.81

（5）结转收益（2018 年）：

借：递延收益 500

贷：资产处置损益 500

4. 处置土地使用权（无形资产）时。

（1）结转土地转让成本：

借：营业外支出 1 900

累计摊销 500

贷：无形资产 2 400

（2）确认补偿时（2018 年）：

借：其他应付款——政策搬迁 2 500

贷：递延收益 2 500

（3）结转收益（2018 年）：

借：递延收益 2 500

贷：资产处置损益 2 500

**【提示 2】**实务中，政策性搬迁的处理相对比较繁杂，各地政府对涉及市政建设的政策性搬迁会出台一定的优惠政策，上述案例仅作为提醒涉税点参考，具体以当地税务机关解释为准。

## 3.3.6　企业收取或支付违约金的涉税处理

建筑企业在工程项目施工（建筑合同履行）中，出于种种原因会涉及支付违约金或收取违约金的情况。

《中华人民共和国合同法》第一百一十四条第一款规定："当事人可以约定一方违约时应当根据违约情况向对方支付一定数额的违约金，也可以约定因违约产生的损失赔偿额的计算方法。

约定的违约金低于造成的损失的，当事人可以请求人民法院或者仲裁机构予以增加；约定的违约金过分高于造成的损失的，当事人可以请求人民法院或者仲裁机构予以适当减少。

当事人就迟延履行约定违约金的，违约方支付违约金后，还应当履行债务。"

上述支付或取得违约金涉及相关税收的处理。

### 1. 取得违约金

一般情况下，建筑企业取得违约金按是否已经提供建筑劳务区分，可以分为合同尚未开始履行和合同已经履行（包括部分履行）两种情形。

（1）企业所得税处理。

《企业所得税法实施条例》第二十二条规定："企业所得税法第六条第（九）项所称其他收入，是指企业取得的除企业所得税法第六条第（一）项至第（八）项收入外的其他收入，包括企业资产溢余收入、逾期未退包装物押金收入、确实无法偿付的应付款项、已作坏账损失处理后又收回的应收款项、债务重组收入、补贴收入、违约金收入、汇兑收益等。"

根据上述政策规定，企业取得的违约金收入不论属于上述何种情形均应按照规定计入企业应纳税收入（所得）。

（2）增值税处理。

增值税处理分两种情形。一是合同尚未开始履行。根据《增值税暂行条例》第一条、《营业税改征增值税试点实施办法》（财税〔2016〕36 号文件附件 1）第一条的规定，在中华人民共和国境内销售货物或者加工、修理修配劳务，销售服务、无形资产、不动产以及进口货物的单位和个人，为增值税的纳税人，应当依照政策规定缴纳增值税。

根据上述政策规定，如果合同尚未开始履行，即还没有提供相应的建筑劳务，则取得的违约金只与“违约”行为有关，与“销售服务”无关联，因此不属于征收增值税的范围。

二是合同已经开始履行（或完成）。根据《增值税暂行条例》第六条、《营业税改征增值税试点实施办法》第三十七条的规定，增值税销售额为纳税人发生应税销售行为收取的全部价款和价外费用，但是不包括收取的销项税额。其中价外费用，是指价外收取的各种性质的收费，但不包括“代为收取并符合本办法第十条规定的政府性基金或者行政事业性收费”“以委托方名义开具发票代委托方收取的款项”。

根据上述政策规定，如果合同已经开始履行，即已经提供了建筑劳务，则收取的违约金不仅与“违约”行为有关，而且直接与提供的劳务相关，政策规定纳入销售额的价外收费包括“各种性质的收费”，因此，要按照规定征收增值税。

### 2. 支付违约金

（1）企业所得税处理。

《企业所得税法》第八条规定：“企业实际发生的与取得收入有关的、合理的支出，包括成本、费用、税金、损失和其他支出，准予在计算应纳税所得额时扣除。”

《企业所得税法实施条例》第三十三条规定：“企业所得税法第八条所称其他支出，是指除成本、费用、税金、损失外，企业在生产经营活动中发生的有关的、合理的支出。”

根据上述政策规定的原则，如果企业支付的违约金属于企业开展业务过程中因违约产生的支付，即与企业取得收入有（业务）关联，而且在“合理”范围内，即在违约金支付的法律规范（合理）界限之内的，可以在税前扣除。

（2）增值税处理。

对于建筑企业支付的违约金，因行为不涉及建筑企业购买货物或者委托加工、修理修配劳务，购买服务、无形资产、不动产等增值税征收范围内的项目，也无法取得增值税发票，因此无须进行增值税处理。

Tax Practice and

Case Analysis for

Construction Business

# 第 4 章

# 建筑企业各项施工成本支出业务

在建设工程项目的施工过程中发生的施工成本、费用包括：为项目消耗的各种原材料、辅助材料、构配件费用；为项目发生的施工机械的使用费或租赁费；为项目发生的周转材料的摊销费或租赁费等。对于为项目支出的人工费用涉税业务，本书将其并入工资薪金一章（第 5 章）。由于施工成本中的“间接费用”支出，即施工组织与管理所发生的各项费用支出，在业务性质上与管理费用等支出相近，从业务归类考虑，本书将部分内容并入其他相关章节。

## 4.1　原材料等涉税业务

施工成本中的材料费，是指构成工程实体和有助于工程形成的各种材料与外购结构件（包括内部独立核算单位供应的结构件）的实际成本，以及周转材料的摊销额。在会计核算中，凡是能分清用料对象的，应直接归属某项目（单项）成本对象；无法分清楚（多个成本核算对象）的，应在月末编制用料耗用分配表，在不同成本核算对象之间分配；对耗用大堆材料的，月末经实地盘点后，编制大堆材料耗用计算单，据以分配计入各成本核算对象。

### 4.1.1　企业购买建筑材料签订合同的印花税处理

根据《印花税暂行条例》第二条第（一）项及所附《印花税税目税率表》的规定，建筑企业购买建筑建材签订的合同，应按照“购销合同”税目，由立合同人按万分之三的税率贴花。

（1）关于印花税计算贴花的具体处理。《印花税暂行条例》第五条规定，印花税实行由纳税人根据规定自行计算应纳税额，购买并一次贴足印花税票的缴纳办法；第七条规定，“应纳税凭证应当于书立或者领受时贴花”；第八条规定，“同一凭证，由两方或者两方以上当事人签订并各执一份的，应当由各方就所执的一份各自全额贴花”；第九条规定，“已贴花的凭证，修改后所载金额增加的，其增加部分应当补贴印花税票”。

根据上述政策规定，建筑企业购买建筑建材签订的合同，应在合同签订时，由签订合同的各方当事人就所执的一份合同各自全额贴花，对于合同执行后发生修改（补充）合同增加合同所载金额的，其增加部分应当补贴印花税票。

（2）对于签订的合同未标明金额的处理。《印花税暂行条例施行细则》第十八条规定："按金额比例贴花的应税凭证，未标明金额的，应按照凭证所载数量及国家牌价计算金额；没有国家牌价的，按市场价格计算金额，然后按规定税率计算应纳税额。"

（3）对于合同履行后，实际结算金额与合同所载金额不一致的处理。根据《国家税务总局关于印花税若干具体问题的规定》（国税地字〔1988〕25 号）第九条的规定，"依照印花税暂行条例法规，纳税人应在合同签订时按合同所载金额计税贴花。因此，对已履行并贴花的合同，发现实际结算金额与合同所载金额不一致的，一般不再补贴印花"。

此外，由于增值税是价外税，对于货物价格与增值税额分开列明的合同，按照货物价格作为印花税计税依据；对于价税合在一起的，则按照价税合一的价格作为印花税计税依据。

**【提示】**不兑现、无法确定金额的合同印花税处理。

（1）对于不兑现的合同。根据《国家税务总局关于印花税若干具体问题的规定》（国税地字〔1988〕25 号）第七条的规定，对于不兑现或不按期兑现的合同印花税处理，"依照印花税暂行条例法规，合同签订时即应贴花，履行完税手续。因此，不论合同是否兑现或能否按期兑现，都一律按照法规贴花"。

（2）对于无法确定金额的合同。国税地字〔1988〕25 号文件第四条的规定，"有些合同在签订时无法确定计税金额，如技术转让合同中的转让收入，是按销售收入的一定比例收取或是按实现利润分成的；财产租赁合同，只是约定了月（天）租金标准而却无租赁期限的。对这类合同，可在签订时先按定额 5 元贴花，以后结算时再按实际金额计税，补贴印花"。

**案例 4-1**

### 建筑企业购买建筑材料签订合同的印花税计算

A 建筑公司 2019 年 8 月 10 日与 B 建材公司签订合同，购买一批建筑材料，合同注明材料价格 28 万元、增值税 3.64 万元。8 月 15 日，由于涉及价格调整，双方签订补充合同，价格为 31 万元（增加 3 万元）、增值税为 4.03 万元（增加 0.39 万元）。9 月 10 日建筑材料全部入库时发现多收材料价值 2 万元，A 公司没有退货（回），直接支付多收材料价款及增值税。A 公司相关印花税处理如下：

1. 2019 年 8 月 10 日印花税计算。

由于签订的合同价税分开，则印花税按照材料价格计算。

应缴印花税：280 000×0.000 3=84(元)。

2. 2019 年 8 月 15 日印花税计算。

补充签订的合同就增加金额计税。

应缴印花税：30 000×0.000 3=9(元)。

3. 2019 年 9 月 10 日印花税处理。

建筑材料的最终结算金额大于合同金额不再补贴印花。

**【提示】**上述合同如果属于框架类合同，即只有供货约定，最后按照实际供货量结算金额的，可在签订时先按定额 5 元贴花，以后结算时再按实际金额计税，补贴印花。

## 4.1.2　企业购进建筑材料的增值税、企业所得税处理

建筑企业购进的材料是指企业在项目施工中，需要投入（消耗）的各种建筑材料、辅料等。建筑材料的购进涉及增值税进项税额的处理。

### 1. 增值税处理（简易计税除外）

根据《增值税暂行条例》第八条第（一）项、第（二）项的规定，纳税人购进货物支付或者负担的增值税额，为进项税额，“从销售方取得的增值税专用发票上注明的增值税额”“从海关取得的海关进口增值税专用缴款书上注明的增值税额”，准予从销项税额中抵扣。

根据上述政策规定，进项税额是在购进货物时支付（负担）的增值税额，并在销售货物计算增值税应纳税额时，可以从销项税额中扣除的金额。

销项税额的计算公式：

销项税额＝销售额×税率

应纳税额的计算公式：

应纳税额＝当期销项税额－当期进项税额－前期留抵税额

当期销项税额小于当期进项税额不足抵扣时，其不足部分可以结转下期继续抵扣。

当期进项税额与前期留抵税额之和大于当期销项税额时，其多余部分作为留抵税额在下期继续抵扣。

**【提示】**一般情况下，销项税额是纳税人在销售货物时计算的，并向购货方收取，其开具的增值税专用发票上要注明收取的增值税金额，也就是销项税额，即价、税分开填写。而进项税额是纳税人在购买货物时向对方支付的增值税金额，也就是说，进项税额按照增值税专用发票上注明的增值税金额支付。

**2. 企业所得税处理**

《企业所得税法实施条例》第五十六条规定："企业的各项资产，包括固定资产、生物资产、无形资产、长期待摊费用、投资资产、存货等，以历史成本为计税基础。

前款所称历史成本，是指企业取得该项资产时实际发生的支出。"

《企业所得税法》第十五条规定："企业使用或者销售存货，按照规定计算的存货成本，准予在计算应纳税所得额时扣除。"

《企业所得税法实施条例》第七十二条规定："企业所得税法第十五条所称存货，是指企业持有以备出售的产品或者商品、处在生产过程中的在产品、在生产或者提供劳务过程中耗用的材料和物料等。

存货按照以下方法确定成本：

（一）通过支付现金方式取得的存货，以购买价款和支付的相关税费为成本；

（二）通过支付现金以外的方式取得的存货，以该存货的公允价值和支付的相关税费为成本；

（三）生产性生物资产收获的农产品，以产出或者采收过程中发生的材料费、人工费和分摊的间接费用等必要支出为成本。"

根据上述政策规定，从企业所得税角度看，建筑企业购进的建筑材料以取得该建筑材料实际发生的支出为成本。根据前述增值税政策，由于增值税销售额与增值税分开，即价、税分离处理，因此，在一般情况下，企业购进货物的成本不包括进项税额。

上述业务在日常会计处理中，根据《增值税会计处理规定》（财会〔2016〕22号文件发布）第二条第（一）项第1点的规定，采购等业务进项税额允许抵扣的账务处理如下：一般纳税人购进货物、加工修理修配劳务、服务、无形资产或不动产，按应计入相关成本费用或资产的金额，借记“在途物资”或“原材料”“库存商品”“生产成本”“无形资产”“固定资产”“管理费用”等科目，按当月已认证的可抵扣增值税额，借记“应交税费——应交增值税（进项税额）”科目，按当月未认证的可抵扣增值税额，借记“应交税费——待认证进项税额”科目，按应付或实际支付的金额，贷记“应付账款”“应付票据”“银行存款”等科目。发生退货的，如原增值税专用发票已做认证，应根据税务机关开具的红字增值税专用发票做相反的会计分录；如原增值税专用发票未做认证，应将发票退回并做相反的会计分录。

**【提示】**关于纳税人取得增值税专用发票用于申报抵扣增值税进项税额的处理，现行政策是根据《国家税务总局关于增值税发票综合服务平台等事项的公告》（国家税务总局公告2020年第1号）第一条的规定执行，即“纳税人取得增值税专用发票、机动车销售统一发票、收费公路通行费增值税电子普通发票后，如需用于申报抵扣增值税进项税额或申请出口退税、代办退税，应当登录增值税发票综合服务平台确认发票用途”。其他具体内容见案例1-6的【提示2】“关于增值税发票认证事项”。本书后面不再提示。

**案例4-2**

## 建筑企业购进原材料的涉税及会计处理

A建筑公司（一般纳税人）2018年11月购进建筑材料一批，取得增值税专用发票上注明的价格为60万元、增值税额9.6万元。该发票次月通过认证。A公司当月已认证进项税额7.6万元，且无其他进项税额，假定A公司当月销项税额为38.4万元，A公司相关涉税及会计处理如下：

1. 涉税处理。

11月发生销项税额：38.4万元；

11月发生进项税额：9.6万元，未认证，当月暂不抵扣销项税；

11月可抵扣进项税额：7.6万元。

11月增值税应纳税额：38.4－7.6＝30.8（万元）。

2. 会计处理（单位：万元）。

（1）11月购进建筑材料时：

借：原材料　60

　　应交税费——待认证进项税额　9.6

　贷：应付账款　69.6

（2）11月认证通过上月取得增值税发票时：

借：应交税费——应交增值税（进项税额）　7.6

　贷：应交税费——待认证进项税额　7.6

（3）11月计算应交税款（各项附加略）时：

借：应交税费——应交增值税（转出未交增值税）　30.8

　贷：应交税费——未交增值税　30.8

（4）12月缴纳税款时：

借：应交税费——未交增值税　30.8

　贷：银行存款　30.8

（5）12月认证通过时：

借：应交税费——应交增值税（进项税额）　9.6

　贷：应交税费——待认证进项税额　9.6

**【提示】**根据《财政部 税务总局关于调整增值税税率的通知》（财税〔2018〕32号）、《财政部 税务总局 海关总署关于深化增值税改革有关政策的公告》（财政部 税务总局 海关总署公告2019年第39号）的规定，自2018年5月1日起至2019年4月1日，纳税人发生增值税应税销售行为，原适用17%和11%税率的，税率分别调整为16%、10%；自2019年4月1日起，增值税一般纳税人发生增值税应税销售行为或者进口货物，原适用16%税率的，税率调整为13%；原适用10%税率的，税率调整为9%。本章后面不再做类似提示。

### 4.1.3　企业购进的原材料已入库，但尚未收到增值税扣税凭证且未付款的涉税处理

企业对购入的原材料等已验收入库但尚未取得增值税扣税凭证的，根据《增值

税会计处理规定》第二条第（一）项第 4 点的规定，一般纳税人购进的原材料等已到达并验收入库，但尚未收到增值税扣税凭证并未付款的，应在月末按货物清单或相关合同协议上的价格暂估入账，不需要将增值税的进项税额暂估入账。下月初，用红字冲销原暂估入账金额，待取得相关增值税扣税凭证并经认证后，按应计入相关成本费用或资产的金额，借记“原材料”“库存商品”等科目，按可抵扣的增值税额，借记“应交税费——应交增值税（进项税额）”科目，按应付金额，贷记“应付账款”等科目。

一般情况下，企业购入的原材料已验收入库的，在次月或不长时间内，会取得增值税扣税凭证并支付相应货款。但是，对于购入的原材料已验收入库，购货发票在短时间内没有取得，也没有支付货款的，如果预估的原材料成本结转（领用）“工程施工”科目，则取得增值税扣税凭证后，红字冲销处理要延伸到“工程施工”科目。

对于已经完工结转企业所得税收入的，如果相关发票还未取得，则根据《企业所得税税前扣除凭证管理办法》（国家税务总局公告 2018 年第 28 号发布）第十三条的规定处理，即“企业应当取得而未取得发票、其他外部凭证或者取得不合规发票、不合规其他外部凭证的，若支出真实且已实际发生，应当在当年度汇算清缴期结束前，要求对方补开、换开发票、其他外部凭证。补开、换开后的发票、其他外部凭证符合规定的，可以作为税前扣除凭证”。

**案例 4-3**

### 购进的原材料已入库，但尚未收到增值税扣税凭证且未付款的涉税及会计处理

A 建筑公司在 2019 年 5 月购进一批建筑材料，合同约定价格 40 万元、增值税（进项税额）5.2 万元。当月，购入的原材料到达并验收入库，货款未支付。6 月份，购货发票到达，数量、金额等不变，货款支付。A 公司相关涉税及会计处理如下（单位：万元）：

1. 2019 年 5 月份处理。

按照合理价格暂估入账（入库）：

借：原材料——甲材料　　45.2

　贷：应付账款　　45.2

2. 2019年6月份处理。

取得发票后，假定当月认证正式入账。

(1) 先红字冲回原预估分录：

借：原材料——甲材料 45.2

贷：应付账款 45.2

(2) 按收到的材料发票入账：

借：原材料——甲材料 40

应交税费——应交增值税（进项税额） 5.2

贷：银行存款 45.2

3. 假设5月份工程领用该批原材料。

(1) 5月份领用：

借：工程施工——合同成本——甲材料 45.2

贷：原材料——甲材料 45.2

(2) 6月份红字冲回：

借：工程施工——合同成本——甲材料 45.2

贷：原材料——甲材料 45.2

(3) 收到发票后补做：

借：工程施工——合同成本——甲材料 40

贷：原材料——甲材料 40

### 4.1.4 小规模纳税人外购存货的增值税、企业所得税处理

小规模纳税人外购存货的增值税、企业所得税处理与一般纳税人不同。

**1. 增值税处理**

《增值税暂行条例》第十一条规定，小规模纳税人发生应税销售行为，实行按照销售额和征收率计算应纳税额的简易办法，并不得抵扣进项税额。应纳税额计算公式：

应纳税额＝销售额×征收率

**2. 企业所得税处理**

《企业所得税法》第八条规定："企业实际发生的与取得收入有关的、合理的支

出，包括成本、费用、税金、损失和其他支出，准予在计算应纳税所得额时扣除。”《企业所得税法实施条例》第三十一条规定：“企业所得税法第八条所称税金，是指企业发生的除企业所得税和允许抵扣的增值税以外的各项税金及其附加。”

根据上述规定，小规模纳税人外购存货时，其支付的按规定不能抵扣的增值税进项税额应计入存货采购成本，作为存货的计税基础。

**3. 会计处理**

上述业务在会计处理中，根据《增值税会计处理规定》第二条第（一）项的规定，小规模纳税人购买物资、服务、无形资产或不动产，取得增值税专用发票上注明的增值税应计入相关成本费用或资产，不通过“应交税费——应交增值税”科目核算。

**案例 4-4**

**小规模纳税人外购原材料的涉税及会计处理**

A 公司（小规模纳税人）2018 年 8 月购进一批包装物用于生产。假定企业取得增值税专用发票，发票上注明价款为 400 万元，增值税为 64 万元，相关款项尚未支付。假设上述业务没有发生除增值税以外的其他税费，则相关涉税及会计处理如下：

1. 涉税处理。

A 公司为小规模纳税人，故其 8 月取得的进项税 64 万元不得抵扣销项税，而应计入包装物的成本。

2. 会计处理（单位：万元）。

取得包装物时：

借：周转材料——包装物　　464

　贷：应付账款——××公司　　464

8 月购进包装物企业所得税的计税基础为 464 万元。

**【提示】**一般情况下，由于不存在进项税额抵扣问题，因此小规模纳税人购进货物大都是取得增值税普通发票。

## 4.1.5　企业委托加工取得建筑材料的印花税、增值税、企业所得税处理

建筑企业购入的需要再加工的原材料，有的可以自行加工，对于没有加工能力

的，需要委托加工。委托加工的材料（物资）应作为企业的原材料（库存材料）核算。

**1. 印花税处理**

根据《印花税暂行条例》第二条第（一）项及所附《印花税税目税率表》的规定，企业委托加工原材料签订的合同，应按照“加工承揽合同”税目，由立合同人按万分之三的税率贴花。

对于由受托方提供原材料的，根据《国家税务局关于印花税若干具体问题的规定》（国税地字〔1988〕25 号）第一条的规定，由受托方提供原材料的加工、定作合同，凡在合同中分别记载加工费金额与原材料金额的，应分别按“加工承揽合同”“购销合同”计税，两项税额相加数，即为合同应贴印花；合同中不划分加工费金额与原材料金额的，应按全部金额，依照“加工承揽合同”计税贴花。

**2. 增值税处理**

《增值税暂行条例》第一条规定，纳税人提供加工劳务，应当缴纳增值税。《增值税暂行条例实施细则》第二条第二款规定，“条例第一条所称加工，是指受托加工货物，即委托方提供原料及主要材料，受托方按照委托方的要求，制造货物并收取加工费的业务”。

根据上述政策规定，建筑企业委托加工材料（物资）的，受托方无论一般纳税人还是小规模纳税人，都要按照规定缴纳增值税（销项税额或应纳增值税）；委托方如果是一般纳税人，支付的增值税作为进项税额处理，如果是小规模纳税人，支付的增值税计入加工材料成本。

**3. 企业所得税处理**

根据《企业所得税法实施条例》第五十六条、第七十二条等相关规定，建筑企业委托加工的材料（物资）成本包括加工过程中实际消耗的各类成本、费用，包括耗用的各类材料，支付的加工费、运费及相关税金等。

**4. 会计处理**

在企业的日常会计处理中，委托加工时，借记“委托加工材料（物资）”

科目，贷记“原材料（库存材料）”科目；支付加工费、运输费时，根据《增值税会计处理规定》第二条第（一）项第 1 点的规定，借记“委托加工材料（物资）”“应交税费——应交增值税（进项税额）”科目。按当月未认证的可抵扣增值税额，借记“应交税费——待认证进项税额”科目；按应付或实际支付的金额，贷记“应付账款”“应付票据”“银行存款”等科目。加工完成验收入库时，借记“原材料（库存材料）”科目，贷记“委托加工材料（物资）”科目。

**案例 4-5**

### 委托加工材料（物资）的涉税及会计处理

2019 年 7 月，A 建筑公司在甲项目施工中，委托加工某特殊型号钢筋水泥预制件，原材料（成本）180 000 元，加工费 120 000 元（不含税），支付运输费用 24 000 元（不含税），8 月份委托加工材料（物资）验收入库。A 公司增值税（印花税略）及会计处理如下：

1. A 公司甲项目委托加工某特殊型号钢筋水泥预制件领用原材料。

加工费进项税额：120 000×13%＝15 600(元)；

运输费进项税额：24 000×9%＝2 160(元)。

2. 会计处理。

（1）发出委托加工材料（物资）时：

| | | |
|---|---|---|
| 借：委托加工材料（物资） | 180 000 | |
| 　贷：原材料（库存材料） | | 180 000 |

（2）支付加工费、运输费时：

| | | |
|---|---|---|
| 借：委托加工材料（物资） | 144 000 | |
| 　　应交税费——应交增值税（进项税额） | 17 760 | |
| 　贷：银行存款 | | 161 760 |

（3）委托加工材料（物资）验收入库时：

| | | |
|---|---|---|
| 借：原材料（库存材料） | 324 000 | |
| 　贷：委托加工材料（物资） | | 324 000 |

**【提示】**建筑公司对库存材料的核算要采取一定的方式，在先进先出法、加权平均法、个别计价法中选用一种，并且不得随意变更。具体可参见“4.1.13 企业发出（耗用）原材料的企业所得税处理”。

为简化本案例略去材料发出的计价核算。

### 4.1.6 投资者投入建筑材料的增值税、企业所得税处理

企业的投资者以非货币资产投资时，被投资方要进行增值税、企业所得税处理。

#### 1. 增值税处理

《增值税暂行条例实施细则》第四条规定：“单位或者个体工商户将自产、委托加工或者购进的货物作为投资，提供给其他单位或者个体工商户的行为，视同销售货物”；第十六条规定：“纳税人有视同销售货物行为而无销售额者，按下列顺序确定销售额：

（一）按纳税人最近时期同类货物的平均销售价格确定；

（二）按其他纳税人最近时期同类货物的平均销售价格确定；

（三）按组成计税价格确定。组成计税价格的公式为：

组成计税价格＝成本×(1＋成本利润率)

属于应征消费税的货物，其组成计税价格中应加计消费税额。

公式中的成本是指：销售自产货物的为实际生产成本，销售外购货物的为实际采购成本。公式中的成本利润率由国家税务总局确定”。

根据上述政策规定，投资者以货物作为投资的业务，在增值税上要视同销售，投资者要计算销项税额；对于接受投资的一方，如其为增值税一般纳税人，在收到增值税专用发票时，其进项税额可以抵扣销项税额，如其为增值税小规模纳税人，一般情况下收取增值税普通发票，按照票面金额计入投入货物的成本。

#### 2. 企业所得税处理

根据《企业所得税法实施条例》第七十二条第（二）项的规定，“通过支付现金

以外的方式取得的存货，以该存货的公允价值和支付的相关税费为成本”。因此，投资者投入的存货，应按其公允价值和支出的相关税费作为其计税基础。

### 3. 会计处理

在企业的会计处理中，对于投资者投入货物的增值税进项税额，应根据《增值税会计处理规定》第二条第（一）项第 1 点的规定处理。即按照确定的货物金额，借记“原材料”或“库存商品”等科目，按当月已认证的可抵扣增值税额，借记“应交税费——应交增值税（进项税额）”科目，按当月未认证的可抵扣增值税额，借记“应交税费——待认证进项税额”科目。

**【提示】**根据《企业会计准则第 1 号——存货》第十一条的规定，“投资者投入的存货的成本，应当按照投资合同或协议约定的价值确定，但合同或协议约定价值不公允的除外”。

**案例 4-6**

#### 建筑企业取得投资者投入存货的涉税及会计处理

2019 年 6 月，A 建材公司（一般纳税人）将一批自产的建筑用甲型钢材 100 吨投资到 B 建筑企业（一般纳税人），投资合同约定甲型钢材的价值为 90 万元；约定 A 公司的出资额为 60 万元。A 公司 7 月同类甲型钢材平均销售价格为 1 万元/吨；B 企业取得 A 公司开具的增值税专用发票，增值税税率为 13%。次月，上述增值税发票进行了认证。假设 B 企业取得的甲型钢材用于施工项目（非简易计税项目），上述业务没有发生除增值税以外的其他税费。相关涉税及会计处理如下：

1. 涉税处理。

根据规定，A 公司将自产的产品用于投资，在增值税上应视同销售，销售额按照双方约定的价格 90 万元作为交易价格（假定从最近时期同类货物的平均销售价格 100 万元来判断，90 万元不是“有失公允”）。

销项税额：90×13%＝11.7(万元)。

B 企业收到 A 公司开具的增值税专用发票，认证后可抵扣的进项税额为 11.7 万元。

2. B企业的会计处理（单位：万元）。

（1）7月取得A公司投入的材料时：

借：原材料——甲型钢材 90

应交税费——待认证进项税额 11.7

贷：实收资本——A公司 60

资本公积——资本溢价 41.7

（2）8月发票通过认证时：

借：应交税费——应交增值税（进项税额） 11.7

贷：应交税费——待认证进项税额 11.7

3. B企业取得存货的企业所得税计税基础。

从企业所得税角度，对支付现金以外的方式取得的存货，以该存货的公允价值和支付的相关税费为计税基础。一般情况下，基于理性经济人的假设，交易的双方如果没有关联关系，双方交易的价格应为公允价格。假设A公司与B企业无任何关联关系，此时投资合同约定的价值应为该批甲型钢材的公允价值。因此B企业取得甲型钢材企业所得税的计税基础为90万元。

### 4.1.7 企业债务重组取得存货的增值税、企业所得税处理

企业债务重组取得的存货涉及增值税进项税额的处理以及企业所得税计税基础的确定。

#### 1. 增值税处理

《增值税暂行条例》第一条规定："在中华人民共和国境内销售货物或者加工、修理修配劳务，销售服务、无形资产、不动产以及进口货物的单位和个人，为增值税的纳税人，应当依照本条例缴纳增值税。"《增值税暂行条例实施细则》第三条第一款规定："条例第一条所称销售货物，是指有偿转让货物的所有权"；第三款规定："本细则所称有偿，是指从购买方取得货币、货物或者其他经济利益"。

纳税人在债务重组中，以存货抵销债务的行为属于取得了"其他经济利益"，且该行为有偿转让了存货的所有权，因此属于增值税的应税行为。

对于以存货抵销债务行为的增值税计税销售额的确定，销售额应为从接受

方（购买方）取得的经济利益。因此，一般情况下，销售额应当按照债务重组合同或协议约定的价值确定，但是确定的增值税计税价格明显偏低且无正当理由的，应根据《增值税暂行条例》第七条、《增值税暂行条例实施细则》第十六条的规定处理。

根据上述政策规定，对于在债务重组中取得存货的一般纳税人，如果取得增值税专用发票，其进项税额可以抵扣销项税额；对于在债务重组中取得存货的小规模纳税人，如果取得增值税专用发票，其进项税额计入相应存货成本。

**2. 企业所得税处理**

根据《企业所得税法实施条例》第七十二条的规定，“通过支付现金以外的方式取得的存货，以该存货的公允价值和支付的相关税费为成本”。

因此，企业在债务重组行为中取得的存货，按其公允价值和支出的相关税费作为其计税基础。

**3. 会计处理**

在企业的会计处理中，企业通过债务重组取得存货的，债权人应当对受让的存货按其公允价值（不含税）入账，重组债权的账面余额与受让的存货的公允价值（含税）之间的差额，记入“营业外支出”科目。债权人已对债权计提减值准备的，应当先将该差额冲减减值准备，减值准备不足以冲减的部分，记入“营业外支出”科目。涉及增值税的，根据《增值税会计处理规定》第二条第（一）项第 1 点的规定处理。

**【提示 1】**（1）《财政部 国家税务总局关于企业重组业务企业所得税处理若干问题的通知》（财税〔2009〕59 号）第四条规定：“以非货币资产清偿债务，应当分解为转让相关非货币性资产、按非货币性资产公允价值清偿债务两项业务，确认相关资产的所得或损失。债务人应当按照支付的债务清偿额低于债务计税基础（公允价值）的差额，确认债务重组所得；债权人应当按照收到的债务清偿额低于债权计税基础的差额，确认债务重组损失。”

（2）《企业会计准则第 12 号——债务重组》第六条规定，以资产清偿债务方式进行债务重组的，债权人初始确认受让的金融资产以外的资产时，应当按照下列原则以成本计量：

存货的成本，包括放弃债权的公允价值和使该资产达到当前位置和状态所发生的可直接归属于该资产的税金、运输费、装卸费、保险费等其他成本。

对联营企业或合营企业投资的成本，包括放弃债权的公允价值和可直接归属于该资产的税金等其他成本。

投资性房地产的成本，包括放弃债权的公允价值和可直接归属于该资产的税金等其他成本。

固定资产的成本，包括放弃债权的公允价值和使该资产达到预定可使用状态前所发生的可直接归属于该资产的税金、运输费、装卸费、安装费、专业人员服务费等其他成本。

生物资产的成本，包括放弃债权的公允价值和可直接归属于该资产的税金、运输费、保险费等其他成本。

无形资产的成本，包括放弃债权的公允价值和可直接归属于使该资产达到预定用途所发生的税金等其他成本。

放弃债权的公允价值与账面价值之间的差额，应当计入当期损益。

**【提示2】**2019年11月27日发布的《中华人民共和国增值税法（征求意见稿）》第十六条指出："视同发生应税交易以及销售额为非货币形式的，按照市场公允价格确定销售额。"请读者密切关注后续政策变化。

**案例4-7**

## 建筑企业通过债务重组取得存货的涉税及会计处理

2019年6月，A建材公司（一般纳税人）将一批自行生产的某类建筑材料抵债给B建筑公司（一般纳税人）。协议未约定建筑材料的价值，约定抵债金额为90万元。A公司7月同类建筑材料平均售价为0.6万元/吨。假定该批建筑材料的公允价值为60万元。B公司取得A公司开具的增值税专用发票，增值税税率为13%。次月，上述增值税发票进行了认证。假设上述业务没有发生除增值税以外的其他税费。相关涉税及会计处理如下：

1. 涉税处理。

A公司将自产的商品用于抵债，属于销售货物的行为，应计算增值税销项税额，销售额按其取得的经济利益确定。因协议未约定建筑材料的价值，因此可以按照公允价值60万元作为其销售额。

销项税额：60×13%=7.8（万元）。

2. 接受方的会计处理（单位：万元）。

（1）6月B公司收到建筑材料时：

| | | |
|---|---|---|
| 借：原材料——××原材料 | 60 | |
| 　　应交税费——待认证进项税额 | 7.8 | |
| 　　营业外支出——债务重组损失 | 22.2 | |
| 　贷：应收账款——A公司 | | 90 |

（2）7月发票通过认证时：

| | | |
|---|---|---|
| 借：应交税费——应交增值税（进项税额） | 7.8 | |
| 　贷：应交税费——待认证进项税额 | | 7.8 |

3. B公司取得存货在企业所得税上的计税基础。

从企业所得税角度看，对支付现金以外的方式取得的建筑材料，以该建筑材料的公允价值和支付的相关税费为计税基础。因此B公司通过债务重组方式取得的建筑材料，企业所得税的计税基础为60万元。

### 4.1.8　企业非货币性资产交换取得存货的增值税、企业所得税处理

企业通过非货币性资产交换取得存货，涉及增值税进项税额的处理以及企业所得税计税基础的确定。

#### 1. 增值税处理

《增值税暂行条例》第一条规定："在中华人民共和国境内销售货物或者加工、修理修配劳务，销售服务、无形资产、不动产以及进口货物的单位和个人，为增值税的纳税人，应当依照本条例缴纳增值税。"《增值税暂行条例实施细则》第三条第一款规定："条例第一条所称销售货物，是指有偿转让货物的所有权"；第三款规定："本细则所称有偿，是指从购买方取得货币、货物或者其他经济利益"。

在“非货币性资产交换”业务中，发生了“有偿转让货物的所有权”行为，需要进行增值税处理。对于以“非货币性资产交换”取得的存货的价值明显偏低的，根据《增值税暂行条例》第七条的规定，“纳税人发生应税销售行为的价格明显偏低并无正当理由的，由主管税务机关核定其销售额”。根据《增值税暂行条例实施细则》第十六条的规定，纳税人有条例第七条所称价格明显偏低并无正当理由的，“按下列顺序确定销售额：

（一）按纳税人最近时期同类货物的平均销售价格确定；

（二）按其他纳税人最近时期同类货物的平均销售价格确定；

（三）按组成计税价格确定。组成计税价格的公式为：

组成计税价格＝成本×（1＋成本利润率）

属于应征消费税的货物，其组成计税价格中应加计消费税额。

公式中的成本是指：销售自产货物的为实际生产成本，销售外购货物的为实际采购成本。公式中的成本利润率由国家税务总局确定”。

根据上述政策规定，一般纳税人在企业非货币性资产交换行为中取得存货的，如果取得增值税专用发票，其进项税额可以抵扣，小规模纳税人在企业非货币性资产交换行为中取得存货的，如果取得增值税专用发票，其进项税额计入存货成本。

**2. 企业所得税处理**

（1）一般情况处理规定。

《企业所得税法实施条例》第十三条规定，“企业所得税法第六条所称企业以非货币形式取得的收入，应当按照公允价值确定收入额”；第二十五条规定，“企业发生非货币性资产交换，应当视同销售货物，但国务院财政、税务主管部门另有规定的除外”；第七十二条第（二）项规定，“通过支付现金以外的方式取得的存货，以该存货的公允价值和支付的相关税费为成本”。

根据上述政策规定，企业发生非货币性资产交换，应当视同销售货物，其价值按照公允价值确定，因此，一般纳税人（企业）通过非货币性资产交换方式取得的存货，其进项税额可以抵扣销项税额，不计入存货价值。小规模纳税人则计入存货的价值，不得抵扣销项税额。

（2）特殊情况处理规定。

对于适用特殊性税务处理的非货币性资产交换情形，根据《财政部 国家税务总局关于企业重组业务企业所得税处理若干问题的通知》（财税〔2009〕59 号）第六条第（三）项第 2 点的规定，企业发生非货币性资产交换的，对“受让企业取得转让企业资产的计税基础，以被转让资产的原有计税基础确定”。

适用特殊性税务处理的具体条件，依据财税〔2009〕59 号文件第五条、第六条及《财政部 国家税务总局关于促进企业重组有关企业所得税处理问题的通知》（财税〔2014〕109 号）第二条的规定确定。

根据上述政策规定，对适用（符合）企业所得税特殊性处理情形的，以股权交换获得的货物（存货），以其原有计税基础为计税基础。

### 3. 会计处理

在企业的会计处理中，对企业通过非货币性资产交换取得存货的，根据《增值税会计处理规定》第二条第（一）项第 1 点的规定处理。对企业取得的非货币性资产（存货）交换利得，借记“原材料”“库存商品”等科目，借记“应交税费——应交增值税（进项税额）”科目，贷记“营业外收入”科目，期末，应将“营业外收入”科目余额转入“本年利润”科目，结转后该科目无余额。

**【提示 1】**会计准则的处理，具体见《企业会计准则第 7 号——非货币性资产交换》第六条、第七条、第八条、第九条及第十条规定。

**【提示 2】**2019 年 11 月 27 日发布的《中华人民共和国增值税法（征求意见稿）》第十六条指出：“视同发生应税交易以及销售额为非货币形式的，按照市场公允价格确定销售额。”请读者密切关注后续政策变化。

**案例 4-8**

#### 建筑企业非货币性资产交换取得存货的涉税及会计处理

2018 年 10 月，A 建筑公司（一般纳税人）用自产的甲型建筑材料一批 1 000 吨换取 B 公司（一般纳税人）生产的乙型建筑材料一批 500 吨，同时 A 公司用银行存款向 B 公司支付了 10 万元的补价（换入的资产双方都做原材料存货处理）。交换前，甲型建筑材料和乙型建筑材料原公司账上账面价值分别为 300 万元和 400 万元。A

公司最近时期生产的甲型建筑材料的平均销售价格为 3 500 元/吨，B 公司最近时期生产的乙型建筑材料的平均销售价格为 7 200 元/吨。上述交易中，A 公司和 B 公司各自取得了增值税专用发票并假定在当月通过认证，增值税税率为 16%。假设当月除上述业务外，A 公司和 B 公司无其他增值税购销业务，且无其他进项税额。假设上述业务没有发生除增值税以外的其他税费。相关涉税及会计处理如下：

1. 涉税处理。

根据规定，上述的非货币性资产交换交易的双方都涉及销售货物的行为，应计算增值税的销项税，各自的销售额按照最近时期同类货物的平均销售价格确定。

A 公司销售额：1 000×0.35＝350（万元）；

A 公司销项税额：350×16%＝56 万元。

B 公司销售额：500×0.72＝360（万元）；

B 公司销项税额：360×16%＝57.6（万元）。

因双方都取得对方开具的增值税专用发票并在当月认证通过，故对应的进项税在认证后均可以抵扣。

A 公司当月应缴纳增值税为 0，留抵：57.6－56＝1.6（万元）。

B 公司当月应缴纳增值税：57.6－56＝1.6（万元）。

2. 会计处理（单位：万元）。

假设该笔非货币性资产交换同时满足具有商业实质和换入资产或换出资产的公允价值能够可靠计量的条件。A 公司该批甲型建筑材料的公允价值为 370 万元，B 公司该批乙型建筑材料的公允价值为 380 万元。

(1) A 公司会计处理。

结转销售收入时：

借：原材料——乙型建筑材料　380

　　应交税费——应交增值税（进项税额）　57.6

　贷：其他业务收入——甲型建筑材料　370

　　　应交税费——应交增值税（销项税额）　56

　　　营业外收入——非货币性资产交换利得　1.6

　　　银行存款　10

结转销售成本时：

借：其他业务成本——甲型建筑材料　300

贷：原材料——甲型建筑材料　300

(2) B公司会计处理。

结转销售收入时：

借：原材料——甲型建筑材料　370

应交税费——应交增值税（进项税额）　56

银行存款　10

营业外支出——非货币性资产交换损失　1.6

贷：其他业务收入——乙型建筑材料　380

应交税费——应交增值税（销项税额）　57.6

结转销售成本时：

借：其他业务成本——乙型建筑材料　400

贷：原材料——乙型建筑材料　400

3. 企业所得税处理。

从企业所得税角度看，非货币性资产交换的双方都涉及视同销售和购进两种行为。

对支付现金以外的方式取得的存货，以该存货的公允价值和支付的相关税费为计税基础。因此，A 公司换回原材料企业所得税的计税基础为 380 万元；B 公司换回原材料企业所得税的计税基础为 370 万元。

**【提示】**上述案例涉及的业务问题在实务中比较复杂，本案例仅提供一种处理提示方式，实际处理时应根据具体情况以当地税务机关解释为准。

### 4.1.9　不得从销项税额中抵扣进项税额的处理

建筑企业一般纳税人用于简易计税方法计税项目、集体福利等的购进货物、劳务、服务、无形资产和不动产等，其进项税额不得从销项税额中抵扣，具体处理如下：

**1. 增值税处理**

根据《增值税暂行条例》第九条的规定，“纳税人购进货物、劳务、服务、无形资产、不动产，取得的增值税扣税凭证不符合法律、行政法规或者国务院税务主管部门有关规定的，其进项税额不得从销项税额中抵扣”。根据该项规定，不得从销项税额中抵扣的进项税额的情形主要由《增值税暂行条例》及《营业税改征增值税试点实施办法》（财税〔2016〕36 号文件附件 1）列举。

（1）《增值税暂行条例》的规定。

《增值税暂行条例》第十条规定：“下列项目的进项税额不得从销项税额中抵扣：

（一）用于简易计税方法计税项目、免征增值税项目、集体福利或者个人消费的购进货物、劳务、服务、无形资产和不动产；

（二）非正常损失的购进货物，以及相关的劳务和交通运输服务；

（三）非正常损失的在产品、产成品所耗用的购进货物（不包括固定资产）、劳务和交通运输服务；

（四）国务院规定的其他项目。”

（2）《营业税改征增值税试点实施办法》的规定。

《营业税改征增值税试点实施办法》第二十七条规定：“下列项目的进项税额不得从销项税额中抵扣：

（一）用于简易计税方法计税项目、免征增值税项目、集体福利或者个人消费的购进货物、加工修理修配劳务、服务、无形资产和不动产。其中涉及的固定资产、无形资产、不动产，仅指专用于上述项目的固定资产、无形资产（不包括其他权益性无形资产）、不动产。

纳税人的交际应酬消费属于个人消费。

（二）非正常损失的购进货物，以及相关的加工修理修配劳务和交通运输服务。

（三）非正常损失的在产品、产成品所耗用的购进货物（不包括固定资产）、加工修理修配劳务和交通运输服务。

（四）非正常损失的不动产，以及该不动产所耗用的购进货物、设计服务和建筑服务。

（五）非正常损失的不动产在建工程所耗用的购进货物、设计服务和建筑服务。纳税人新建、改建、扩建、修缮、装饰不动产，均属于不动产在建工程。

（六）购进的旅客运输服务、贷款服务、餐饮服务、居民日常服务和娱乐服务。

（七）财政部和国家税务总局规定的其他情形。

本条第（四）项、第（五）项所称货物，是指构成不动产实体的材料和设备，包括建筑装饰材料和给排水、采暖、卫生、通风、照明、通讯、煤气、消防、中央空调、电梯、电气、智能化楼宇设备及配套设施。”

根据上述政策规定，发生上述情形的业务，其进项税额不得从销项税额中抵扣，已经抵扣的，应做进项税额转出处理。

**2. 企业所得税处理**

《企业所得税法》第八条规定：“企业实际发生的与取得收入有关的、合理的支出，包括成本、费用、税金、损失和其他支出，准予在计算应纳税所得额时扣除。”《企业所得税法实施条例》第三十一条规定：“企业所得税法第八条所称税金，是指企业发生的除企业所得税和允许抵扣的增值税以外的各项税金及其附加。”

根据上述政策规定，不得从销项税额中抵扣的进项税额，准予在计算应纳税所得额时扣除。

**3. 会计处理**

上述业务在会计处理上，根据《增值税会计处理规定》第二条第（一）项第 2 点的规定，一般纳税人购进货物、加工修理修配劳务、服务、无形资产或不动产，用于简易计税方法计税项目、免征增值税项目、集体福利或个人消费等，其进项税额按照现行增值税制度规定不得从销项税额中抵扣的，取得增值税专用发票时，应借记相关成本费用或资产科目，借记“应交税费——待认证进项税额”科目，贷记“银行存款”“应付账款”等科目，经税务机关认证后，应借记相关成本费用或资产科目，贷记“应交税费——应交增值税（进项税额转出）”科目。

**【提示】**自 2019 年 4 月 1 日起，根据《财政部 税务总局 海关总署关于深化增值税改革有关政策的公告》（财政部 税务总局 海关总署公告 2019 年第 39 号）第六条第（二）项的规定，“《营业税改征增值税试点实施办法》（财税〔2016〕36 号印发）第二十七条第（六）项和《营业税改征增值税试点有关事项的规定》（财税〔2016〕36 号印发）第二条第（一）项第 5 点中‘购进的旅客运输服务、贷款服务、餐饮服务、居民日常服务和娱乐服务’修改为‘购进的贷款服务、餐饮服务、居民日常服务和娱乐服务’”。

案例 4-9

**建筑企业购进货物用于简易计税方法计税项目的涉税及会计处理**

A 建筑公司（一般纳税人）某直属项目部承接的甲项目根据政策规定选择简易计税方法。2018 年 9 月，该项目部购进部分辅助材料用于甲施工项目，取得的增值税专用发票注明价款为 35 万元、增值税 5.6 万元。A 公司相关涉税及会计处理如下：

1. 涉税处理。

甲项目选择的是简易计税方法，因此，购进的辅助材料等支付的增值税（进项税额）不得抵扣销项税额。其支付的进项税额应计入材料的成本。如果进项税额已经记入“应交税费”相关科目，则应做“进项税额转出”处理。

2. 会计处理（单位：万元）。

借：原材料　40.6

　贷：应付账款——某公司　40.6

## 4.1.10 企业发生原材料损失的增值税、企业所得税处理

### 1. 增值税处理

根据《增值税暂行条例》第十条的规定，“非正常损失的购进货物，以及相关的劳务和交通运输服务；非正常损失的在产品、产成品所耗用的购进货物（不包括固定资产）、劳务和交通运输服务的进项税额不得从销项税额中抵扣”。

根据《营业税改征增值税试点实施办法》（财税〔2016〕36 号文件附件 1）第二十七条、第二十八条的相关规定，“不得从销项税额中抵扣的进项税额项目”包括：“非正常损失的购进货物，以及相关的加工修理修配劳务和交通运输服务”，“非正常损失的在产品、产成品所耗用的购进货物（不包括固定资产）、加工修理修配劳务和交通运输服务”；“非正常损失，是指因管理不善造成货物被盗、丢失、霉烂变质，以及因违反法律法规造成货物或者不动产被依法没收、销毁、拆除的情形”。

根据上述政策规定，企业购进的货物发生非正常损失的，已经抵扣的进项税额要做转出处理。

### 2. 企业所得税处理

《企业所得税法》第八条规定："企业实际发生的与取得收入有关的、合理的支出，包括成本、费用、税金、损失和其他支出，准予在计算应纳税所得额时扣除。"

《企业所得税法实施条例》第三十二条规定："企业所得税法第八条所称损失，是指企业在生产经营活动中发生的固定资产和存货的盘亏、毁损、报废损失，转让财产损失，呆账损失，坏账损失，自然灾害等不可抗力因素造成的损失以及其他损失。

企业发生的损失，减除责任人赔偿和保险赔款后的余额，依照国务院财政、税务主管部门的规定扣除。

企业已经作为损失处理的资产，在以后纳税年度又全部收回或者部分收回时，应当计入当期收入。"

根据上述政策规定，企业购进的货物发生增值税政策列举的"非正常损失"项目的，只要符合企业所得税的相关规定，其确认的损失与转出的进项税额，准予在计算应纳税所得额时扣除。

**【提示】**关于企业所得税政策所称资产损失，根据《财政部 国家税务总局关于企业资产损失税前扣除政策的通知》（财税〔2009〕57 号）第一条的规定，资产损失，是指企业在生产经营活动中实际发生的、与取得应税收入有关的资产损失，包括现金损失，存款损失，坏账损失，贷款损失，股权投资损失，固定资产和存货的盘亏、毁损、报废、被盗损失，自然灾害等不可抗力因素造成的损失以及其他损失。

对于企业资产损失税前扣除的具体处理，依据《企业资产损失所得税税前扣除管理办法》（国家税务总局公告 2011 年第 25 号发布）等文件的相关规定处理。

### 3. 会计处理

在企业日常会计处理中，企业购进的货物发生非正常损失的，其进项税额的处理，根据《增值税会计处理规定》第二条第（五）项的规定，因发生非正常损失，原已计入进项税额、待抵扣进项税额或待认证进项税额，但按现行增值税制度规定不得从销项税额中抵扣的，借记"待处理财产损溢"等科目，贷记"应交税费——应交增值税（进项税额转出）""应交税费——待抵扣进项税额"或"应交税费——待认证进项税额"科目。

**【提示】**根据《企业会计准则第1号——存货》第二十一条的规定，“企业发生的存货毁损，应当将处置收入扣除账面价值和相关税费后的金额计入当期损益。存货的账面价值是存货成本扣减累计跌价准备后的金额。存货盘亏造成的损失，应当计入当期损益”。

**案例4-10**

## 建筑企业非正常损失原材料的涉税及会计处理

A建筑公司（一般纳税人）某分公司某项目部2019年6月购进一批原材料用于施工项目，取得增值税专用发票上注明的价款为100万元、增值税（进项税额）为13万元。次月该增值税发票通过认证；次月月底，由于保管不善，部分原材料被盗，价值10万元。假设除上述业务外，2019年7月无其他增值税购销业务，且无其他进项税额，A公司相关涉税及会计处理如下：

1. 涉税处理。

6月份发生的进项税额13万元，在7月份通过认证；

7月份转出进项税额：1.3万元；

7月份可抵扣的进项税额：13－1.3＝11.7（万元）。

2. 会计处理（单位：万元）。

（1）6月份购进原材料时：

| | | |
|---|---|---|
| 借：原材料 | 100 | |
| 　　应交税费——待认证进项税额 | 13 | |
| 　贷：应付账款——某公司 | | 113 |

（2）7月份认证通过时：

| | | |
|---|---|---|
| 借：应交税费——应交增值税（进项税额） | 13 | |
| 　贷：应交税费——待认证进项税额 | | 13 |

（3）7月份转出非正常损失进项税额时：

| | | |
|---|---|---|
| 借：待处理财产损溢——待处理流动资产损溢 | 11.3 | |
| 　贷：原材料 | | 10 |
| 　　　应交税费——应交增值税（进项税额转出） | | 1.3 |

（4）7 月份结转存货损失：

借：营业外支出　　11.3

　贷：待处理财产损溢——待处理流动资产损溢　　11.3

允许企业所得税税前扣除的存货损失为 11.3 万元（如有责任人赔偿，应该扣除赔偿额，余额税前扣除）。

### 4.1.11　企业自制材料的企业所得税处理

自制材料是指建筑企业为工程施工自行生产加工的各类建筑材料、构件、预制材料等，一般是由企业（或项目部）内部辅助生产部门生产加工。对于建筑企业的自制材料，在加工生产环节，按照正常生产产品的流程处理，自制材料完工入库后，其发出（领用）也是按照正常原材料发出（领用）流程处理。根据《企业所得税法实施条例》第五十六条、第七十二条等相关规定精神，建筑企业自制材料的成本包括自制材料在制作过程中实际发生的各项成本、费用。

企业的自制材料一般由企业的辅助生产部门完成，在日常会计处理中，对企业自制材料过程中实际发生的各项成本、费用，借记“辅助生产”科目，其中对在自制材料过程中实际领用的相关材料，其发出（领用）成本与企业原材料发出（领用）计价方法要一致；“辅助生产”科目的贷方登记已经完工并验收入库的自制材料实际成本。“辅助生产”科目期末借方余额反映未完工的自制材料实际成本。

**案例 4-11**

**建筑企业自制材料的企业所得税及会计处理**

2019 年 7 月，A 建筑公司在甲项目施工中，自行加工钢筋水泥预制件，其辅助生产部门 7 月份领用钢材 54 000 元、水泥 5 500 元，分摊工资费用 18 000 元，分摊相关生产设备折旧费 1 400 元，分摊其他各类间接费用 1 200 元，其他各项材料 1 500 元。8 月份钢筋水泥预制件完工验收入库。A 公司原材料（库存材料）计价采用先进先出法，A 公司相关涉税及会计处理如下：

1. A 公司甲项目辅助生产部门领用钢材、水泥。

合计：54 000＋5 500＝59 500（元）。

2. 会计处理。

(1) 领用钢材、水泥等原材料时：

借：辅助生产——钢筋水泥预制件 59 500

贷：原材料（库存材料） 59 500

(2) 归集其他各项费用时：

借：辅助生产——钢筋水泥预制件 4 100

贷：累计折旧 1 400

间接费用 1 200

其他材料 1 500

(3) 归集工资薪金时：

借：辅助生产——钢筋水泥预制件 18 000

贷：应付职工薪酬 18 000

(4) 自制材料完工验收入库时：

借：原材料（库存材料）——钢筋水泥预制件 81 600

贷：辅助生产——钢筋水泥预制件 81 600

## 4.1.12 盘盈、盘亏原材料的处理

建筑企业在项目施工过程中，由于种种原因会发生原材料盘盈、盘亏的情形，相关涉税及会计处理如下：

### 1. 原材料盘盈的处理

(1) 原材料盘盈的企业所得税处理。

盘盈的原材料一般不涉及增值税处理，主要涉及企业所得税处理。根据《企业所得税法实施条例》第二十二条的规定，"企业所得税法第六条第（九）项所称其他收入，是指企业取得的除企业所得税法第六条第（一）项至第（八）项收入外的其他收入，包括企业资产溢余收入、逾期未退包装物押金收入、确实无法偿付的应付款项、已作坏账损失处理后又收回的应收款项、债务重组收入、补贴收入、违约金收入、汇兑收益等"。

上述"企业资产溢余收入"，根据《国家税务总局企业所得税法实施条例释义》

的规定，应当包含：固定资产盘盈收入和物资及现金的溢余收入。

对于盘盈原材料的计价，根据《企业所得税法实施条例》第十三条的规定，企业以非货币形式取得的收入，应当按照公允价值确定收入额。其公允价值，是指按照市场价格确定的价值。

（2）会计处理。

在会计处理中，盘盈的原材料通过“待处理财产损溢”科目处理。盘盈的各种原材料，先借记“原材料”科目，贷记“待处理财产损溢”科目。待批准处理后，借记“待处理财产损溢”科目，贷记“管理费用”科目或“工程施工——间接费用”科目。

**2. 原材料盘亏的处理**

（1）原材料盘亏的企业所得税处理。

如果盘亏的原材料属于正常损耗，根据《企业资产损失所得税税前扣除管理办法》（国家税务总局公告 2011 年第 25 号发布）第九条第（二）项的规定，应以清单申报的方式向税务机关申报扣除的资产损失，包括“企业各项存货发生的正常损耗”。

如果盘亏的原材料不属于正常损耗，根据《企业资产损失所得税税前扣除管理办法》第十条的规定，正常损耗以外的资产损失，应以专项申报的方式向税务机关申报扣除。企业无法准确判别是否属于清单申报扣除的资产损失，可以采取专项申报的形式申报扣除。

对于盘亏原材料损失的确认，根据《企业资产损失所得税税前扣除管理办法》第二十六条的规定，“存货盘亏损失，为其盘亏金额扣除责任人赔偿后的余额，应依据以下证据材料确认：

（一）存货计税成本确定依据；

（二）企业内部有关责任认定、责任人赔偿说明和内部核批文件；

（三）存货盘点表；

（四）存货保管人对于盘亏的情况说明”。

根据上述政策规定，企业原材料盘亏损失扣除责任人赔偿后应由企业承担的金额，可以按上述规定税前扣除。

（2）原材料盘亏的增值税处理。

一般情况下，属于非正常损失的，其进项税额不得从销项税额中抵扣。《增值税暂行条例》第十条第（二）项规定，“非正常损失的购进货物，以及相关的劳务和交通运输服务”，其进项税额不得从销项税额中抵扣。

《增值税暂行条例实施细则》第二十四条规定：“条例第十条第（二）项所称非正常损失，是指因管理不善造成被盗、丢失、霉烂变质的损失。”

根据《营业税改征增值税试点实施办法》第二十七条第（二）项的规定，“非正常损失的购进货物，以及相关的加工修理修配劳务和交通运输服务”，其进项税额不得从销项税额中抵扣。

（3）会计处理。

在会计处理中，盘亏的各种材料，借记“待处理财产损溢”科目，贷记“原材料”等科目。如果原材料采用计划成本核算，还应同时结转成本差异。涉及增值税的，还应进行相应处理，即认定为“非正常损失”，做进项税额转出处理。

盘亏的原材料按管理权限报经批准后处理时，按残料价值，借记“原材料”科目，按可收回的保险赔偿或过失人赔偿，借记“其他应收款”科目，按“待处理财产损溢”科目余额，贷记“待处理财产损溢”科目，按其借方差额，借记“营业外支出”等科目。

**【提示1】**增值税与企业所得税关于“损失”的称谓不同。《增值税暂行条例》及其实施细则将损失区分为“非正常损失”，此外为“正常损失”。

根据《企业资产损失所得税税前扣除管理办法》第三条的规定，准予在企业所得税税前扣除的资产损失，是指企业在实际处置、转让上述资产过程中发生的合理损失（以下简称实际资产损失），以及企业虽未实际处置、转让上述资产，但符合《财政部 国家税务总局关于企业资产损失税前扣除政策的通知》（财税〔2009〕57号）和该办法规定条件计算确认的损失（以下简称法定资产损失）。

根据企业所得税政策，损失分为合理损失（实际资产损失）和法定资产损失，具体各个项目的处理见《企业资产损失所得税税前扣除管理办法》等文件。

**【提示2】**对“正常损耗”的认定，各地税务机关从征管角度都制定有具体的认定（管理）流程，如果企业无法自行确认正常与非正常，应与主管税务机关沟通，准确区分正常与非正常原材料盘亏损失。

**案例 4-12**

### 建筑企业盘盈、盘亏材料的企业所得税及会计处理

A 建筑公司 B 项目部 2018 年 12 月 31 日对建筑材料进行盘点清查，发现某钢材甲盘盈 3 000 元，水泥盘亏 1 200 元，盘亏的水泥为定额内的自然损耗。A 公司 B 项目部相关处理如下：

1. 盘盈处理。

（1）盘盈批准前。

借：原材料——钢材　3 000

　贷：待处理财产损溢——待处理流动资产损溢　3 000

（2）盘盈批准后。

借：待处理财产损溢——待处理流动资产损溢　3 000

　贷：管理费用　3 000

2. 盘亏处理。

（1）盘亏批准前。

借：待处理财产损溢——待处理流动资产损溢　1 200

　贷：原材料——水泥　1 200

（2）盘亏批准后。

借：管理费用　1 200

　贷：待处理财产损溢——待处理流动资产损溢　1 200

## 4.1.13　企业发出（耗用）原材料的企业所得税处理

### 1. 发出（耗用）原材料的企业所得税处理

建筑企业取得建筑材料后，通过一定的流程耗用（发出）到项目中。对于领用材料的计价，《企业所得税法实施条例》第七十三条规定："企业使用或者销售的存货的成本计算方法，可以在先进先出法、加权平均法、个别计价法中选用一种。计价方法一经选用，不得随意变更"。

（1）先进先出法。即根据先入库先发出的原则，对于发出的原材料以先入库的

单价计算发出原材料成本的方法。采用这种方法发出原材料成本的具体确认流程是：先按存货的期初余额的单价计算发出的存货的成本，领发完毕后，再按第一批入库的存货的单价计算，依此从前向后类推，计算发出存货和结转存货的成本。

（2）移动加权平均法。即对每次进货的成本加上原有的库存存货的成本，除以每次进货数量加上原有库存存货的数量，据以计算加权平均单位成本，作为在下次进货前计算各次发出存货成本依据的一种方法。

其中比较常用的是月末一次性加权平均法。即根据本期期初结存存货的数量和金额与本期存入存货的数量和金额，在期末以此计算本期存货的加权平均单价，作为本期发出存货和期末结存存货的价格，一次性计算本期发出存货的实际成本。

（3）个别计价法。是指对发出的原材料分别认定其单位成本和发出存货成本的方法。采用这种方法，要求具体存货项目具有明显的标志，而且数量不多、价值较大。

根据上述政策规定，发出材料的计价可以在三种方法中选择，但计价方法一经选用，不得随意变更。在实务中，由于企业核算体系等发生较大改变，需要改变发出材料的计价方式的，要根据当地税务机关的征管规定，向税务机关申报改变的方式及对企业所得税的影响，根据当地税务机关的征管政策处理。

在会计处理中，月中对材料进行明细核算时，只反映各种材料的收发和结存金额，月末根据确定的计价方式计算发出材料的实际成本。具体会计处理是，按照不同项目借记“工程施工——合同成本”“工程施工——间接费用”“机械作业”“辅助生产”等科目，贷记“原材料（库存材料）——××材料”　“原材料（库存材料）——机械配件”“原材料（库存材料）——辅助材料”等科目。

#### 2. 施工项目耗用材料的合理性判断

《企业所得税法》第八条规定：“企业实际发生的与取得收入有关的、合理的支出，包括成本、费用、税金、损失和其他支出，准予在计算应纳税所得额时扣除。”

《企业所得税法实施条例》第二十七条第二款规定：“企业所得税法第八条所称合理的支出，是指符合生产经营活动常规，应当计入当期损益或者有关资产成本的必要和正常的支出。”

根据上述政策规定及其他相关规定，施工项目中耗用材料的合理性判断可以从两个方面入手：一是以施工项目的合同、预算、决算等数据，比对当地标准参考数据；二是取得符合规定的入账票据。

案例 4-13

## 建筑企业发出（耗用）建筑材料的企业所得税及会计处理

A 建筑公司（一般纳税人）发出（耗用）建筑材料按照先进先出法计价，2019 年 7 月购买一批建筑用钢材，单价 3 100 元/吨，共计 8 吨；购买一批水泥，单价 300 元/吨，共计 10 吨。8 月购买一批建筑用钢材，单价 2 900 元/吨，共计 15 吨；购买一批水泥，单价 270 元/吨，共计 30 吨。假设之前没有钢材、水泥库存，甲项目 9 月开始耗用钢材、水泥等材料，根据甲项目材料领用（发出）单据数据，发出钢材 5 吨，水泥 15 吨。领用（发出）机械配件 2 400 元，甲项目管理部耗用其他材料 1 500 元。A 公司相关涉税及会计处理如下：

1. 钢材、水泥等按照先进先出法计价。

（1）钢材 5 吨按照单价 3 100 元/吨计算。

金额：5×3 100＝15 500(元)。

（2）水泥 10 吨按照单价 300 元/吨计算，5 吨按照单价 270 元/吨计算。

金额：10×300＝3 000(元)；5×270＝1 350(元)。

合计：3 000＋1 350＝4 350（元）。

（3）机械配件 2 400 元、其他材料 1 500 元均按照先进先出法计价计算。

2. 会计处理。

甲项目耗用建筑材料（主材）：15 500＋4 350＝19 850(元)。

| | | |
|---|---|---|
| 借：工程施工——合同成本（甲项目） | 19 850 | |
| 　　机械作业 | 2 400 | |
| 　　间接费用——项目部 | 1 500 | |
| 　贷：原材料——钢材 | | 15 500 |
| 　　　　　——水泥 | | 4 350 |
| 　　　　　——机械配件 | | 2 400 |
| 　　　　　——其他材料 | | 1 500 |

**【提示】**在实务中，如果不需要分摊，很多企业已不再使用“间接费用”“机械作业”科目，而是直接记入“工程施工——合同成本”科目。

## 4.2 机械设备及使用费涉税业务

建筑施工企业使用的机械设备很多，常用的如起重机、挖掘机、土方铲运机、凿岩机等；运输机械，包括载货汽车、自卸车、牵引车等；生产设备，木材加工设备、金属切削设备等；测量及实验设备，包括试验机、测量仪器等。

建筑施工企业使用的机械设备包括自有设备和租入设备，“机械使用费”则是企业在施工过程中，使用机械所支付（发生）的费用。具体内容包括租赁费（租入机械）、折旧费、大修理费、维修费、替换设备工具及附具费、润滑及擦拭材料费、安装拆卸及辅助设施费、管理费、驾驶人员的基本工资及奖金、动力费、燃料费以及施工机械的养路费等。

### 4.2.1 企业签订购买设备合同的印花税处理

根据《印花税暂行条例》第二条第（一）项、第七条及所附《印花税税目税率表》的规定，建筑企业购买建筑施工机械设备签订的合同，按照“购销合同”税目，适用万分之三的税率，由立合同人缴纳（贴花）。

根据上述政策规定，签订合同的双方都要按规定计算缴纳印花税（贴花）。由于增值税是价外税，对于货物价格与增值税额分开列明的合同，按照货物价格计算印花税额，对于价税合计的，则按照价税合计的价格计算印花税。

**案例 4-14**

**建筑企业购买设备签订合同的印花税计算**

2019 年 7 月，A 建筑公司与 B 施工机械设备公司签订合同，购买 2 台吊重型起重机，合同列明：吊重型起重机价格 260 万元，增值税 33.80 万元。相关印花税及会计处理如下：

1. 印花税计算。

印花税额：2 600 000×0.000 3＝780(元)。

2. 会计处理。

(1) 计提印花税时：

借：税金及附加　780

　贷：应交税费——应交印花税　780

(2) 缴纳印花税时：

借：应交税费——应交印花税　780

　贷：银行存款　780

### 4.2.2 企业外购不需要安装的施工机械设备的增值税、企业所得税处理

企业外购的建筑机械设备一般情况下要作为固定资产处理，主要涉及增值税进项税额的处理以及企业所得税计税基础的确定。

#### 1. 增值税处理

《营业税改征增值税试点实施办法》(财税〔2016〕36 号文件附件 1) 第二十四条规定："进项税额，是指纳税人购进货物、加工修理修配劳务、服务、无形资产或者不动产，支付或者负担的增值税额。"

根据该实施办法第二十五条第（一）项、第（二）项的规定，一般纳税人从销售方取得的增值税专用发票（含税控机动车销售统一发票，下同）上注明的增值税额、从海关取得的海关进口增值税专用缴款书上注明的增值税额，准予从销项税额中抵扣。

根据《增值税暂行条例》第八条第（一）项、第（二）项的规定，"纳税人购进货物、劳务、服务、无形资产、不动产支付或者负担的增值税额，为进项税额"。准予从销项税额中抵扣的进项税额包括："从销售方取得的增值税专用发票上注明的增值税额""从海关取得的海关进口增值税专用缴款书上注明的增值税额"。

根据上述政策规定，建筑企业一般纳税人外购的建筑机械设备，只要取得规定的抵扣票据且不属于不得抵扣的项目，其进项税额可以从销项税额中抵扣。

**【提示】**对于小规模纳税人，一般是取得增值税普通发票，不涉及进项税额抵扣，如果取得了增值税专用发票，票面上注明的增值税也应计入相关成本费用或资产，不通过"应交税费——应交增值税"科目核算。

> 对于一般纳税人向小规模纳税人购买的建筑机械设备，小规模纳税人可以根据相关政策规定，开具其适用税率的增值税专用发票。

**2. 企业所得税处理**

（1）外购建筑机械设备的入账价值（计税基础）。

《企业所得税法实施条例》第五十八条第（一）项规定："外购的固定资产，以购买价款和支付的相关税费以及直接归属于使该资产达到预定用途发生的其它支出为计税基础。"

由于增值税是价外税，根据上述政策规定，企业外购的建筑机械设备，凡是进项税额可以从销项税额中抵扣的，不计入建筑机械设备入账价值（计税基础）。

对于外购需要安装的建筑施工机械设备，其计价应包括安装过程中发生的各项成本、费用。

（2）固定资产折旧的一般处理。

根据《企业所得税法实施条例》第五十九条的规定，企业的固定资产按照直线法计算的折旧，准予扣除。

建筑企业应当从建筑施工机械设备使用月份的次月起计算折旧；停止使用的建筑机械设备，应当从停止使用月份的次月起停止计算折旧。

企业应当根据固定资产的性质和使用情况，合理确定固定资产的预计净残值。固定资产的预计净残值一经确定，不得变更。

对于建筑施工机械设备的折旧，根据《企业所得税法实施条例》第六十条的规定，除国务院财政、税务主管部门另有规定外，一般大型建筑施工机械设备的最低年限为10年。

（3）单位价值不超过500万元的建筑施工机械设备处理。

根据《财政部 税务总局关于设备、器具扣除有关企业所得税政策的通知》（财税〔2018〕54号）第一条及《国家税务总局关于设备 器具扣除有关企业所得税政策执行问题的公告》（国家税务总局公告2018年第46号）第一条第一款的规定，企业在2018年1月1日至2020年12月31日期间新购进的建筑施工机械设备，单位价值不超过500万元的，允许一次性计入当期成本费用在计算应纳税所得额时扣除，不再分年度计算折旧。

### 3. 会计处理

在日常会计处理中，企业购入不需要安装的建筑施工机械设备，按应计入固定资产成本的金额，借记“固定资产——建筑施工机械”科目，贷记“银行存款”等科目。对购入需要安装的建筑施工机械设备，则先记入“在建工程”科目，达到预定可使用状态时再转入“固定资产——建筑施工机械”科目。

上述业务涉及增值税的，对于一般纳税人，根据《增值税会计处理规定》（财会〔2016〕22 号文件发布）第二条第（一）项第 1 点、第 4 点、第 5 点的规定，纳税人购入固定资产，按应计入固定资产的金额，借记“固定资产——建筑施工机械”科目；按当月已认证的可抵扣增值税额，借记“应交税费——应交增值税（进项税额）”科目；按当月未认证的可抵扣增值税额，借记“应交税费——待认证进项税额”科目；按应付或实际支付的金额，贷记“应付账款”“应付票据”“银行存款”等科目。

对于购进的建筑施工机械已到达并验收入库，但尚未收到增值税扣税凭证且未付款的，应在月末按货物清单或相关合同协议上的价格暂估入账，不需要将增值税的进项税额暂估入账。下月初，用红字冲销原暂估入账金额，待取得相关增值税扣税凭证并经认证后，按应计入相关成本费用或资产的金额，借记“固定资产”等科目，按可抵扣的增值税额，借记“应交税费——应交增值税（进项税额）”科目，按应付金额，贷记“应付账款”等科目。

对于小规模纳税人，其取得增值税专用发票上注明的增值税应计入相关成本费用或资产，不通过“应交税费——应交增值税”科目核算。

**【提示】**《企业所得税法实施条例》第六十条规定：“除国务院财政、税务主管部门另有规定外，固定资产计算折旧的最低年限如下：

（一）房屋、建筑物，为 20 年；

（二）飞机、火车、轮船、机器、机械和其他生产设备，为 10 年；

（三）与生产经营活动有关的器具、工具、家具等，为 5 年；

（四）飞机、火车、轮船以外的运输工具，为 4 年；

（五）电子设备，为 3 年。”

《企业会计准则第 4 号——固定资产》第三条规定：“固定资产，是指同时具有下列特征的有形资产：

（一）为生产商品、提供劳务、出租或经营管理而持有的；

（二）使用寿命超过一个会计年度。

使用寿命，是指企业使用固定资产的预计期间，或者该固定资产所能生产产品或提供劳务的数量。”

对于固定资产的计价，该准则第七条规定：“固定资产应当按照成本进行初始计量”；第八条规定：“外购固定资产的成本，包括购买价款、相关税费、使固定资产达到预定可使用状态前所发生的可归属于该项资产的运输费、装卸费、安装费和专业人员服务费等。

以一笔款项购入多项没有单独标价的固定资产，应当按照各项固定资产公允价值比例对总成本进行分配，分别确定各项固定资产的成本。

购买固定资产的价款超过正常信用条件延期支付，实质上具有融资性质的，固定资产的成本以购买价款的现值为基础确定。实际支付的价款与购买价款的现值之间的差额，除按照《企业会计准则第17号——借款费用》应予资本化的以外，应当在信用期间内计入当期损益”。

《小企业会计准则》第二十八条第（一）项规定，固定资产应当按照成本进行计量。其中“外购固定资产的成本包括：购买价款、相关税费、运输费、装卸费、保险费、安装费等，但不含按照税法规定可以抵扣的增值税进项税额。

以一笔款项购入多项没有单独标价的固定资产，应当按照各项固定资产或类似资产的市场价格或评估价值比例对总成本进行分配，分别确定各项固定资产的成本”。

**案例 4-15**

## 建筑企业外购不需要安装的设备的涉税及会计处理

A建筑公司（一般纳税人）2019年5月20日外购一台挖掘机用于项目施工，取得增值税专用发票，价格45万元，增值税（进项）5.85万元。A公司相关涉税及会计处理如下：

1. 相关涉税计算。

(1) 增值税等计算。

A 公司外购的建筑施工机械用于生产，进项税额可以从销项税额中抵扣，不计入固定资产初始价值。

(2) 折旧计算。

假定设定折旧年限为 10 年，无残值。

月折旧额：45÷10÷12＝0.38（万元）。

2. 会计处理（单位：万元）。

(1) 购进固定资产时：

| | | |
|---|---|---|
| 借：固定资产——挖掘机 | 45 | |
| 　　应交税费——应交增值税（进项税额） | 5.85 | |
| 　贷：银行存款 | | 50.85 |

(2) 次月开始每月计提折旧时：

| | | |
|---|---|---|
| 借：机械作业 | 0.38 | |
| 　贷：累计折旧 | | 0.38 |

**【提示】**根据国家税务总局公告 2018 年第 46 号的规定，企业在 2018 年 1 月 1 日至 2020 年 12 月 31 日期间新购进符合条件的固定资产，可以选择在投入使用月份的次月所属年度一次性税前扣除。

## 4.2.3 企业外购需要安装的机械设备的增值税、企业所得税处理

企业外购的需要安装的机械设备与不需要安装的机械设备涉税处理的不同之处在于安装阶段发生成本、费用的处理。

### 1. 增值税处理

根据《营业税改征增值税试点实施办法》《增值税暂行条例》的相关规定，建筑企业一般纳税人外购的需要安装的机械设备，在安装阶段购买的材料、辅助设备等，只要取得规定的抵扣票据且不属于不得抵扣的项目，其进项税额可以从销项税额中抵扣。

### 2. 企业所得税处理

对于外购需要安装的建筑机械设备的入账价值（计税基础），《企业所得税法实施条例》第五十八条第（一）项规定："外购的固定资产，以购买价款和支付的相关税费以及直接归属于使该资产达到预定用途发生的其它支出为计税基础。"

根据上述政策规定，企业外购的需要安装的机械设备，在该设备达到预定用途前发生的其他支出，应计入机械设备的入账价值（计税基础）。

### 3. 会计处理

在日常会计处理中，企业购入需要安装的建筑施工机械设备，应先记入"在建工程"科目，安装过程中发生的成本、费用支出均在"在建工程"科目中归集，待设备达到预定可使用状态时，再转入"固定资产——机械设备"科目。

**案例 4-16**

#### 建筑企业外购需要安装的设备的涉税及会计处理

A 建筑公司（一般纳税人）2019 年 6 月 5 日外购一台塔吊用于项目施工，取得增值税专用发票，价格 32 万元，增值税（进项）4.16 万元。支付运费 3 400 元，增值税（进项）306 元，领用各项安装材料 2 400 元，分摊各类人员工资 4 000 元，分摊其他间接费用 1 200 元。A 公司相关涉税及会计处理如下：

1. 涉税处理。

（1）增值税处理。

A 公司外购的建筑施工设备用于生产，进项税额可以从销项税额中抵扣，不计入固定资产初始价值。

（2）企业所得税处理。

需要安装的建筑施工设备，在达到可使用状态前发生的购买价格、运输费用及安装过程中发生的各项成本、费用，均要计入设备的入账价值（计税基础）。

2. 会计处理。

（1）购入设备时：

借：在建工程——设备安装　　320 000

应交税费——应交增值税（进项税额）　41 600
贷：银行存款　361 600
（2）支付运费时：
借：在建工程——设备安装　3 400
应交税费——应交增值税（进项税额）　306
贷：银行存款　3 706
（3）安装过程中发生各项成本：
借：在建工程——设备安装　7 600
贷：原材料　2 400
应付职工薪酬　4 000
制造费用——间接费用　1 200
（4）设备安装完毕达到可使用状态时：
借：固定资产——建筑施工机械　331 000
贷：在建工程——设备安装　331 000

## 4.2.4　企业自行建造非标设备的增值税、企业所得税处理

建筑企业自行建造非标设备以及设备的改造、大修等涉税处理与企业外购需要安装的设备的处理基本相同，主要是购买相关设备、材料及人工等各项费用的处理，增值税主要是相关进项税额的处理。

### 1. 增值税处理

根据《营业税改征增值税试点实施办法》第二十五条第（一）项、第（二）项及《增值税暂行条例》第八条第（一）项、第（二）项的规定，“纳税人购进货物、劳务、服务、无形资产、不动产支付或者负担的增值税额，为进项税额”。准予从销项税额中抵扣的进项税额包括：“从销售方取得的增值税专用发票上注明的增值税额”“从海关取得的海关进口增值税专用缴款书上注明的增值税额”。

根据上述政策规定，建筑企业一般纳税人外购的各类建筑材料、劳务等，只要取得规定的抵扣票据且不属于不得抵扣的项目，其进项税额可以从销项税额中抵扣。

### 2. 企业所得税处理

根据《企业所得税法实施条例》第五十六条、第五十八条第（二）项、第（六）项的规定，企业的固定资产，以历史成本为计税基础。其历史成本，是指企业取得该项资产时实际发生的支出。对于“自行建造的固定资产，以竣工结算前发生的支出为计税基础”，“改建的固定资产，以改建过程中发生的改建支出增加计税基础”。

根据上述政策规定，对企业自行建造的非标设备（固定资产），以该设备达到实际可以使用状态时实际发生的支出为计税基础。

### 3. 会计处理

在日常会计处理中，企业自行建造或对设备进行更新改造时，其成本、费用的归集通过“在建工程”科目核算，在建造过程中涉及的材料、设备等可以通过“工程物资”科目或“原材料”等其他相关科目核算。在建工程完工后，自行建造或改造的设备（固定资产）由“在建工程”科目转入“固定资产——建筑机械设备”科目。

上述业务涉及增值税的，对于一般纳税人，根据《增值税会计处理规定》第二条第（一）项第1点、第4点、第5点的规定处理。

**案例 4-17**

## 建筑企业自行建造施工机械设备的涉税及会计处理

A建筑公司（一般纳税人）2019年5月自行建造某建筑施工设备，假定该项目购进相关材料、设备共计22万元，增值税（进项）2.86万元。发生（分摊）人员工资3万元、其他间接费用2万元。该设备7月完工。A公司相关涉税及会计处理如下：

1. 购进相关材料、设备时：

| | | |
|---|---|---|
| 借：工程物资 | 220 000 | |
| 　　应交税费——应交增值税（进项税额） | 28 600 | |
| 　贷：银行存款 | | 248 600 |

2. 相关材料、设备转在建工程时（假设陆续全部转入）：

借：在建工程 220 000

贷：工程物资 220 000

3. 发生（分摊）人员工资、其他间接费用时：

借：在建工程 50 000

贷：制造费用——间接费用 20 000

应付职工薪酬 30 000

4. 完工决算时，剩余相关材料 15 000 元。

借：工程物资 15 000

贷：在建工程 15 000

5. 完工后设备交付时：

实际发生成本、费用：220 000－15 000＋50 000＝255 000（元）。

借：固定资产——××设备 255 000

贷：在建工程 255 000

**【提示】**在实务中，从直观角度看，完工决算时，对剩余材料也可以统一通过“在建工程”科目借方核算：

借：在建工程 －15 000

贷：工程物资 －15 000

## 4.2.5 企业使用自有施工机械设备的会计、企业所得税处理

企业使用自有施工机械设备，主要是指企业及其内部独立核算的施工单位、机械站和运输队使用自有施工机械和运输设备进行机械作业（包括机械化施工和运输作业等）的情形，使用机械设备发生的各项费用一般是先通过“机械作业”科目归集核算，再根据不同情况分配结转到“工程施工”“其他业务支出”等科目。

在核算中，“机械作业”科目要设置“承包工程”和“机械作业”两个明细科目，并按施工机械或运输设备的种类等成本核算对象设置明细账，按规定的成本项目分设专栏，进行明细核算。成本核算对象一般应以施工机械和运输设备的种类确定。成本项目一般分为：人工费、燃料及动力费、折旧及修理费、其他直接费、间接费用（为组织和管理机械作业生产所发生的费用）。

企业发生的机械作业支出，借记“机械作业”科目，贷记“原材料”“应付工资”“累计折旧”等科目。月份终了，分别以下情况进行分配和结转：

一是施工企业及其内部独立核算的施工单位、机械站和运输队为本单位承包的工程进行机械化施工和运输作业的成本，应转入承包工程的成本，借记“工程施工”科目，贷记“机械作业”科目。

二是对外单位、本企业其他内部独立核算单位以及专项工程等提供机械作业（包括运输设备）的成本，借记“其他业务支出”或“专项工程支出”等科目，贷记“机械作业”科目。

在月份终了时，“机械作业”科目一般应无余额。

对于月末分配机械作业费的计算，应根据各受益对象实际使用施工机械的台班数进行分配。分配机械作业费的方法主要有台班分配法、预算分配法和作业量法等。

对于上述核算过程中支出及分配费用的企业所得税处理，主要是依据《企业所得税法》第八条及《企业所得税法实施条例》关于扣除的规定，具体要求有：首先必须是实际发生的支出；其次要取得相应的凭证（包括工作量分配单据）；最后是分配方法要合理。

**【提示】**在实务中，有的企业会采取更加简便的核算方式，不管采取何种方式，如果涉及不同项目成本费用分摊，其计算分摊的公式要准确，否则有一定的涉税风险。

**案例 4-18**

### 建筑企业使用自有施工机械设备的涉税及会计处理

A 建筑公司（一般纳税人）2019 年 5 月将一台自有吊车用于甲、乙两个项目工地。假定该设备月折旧额 2 400 元、发生人员工资 4 500 元、发生相关直接使用费（零星维修、电、油等）800 元。假设该公司按台班分配法分配机械作业费，甲项目使用了 10 个台班，乙项目使用了 12 个台班，A 公司处理如下：

1. 费用分配。

机械作业费总额：2 400＋4 500＋800＝7 700(元)；

总台班数：10＋12＝22(个台班)；

甲项目分配机械作业费：7 700/22×10＝3 500(元)；

乙项目分配机械作业费：7 700/22×12＝4 200(元)。

2. 会计处理：

| | |
|---|---|
| 借：工程施工——机械作业——甲项目 | 3 500 |
| 　　工程施工——机械作业——乙项目 | 4 200 |
| 　贷：累计折旧 | 2 400 |
| 　　　应付职工薪酬 | 4 500 |
| 　　　其他材料等 | 800 |

## 4.2.6　企业租赁施工机械设备的增值税、企业所得税处理

很多建筑企业在施工中使用的施工机械是通过租赁取得的，企业支付的租赁费用涉及增值税进项税额的处理、企业所得税费用配比的处理。

### 1. 增值税处理

建筑企业租赁设备的增值税处理主要是支付租金时增值税进项税额的处理。

《营业税改征增值税试点实施办法》所附《销售服务、无形资产、不动产注释》第一条第（六）项第 5 点第（2）则第一款规定："经营租赁服务，是指在约定时间内将有形动产或者不动产转让他人使用且租赁物所有权不变更的业务活动。"

根据《营业税改征增值税试点实施办法》第四十五条第（二）项的规定，纳税人提供租赁服务采取预收款方式的，其纳税义务发生时间为收到预收款的当天。

根据上述政策规定，企业租入固定资产，支付租赁费，取得增值税专用发票的，其进项税额可以抵扣销项税额，对于预付租金的，也可以要求开具增值税专用发票。

### 2. 企业所得税处理

根据《企业所得税法实施条例》第四十七条第（一）项的规定，企业根据生产经营活动的需要租入固定资产支付的租赁费，"以经营租赁方式租入固定资产发生的租赁费，按照租赁期限均匀扣除"。

根据上述政策规定，企业租入固定资产支付的租赁费，应按照租赁期均匀扣除。对于提前支付的租赁费（预付款），按照租赁期限均匀分摊扣除。对于建筑企业，租

入的施工机械所支付的租赁费在计入相关项目的“工程施工”时，如果能够分清成本计算对象，直接计入有关工程成本；如果同时有多个项目，无法区分成本计算对象，则应按照各个成本计算对象所耗用租赁机械的台班数，分配计入有关成本计算对象。

### 3. 会计处理

在企业的日常会计处理中，支付的租赁费一般按照企业使用租入资产部门的性质，记入“管理费用”“销售费用”“工程施工”等科目，涉及增值税进项税额的，根据《增值税会计处理规定》第二条第（一）项第1点、第5点的规定处理。

**案例 4-19**

**建筑企业支付租入设备租赁费的涉税及会计处理**

A建筑公司（一般纳税人）2019年6月租入一台移动吊车用于甲项目工程施工，租期为12个月，每月租赁费5万元。合同约定6月份预付3个月租金15万元，并取得增值税专用发票，注明进项税款为1.95万元。剩余租金于2020年6月支付并开具增值税专用发票。A公司相关涉税及会计处理如下（单位：万元）：

1. 2019年6月：

借：工程施工——机械作业——甲项目　　5
　　预付账款　　10
　　应交税费——应交增值税（进项税额）　　1.95
　贷：银行存款　　16.95

2. 2019年7—8月：

借：工程施工——机械作业——甲项目　　5
　贷：预付账款　　5

3. 2019年9—12月：

借：工程施工——机械作业——甲项目　　5
　贷：预付账款　　5

4. 2020年1—5月：

借：工程施工——机械作业——甲项目　　5

贷：预付账款　　5

5. 2020 年 6 月：

借：工程施工——机械作业——甲项目　　5

应交税费——应交增值税（进项税额）　　5.85

预付账款　　40

贷：银行存款　　50.85

### 4.2.7　企业签订租赁（经营性）合同的印花税处理

由《印花税暂行条例》所附《印花税税目税率表》可知，财产租赁合同包括房屋租赁合同，由立合同人按租赁金额的千分之一贴花。

根据《印花税暂行条例》第二条第（一）项及所附《印花税税目税率表》的规定，企业签订租赁（经营性）合同的，应按照“财产租赁合同”税目，由立合同人，按租赁金额千分之一贴花。

《印花税暂行条例》第五条规定，印花税实行由纳税人根据规定自行计算应纳税额，购买并一次贴足印花税票的缴纳办法；第七条规定，“应纳税凭证应当于书立或者领受时贴花”；第八条规定，“同一凭证，由两方或者两方以上当事人签订并各执一份的，应当由各方就所执的一份各自全额贴花”；第九条规定，“已贴花的凭证，修改后所载金额增加的，其增加部分应当补贴印花税票”。

根据上述政策规定，如果租赁费是分期支付的，在计算印花税时，应按照合同总金额“购买并一次贴足印花税票”。

对于租赁期未满，当时双方不再履行（继续支付租赁费用）合同的，根据《国家税务总局关于印花税若干具体问题的规定》（国税地字〔1988〕25 号）第九条的规定，“依照印花税暂行条例法规，纳税人应在合同签订时按合同所载金额计税贴花。因此，对已履行并贴花的合同，发现实际结算金额与合同所载金额不一致的，一般不再补贴印花”。

此外，由于增值税是价外税，对于货物价格与增值税额分开列明的合同，按照货物价格计算印花税额，对于价税合在一起的，则按照价税合一的价格计算印花税。

案例 4-20

**设备租赁合同印花税的计算**

2018 年 7 月 25 日，A 建筑公司与 B 建筑设备公司签订租赁合同，租赁某建筑机械用于施工，租期 2 年，合同列明每年租金 10 万元（含税），A 公司一次性支付租金 20 万元。A 公司印花税计算如下：

合同金额：10×2＝20(万元)；

印花税税额：200 000×0.001＝200(元)。

## 4.2.8 企业融资租入的施工机械设备的增值税、企业所得税处理

### 1. 增值税处理

建筑企业融资租入设备，属于有形动产融资租入，其增值税处理主要是支付租金时增值税进项税额的处理。《营业税改征增值税试点实施办法》所附《销售服务、无形资产、不动产注释》第一条第（六）项第 5 点第（1）则规定："融资租赁服务，是指具有融资性质和所有权转移特点的租赁活动。即出租人根据承租人所要求的规格、型号、性能等条件购入有形动产或者不动产租赁给承租人，合同期内租赁物所有权属于出租人，承租人只拥有使用权，合同期满付清租金后，承租人有权按照残值购入租赁物，以拥有其所有权。不论出租人是否将租赁物销售给承租人，均属于融资租赁。

按照标的物的不同，融资租赁服务可分为有形动产融资租赁服务和不动产融资租赁服务。"

自 2019 年 4 月 1 日起，有形动产融资租赁税率为 13%，不动产融资租赁税率为 9%。

根据上述政策规定，对于一般纳税人融资租入固定资产，其支付租金取得增值税专用发票，发票注明的增值税额（进项税额）可以抵扣销项税额。

### 2. 企业所得税处理

《企业所得税法实施条例》第四十七条第（二）项规定，企业"以融资租赁方式租入固定资产发生的租赁费，按照规定构成融资租入固定资产价值的部分应当提取

折旧费用，分期扣除”；第五十八条第（三）项规定，“融资租入的固定资产，以租赁合同约定的付款总额和承租人在签订租赁合同过程中发生的相关费用为计税基础，租赁合同未约定付款总额的，以该资产的公允价值和承租人在签订租赁合同过程中发生的相关费用为计税基础”。

### 3. 会计处理

在日常会计处理中，融资租入的固定资产，在租赁期开始日，按应计入固定资产成本的金额（租赁开始日租赁资产公允价值与最低租赁付款额现值两者中较低者，加上初始直接费用），借记“固定资产”科目或“在建工程”科目；按最低租赁付款额，贷记“长期应付款”科目；按发生的初始直接费用，贷记“银行存款”等科目；按其差额，借记“未确认融资费用”科目。

租赁期届满，企业取得该项固定资产所有权的，应将该项固定资产从“融资租入固定资产”明细科目转入有关明细科目。

**【提示】**《企业会计准则第 21 号——租赁》第六条规定：“符合下列一项或数项标准的，应当认定为融资租赁：

（一）在租赁期届满时，租赁资产的所有权转移给承租人。

（二）承租人有购买租赁资产的选择权，所订立的购买价款预计将远低于行使选择权时租赁资产的公允价值，因而在租赁开始日就可以合理确定承租人将会行使这种选择权。

（三）即使资产的所有权不转移，但租赁期占租赁资产使用寿命的大部分。

（四）承租人在租赁开始日的最低租赁付款额现值，几乎相当于租赁开始日租赁资产公允价值；出租人在租赁开始日的最低租赁收款额现值，几乎相当于租赁开始日租赁资产公允价值。

（五）租赁资产性质特殊，如果不作较大改造，只有承租人才能使用。”

对于租赁资产的计价，该准则第十一条规定：“在租赁期开始日，承租人应当将租赁开始日租赁资产公允价值与最低租赁付款额现值两者中较低者作为租入资产的入账价值，将最低租赁付款额作为长期应付款的入账价值，其差额作为未确认融资费用。

承租人在租赁谈判和签订租赁合同过程中发生的，可归属于租赁项目的手续费、律师费、差旅费、印花税等初始直接费用，应当计入租入资产价值。

租赁期开始日，是指承租人有权行使其使用租赁资产权利的开始日。”

《小企业会计准则》第二十八条第（四）项规定：“融资租入的固定资产的成本，应当按照租赁合同约定的付款总额和在签订租赁合同过程中发生的相关税费等确定。”

根据上述会计准则规定，对于融资租入固定资产的初始计量，企业所得税与《小企业会计准则》的规定相一致，与《企业会计准则》的规定则有差异。对适用《企业会计准则》的企业而言，企业所得税的计税基础是付款总额，往往大于会计计量中的付款额现值（假设最低租赁付款额现值＜资产的公允价值）。在以后期间计提折旧时，需要对应纳税所得额进行调减。

### 4.2.9 企业机械设备折旧的企业所得税处理

建筑企业机械设备一般情况下属于固定资产，从企业所得税角度看，其折旧的处理如下：

#### 1. 机械设备折旧的一般处理

根据《企业所得税法实施条例》第五十九条的规定，企业的固定资产按照直线法计算的折旧，准予扣除。企业应当从固定资产使用月份的次月起计算折旧；停止使用的固定资产，应当从停止使用月份的次月起停止计算折旧。企业应当根据固定资产的性质和使用情况，合理确定固定资产的预计净残值。固定资产的预计净残值一经确定，不得变更。

对于折旧年限，根据《企业所得税法实施条例》第六十条的规定，除国务院财政、税务主管部门另有规定外，折旧的最低年限，机器、机械和其他生产设备，为 10 年；与生产经营活动有关的器具、工具、家具等，为 5 年；飞机、火车、轮船以外的运输工具，为 4 年；电子设备，为 3 年。

#### 2. 机械设备加速折旧的处理

《企业所得税法》第三十二条规定：“企业的固定资产由于技术进步等原因，确需加速折旧的，可以缩短折旧年限或者采取加速折旧的方法。”《企业所得税法实施条例》第九十八条规定：“企业所得税法第三十二条规定可以采取缩短折旧年限或者采取加速折旧的方法的固定资产，包括：

（一）由于技术进步，产品更新换代较快的固定资产；

（二）常年处于强震动、高腐蚀状态的固定资产。

采取缩短折旧年限方法的，最低折旧年限不得低于本条例第六十条规定折旧年限的 60%；采取加速折旧方法的，可以采取双倍余额递减法或者年数总和法。”

根据上述政策规定，对于符合条件的机械设备，可以采取双倍余额递减法或者年数总和法进行折旧。

### 3. 用于研发的仪器、设备折旧的处理

（1）单位价值不超过 100 万元的仪器、设备。根据《财政部 国家税务总局关于完善固定资产加速折旧企业所得税政策的通知》（财税〔2014〕75 号）第二条的规定，“对所有行业企业 2014 年 1 月 1 日后新购进的专门用于研发的仪器、设备，单位价值不超过 100 万元的，允许一次性计入当期成本费用在计算应纳税所得额时扣除，不再分年度计算折旧”。

（2）单位价值超过 100 万元的仪器、设备。根据财税〔2014〕75 号文件第二条、第四条的规定，单位价值超过 100 万元的，可缩短折旧年限或采取加速折旧的方法。其缩短折旧的年限，“最低折旧年限不得低于企业所得税法实施条例第六十条规定折旧年限的 60%；采取加速折旧方法的，可采取双倍余额递减法或者年数总和法”。对该文件“第一至三条规定之外的企业固定资产加速折旧所得税处理问题，继续按照企业所得税法及其实施条例和现行税收政策规定执行”。

（3）单位价值不超过 5 000 元的固定资产。财税〔2014〕75 号文件第三条规定：“对所有行业企业持有的单位价值不超过 5 000 元的固定资产，允许一次性计入当期成本费用在计算应纳税所得额时扣除，不再分年度计算折旧。”

### 4. 固定资产一次性摊销的处理

一是单位价值不超过 5 000 元的固定资产。财税〔2014〕75 号文件第三条规定：“对所有行业企业持有的单位价值不超过 5 000 元的固定资产，允许一次性计入当期成本费用在计算应纳税所得额时扣除，不再分年度计算折旧。”

二是单位价值不超过500万元的固定资产。

(1) 固定资产一次性计入当期成本费用在计算应纳税所得额时扣除。《财政部 税务总局关于设备、器具扣除有关企业所得税政策的通知》(财税〔2018〕54号)第一条规定:“企业在2018年1月1日至2020年12月31日期间新购进的设备、器具,单位价值不超过500万元的,允许一次性计入当期成本费用在计算应纳税所得额时扣除,不再分年度计算折旧;单位价值超过500万元的,仍按企业所得税法实施条例、《财政部 国家税务总局关于完善固定资产加速折旧企业所得税政策的通知》(财税〔2014〕75号)、《财政部 国家税务总局关于进一步完善固定资产加速折旧企业所得税政策的通知》(财税〔2015〕106号)等相关规定执行。”

《国家税务总局关于设备 器具扣除有关企业所得税政策执行问题的公告》(国家税务总局公告2018年第46号)第一条第一款规定:“企业在2018年1月1日至2020年12月31日期间新购进的设备、器具,单位价值不超过500万元的,允许一次性计入当期成本费用在计算应纳税所得额时扣除,不再分年度计算折旧(以下简称一次性税前扣除政策)。”

(2) 固定资产一次性税前扣除的范围。财税〔2018〕54号文件第二条规定:“本通知所称设备、器具,是指除房屋、建筑物以外的固定资产。”

国家税务总局公告2018年第46号第一条第(一)项规定:“所称设备、器具,是指除房屋、建筑物以外的固定资产(以下简称固定资产);所称购进,包括以货币形式购进或自行建造,其中以货币形式购进的固定资产包括购进的使用过的固定资产;以货币形式购进的固定资产,以购买价款和支付的相关税费以及直接归属于使该资产达到预定用途发生的其他支出确定单位价值,自行建造的固定资产,以竣工结算前发生的支出确定单位价值。”

(3) 一次性税前扣除的固定资产计价。国家税务总局公告2018年第46号第一条第(二)项规定:“固定资产购进时点按以下原则确认:以货币形式购进的固定资产,除采取分期付款或赊销方式购进外,按发票开具时间确认;以分期付款或赊销方式购进的固定资产,按固定资产到货时间确认;自行建造的固定资产,按竣工结算时间确认。”

(4) 固定资产一次性税前扣除的时点。国家税务总局公告2018年第46号第二条规定:“固定资产在投入使用月份的次月所属年度一次性税前扣除。”

(5) 固定资产一次性税前扣除的选择。国家税务总局公告2018年第46号第四条规定："企业根据自身生产经营核算需要，可自行选择享受一次性税前扣除政策。未选择享受一次性税前扣除政策的，以后年度不得再变更。"

**5. 会计处理**

在日常会计处理中，一般设置"累计折旧"科目核算固定资产折旧，"累计折旧"科目可按固定资产的类别或项目进行明细核算。建筑企业按期（月）计提固定资产的折旧时，贷记"累计折旧"科目，如果设备是为某个项目使用的，则借记"工程施工——××项目"科目，如果设备是为日常管理所用，则借记"管理费用"科目，如果设备为企业研发所用，则借记"研发支出"科目，如果设备是为取得其他业务收入服务的，则借记"其他业务成本"科目。"累计折旧"科目期末贷方余额，反映企业固定资产的累计折旧额。

**【提示】**《企业会计准则第 4 号——固定资产》第三条规定："固定资产，是指同时具有下列特征的有形资产：

（一）为生产商品、提供劳务、出租或经营管理而持有的；

（二）使用寿命超过一个会计年度。

使用寿命，是指企业使用固定资产的预计期间，或者该固定资产所能生产产品或提供劳务的数量。"

对于固定资产的计价，该准则第七条规定："固定资产应当按照成本进行初始计量"；第八条规定："外购固定资产的成本，包括购买价款、相关税费、使固定资产达到预定可使用状态前所发生的可归属于该项资产的运输费、装卸费、安装费和专业人员服务费等。

以一笔款项购入多项没有单独标价的固定资产，应当按照各项固定资产公允价值比例对总成本进行分配，分别确定各项固定资产的成本。

购买固定资产的价款超过正常信用条件延期支付，实质上具有融资性质的，固定资产的成本以购买价款的现值为基础确定。实际支付的价款与购买价款的现值之间的差额，除按照《企业会计准则第 17 号——借款费用》应予资本化的以外，应当在信用期间内计入当期损益"。

《小企业会计准则》第二十八条第（一）项规定，固定资产应当按照成本进行计量。其中"外购固定资产的成本包括：购买价款、相关税费、运输费、装卸费、保险费、安装费等，但不含按照税法规定可以抵扣的增值税进项税额。

以一笔款项购入多项没有单独标价的固定资产，应当按照各项固定资产或类似资产的市场价格或评估价值比例对总成本进行分配，分别确定各项固定资产的成本”。

**案例 4-21**

**建筑企业设备折旧的涉税及会计处理**

A 建筑公司（一般纳税人）2019 年 4 月 20 日外购一台推土机用于甲项目工程施工，取得增值税专用发票，价格 34 万元，增值税（进项）4.42 万元。A 公司按照直线法计算折旧，预计残值率 3%，折旧年限 10 年。A 公司相关涉税及会计处理如下：

1. 月折旧额计算。

折旧年限为 10 年，残值率 3%。

月折旧额：34×(1－3%)÷10÷12＝0.27(万元)。

2. 会计处理（单位：万元）。

(1) 购进固定资产时：

| | | |
|---|---|---|
| 借：固定资产——推土机 | 34 | |
| 　　应交税费——应交增值税（进项税额） | 4.42 | |
| 　贷：银行存款 | | 38.42 |

(2) 次月开始每月计提折旧时：

| | | |
|---|---|---|
| 借：工程施工——甲项目 | 0.27 | |
| 　贷：累计折旧 | | 0.27 |

## 4.2.10 企业转让使用过的机械设备的增值税、企业所得税处理

### 1. 增值税处理

根据《财政部 国家税务总局关于全国实施增值税转型改革若干问题的通

知》（财税〔2008〕170 号）、《财政部 国家税务总局关于部分货物适用增值税低税率和简易办法征收增值税政策的通知》（财税〔2009〕9 号）以及《财政部 国家税务总局关于简并增值税征收率政策的通知》（财税〔2014〕57 号）、《国家税务总局关于简并增值税征收率有关问题的公告》（国家税务总局公告 2014 年第 36 号）的相关规定，纳税人销售使用过的固定资产增值税处理如下：

（1）一般纳税人销售自己使用过的固定资产的处理。

①一般纳税人销售自己使用过的属于增值税暂行条例第十条规定不得抵扣且未抵扣进项税额的固定资产，按照简易计税方法依照 3%征收率减按 2%征收增值税。

②2008 年 12 月 31 日以前未纳入扩大增值税抵扣范围试点的纳税人，销售自己使用过的 2008 年 12 月 31 日以前购进或者自制的固定资产，按照简易计税方法依照 3%征收率减按 2%征收增值税。

③2008 年 12 月 31 日以前已纳入扩大增值税抵扣范围试点的纳税人，销售自己使用过的在本地区扩大增值税抵扣范围试点以前购进或者自制的固定资产，按照简易计税方法依照 3%征收率减按 2%征收增值税；销售自己使用过的在本地区扩大增值税抵扣范围试点以后购进或者自制的固定资产，按照适用税率征收增值税。

④销售自己使用过的 2009 年 1 月 1 日以后购进或者自制的固定资产，按照适用税率征收增值税。

（2）小规模纳税人销售自己使用过的固定资产的处理。

小规模纳税人（除其他个人外）销售自己使用过的固定资产，减按 2%征收率征收增值税。

已使用过的固定资产，是指纳税人根据财务会计制度已经计提折旧的固定资产。

（3）纳税人销售自己使用过的固定资产发票开具。

根据《国家税务总局关于增值税简易征收政策有关管理问题的通知》（国税函〔2009〕90 号）的规定，一般纳税人销售自己使用过的固定资产，适用简易计税方法依照 3%征收率减按 2%征收增值税政策的，应开具普通发票，不得开具增值税专用发票。

小规模纳税人销售自己使用过的固定资产，应开具普通发票，不得由税务机关代开增值税专用发票。

对于放弃上述减税政策的，《国家税务总局关于营业税改征增值税试点期间有关增值税问题的公告》（国家税务总局公告 2015 年第 90 号）第二条规定："纳税人销售自己使用过的固定资产，适用简易办法依照 3%征收率减按 2%征收增值税政策的，可以放弃减税，按照简易办法依照3%征收率缴纳增值税，并可以开具增值税专用发票。”

（4）适用简易办法计税的情形。

对于可以适用简易办法计税的情形，《国家税务总局关于一般纳税人销售自己使用过的固定资产增值税有关问题的公告》（国家税务总局公告2012年第1号）、国家税务总局公告2014年第36号规定，“增值税一般纳税人销售自己使用过的固定资产，属于以下两种情形的，可按简易办法依3%征收率减按2%征收增值税，同时不得开具增值税专用发票：

一、纳税人购进或者自制固定资产时为小规模纳税人，认定为一般纳税人后销售该固定资产。

二、增值税一般纳税人发生按简易办法征收增值税应税行为，销售其按照规定不得抵扣且未抵扣进项税额的固定资产。”

**【提示】**小规模纳税人自行开具增值税专用发票的范围逐渐扩大，自2020年2月1日起，《国家税务总局关于增值税发票管理等有关事项的公告》（国家税务总局公告2019年第33号）第五条规定：“增值税小规模纳税人（其他个人除外）发生增值税应税行为，需要开具增值税专用发票的，可以自愿使用增值税发票管理系统自行开具。选择自行开具增值税专用发票的小规模纳税人，税务机关不再为其代开增值税专用发票。

增值税小规模纳税人应当就开具增值税专用发票的销售额计算增值税应纳税额，并在规定的纳税申报期内向主管税务机关申报缴纳。在填写增值税纳税申报表时，应当将当期开具增值税专用发票的销售额，按照3%和5%的征收率，分别填写在《增值税纳税申报表》（小规模纳税人适用）第2栏和第5栏‘税务机关代开的增值税专用发票不含税销售额’的‘本期数’相应栏次中。”

**2. 企业所得税处理**

（1）收入的确认。根据《企业所得税法》第六条第（三）项、《企业所得税法实施条例》第十六条的规定，企业转让固定资产取得的收入，应计入企业所得税收入总额。

（2）固定资产的摊销。《企业所得税法》第十一条规定：“在计算应纳税所得额时，企业按照规定计算的固定资产折旧，准予扣除。”如果企业转让固定资产，则按照实际折旧后的净值计算转让成本。

如果对外转让的是投资资产，《企业所得税法实施条例》第七十一条规定：“企业所得税法第十四条所称投资资产，是指企业对外进行权益性投资和债权性投资形成的资产。

企业在转让或者处置投资资产时，投资资产的成本，准予扣除。

投资资产按照以下方法确定成本：

（一）通过支付现金方式取得的投资资产，以购买价款为成本；

（二）通过支付现金以外的方式取得的投资资产，以该资产的公允价值和支付的相关税费为成本。”

### 3. 会计处理

在日常会计处理中，企业销售使用过的固定资产应通过“固定资产清理”科目处理。出售时，按该项固定资产的账面价值，借记“固定资产清理”科目，按已计提的累计折旧，借记“累计折旧”科目，按其账面原价，贷记“固定资产”科目。已计提减值准备的，还应同时结转减值准备。

对于出售过程中应支付的相关税费及其他费用，借记“固定资产清理”科目，贷记“银行存款”“应交税费——应交增值税”等科目。收回出售固定资产的价款、残料价值和变价收入等，借记“银行存款”“原材料”等科目，贷记“固定资产清理”科目。

出售业务完成后，如果亏损，即“固定资产清理”科目如为借方余额，则借记“资产处置损益——处置非流动资产损失”科目，贷记“固定资产清理”科目。如为贷方余额，则借记“固定资产清理”科目，贷记“资产处置损益——处置非流动资产收益”科目。

上述业务涉及增值税的，根据《增值税会计处理规定》第二条第（二）项第1点的规定处理。

**案例 4-22**

**建筑企业销售使用过的固定资产（2009年1月1日前购入）的涉税及会计处理**

A、B公司均为增值税一般纳税人。2012年6月，A建筑公司将一台机械设备以 20 000 元的价格卖给了B建筑公司。该设备2007年12月底以12万元购入，增值税进项税2.04万元，预计无残值，按照10年平均计提折旧，购入时进项税额并未抵扣。B公司取得该设备后按照固定资产进行核算。相关涉税及会计处理如下：

1. A公司涉税及会计处理。

（1）2007年12月购入固定资产时：

| | | |
|---|---|---|
| 借：固定资产 | 140 400 | |
| 　贷：银行存款 | | 140 400 |

（2）2012年6月转入固定资产清理时：

截至2012年6月已提折旧：(120 000+20 400)÷10×4.5=63 180(元)。

| | | |
|---|---|---|
| 借：固定资产清理 | 77 220 | |
| 　　累计折旧 | 63 180 | |
| 　贷：固定资产 | | 140 400 |

（3）变卖固定资产（计算增值税）时：

应缴纳增值税：20 000÷(1+3%)×2%=388.35(元)。

| | | |
|---|---|---|
| 借：银行存款 | 20 000 | |
| 　贷：固定资产清理 | | 19 611.65 |
| 　　　应交税费——应交增值税（简易计税） | | 388.35 |

该笔销售选择了减按2%税率，开具了增值税普通发票，因此B公司取得该设备时的入账价值为20 000元，无增值税抵扣项。

如果A企业选择3%的税率计算增值税：20 000÷(1+3%)×3%=582.52(元)，则A公司可以开具增值税专用发票，B公司取得的进项税额582.52元就可以抵扣。

（4）结转固定资产处置损益时：

| | | |
|---|---|---|
| 借：资产处置损益 | 57 608.35 | |
| 　贷：固定资产清理 | | 57 608.35 |

2. B公司购入固定资产时的会计处理。

| | | |
|---|---|---|
| 借：固定资产 | 20 000 | |
| 　贷：银行存款 | | 20 000 |

**案例 4-23**

## 建筑企业销售使用过的设备（2009 年 1 月 1 日后购入）的涉税及会计处理

2015 年 6 月，A 公司（一般纳税人）将一台设备以 20 000 元的价格卖给了 B 公司（一般纳税人），开具增值税专用发票。该设备 2010 年 12 月底以 12 万元购入，增值税进项税 2.04 万元，购入时取得增值税专用发票，并进行了抵扣。假定无残值，按照 10 年平均计提折旧。B 公司取得该设备后按照固定资产进行核算。相关涉税及会计处理如下：

1. A 公司涉税及会计处理。

(1) 2010 年 12 月购入固定资产时：

| | |
|---|---|
| 借：固定资产 | 120 000 |
| 　　应交税费——应交增值税（进项税额） | 20 400 |
| 　贷：银行存款 | 140 400 |

(2) 2015 年 6 月转入固定资产清理时：

截至 2015 年 6 月已提折旧：120 000÷10×4.5＝54 000(元)。

| | |
|---|---|
| 借：固定资产清理 | 66 000 |
| 　　累计折旧 | 54 000 |
| 　贷：固定资产 | 120 000 |

(3) 变卖固定资产（计算增值税）时：

销项税额：20 000÷(1＋17%)×17%＝2 905.98(元)。

| | |
|---|---|
| 借：银行存款 | 20 000 |
| 　贷：固定资产清理 | 17 094.02 |
| 　　　应交税费——应交增值税（销项税额） | 2 905.98 |

(4) 结转固定资产处置损益时：

| | |
|---|---|
| 借：资产处置损益 | 48 905.98 |
| 　贷：固定资产清理 | 48 905.98 |

2. B 公司涉税及会计处理。

固定资产入账价值：20 000－2 905.98＝17 094.02(元)；

进项税额：2 905.98 元。

借：固定资产　　17 094.02

　应交税费——应交增值税（进项税额）　　2 905.98

贷：银行存款　　20 000

### 4.2.11 企业机械设备报废的增值税、企业所得税处理

建筑企业施工机械因技术更新、自然使用等各种原因需要报废的，一般需要对报废的机械设备进行处置，即将报废的残料变卖等，其涉及的增值税处理主要是变卖残料，一般按照财税〔2008〕170 号、财税〔2009〕9 号以及财税〔2014〕57 号文件的规定处理。

对于企业所得税的处理，主要是将处置（变卖残料）收入扣除设备账面价值、相关税费后的金额计入当期损益（如有冲销减值准备的要纳税调整转回）。

在会计处理中，一般将需要报废的机械净值和累计折旧一起转入"固定资产清理——机械设备"科目。即，借记"固定资产——机械设备""累计折旧"科目，按其账面原价，贷记"固定资产清理——机械设备"科目。已计提减值准备的，还应同时结转已计提的减值准备；发生清理费用的，借记"固定资产清理——机械设备"科目，贷记"银行存款"等科目；变卖残料取得收入或取得原材料的冲减清理支出，借记"银行存款""原材料"科目，贷记"固定资产清理——机械设备"科目；清理完毕后，需要计算清理损益，如果是净收益，借记"固定资产清理——机械设备"科目，贷记"营业外收入——非流动资产处置利得"科目，如果是净损失，借记"营业外收入——非流动资产处置损失"科目，贷记"固定资产清理——机械设备"科目。

**案例 4-24**

**建筑企业机械设备报废的涉税及会计处理**

2019 年 7 月，A 建筑公司报废一台挖掘机，原值 240 000 元，折旧期限 10 年，因种种原因提前一年报废，已提取固定资产减值准备 15 000 元，假定无残值，已提取折旧 216 000 元。报废时发生各项清理费用 1 200 元，残料变卖收入 2 000 元（不含税）。A 公司相关涉税及会计处理如下：

1. 增值税销项税额：2 000×13%=260（元）。

2. 会计处理：

（1）转固定资产清理时：

借：固定资产清理——机械设备　24 000

　　累计折旧　216 000

　贷：固定资产　240 000

（2）结转固定资产减值准备时：

借：固定资产减值准备——机械设备　15 000

　贷：固定资产清理——机械设备　15 000

（3）发生各项清理费用：

借：固定资产清理——机械设备　1 200

　贷：银行存款　1 200

（4）取得变卖收入时：

借：银行存款　2 260

　贷：固定资产清理——机械设备　2 000

　　　应交税费——应交增值税（销项税额）　260

（5）结转损益时：

损益：24 000－15 000＋1 200－2 000＝8 200(元)。

借：营业外支出——非流动资产处置损失　8 200

　贷：固定资产清理——机械设备　8 200

**【提示】**上述业务报废固定资产税前扣除金额为：15 000＋8 200＝23 200（元）。

## 4.3 其他工程施工成本涉税业务

本节内容包括周转材料、安全生产费用等成本支出涉及的税收业务，以及施工成本的特殊处理等业务。

### 4.3.1 企业提取安全生产费用的处理

从事建筑施工等高危业务的建筑企业，可以通过提取“安全费用”制度的方式，建立一定的安全基金，以保障企业安全生产长效机制的运行，维护企业、职工以及社会公共利益。根据相关政策，安全费用的提取及涉税处理如下：

**1.“安全费用”制度**

（1）建筑企业安全费用的提取。

《企业安全生产费用提取和使用管理办法》（财企〔2012〕16号文件发布）第七条规定：“建设工程施工企业以建筑安装工程造价为计提依据。各建设工程类别安全费用提取标准如下：

（一）矿山工程为2.5%；

（二）房屋建筑工程、水利水电工程、电力工程、铁路工程、城市轨道交通工程为2.0%；

（三）市政公用工程、冶炼工程、机电安装工程、化工石油工程、港口与航道工程、公路工程、通信工程为1.5%。

建设工程施工企业提取的安全费用列入工程造价，在竞标时，不得删减，列入标外管理。国家对基本建设投资概算另有规定的，从其规定。

总包单位应当将安全费用按比例直接支付分包单位并监督使用，分包单位不再重复提取。”

（2）安全费用的使用范围。

《企业安全生产费用提取和使用管理办法》第十九条规定：“建设工程施工企业安全费用应当按照以下范围使用：

（一）完善、改造和维护安全防护设施设备支出（不含‘三同时’要求初期投入的安全设施），包括施工现场临时用电系统、洞口、临边、机械设备、高处作业防护、交叉作业防护、防火、防爆、防尘、防毒、防雷、防台风、防地质灾害、地下工程有害气体监测、通风、临时安全防护等设施设备支出；

（二）配备、维护、保养应急救援器材、设备支出和应急演练支出；

（三）开展重大危险源和事故隐患评估、监控和整改支出；

（四）安全生产检查、评价（不包括新建、改建、扩建项目安全评价）、咨询和标准化建设支出；

（五）配备和更新现场作业人员安全防护用品支出；

（六）安全生产宣传、教育、培训支出；

（七）安全生产适用的新技术、新标准、新工艺、新装备的推广应用支出；

（八）安全设施及特种设备检测检验支出；

（九）其他与安全生产直接相关的支出。”

（3）安全费用的使用方法。

《企业安全生产费用提取和使用管理办法》第二十六条规定：“在本办法规定的使用范围内，企业应当将安全费用优先用于满足安全生产监督管理部门、煤矿安全监察机构以及行业主管部门对企业安全生产提出的整改措施或达到安全生产标准所需的支出”；第二十七条规定：“企业提取的安全费用应当专户核算，按规定范围安排使用，不得挤占、挪用。年度结余资金结转下年度使用，当年计提安全费用不足的，超出部分按正常成本费用渠道列支。

主要承担安全管理责任的集团公司经过履行内部决策程序，可以对所属企业提取的安全费用按照一定比例集中管理，统筹使用”。

根据上述政策规定，安全生产费用属于间接费用，以建筑安装工程造价为依据计提，专户储存，专款专用。

**2. 企业所得税处理**

《企业所得税法》第八条规定：“企业实际发生的与取得收入有关的、合理的支出，包括成本、费用、税金、损失和其他支出，准予在计算应纳税所得额时扣除。”

《企业所得税法实施条例》第四十八条规定：“企业发生的合理的劳动保护支出，准予扣除。”

对于企业提取的安全费用，《国家税务总局关于煤矿企业维简费和高危行业企业安全生产费用企业所得税税前扣除问题的公告》（国家税务总局公告 2011 年第 26 号）第一条规定：“煤矿企业实际发生的维简费支出和高危行业企业实际发生的安全生产费用支出，属于收益性支出的，可直接作为当期费用在税前扣除；属于资本性支出的，应计入有关资产成本，并按企业所得税法规定计提折旧或摊销费用在税前扣除。企业按照有关规定预提的维简费和安全生产费用，不得在税前扣除。”

根据上述政策规定，准予在计算应纳税所得额时扣除的成本、费用等，首要前提是实际发生，预提费用属于尚未发生且将来有可能实际发生的费用，因此，不得税前扣除。根据政策规定，企业实际发生的安全生产费用支出可以在税前扣除，但要区分收益性支出与资本性支出，其中属于收益性支出的，例如直接为项目施工人员配备的安全帽、防护罩等物品，可直接作为当期费用在税前扣除。属于资本性支出的，例如相关安全设备、设施（达到固定资产标准的）等，则要按照企业所得税法的规定计提折旧（或摊销费用）在税前扣除。

### 3. 会计处理

在企业的日常会计处理中，提取的安全生产费用，要以不同项目的工程造价为依据计提，借记“工程施工——安全费用”科目，贷记“预提费用——安全费用”科目。实际发生安全费用支出时，借记“预提费用——安全费用”科目，贷记“银行存款”“原材料”等科目。企业所得税汇算清缴时，如果当年实际发生的安全费用小于计提数，则需要在结转“主营业务成本”科目后，进行税前扣除金额的计算，即调增应纳税所得额。

在企业所得税汇算清缴时，可以采取简易方式计算，因为“预提费用——安全费用”科目上年贷方余额已经调增应纳税所得额，那么以后年度在企业所得税汇算清缴时，当年余额大于上年余额的，则为净提取数，应调增应纳税所得额；当年余额小于上年余额的，则为当年实际发生的安全费用大于计提数，应调减应纳税所得额。

对于用提取的安全费用购置、建造安全设施的，只能通过折旧（或摊销费用）的方式在税前扣除。因此，直接用提取的安全费用购置、建造安全设施的，在企业所得税汇算清缴时，要全额调增应纳税所得额，再按根据政策规定计算的折旧调减应纳税所得额，即税前扣除。为简化核算，也可以将购置、建造的安全设施先记入“固定资产——安全设备”科目，再根据政策规定提取折旧（或摊销费用）记入“工程施工”科目，这样企业所得税汇算清缴时就不再需要做相应调整了。

**【提示】**对适用会计准则的企业提取安全生产费用的处理。

《财政部关于印发企业会计准则解释第3号的通知》（财会〔2009〕8号）

第三条“关于高危行业企业提取的安全生产费，应当如何进行会计处理”规定：高危行业企业按照国家规定提取的安全生产费，应当计入相关产品的成本或当期损益，同时记入“4301 专项储备”科目。

企业使用提取的安全生产费时，属于费用性支出的，直接冲减专项储备。企业使用提取的安全生产费形成固定资产的，应当通过“在建工程”科目归集所发生的支出，待安全项目完工达到预定可使用状态时确认为固定资产；同时，按照形成固定资产的成本冲减专项储备，并确认相同金额的累计折旧。该固定资产在以后期间不再计提折旧。

“专项储备”科目期末余额在资产负债表所有者权益项下“减：库存股”和“盈余公积”之间增设“专项储备”项目反映。

企业提取的维简费和其他具有类似性质的费用，比照上述规定处理。

该解释发布前未按上述规定处理的，应当进行追溯调整。

根据上述政策规定，高危行业企业按照国家规定提取的安全生产费，应当计入相关产品的成本或当期损益，同时记入“4301 专项储备”科目。

提取时，借记“工程施工”科目，贷记“专项储备”科目。使用时，借记“专项储备”科目，贷记“银行存款”等科目；使用安全生产费用购置生产设备时，借记“固定资产”科目，贷记“银行存款”科目，同时，借记“专项储备”科目，贷记“累计折旧”科目。

企业所得税汇算清缴时，按照税收政策规定，只有实际发生的安全费用（及资本化处理的费用）才可在税前扣除。因此，提取后尚未实际发生的“专项储备”金额及形成的固定资产（资本性支出），应调增应纳税所得额，对按照政策规定提取的折旧调减应纳税所得额。

**案例 4-25**

## 建筑企业预提安全生产费用的涉税及会计处理

A 建筑公司 2017 年 12 月 31 日“预提费用——安全费用”科目贷方余额 560 万元。2018 年提取安全费用 50 万元，2018 年 4 月份购买安全用具 16 万元、增值税（进项税额）2.56 万元。假定当年没有购置安全设备（固定资产），A 公司相关涉税及会计处理如下（单位：万元）：

1. 提取安全费用时：

借：工程施工——安全费用　50

　贷：预提费用——安全费用　50

2. 购买安全用品时：

借：库存材料——安全用品　16

　　应交税费——应交增值税（进项税额）　2.56

　贷：银行存款　18.56

3. 领用安全用品时：

借：预提费用——安全费用　16

　贷：库存材料——安全用品　16

4. 企业所得税汇算清缴时的处理。

方法1：利用余额变化。

2018年12月31日“预提费用——安全费用”科目贷方余额594万元，比上年余额增加34万元。应调增应纳税所得额34万元。

方法2：分项调增调减。

提取的安全费用应调增应纳税所得额50万元，实际支付的安全费用应调减应纳税所得额16万元，实际应调增应纳税所得额：50－16＝34（万元）。

**案例4-26**

## 建筑企业用安全生产费用购置安全设备的涉税及会计处理

（接上例）A建筑公司2017年12月31日“预提费用——安全费用”科目贷方余额560万元。2018年提取安全费用50万元，2018年4月份购买安全用具16万元、增值税（进项税额）2.56万元。2018年6月购买安全设备，价款30万元，增值税（进项税额）4.8万元。A公司相关涉税及会计处理如下（单位：万元）：

1. 提取安全费用时：

借：工程施工——安全费用　50

　贷：预提费用——安全费用　50

2. 购买安全用品时：

借：库存材料——安全用品　16

　　应交税费——应交增值税（进项税额）　2.56

　贷：银行存款　18.56

3. 领用安全用品时：

借：预提费用——安全费用　16

　贷：库存材料——安全用品　16

4. 购买安全设备时：

借：固定资产——安全设备　30

　　应交税费——应交增值税（进项税额）　4.8

　贷：银行存款　34.8

5. 计入安全费用时：

借：预提费用——安全费用　30

　贷：累计折旧　30

假定设备折旧期限10年（无残值），根据税法每年提取折旧5万元。

6. 企业所得税汇算清缴时的处理。

方法1：利用余额变化。

2018年12月31日“预提费用——安全费用”科目贷方余额564万元，比上年余额增加4万元。应调增应纳税所得额4万元；

应资本化处理的安全费用：购置设备的费用应调增应纳税所得额30万元；

当年可提取6个月折旧，应调减应纳税所得额2.5万元。

当年实际调增应纳税所得额：4＋30－2.5＝31.5（万元）。

方法2：分项调增调减。

预提的安全费应调增应纳税所得额：本年预提安全费用50万元。

应资本化处理的安全费用：本年用安全费用购置安全设备30万元。

实际支付安全费用应调减应纳税所得额：本年实际支付安全费用16万元。

安全设备当年提取折旧应调减应纳税所得额：6个月折旧额2.5万元。

当年实际调增应纳税所得额：50－16－2.5＝31.5（万元）。

【提示】上述案例中的会计处理来自一些企业的实务，实务中还有其他一些处理方法，并非唯一。本案例的目的是提醒企业，不管采用何种方式，其企业所得税税前扣除必须符合企业所得税法及国家税务总局公告 2011 年第 26 号等文件的规定，否则会带来一定的涉税风险。

### 4.3.2 企业周转材料使用的企业所得税处理

周转材料是指施工企业在施工过程中能够多次使用，并可基本保持原来的形态而逐渐转移其价值的材料，主要包括钢模板、木模板、脚手架和其他周转材料等。相关企业所得税及会计处理如下：

根据《企业所得税法实施条例》第五十七条的规定，“企业所得税法第十一条所称固定资产，是指企业为生产产品、提供劳务、出租或者经营管理而持有的、使用时间超过 12 个月的非货币性资产，包括房屋、建筑物、机器、机械、运输工具以及其他与生产经营活动有关的设备、器具、工具等”。从企业所得税角度看，凡是不符合固定资产条件的工具等物品，可以不按照固定资产处理。

对于周转材料的企业所得税处理，主要是周转材料的计价和摊销。周转材料的摊销一般分为四种方法：一是一次转销法。一般应限于易腐、易糟的周转材料，于领用时一次计入成本、费用。二是分期摊销法。根据周转材料的预计使用期限分期摊入成本、费用。三是分次摊销法。根据周转材料的预计使用次数摊入成本、费用。四是定额摊销法。根据实际完成的实物工作量和预算定额规定的周转材料消耗定额，计算确认本期摊入成本、费用的金额。

根据企业所得税政策，周转材料选定的摊销方法不得随意改变。

在会计处理中，企业库存和在用的各种周转材料的实际成本或计划成本一般通过“周转材料”科目核算。企业购入、自制、委托外单位加工完成并已验收入库的周转材料、施工企业接受的债务人以非现金资产抵偿债务方式取得的周转材料、非货币性资产交易取得的周转材料等，以及周转材料的清查盘点，比照“原材料”科目的相关规定进行账务处理。涉及增值税的，按照《增值税会计处理规定》（财会〔2016〕22 号文件发布）第二条第（一）项第 1 点的规定处理。

企业领用、摊销和退回周转材料时，对采用一次转销法的，在领用时，将其全部价值计入有关的成本、费用，借记“工程施工”等科目，贷记“周转材料”科目；对采用其他摊销法的，一般设置“在库周转材料”“在用周转材料”“周转材料摊销”三个明细科目。在领用时，按其全部价值，借记“周转材料”科目（在用周转材料），贷记“周转材料”科目（在库周转材料）；摊销时，按摊销额，借记“工程施工”等科目，贷记“周转材料”科目（周转材料摊销）；退库时，按其全部价值，借记“周转材料”科目（在库周转材料），贷记“周转材料”科目（在用周转材料）。

周转材料报废时，对采用一次转销法的，将报废周转材料的残料价值作为当月周转材料转销额的减少，冲减有关成本、费用，借记“原材料”等科目，贷记“工程施工”等科目；对采用其他摊销法的，将补提摊销额，借记“工程施工”等科目，贷记“周转材料”科目（周转材料摊销）；将报废周转材料的残料价值作为当月周转材料摊销额的减少，冲减有关成本、费用，借记“原材料”等科目，贷记“工程施工”等有关科目，同时，将已提摊销额，借记“周转材料”科目（周转材料摊销），贷记“周转材料”科目（在用周转材料）。“周转材料”科目期末借方余额，反映施工企业在库周转材料的实际成本或计划成本，以及在用周转材料的摊余价值。

对周转材料采用计划成本核算的施工企业，月度终了，还应结转当月领用周转材料应分摊的成本差异，通过“材料成本差异”科目，记入有关成本、费用科目。

**【提示】**《企业会计准则第 4 号——固定资产》第三条规定：“固定资产，是指同时具有下列特征的有形资产：

（一）为生产商品、提供劳务、出租或经营管理而持有的；

（二）使用寿命超过一个会计年度。

使用寿命，是指企业使用固定资产的预计期间，或者该固定资产所能生产产品或提供劳务的数量。”

**案例 4-27**

### 建筑企业周转材料分次摊销的涉税及会计处理

2019 年 7 月 A 建筑公司甲项目购买一批周转材料，账面价格 24 000 元，增值税（进项税额）3 120 元。根据该公司核算制定，该类周转材料可以使用三次，8 月第一次发出（领用）周转材料。A 公司相关涉税及会计处理如下：

1. 购买周转材料时：

借：周转材料——在库　　24 000

　　应交税费——应交增值税（进项税额）　　3 120

　贷：银行存款　　27 120

2. 第一次发出（领用）低值易耗品时：

借：周转材料——在用　　24 000

　贷：周转材料——在库　　24 000

3. 摊销费用时：

借：工程施工——合同成本（甲项目）　　8 000

　贷：周转材料——摊销　　8 000

4. 退库时应按其价值转在库：

借：周转材料——在库　　24 000

　贷：周转材料——在用　　24 000

5. 第二次发出（领用）低值易耗品时：

借：周转材料——在用　　24 000

　贷：周转材料——在库　　24 000

6. 摊销费用时：

借：工程施工——合同成本（乙）　　8 000

　贷：周转材料——摊销　　8 000

7. 再次退库时应按其价值转在库：

借：周转材料——在库　　24 000

　贷：周转材料——在用　　24 000

8. 第三次发出（领用）低值易耗品时：

借：周转材料——在用　　24 000

　贷：周转材料——在库　　24 000

9. 摊销（报废补提）费用时：

借：工程施工——合同成本（丙）　　8 000

　贷：周转材料——摊销　　8 000

10. 报废周转材料残料入库：

借：原材料——××　　240

　贷：工程施工——丙项目　　240

11. 按已提摊销额冲销在用：

借：周转材料——摊销　　24 000

　贷：周转材料——在用　　24 000

### 4.3.3　企业自建的临时设施的增值税、企业所得税处理

临时设施主要是指企业为保证施工和管理的正常进行，而在项目施工现场建造的各种临时性建筑，例如工人临时居住生活用房、临时仓库等各种临时设施（或建筑物）。随着工程的完工，这些临时设施均需要拆除。一般情况下，临时设施的建设类型分为两种，一种是建设单位（或甲方）提供；另一种是由建筑企业向建设单位（或甲方）收取临时设施建造资金，并计入工程预算。

对于增值税的处理。企业为建造临时设施购买的材料、设备等，凡是取得增值税专用发票的，其进项税额可以抵扣。

对于企业所得税的处理，主要是临时设施的计价和摊销。根据成本配比原则，一般情况下，临时设施的成本需要在工程项目施工期间进行摊销。

在会计处理中，对于购建（置）临时设施的实际成本，通过“临时设施”科目核算。施工企业购建（置）临时设施发生的各项支出，借记“临时设施”科目，贷记“银行存款”等科目。对外购的需要通过建筑安装才能完成的临时设施，一般先通过“在建工程”科目核算，待达到预定可使用状态时，再从“在建工程”科目转入“临时设施”科目。“临时设施”科目期末借方余额，反映施工企业期末临时设施的账面原价。涉及增值税的，按照《增值税会计处理规定》第二条第（一）项第 1 点的规定处理。

对于临时设施的摊销，通过“临时设施摊销”科目核算。施工企业的各种临时设施应当在工程建设期间按月进行摊销，摊销方法可以采用工作量法，也可以采用工期法。当月增加的临时设施，当月不摊销，从下月起开始摊销；当月减少的临时设施，当月继续摊销，从下月起停止摊销。摊销时，按摊销额，借记“工程施工”等科目，贷记“临时设施摊销”科目。“临时设施摊销”科目期末贷方余额，反映施

工企业临时设施累计摊销额。

对出售、拆除、报废和毁损不需用或者不能继续使用的临时设施，要通过“临时设施清理”科目核算，按照临时设施账面价值，借记“临时设施清理”科目，按照已提摊销额，借记“临时设施摊销”科目，按照其账面原价，贷记“临时设施”科目。取得的变价收入和收回的残料价值，借记“银行存款”“原材料”等科目，贷记“临时设施清理”科目。发生的清理费用，借记“临时设施清理”科目，贷记“银行存款”等科目。临时设施清理后，如为清理净损失，借记“营业外支出”科目，贷记“临时设施清理”科目；如为清理净收益，借记“临时设施清理”科目，贷记“营业外收入”科目。“临时设施清理”科目期末余额，反映尚未清理完毕临时设施的价值以及清理净收入（清理收入减去清理费用）。

**案例 4-28**

### 自建临时设施的涉税及会计处理

A建筑公司承包某项目建设，假定工期预计28个月（2019年5月至2021年9月），A公司自建工人宿舍、生活用房，领用各种建筑材料32万元，支付人员工资薪金8万元，其他直接费用3万元，分摊间接费用7万元。假定实际工期27个月，相关材料均在2019年4月1日后购买（税率13%），A公司对临时设施进行了清理。A公司相关涉税及会计处理如下（单位：万元）：

1. 购入工程所需材料。

借：工程物资——××材料　32

　　应交税费——应交增值税（进项税额）　4.16

　贷：应付账款（或银行存款）　36.16

2. 启动在建工程。

（1）工程领用材料时：

借：在建工程——××临时设施　32

　贷：工程物资——××材料　32

（2）支付人力资源成本时：

借：在建工程——××临时设施　8

　贷：应付职工薪酬　8

(3) 发生其他直接费用时：

借：在建工程——××临时设施　　3

　贷：银行存款　　3

(4) 分摊相关间接费用时：

借：在建工程——××临时设施　　7

　贷：辅助生产（或相关科目）　　7

(5) 临时设施完工交付使用时：

借：临时设施　　50

　贷：在建工程——××临时设施　　50

3. 临时设施摊销处理。

(1) 每月摊销计算。

假定临时设施使用期28个月，预计残值率5%。

临时设施月摊销额=50×(1-5%)/28=1.70(万元)。

(2) 每月摊销会计处理：

借：工程施工——间接费用　　1.70

　贷：临时设施——摊销　　1.70

4. 临时设施清理处理。

项目完结后，临时设施进入清理环节。假定已经计提27个月，摊销额共计45.9万元。在清理过程中，支出人员工资费用1.2万元，假定残料价值2.8万元。

(1) 转入"临时设施清理"科目：

借：临时设施清理　　4.1

　　临时设施——摊销　　45.9

　贷：临时设施　　50

(2) 发生清理费用时：

借：临时设施清理　　1.2

　贷：应付职工薪酬　　1.2

(3) 收回残料入库时：

借：工程物资——××材料　　2.8

　贷：临时设施清理　　2.8

(4) 结转损益时：

借：营业外支出——处置非流动资产损失　　　　2.5
　贷：临时设施清理　　　　2.5

### 4.3.4　使用临时设施的房产税缴纳

《关于房产税若干具体问题的解释和暂行法规》（财税地字〔1986〕8号文件附件一）第二十一条规定："凡是在基建工地为基建工地服务的各种工棚、材料棚、休息棚和办公室、食堂、茶炉房、汽车房等临时性房屋，不论是施工企业自行建造还是由基建单位出资建造交施工企业使用的，在施工期间，一律免征房产税。但是，如果在基建工程结束以后，施工企业将这种临时性房屋交还或者估价转让给基建单位的，应当从基建单位接收的次月起，依照规定征收房产税。"

根据上述政策规定，在基建工地为基建工地服务建造的各种房屋免征房产税，但是，建筑公司将房屋用于出租或临时经营的，则按照房产税相关政策缴纳房产税。

### 4.3.5　预提（暂估）施工成本的企业所得税处理

在实务中，一些建筑施工企业应甲方（发包方）要求，在未付款等情况下，先开具增值税专用发票。根据《营业税改征增值税试点实施办法》（财税〔2016〕36号文件附件1）第四十五条第（一）项及《增值税暂行条例》第十九条第（一）项的规定，纳税人发生应税销售行为，纳税义务发生时间为收讫销售款项或者取得索取销售款项凭据的当天；先开具发票的，为开具发票的当天。

由于增值税纳税义务的确认与企业所得税收入的确认有差异，如果发生增值税纳税义务比企业所得税收入确认时点早的情形，可以不确认企业所得税收入，企业所得税收入的确认仍然按照《国家税务总局关于确认企业所得税收入若干问题的通知》（国税函〔2008〕875号）第二条的规定处理，即，企业在各个纳税期末，提供劳务交易的结果能够可靠估计的，应采用完工进度（完工百分比）法确认提供劳务收入。

对于上述情形的会计处理，《增值税会计处理规定》第二条第（二）项第1点第三款规定："按照增值税制度确认增值税纳税义务发生时点早于按照国家统一的会计制度确认收入或利得的时点的，应将应纳增值税额，借记'应收账款'科目，贷记

‘应交税费——应交增值税（销项税额）’或‘应交税费——简易计税’科目，按照国家统一的会计制度确认收入或利得时，应按扣除增值税销项税额后的金额确认收入”。

但是，在实务中，一些企业发生“先开具发票”情形并计算缴纳增值税后，根据开具的发票金额确认收入（工程结算），为了匹配相应的成本，采取预提（暂估）施工成本的方式。具体处理方式为：在应发包方要求开票时，借记“应收账款”科目，贷记“工程结算”“应交税费——应交增值税（销项税额）”科目。同时，根据相应工程预算或分包合同等金额预提（暂估）成本，借记“工程施工——合同成本——暂估成本”科目，贷记“其他应付款”科目。随着工程的推进，相应的成本、费用实际发生时，用红字冲销原预估会计处理分录。再根据实际发生的成本、费用，借记“工程施工——合同成本——人工、材料、分包支出等”“应交税费——应交增值税（进项税额）”科目，贷记“银行存款”等相关科目。

对于建筑工程项目（建造合同），会计与企业所得税都是按照完工进度（完工百分比）法确认收入，只是企业所得税必须按照纳税年度确认。如果预估的成本在确定收入之前没有处理（红字冲销）完毕，根据《企业所得税法》第八条的规定，“企业实际发生的与取得收入有关的、合理的支出，包括成本、费用、税金、损失和其他支出，准予在计算应纳税所得额时扣除”。对于预提的成本，不能在计算应纳税所得额时扣除。

企业在确认会计收入时，借记“工程施工——合同毛利”“主营业务成本”科目，贷记“主营业务收入”科目。如果“工程施工”科目含有“暂估成本”因素，那么，在确认企业所得税收入时（企业所得税汇算清缴时），应考虑“暂估成本”因素对完工进度的计算影响，同时准确计算出对企业所得税收入、成本确认的影响金额并做出相应的纳税调整。

**【提示】**1.《国家税务总局关于确认企业所得税收入若干问题的通知》（国税函〔2008〕875 号）第二条规定：“企业在各个纳税期末，提供劳务交易的结果能够可靠估计的，应采用完工进度（完工百分比）法确认提供劳务收入。

（一）提供劳务交易的结果能够可靠估计，是指同时满足下列条件：

1. 收入的金额能够可靠地计量；

2. 交易的完工进度能够可靠地确定；

3. 交易中已发生和将发生的成本能够可靠地核算。

（二）企业提供劳务完工进度的确定，可选用下列方法：

1. 已完工作的测量；

2. 已提供劳务占劳务总量的比例；

3. 发生成本占总成本的比例。

（三）企业应按照从接受劳务方已收或应收的合同或协议价款确定劳务收入总额，根据纳税期末提供劳务收入总额乘以完工进度扣除以前纳税年度累计已确认提供劳务收入后的金额，确认为当期劳务收入；同时，按照提供劳务估计总成本乘以完工进度扣除以前纳税期间累计已确认劳务成本后的金额，结转为当期劳务成本。”

2.《企业所得税税前扣除凭证管理办法》（国家税务总局公告2018年第28号发布）第十四条规定：“企业在补开、换开发票、其他外部凭证过程中，因对方注销、撤销、依法被吊销营业执照、被税务机关认定为非正常户等特殊原因无法补开、换开发票、其他外部凭证的，可凭以下资料证实支出真实性后，其支出允许税前扣除：

（一）无法补开、换开发票、其他外部凭证原因的证明资料（包括工商注销、机构撤销、列入非正常经营户、破产公告等证明资料）；

（二）相关业务活动的合同或者协议；

（三）采用非现金方式支付的付款凭证；

（四）货物运输的证明资料；

（五）货物入库、出库内部凭证；

（六）企业会计核算记录以及其他资料。

前款第一项至第三项为必备资料。”

该办法第十五条规定：“汇算清缴期结束后，税务机关发现企业应当取得而未取得发票、其他外部凭证或者取得不合规发票、不合规其他外部凭证并且告知企业的，企业应当自被告知之日起60日内补开、换开符合规定的发票、其他外部凭证。其中，因对方特殊原因无法补开、换开发票、其他外部凭证的，企业应当按照本办法第十四条的规定，自被告知之日起60日内提供可以证实其支出真实性的相关资料。”

该办法第十六条规定："企业在规定的期限未能补开、换开符合规定的发票、其他外部凭证，并且未能按照本办法第十四条的规定提供相关资料证实其支出真实性的，相应支出不得在发生年度税前扣除。"

该办法第十七条规定："除发生本办法第十五条规定的情形外，企业以前年度应当取得而未取得发票、其他外部凭证，且相应支出在该年度没有税前扣除的，在以后年度取得符合规定的发票、其他外部凭证或者按照本办法第十四条的规定提供可以证实其支出真实性的相关资料，相应支出可以追补至该支出发生年度税前扣除，但追补年限不得超过五年。"

**案例 4-29**

## 预提（暂估）施工成本的涉税及会计处理

A建筑公司承接的甲工程在2019年8月开工，2019年10月应发包方要求，先开具增值税专用发票，该工程合同金额140万元，预算成本110万元（不含税）。截至2019年9月30日，已发生成本、费用30万元。A公司2019年10月预估原材料40万元、劳务费用30万元、机械费用10万元。假定截至2019年12月31日，原材料实际发生20万元（假定原材料已提前备库）、人工费用15万元、机械费用5万元。2020年1月完工。A公司相关涉税及会计处理如下（单位：万元）：

处理方式一（预估成本）：

1. 开具增值税专用发票。

借：应收账款　　152.6

　贷：工程结算　　140

　　　应交税费——应交增值税（销项税额）　　12.6

2. 2019年8—9月实际发生工程施工成本。

借：工程施工——合同成本　　30

　贷：银行存款　　30

3. 预估合同成本。

借：工程施二——合同成本——预估　　80

　贷：应付账款——暂估　　80

4. 会计确认收入。

假设企业未按照实际完工进度（完工百分比）法确认收入。

借：主营业务成本——甲工程 110

工程施工——合同毛利 30

贷：主营业务收入——甲工程 140

5. 2019年10—12月预估的成本实际发生时（预估的50%）。

(1) 红字冲销。

借：工程施工——合同成本——预估 40

贷：应付账款——暂估 40

(2) 按实际金额入账。

借：工程施工——合同成本——原材料 20

——人工费用 15

——机械费用 5

贷：银行存款 40

6. 2019年企业所得税处理。

该项目工程实际完工进度：70÷110=64%；

企业所得税确认收入：140×64%=89.6(万元)；

企业所得税确认成本：70万元。

7. 2020年1月预估的成本实际发生时（预估的50%）。

(1) 红字冲销。

借：工程施工——合同成本——预估 40

贷：应付账款——暂估 40

(2) 按实际金额入账。

借：工程施工——合同成本——原材料 20

——人工费用 15

——机械费用 5

贷：银行存款 40

8. 2020年1月完工。

借：工程结算 140

贷：工程施工——合同成本 110

——合同毛利　　30

9. 2020 年企业所得税处理。

该项目工程实际完工进度：100%；

企业所得税确认收入：140－89.6＝50.4(万元)；

企业所得税确认成本：110－70＝40（万元）。

**【提示】**上述方法没有按照《增值税会计处理规定》（财会〔2016〕22 号文件发布）的规定处理，由于采取预估成本的方式，在企业所得税汇算清缴时，要注意预估金额的处理。在实务中不提倡采用这种处理方式。

处理方式二：

1. 开具增值税专用发票。

借：应收账款　　152.6

　贷：工程结算　　140

　　　应交税费——应交增值税（销项税额）　　12.6

2. 2019 年 8—9 月实际发生工程施工成本。

借：工程施工——合同成本　　30

　贷：银行存款　　30

3. 2019 年 10—12 月实际发生工程施工成本。

借：工程施工——合同成本——原材料　　20

　　　　　　　　　　　　——人工费用　　15

　　　　　　　　　　　　——机械费用　　5

　贷：银行存款　　40

4. 2019 年 12 月 31 日会计不确认收入。

企业所得税处理：

该项目工程实际完工进度：70÷110＝64%；

企业所得税确认收入：140×64%＝89.6（万元）；

企业所得税确认成本：70 万元。

5. 2019 年 1 月实际发生工程施工成本。

借：工程施工——合同成本——原材料　　20

　　　　　　　　　　　　——人工费用　　15

——机械费用 5

贷：银行存款 40

6. 2019 年 1 月完工结转。

(1) 结转收入时：

借：主营业务成本——甲工程 110

工程施工——合同毛利 30

贷：主营业务收入——甲工程 140

(2) 合同完工时：

借：工程结算 140

贷：工程施工——合同成本 110

——合同毛利 30

7. 2020 年企业所得税处理。

该项目工程实际完工进度：100%；

企业所得税确认收入：140－89.6＝50.4(万元)；

企业所得税确认成本：110－70＝40(万元)。

**【提示】**实务中，建筑企业预估成本的（实际）处理有多种方式，本案例处理方式并非唯一，主要目的是提醒企业，在企业所得税汇算清缴时，要按照政策规定处理预估成本，否则有一定的涉税风险。

Tax Practice and
Case Analysis for
Construction Business

# 第5章
# 建筑企业职工薪酬及人工费用涉税业务

从工资薪酬角度看，建筑企业的工资薪酬包括企业管理人员的工资薪酬、施工项目中人员（包括管理人员、施工人员）的工资薪酬。从施工项目成本角度看，则是人工费的概念，一般是指按工资总额的构成规定，支付给从事建筑安装工程施工的生产工人和附属生产单位工人的各项费用，不包括材料采购和材料保管人员费用、材料到达施工现场前的装卸工人费用、驾驶施工机械和运输机械的工人费用以及现场管理费支付工资的人员费用。从施工项目成本角度看，还包括企业直接支付的劳务用工（通过劳务公司等实现）以及分包的纯建筑劳务费用。对于承接纯建筑劳务分包业务的建筑企业，其涉及的业务同样也是工资薪金业务和劳务用工业务。本章主要内容就是分析上述业务的涉税问题。

## 5.1 工资薪金涉税业务

职工薪酬，是指企业为获得职工提供的服务而给予的各种形式的报酬以及其他相关支出。本节主要从建筑企业对自有人员支付职工薪酬的角度分析涉及的个人所得税处理。

### 5.1.1 企业所得税中的“合理工资薪金”及“工资薪金总额”的概念

工资薪金支出业务主要是指企业依据相关法律法规支付给员工的工资薪金，包括税法规定的各种形式的工资薪金（劳务报酬）业务，涉及企业所得税、个人所得税的计算。

**1. 企业所得税政策中合理工资薪金的概念**

《企业所得税法实施条例》第三十四条规定：“企业发生的合理的工资薪金，准予扣除。

前款所称工资薪金，是指企业每一纳税年度支付给在本企业任职或者受雇的员工的所有现金或者非现金形式的劳动报酬，包括基本工资、奖金、津贴、补贴、年终加薪、加班工资，以及与任职或者受雇有关的其他支出。”

《国家税务总局关于企业工资薪金及职工福利费扣除问题的通知》（国税函

〔2009〕3号）第一条“关于合理工资薪金问题”规定：“《实施条例》第三十四条所称的‘合理工资薪金’，是指企业按照股东大会、董事会、薪酬委员会或相关管理机构制订的工资薪金制度规定实际发放给员工的工资薪金。税务机关在对工资薪金进行合理性确认时，可按以下原则掌握：

（一）企业制订了较为规范的员工工资薪金制度；

（二）企业所制订的工资薪金制度符合行业及地区水平；

（三）企业在一定时期所发放的工资薪金是相对固定的，工资薪金的调整是有序进行的；

（四）企业对实际发放的工资薪金，已依法履行了代扣代缴个人所得税义务。

（五）有关工资薪金的安排，不以减少或逃避税款为目的”。

### 2. 企业所得税政策中工资薪金总额的确定

国税函〔2009〕3号文件第二条规定：“《实施条例》第四十、四十一、四十二条所称的‘工资薪金总额’，是指企业按照本通知第一条规定实际发放的工资薪金总和，不包括企业的职工福利费、职工教育经费、工会经费以及养老保险费、医疗保险费、失业保险费、工伤保险费、生育保险费等社会保险费和住房公积金。属于国有性质的企业，其工资薪金，不得超过政府有关部门给予的限定数额；超过部分，不得计入企业工资薪金总额，也不得在计算企业应纳税所得额时扣除”。

根据上述政策规定，在日常实务中，企业发放的工资薪酬只要符合上述政策规定，则可以按照政策规定在企业所得税税前扣除。一般情况下，建筑企业招聘的员工，不论是管理人员，还是直接从事项目施工的人员，只要在合同中有明确的薪资条款，就可以这个条款为基础，确定合理的工资薪金。

### 3. 会计处理

在日常会计处理中，支付的建筑公司管理层的工资薪金一般借记“管理费用”科目，贷记“应付职工薪酬”科目。对于支付的各个项目部职工薪金，如果是直接参与项目施工的人员，应借记“工程施工——合同成本”科目，贷记“应付职工薪酬”科目；如果支付的是施工现场管理人员的工资薪金，则借记“工程施工——间接费用”科目，贷记“应付职工薪酬”科目。对于支付的机械作业、辅助生产人员职工薪金，一般先借记“机械作业”“辅助生产”科目，贷记“应付职工薪酬”科目，然后再分配转入“工程施工——合同成本”科目。

**【提示 1】**企业所得税政策中的“工资薪金”与个人所得税政策中的“工资、薪金所得”概念不同，在进行企业所得税涉税业务处理时，工资薪金支出不包括企业支付的职工福利费等各项其他具有福利性质的费用及社保等费用。而个人所得税涉税业务中的工资、薪金所得，是指个人因任职或者受雇而取得的工资、薪金、奖金、年终加薪、劳动分红、津贴、补贴以及与任职或者受雇有关的其他所得。对于企业在福利费中支付的人人有份的福利及超过标准的社保费用等均要计入个人工资、薪金所得计算缴纳个人所得税。

**【提示 2】**关于职工薪酬。《企业会计准则第 9 号——职工薪酬》第二条规定：“职工薪酬，是指企业为获得职工提供的服务或解除劳动关系而给予的各种形式的报酬或补偿。职工薪酬包括短期薪酬、离职后福利、辞退福利和其他长期职工福利。企业提供给职工配偶、子女、受赡养人、已故员工遗属及其他受益人等的福利，也属于职工薪酬。

短期薪酬，是指企业在职工提供相关服务的年度报告期间结束后十二个月内需要全部予以支付的职工薪酬，因解除与职工的劳动关系给予的补偿除外。短期薪酬具体包括：职工工资、奖金、津贴和补贴，职工福利费，医疗保险费、工伤保险费和生育保险费等社会保险费，住房公积金，工会经费和职工教育经费，短期带薪缺勤，短期利润分享计划，非货币性福利以及其他短期薪酬。

带薪缺勤，是指企业支付工资或提供补偿的职工缺勤，包括年休假、病假、短期伤残、婚假、产假、丧假、探亲假等。利润分享计划，是指因职工提供服务而与职工达成的基于利润或其他经营成果提供薪酬的协议。

离职后福利，是指企业为获得职工提供的服务而在职工退休或与企业解除劳动关系后，提供的各种形式的报酬和福利，短期薪酬和辞退福利除外。

辞退福利，是指企业在职工劳动合同到期之前解除与职工的劳动关系，或者为鼓励职工自愿接受裁减而给予职工的补偿。

其他长期职工福利，是指除短期薪酬、离职后福利、辞退福利之外所有的职工薪酬，包括长期带薪缺勤、长期残疾福利、长期利润分享计划等。”

关于职工。《企业会计准则第9号——职工薪酬》第三条规定："本准则所称职工，是指与企业订立劳动合同的所有人员，含全职、兼职和临时职工，也包括虽未与企业订立劳动合同但由企业正式任命的人员。

未与企业订立劳动合同或未由其正式任命，但向企业所提供服务与职工所提供服务类似的人员，也属于职工的范畴，包括通过企业与劳务中介公司签订用工合同而向企业提供服务的人员。"

### 5.1.2 企业支付员工工资薪金的个人所得税处理

自2019年1月1日起施行的新《个人所得税法》规定，工资薪金所得并入综合所得。

#### 1. 综合所得

根据《个人所得税法》第二条的规定，居民个人取得的"工资、薪金所得"为个人应税所得。在计算个人所得税时与"劳务报酬所得""稿酬所得"及"特许权使用费所得"共计四项作为综合所得，按纳税年度合并计算个人所得税。

#### 2. 综合所得税率

根据《个人所得税法》第三条第（一）项的规定，"综合所得，适用百分之三至百分之四十五的超额累进税率"，税率表为《个人所得税税率表一（工资薪金所得适用）》（见本章附录中的附表1）。

#### 3. 综合所得及各项所得、扣除的计算

《个人所得税法》第六条规定：

"居民个人的综合所得，以每一纳税年度的收入额减除费用六万元以及专项扣除、专项附加扣除和依法确定的其他扣除后的余额，为应纳税所得额"；

"劳务报酬所得、稿酬所得、特许权使用费所得以收入减除百分之二十的费用后的余额为收入额。稿酬所得的收入额减按百分之七十计算"；

"专项扣除，包括居民个人按照国家规定的范围和标准缴纳的基本养老保险、

基本医疗保险、失业保险等社会保险费和住房公积金等；专项附加扣除，包括子女教育、继续教育、大病医疗、住房贷款利息或者住房租金、赡养老人等支出，具体范围、标准和实施步骤由国务院确定，并报全国人民代表大会常务委员会备案”。

根据《个人所得税法》第十条的规定，纳税人应当依法办理纳税申报，取得综合所得的纳税人需要办理汇算清缴。

**4. 预扣**

《个人所得税法》第十一条规定：“居民个人取得综合所得，按年计算个人所得税；有扣缴义务人的，由扣缴义务人按月或者按次预扣预缴税款；需要办理汇算清缴的，应当在取得所得的次年三月一日至六月三十日内办理汇算清缴。预扣预缴办法由国务院税务主管部门制定。

居民个人向扣缴义务人提供专项附加扣除信息的，扣缴义务人按月预扣预缴税款时应当按照规定予以扣除，不得拒绝。”

根据上述政策规定，自 2019 年 1 月 1 日起，居民个人取得的“工资、薪金所得”应与取得的“劳务报酬所得”“稿酬所得”及“特许权使用费所得”合并作为综合所得，按纳税年度合并计算个人所得税。支付工资、薪金的企业（代扣代缴义务人）应按月预扣个人所得税，并在取得所得的次年 3 月 1 日至 6 月 30 日内办理汇算清缴。

**案例 5-1**

## 建筑企业支付员工工资薪金的个人所得税计算

A 建筑公司员工甲，假定 2019 年全年取得工资收入 187 200 元，全年扣除减除费用 60 000 元、专项扣除金额 36 000 元、专项附加扣除金额 12 000 元，年所得 79 200 元，假定 A 公司已预扣（按月累计）税款 5 400 元。同时员工甲在 2019 年取得稿酬收入 30 000 元（支付方已预扣预交个人所得税），提供设计劳务取得劳务报酬 12 000 元（支付方已预扣预交个人所得税）。2019 年员工甲的个人所得税汇算清缴计算如下：

1. 员工甲在 A 公司取得工资薪金收入，A 公司预扣个人所得税 5 400 元（见表 5-1）。

**表 5-1** **员工甲个人所得税预扣计算** 金额单位:元

| 月份 | 月收入 | | 减除费用 | | 专项扣除 | | 专项附加扣除 | | 所得额（预） | 税率 | 扣除数 | 预扣税款 | 累计预扣税款 |
|---|---|---|---|---|---|---|---|---|---|---|---|---|---|
| | 每月 | 累计 | 每月 | 累计 | 每月 | 累计 | 每月 | 累计 | | | | | |
| 1 | 14 000 | 14 000 | 5 000 | 5 000 | 3 000 | 3 000 | 1 000 | 3 000 | 5 000 | 3% | 0 | 150 | 180 |
| 2 | 14 000 | 28 000 | 5 000 | 30 000 | 3 000 | 6 000 | 3 000 | 2 000 | 30 000 | 3% | 0 | 150 | 330 |
| 3 | 18 800 | 46 800 | 5 000 | 15 000 | 3 000 | 9 000 | 3 000 | 3 000 | 19 800 | 3% | 0 | 264 | 594 |
| 4 | 14 000 | 60 800 | 5 000 | 20 000 | 3 000 | 12 000 | 3 000 | 4 000 | 24 800 | 3% | 0 | 150 | 744 |
| 5 | 14 000 | 74 800 | 5 000 | 25 000 | 3 000 | 15 000 | 3 000 | 5 000 | 29 800 | 3% | 0 | 150 | 894 |
| 6 | 18 800 | 93 600 | 5 000 | 30 000 | 3 000 | 18 000 | 3 000 | 6 000 | 39 600 | 10% | 2 520 | 546 | 1 440 |
| 7 | 14 000 | 107 600 | 5 000 | 35 000 | 3 000 | 23 000 | 3 000 | 7 000 | 44 600 | 10% | 2 520 | 500 | 1 940 |
| 8 | 14 000 | 121 600 | 5 000 | 40 000 | 3 000 | 24 000 | 3 000 | 8 000 | 49 600 | 10% | 2 520 | 500 | 2 440 |
| 9 | 18 800 | 140 400 | 5 000 | 45 000 | 3 000 | 27 000 | 3 000 | 9 000 | 59 400 | 10% | 2 520 | 980 | 3 420 |
| 10 | 14 000 | 154 400 | 5 000 | 50 000 | 3 000 | 30 000 | 3 000 | 30 000 | 64 400 | 10% | 2 520 | 500 | 3 920 |
| 11 | 14 000 | 168 400 | 5 000 | 55 000 | 3 000 | 33 000 | 3 000 | 13 000 | 69 400 | 10% | 2 520 | 500 | 4 420 |
| 12 | 18 800 | 187 200 | 5 000 | 60 000 | 3 000 | 36 000 | 3 000 | 12 000 | 79 200 | 10% | 2 520 | 980 | 5 400 |

2. 员工甲在 2019 年取得稿酬收入 30 000 元，在支付款项的单位预扣税款如下：

稿酬所得减除费用：30 000×20%＝6 000(元)；

稿酬所得的应纳税所得额：(30 000－6 000)×70%＝16 800(元)；

预扣税款：16 800×20%＝3 360(元)。

3. 员工甲在 2019 年取得劳务报酬收入 12 000 元，在支付款项的单位预扣税款如下：

劳务报酬所得减除费用：12 000×20%＝2 400(元)；

劳务报酬所得的应纳税所得额：12 000－2 400＝9 600(元)；

预扣税款：9 600×20%＝1 920(元)。

4. 汇总计算。

综合所得：79 200＋16 800＋9 600＝105 600(元)；

已预扣税款：5 400＋3 360＋1 920＝10 680(元)；

应缴税款：105 600×10%－2 520－10 680＝－2 640(元)；

年终汇算退税 2 640 元。

**【提示】**员工甲必须在 2020 年 3 月 1 日—6 月 30 日内通过扣缴义务人、委托中介或者自行申报方式进行 2019 年度个人所得税汇算清缴工作，可以凭身份证在当地税务机关或者网上办税厅查询或打印纳税凭证，包括在异地预扣预缴税款的凭证。

### 5.1.3　工资薪金个人所得税预扣处理

根据个人所得税政策，自 2019 年 1 月 1 日起，扣缴义务人向居民个人支付工资、薪金所得时，应当按照累计预扣法计算预扣税款，并按月办理扣缴申报。具体预扣税款方式，根据《个人所得税扣缴申报管理办法（试行）》（国家税务总局公告 2018 年第 61 号发布）第六条的规定处理如下：

累计预扣法，是指扣缴义务人在一个纳税年度内预扣预缴税款时，以纳税人在本单位截至当前月份工资、薪金所得累计收入减除累计免税收入、累计减除费用、累计专项扣除、累计专项附加扣除和累计依法确定的其他扣除后的余额为累计预扣预缴应纳税所得额，适用《个人所得税预扣率表一》（见本章附录中的附表5），计算累计应预扣预缴税额，再减除累计减免税额和累计已预扣预缴税额，其余额为本期应预扣预缴税额。余额为负值时，暂不退税。纳税年度终了后余额仍为负值时，由纳税人通过办理综合所得年度汇算清缴，税款多退少补。

具体计算公式如下：

本期应预扣预缴税额＝(累计预扣预缴应纳税所得额×预扣率－速算扣除数)－累计减免税额－累计已预扣预缴税额

累计预扣预缴应纳税所得额＝累计收入－累计免税收入－累计减除费用－累计专项扣除－累计专项附加扣除－累计依法确定的其他扣除

其中：累计减除费用，按照5 000元/月乘以纳税人当年截至本月在本单位的任职受雇月份数计算。

上述专项附加扣除，是指符合《个人所得税专项附加扣除暂行办法》（国发〔2018〕41号文件发布）关于“子女教育”“继续教育”“大病医疗”“住房贷款利息”“住房租金”“赡养老人”专项附加扣除规定条件的，可以从收入中扣除。

**案例5-2**

## 建筑企业支付员工工资薪金预扣个人所得税计算

假定A建筑公司工程建造师甲在2019年1—12月期间，每月取得基本工资14 000元，每季度取得季度奖金4 800元。每月减除费用5 000元，假定员工甲专项扣除金额3 000元、专项附加扣除“赡养老人”金额1 000元。员工甲的个人所得税处理如下：

1. 2019年1月计算。

1月份预扣预缴应纳税所得额：14 000－5 000－3 000－1 000＝5 000(元)；

1月份应预扣预缴税额：5 000×3%－0＝150(元)。

2. 2019年2月计算。

2月份预扣预缴应纳税所得额：28 000－10 000－6 000－2 000＝10 000(元)；

2月份应预扣预缴税额：10 000×3%－150＝150(元)。

各月以此类推，计算如表5-2所示：

**表 5-2** **员工甲 2019 年各月税款预扣情况** 金额单位:元

| 月份 | 月收入 | | 减除费用 | | 专项扣除 | | 专项附加扣除 | | 所得额(预) | 税率 | 扣除数 | 预扣税款 | 累计预扣税款 |
|---|---|---|---|---|---|---|---|---|---|---|---|---|---|
| | 每月 | 累计 | 每月 | 累计 | 每月 | 累计 | 每月 | 累计 | | | | | |
| 1 | 14 000 | 14 000 | 5 000 | 5 000 | 3 000 | 3 000 | 1 000 | 1 000 | 5 000 | 3% | 0 | 150 | 150 |
| 2 | 14 000 | 28 000 | 5 000 | 10 000 | 3 000 | 6 000 | 1 000 | 2 000 | 10 000 | 3% | 0 | 150 | 300 |
| 3 | 18 800 | 46 800 | 5 000 | 15 000 | 3 000 | 9 000 | 1 000 | 3 000 | 19 800 | 3% | 0 | 294 | 594 |
| 4 | 14 000 | 60 800 | 5 000 | 20 000 | 3 000 | 12 000 | 1 000 | 4 000 | 24 800 | 3% | 0 | 150 | 744 |
| 5 | 14 000 | 74 800 | 5 000 | 25 000 | 3 000 | 15 000 | 1 000 | 5 000 | 29 800 | 3% | 0 | 150 | 894 |
| 6 | 18 800 | 93 600 | 5 000 | 30 000 | 3 000 | 18 000 | 1 000 | 6 000 | 39 600 | 10% | 2 520 | 546 | 1 440 |
| 7 | 14 000 | 107 600 | 5 000 | 35 000 | 3 000 | 21 000 | 1 000 | 7 000 | 44 600 | 10% | 2 520 | 500 | 1 940 |
| 8 | 14 000 | 121 600 | 5 000 | 40 000 | 3 000 | 24 000 | 1 000 | 8 000 | 49 600 | 10% | 2 520 | 500 | 2 440 |
| 9 | 18 800 | 140 400 | 5 000 | 45 000 | 3 000 | 27 000 | 1 000 | 9 000 | 59 400 | 10% | 2 520 | 980 | 3 420 |
| 10 | 14 000 | 154 400 | 5 000 | 50 000 | 3 000 | 30 000 | 1 000 | 10 000 | 64 400 | 10% | 2 520 | 500 | 3 920 |
| 11 | 14 000 | 168 400 | 5 000 | 55 000 | 3 000 | 33 000 | 1 000 | 11 000 | 69 400 | 10% | 2 520 | 500 | 4 420 |
| 12 | 18 800 | 187 200 | 5 000 | 60 000 | 3 000 | 36 000 | 1 000 | 12 000 | 79 200 | 10% | 2 520 | 980 | 5 400 |

上述预扣个人所得税在年终办理综合所得年度汇算清缴，税款多退少补。

### 5.1.4 企业支付员工全年一次性奖金的个人所得税计算

#### 1. 2019年1月1日之前的处理

根据《国家税务总局关于调整个人取得全年一次性奖金等计算征收个人所得税方法问题的通知》(国税发〔2005〕9号）第二条、第三条及第四条的规定，纳税人取得全年一次性奖金，单独作为一个月工资、薪金所得计算纳税，并按以下计税办法，由扣缴义务人发放时代扣代缴：

（1）先将雇员当月内取得的全年一次性奖金，除以12个月，按其商数确定适用税率和速算扣除数。如果在发放年终一次性奖金的当月，雇员当月工资薪金所得低于税法规定的费用扣除额，应将全年一次性奖金减除“雇员当月工资薪金所得与费用扣除额的差额”后的余额，按上述办法确定全年一次性奖金的适用税率和速算扣除数。

（2）将雇员个人当月内取得的全年一次性奖金，按上述第（1）项确定的适用税率和速算扣除数计算征税，计算公式如下：

①如果雇员当月工资薪金所得高于（或等于）税法规定的费用扣除额，则适用公式为：

应纳税额＝雇员当月取得全年一次性奖金×适用税率－速算扣除数

②如果雇员当月工资薪金所得低于税法规定的费用扣除额，则适用公式为：

应纳税额＝(雇员当月取得全年一次性奖金－雇员当月工资薪金所得与费用扣除额的差额)×适用税率－速算扣除数

在一个纳税年度内，对每一个纳税人，该计税办法只允许采用一次。

#### 2. 2019年1月1日至2021年12月31日之间的处理

根据《财政部 税务总局关于个人所得税法修改后有关优惠政策衔接问题的通知》(财税〔2018〕164号）第一条第（一）项的规定，“居民个人取得全年一次性奖金，符合《国家税务总局关于调整个人取得全年一次性奖金等计算征收个人所得税方法问题的通知》(国税发〔2005〕9号)规定的，在2021年12月31日前，不并入当年综合所得，以全年一次性奖金收入除以12个月得到的数额，按照本通知所附按月换算后的综合所得税率表(以下简称月度税率表)，确定适用税率和速算扣除数，单独计算纳税。计算公式为：

应纳税额＝全年一次性奖金收入×适用税率－速算扣除数

居民个人取得全年一次性奖金，也可以选择并入当年综合所得计算纳税”。

根据上述政策规定，在2019年1月1日至2021年12月31日之间，对纳税人取得的全年一次性奖金收入，可以在“并入当年综合所得”与“不并入当年综合所得”两种方式中选择一种方式处理。

**3. 2022年1月1日之后的处理**

根据《财政部 税务总局关于个人所得税法修改后有关优惠政策衔接问题的通知》(财税〔2018〕164号)第一条第(一)项的规定，自2022年1月1日起，居民个人取得全年一次性奖金，应并入当年综合所得计算缴纳个人所得税。

**案例5-3**

**全年一次性奖金的个人所得税计算(不并入当年综合所得)**

A公司员工甲，假定员工甲2020年1月取得2019年度一次性奖金30 000元，2020年1月份的工资收入15 000元，当月减除费用5 000元，当月专项扣除金额3 000元、专项附加扣除“赡养老人”金额1 000元。员工甲选择不并入当年综合所得计算纳税，2020年1月全年一次性奖金个人所得税计算如下：

1. 当月工资薪金个人所得税预扣计算。

当月预扣预缴应纳税所得额：15 000－5 000－3 000－1 000＝6 000(元)；

当月应预扣预缴税额：6 000×3%＝180(元)。

2. 全年一次性奖金个人所得税计算。

全年一次性奖金所得30 000元，查找适用税率。

商数：30 000÷12＝2 500，对照税率表，适用税率为3%，速算扣除数为0元。

全年一次性奖金应纳税额：30 000×3%－0＝900(元)。

案例 5-4

**全年一次性奖金的个人所得税计算（并入当年综合所得）**

A 公司员工甲，假定员工甲 2020 年 1 月取得 2019 年度一次性奖金 35 000 元，2020 年 1 月份的工资收入 15 000 元，当月减除费用 5 000 元，当月专项扣除金额 3 000 元、专项附加扣除“赡养老人”金额 1 000 元。员工甲选择并入当年综合所得计算纳税，2020 年 1 月全年一次性奖金个人所得税计算如下：

当月工资薪金个人所得税预扣计算。

当月预扣预缴应纳税所得额：50 000－5 000－3 000－1 000＝41 000(元)；

当月应预扣预缴税额：41 000×10％－2 520 ＝1 580(元)。

**【提示】**全年一次性奖金是单独计算还是并入当月工资一起计算代扣代缴（预扣预交）个人所得税，可以根据税负情况自行选择。

### 5.1.5 企业集团委派人员工资薪金个人所得税的申报缴纳

在一些建筑企业中，部分企业的高层人员由企业集团委派，如果委派的人员在集团内原工作单位（雇佣单位）和现工作单位均获取工资薪金，则个人所得税计算原则如下：

纳税人同时在两处以上取得工资、薪金所得的个人所得税计算，主要是确定在何处减除费用的问题。

在 2019 年 1 月 1 日之前，根据当时的《个人所得税法》第八条、《中华人民共和国个人所得税法实施条例》（以下简称《个人所得税法实施条例》）第三十六条第二款以及《个人所得税自行纳税申报办法（试行）》（国税发〔2006〕162 号文件发布）第二条第（二）项、第十条第（二）项的规定，在中国境内有两处或者两处以上任职、受雇单位的，选择并固定向其中一处单位所在地主管税务机关申报。

在具体操作中，各地一般参考《征收个人所得税若干问题的规定》（国税发〔1994〕89 号文件发布）第三条第（一）项的规定执行，即：对雇佣单位和派遣单位分别支付工资、薪金的，采取由支付者中的一方减除费用的方法，即只由雇佣单位在支付工资、薪金时，按税法规定减除费用，计算扣缴个人所得税；派遣单位支付的工资、薪金不再减除费用，以支付全额直接确定适用税率，计算扣缴个人所得税。

自 2019 年 1 月 1 日起，仍然是选择从一处取得的所得中减除。根据《个人所得税法实施条例》第二十八条的规定，“纳税人同时从两处以上取得工资、薪金所得，并由扣缴义务人减除专项附加扣除的，对同一专项附加扣除项目，在一个纳税年度内只能选择从一处取得的所得中减除”。

**案例 5-5**

**在两处取得工资薪金的个人所得税计算**

A 建筑集团委派集团副总甲兼任下属 C 子公司总经理，2017 年 A 建筑集团每月支付甲工资薪金总计 12 500 元，根据税法规定减除费用 3 500 元以及附加减除费 1 500 元。C 子公司每月支付甲工资薪金总计 39 000 元。甲选择在 A 建筑集团按税法规定减除费用，计算扣缴个人所得税，则每月的个人所得税计算如下：

A 建筑集团计算代扣代缴甲税款：(12 500－3 500－1 500)×20%－555＝945(元)；

C 公司计算代扣代缴甲税款：39 000×30%－2 755＝8 945(元)。

上述两项合计：945＋8 945＝9 890(元)。

年度结束（次年 3 月 31 日前）再合并计算多退少补。

合并计算：(12 500＋39 000－3 500－1 500)×30%－2 755＝11 195(元)；

应补缴税款：11 195－9 890＝1 305(元)；

全年应补缴税款：1 305×12＝15 660(元)。

**【提示】**自 2019 年 1 月 1 日起，上述集团委派人员 B 取得的两处“工资、薪金所得”均应计入综合所得，按年计算个人所得税，并由扣缴义务人按月预扣预缴税款，年终办理汇算清缴。

### 5.1.6 企业支付临时劳务用工费用的涉税处理

临时劳务用工主要是指企业自行招聘的临时用工人员，如保洁员、门卫等。支付劳务费用时，一般直接到税务机关代开劳务用工发票。

《税务机关代开增值税专用发票管理办法（试行）》（国税发〔2004〕153号文件发布）第二条规定，“本办法所称代开专用发票是指主管税务机关为所辖范围内的增值税纳税人代开专用发票，其他单位和个人不得代开”，因此，支付的保洁员等临时用工人员费用只能代开增值税普通发票，不能代开增值税专用发票。

案例 5-6

**建筑企业支付临时劳务用工费用的涉税处理**

A建筑公司2017年9月20日与甲、乙两人签订临时劳务服务合同，从10月1日起从事保洁工作，每人平均费用（工资）6 000元/月。每月相关处理如下：

个人到税务机关代开增值税普通发票（大多数情况是企业以个人名义到税务机关代开增值税普通发票），假定不考虑其他税费（劳务报酬所得税前扣除城市维护建设税与教育费附加等）。

不含税销售额：6 000÷(1+3%)=5 825.24(元)；

应缴增值税：5 825.24×3%=174.76(元)；

应缴个人所得税：5 825.24×(1−20%)×20%=932.04(元)。

用工企业取得增值税普通发票后，可以按照规定，根据不同的性质记入“管理费用”“工程施工”等相关科目。

**【提示】**根据新《个人所得税法》的规定，自2019年1月1日起，居民个人取得的“劳务报酬所得”与“工资、薪金所得”“稿酬所得”及“特许权使用费所得”共计四项作为综合所得，按纳税年度合并计算个人所得税，由扣缴义务人按月或者按次预扣预缴税款，并在年终办理汇算清缴。

## 5.2 人工费用涉税业务

本节内容主要是项目部发生的应计入建造成本的人员费用，包括自有员工发生的费用以及劳务费支出、劳务分包业务的涉税处理。其中自有员工的工资薪金个人所得税业务已在上一节叙述。

### 5.2.1　企业自行招聘（施工）人员费用的企业所得税处理

建筑企业自行招聘人员包括管理层人员、项目部人员以及施工人员（建筑工人）等，主要涉及工资薪金支出的企业所得税、个人所得税处理，不涉及增值税处理。个人所得税的处理见 5.1“工资薪金涉税业务”，企业所得税相关处理如下：

**1. 企业所得税一般规定**

对建筑企业自行招聘人员（包括施工人员）的企业所得税合理工资薪金处理判断（掌握），仍然根据《企业所得税法实施条例》第三十四条、《国家税务总局关于企业工资薪金及职工福利费扣除问题的通知》（国税函〔2009〕3 号）第一条等文件精神处理。

凡是符合“合理工资薪金”规范的工资薪金均可以在税前扣除。但是在具体处理时，需要按照人员岗位的性质分别记入相关科目（或成本对象），并按照个人所得税政策代扣代缴个人所得税。例如，直接属于施工部门的，记入“工程施工”科目，属于管理部门的，记入“管理费用”科目，属于辅助生产部门的，记入“辅助费用”科目。其中属于“工程施工”科目中间接费用（或单独核算成本）的工资薪金，也要先单独归集，再分配至相关二级科目。

**2. 建筑企业实务处理**

除上述规定之外，对于建筑企业项目施工中的人工费用，还需要提供其他合理性的依据。

建筑企业项目施工中的生产工人工资薪金属于人工费用，一般是指按工资总额的构成规定，支付给从事建筑安装工程施工的生产工人和附属生产单位工人的各项费用。不包括材料采购和材料保管人员费用、材料到达施工现场前的装卸工人费用、驾驶施工机械和运输机械的工人费用以及现场管理费支付工资的人员费用。

在实务中，不论是计时工资还是计件工资，其实际支出（发生）的依据，都需要有完整的计算标准、计时考勤、班组工资分配表和相应的工程任务单。同时，还要以施工项目人工费用的预算、决算（包括审计）的数据作为支出合理性的判断参考依据。

【提示】人工费用不仅包括企业自行招聘的生产工人费用，还包括通过劳务公司支付的人工费用、劳务分包的人工费用，其支出均要有相应的依据、凭证。

案例 5-7

**建筑企业自行招聘人员费用的企业所得税处理**

A 建筑公司某分公司 2019 年 7 月发放工资薪金，其中某项目工程部施工人员 104 000 元、管理人员 23 000 元、辅助生产部（车间）30 000 元、机械施工部 35 000 元。A 公司相关会计处理如下：

| | |
|---|---|
| 借：工程施工——合同成本——工资 | 104 000 |
| ——间接费用——工资 | 23 000 |
| 辅助生产——工资 | 30 000 |
| 机械作业——工资 | 35 000 |
| 贷：应付职工薪酬 | 192 000 |

## 5.2.2 企业支付劳务用工费用的增值税、企业所得税处理

企业如果委托劳务（人力资源）公司提供人员劳务，则企业与人力资源公司签订劳务提供合同，由人力资源公司提供企业需要的各类人员，而这些人员与人力资源公司签订用工合同。用工企业每个月按合同支付劳务费用，然后由人力资源公司再支付劳务人员的工资薪金及福利等。

### 1. 增值税处理

提供人力资源服务的范围，主要包括提供公共就业、劳务派遣、人才委托招聘、劳动力外包等服务。根据《营业税改征增值税试点实施办法》（财税〔2016〕36 号文件附件 1）所附《销售服务、无形资产、不动产注释》的规定，提供人力资源服务按照“人力资源服务”税目缴纳增值税。

根据《财政部 国家税务总局关于进一步明确全面推开营改增试点有关劳务派遣服务、收费公路通行费抵扣等政策的通知》（财税〔2016〕47 号）第一条的规定，

“劳务派遣服务，是指劳务派遣公司为了满足用工单位对于各类灵活用工的需求，将员工派遣至用工单位，接受用工单位管理并为其工作的服务”。纳税人提供劳务派遣服务的，增值税处理及发票开具规定如下：

“一般纳税人提供劳务派遣服务，可以按照《财政部 国家税务总局关于全面推开营业税改征增值税试点的通知》（财税〔2016〕36 号）的有关规定，以取得的全部价款和价外费用为销售额，按照一般计税方法计算缴纳增值税；也可以选择差额纳税，以取得的全部价款和价外费用，扣除代用工单位支付给劳务派遣员工的工资、福利和为其办理社会保险及住房公积金后的余额为销售额，按照简易计税方法依 5%的征收率计算缴纳增值税”。

“选择差额纳税的纳税人，向用工单位收取用于支付给劳务派遣员工工资、福利和为其办理社会保险及住房公积金的费用，不得开具增值税专用发票，可以开具普通发票”。

“小规模纳税人提供劳务派遣服务，可以按照《财政部 国家税务总局关于全面推开营业税改征增值税试点的通知》（财税〔2016〕36 号）的有关规定，以取得的全部价款和价外费用为销售额，按照简易计税方法依 3%的征收率计算缴纳增值税；也可以选择差额纳税，以取得的全部价款和价外费用，扣除代用工单位支付给劳务派遣员工的工资、福利和为其办理社会保险及住房公积金后的余额为销售额，按照简易计税方法依 5%的征收率计算缴纳增值税”。

用工企业支付劳务费用的增值税处理业务，主要是获取提供人力资源服务的企业开具的增值税发票及进项税额的处理。根据上述政策规定，如果劳务（人力资源）公司是一般纳税人，且选择“以取得的全部价款和价外费用为销售额，按照一般计税方法计算缴纳增值税”，可以开具增值税专用发票，其他方式不得开具增值税专用发票，可以开具增值税普通发票。用工企业支付劳务派遣公司费用时，取得增值税专用发票的，其票面注明的增值税税额（进项）可以抵扣销项税额。

### 2. 企业所得税处理

根据《国家税务总局关于企业工资薪金和职工福利费等支出税前扣除问题的公告》（国家税务总局公告 2015 年第 34 号）第三条的规定，企业接受外部劳务派遣用工所实际发生的费用，应分两种情况按规定在税前扣除：按照协议（合同）约定直接支付给劳务派遣公司的费用，应作为劳务费支出；直接支付给员工个人的费用，应作为工资薪金支出和职工福利费支出。其中属于工资薪金支出的费用，准予计入企业工资薪金总额的基数，作为计算其他各项相关费用扣除的依据。

在项目施工实务中，对于支出劳务费用的合理性，除按照《企业所得税法实施条例》第三十四条、《国家税务总局关于企业工资薪金及职工福利费扣除问题的通知》（国税函〔2009〕3号）第一条等规定判断外，还需要有其他相应的资料，作为实际支出发生且合理的判断依据。具体同前述自有施工人员费用支出的判断一样，包括完整的计算标准、计时考勤、班组工资分配表和相应的工程任务单。还要以施工项目人工费用的预算、决算（包括审计）的数据作为支出合理性的判断参考依据。同时，对于通过劳务公司开展的业务，还需要有劳务合同、人员身份登记等相应的资料。

### 3. 会计处理

营改增后，在企业的日常会计处理中，根据《增值税会计处理规定》（财会〔2016〕22号文件发布）第二条第（一）项第1点的规定，一般纳税人购进货物服务，按应计入相关成本费用或资产的金额，借记“工程施工——合同成本”等科目，按当月已认证的可抵扣增值税额，借记“应交税费——应交增值税（进项税额）”科目，按当月未认证的可抵扣增值税额，借记“应交税费——待认证进项税额”科目，按应付或实际支付的金额，贷记“应付账款”“应付票据”“银行存款”等科目。

对于小规模纳税人或采取简易计税方法的，其取得的增值税普通发票，按照发票金额直接计入相关成本费用或资产，如果取得增值税专用发票，则发票上注明的增值税也应计入相关成本费用或资产，不通过“应交税费——应交增值税”科目核算。

**案例5-8**

**建筑企业支付劳务费按约定直接支付给劳务派遣公司的涉税及会计处理**

A建筑公司（一般纳税人）某分公司（某项目部）2017年8月20日与B人力资源（劳务）公司签订劳务服务合同，约定从9月1日起由B公司提供劳务用工10人（施工工人），每人平均费用（工资）9 000元/月，B公司按每人100元收取管理费用（含税）。假定B公司为增值税一般纳税人，按照一般计税方法计算缴纳增值税，则每月增值税计算及会计处理如下：

1. 增值税计算。

B公司应按照全额开具增值税专用发票。

不含税销售额：9 100×10÷(1+6%)=85 849.06(元)；

B公司增值税销项税额：85 849.06×6%=5 150.94(元)；

A公司按规定取得增值税专用发票，进项税额5 150.94元。

2. A公司会计处理。

借：工程施工——合同成本——劳务费　　85 849.06

　　应交税费——应交增值税（进项税额）　　5 150.94

　贷：银行存款　　91 000

**案例5-9**

## 建筑企业支付劳务用工费用选择差额处理的涉税及会计处理

A建筑公司（一般纳税人）某分公司（某项目部）2017年8月20日与B人力资源（劳务）公司签订劳务服务合同，约定从9月1日起由B公司提供劳务用工10人（施工工人），每人平均费用（工资）9 000元/月，B公司按每人100元收取管理费用（含税）。假定B公司为增值税一般纳税人，按照差额纳税方法计算缴纳增值税，相关涉税处理如下：

1. B公司处理。

B公司选择“以取得的全部价款和价外费用，扣除代用工单位支付给劳务派遣员工的工资、福利和为其办理社会保险及住房公积金后的余额为销售额”。

B公司手续费：100×10=1 000(元)；

B公司不含税销售额：1 000÷(1+5%)= 952.38(元)；

B公司应交增值税：952.38×5%= 47.62(元)。

**【提示】**B公司可以通过三种方式开票：一是通过差额开票功能开具增值税专用发票（该方法未普遍推广）；二是全部价款和价外费用减去允许差额扣除的部分开具增值税专用发票，差额扣除部分开具增值税普通发票；三是全额开具增值税普通发票；具体以当地税务管理机关解释为准。

2. A公司处理。

(1) A公司接受（B公司开具）增值税普通发票。

发票金额91 000元，完税以1 000元为计税依据。

①计提劳务费时：

借：工程施工——合同成本——劳务费　　91 000

　贷：应付职工薪酬——劳务费　　91 000

②支付劳务费时：

借：应付职工薪酬——劳务费　　91 000

　贷：银行存款　　91 000

(2) A公司接受（B公司开具）增值税专用发票。

通过系统中差额征税开票功能开票，或者分开开票，分别为增值税专用发票1 000元（含税），普通发票90 000元，完税以1 000元为计税依据。

①计提劳务费时：

借：工程施工——合同成本——劳务费　　90 952.38

　　应交税费——应交增值税（进项税额）　　47.62

　贷：应付职工薪酬——劳务费　　91 000

②支付劳务费时：

借：应付职工薪酬——劳务费　　91 000

　贷：银行存款　　91 000

### 5.2.3 企业以劳务分包方式支付人工费用（劳务费用）的涉税处理

建筑企业在项目施工中的劳务分包业务，是指施工承包单位或者专业分包单位将其承揽工程中的劳务作业发包给具有相应资质的劳务分包单位完成的活动。根据《营业税改征增值税试点有关事项的规定》（财税〔2016〕36号文件附件2）第一条第（七）项的相关规定，对于承担劳务分包的建筑企业，可以选择适用简易计税方法计税。

根据上述政策规定，企业将劳务分包出去的，如果接受分包的企业选择适用一般计税方法，则可以取得增值税专用发票，其进项税额可以抵扣；如果接受分包的企业选择适用简易计税方法，则可以取得增值税普通发票，不能计算进项税额抵扣。

对于选择适用简易计税方法的项目，如果需要开具增值税专用发票，根据《国家税务总局关于扩大小规模纳税人自行开具增值税专用发票试点范围等事项的公告》（国家税务总局公告 2019 年第 8 号）第一条的规定，可以开具 3%的增值税专用发票，其进项税额可以抵扣。

在实务中，由于以清包工方式提供建筑服务，施工方不采购建筑工程所需的材料或只采购辅助材料，造成施工方可以取得的进项税额较少，如果一般纳税人按照一般计税方法计税，则很可能会导致税负（比原营业税）增加，因此，在实际操作中，一般纳税人以清包工方式提供建筑服务的，大多选择简易计税方法计税。

对于企业所得税处理，主要是合理性支出问题。对于纯劳务分包，应归属于项目施工的人工费用，对于其支出的合理性，除按照《企业所得税法实施条例》第三十四条规定的原则判断外，还需要有其他相应的资料，作为实际支出发生且合理的判断依据。相关资料主要有完整的工程量结算单、监理单据等资料。还要配合施工项目人工费用的预算、决算（包括审计）的数据作为支出合理性的判断参考依据。同时，还需要分包合同等相应的资料作为判断的依据。

**案例 5-10**

## 建筑企业将劳务分包出去的涉税及会计处理

A 建筑公司（一般纳税人）某分公司承担甲项目总包业务，2019 年 5 月，A 公司将部分建筑劳务分包给 B 建筑公司（一般纳税人）。由 B 公司以清包工方式为 A 公司提供建筑服务，主要工程内容为 A 公司总承包的甲项目相关土建工程施工。B 公司收取的费用主要包括人工费、管理费等各项其他费用，不含工程所需材料（少量辅材除外）。项目工期：2019 年 5 月 10 日—2020 年 12 月 20 日。合同价款 240 万元（含税）。增值税计算处理如下：

1. B 公司处理。

假定 B 公司选择简易计税方法计税。

B 公司采取清包工方式，不采购建筑工程所需的材料，因此可以选择简易计税方法计税。B 公司开具增值税普通发票。

(1) 增值税计算：

销售额：240÷(1+3%)=233.01(万元)；

应缴增值税：233.01×3%=6.99(万元)。

(2) 会计处理（单位：万元）：

借：应收账款——B公司 240

贷：工程结算——甲项目（分包） 233.01

应交税费——应交增值税（简易计税） 6.99

2. A公司处理。

A公司取得增值税普通发票，没有进项税额抵扣。如果A公司需要增值税专用发票，则B公司可以开具3%的增值税专用发票，进项税额可以抵扣，假定B公司开具3%的增值税专用发票。

(1) 取得增值税专用发票。

借：工程施工——总包——劳务分包 233.01

应交税费——应交增值税（进项税额） 6.99

贷：银行存款 240

(2) 取得增值税普通发票。

借：工程施工——总包——劳务分包 240

贷：银行存款 240

### 5.2.4 建筑企业在异地承担项目“工资、薪金所得”个人所得税的处理

建筑企业在异地承担项目缴纳（征收）个人所得税的处理在三个时间段有所不同。

#### 1. 2015年9月1日之前

《建筑安装业个人所得税征收管理暂行办法》（国税发〔1996〕127号文件发布）第六条规定：“从事建筑安装业的单位和个人应设置会计账簿，健全财务制度，准确、完整地进行会计核算。对未设立会计账簿，或者不能准确、完整地进行会计核算的单位和个人，主管税务机关可根据其工程规模、工程承包合同（协议）价款和工程完工进度等情况，核定其应纳税所得额或应纳税额，据以征税。具体核定办法由县以上（含县级）税务机关制定”；第十一条规定：“在异地从事建筑安装业工程作业的单位，应在工程作业所在地扣缴个人所得税。但所得在单位所在地分配，并

能向主管税务机关提供完整、准确的会计账簿和核算凭证的，经主管税务机关核准后，可回单位所在地扣缴个人所得税”。

根据上述政策规定，在 2015 年 9 月 1 日之前，建筑企业无法准确进行会计核算的，税务机关可以核定其应纳税所得额或应纳税额。同时，在异地从事建筑安装业工程作业的单位，应在工程作业所在地扣缴个人所得税。但是，所得在单位所在地分配，能准确进行会计核算的，可回单位所在地扣缴个人所得税。

**2. 2015 年 9 月 1 日至 2019 年 1 月 1 日之间**

（1）跨省异地工程项目的处理。

关于总承包企业、分承包企业派驻跨省异地工程项目的工作人员工资、薪金所得个人所得税处理。《国家税务总局关于建筑安装业跨省异地工程作业人员个人所得税征收管理问题的公告》（国家税务总局公告 2015 年第 52 号）第一条规定：“总承包企业、分承包企业派驻跨省异地工程项目的管理人员、技术人员和其他工作人员在异地工作期间的工资、薪金所得个人所得税，由总承包企业、分承包企业依法代扣代缴并向工程作业所在地税务机关申报缴纳。

总承包企业和分承包企业通过劳务派遣公司聘用劳务人员跨省异地工作期间的工资、薪金所得个人所得税，由劳务派遣公司依法代扣代缴并向工程作业所在地税务机关申报缴纳。”

关于申报方式。国家税务总局公告 2015 年第 52 号第二条规定：“跨省异地施工单位应就其所支付的工程作业人员工资、薪金所得，向工程作业所在地税务机关办理全员全额扣缴明细申报。凡实行全员全额扣缴明细申报的，工程作业所在地税务机关不得核定征收个人所得税。”

相关征管规定。国家税务总局公告 2015 年第 52 号第三条规定：“总承包企业、分承包企业和劳务派遣公司机构所在地税务机关需要掌握异地工程作业人员工资、薪金所得个人所得税缴纳情况的，工程作业所在地税务机关应及时提供。总承包企业、分承包企业和劳务派遣公司机构所在地税务机关不得对异地工程作业人员已纳税工资、薪金所得重复征税。两地税务机关应加强沟通协调，切实维护纳税人权益。”

（2）建筑安装业省内异地的处理。

国家税务总局公告 2015 年第 52 号第四条规定：“建筑安装业省内异地施工作业

人员个人所得税征收管理参照本公告执行。”

根据该公告规定，上述政策自 2015 年 9 月 1 日起施行。《国家税务总局关于印发〈建筑安装业个人所得税征收管理暂行办法〉的通知》（国税发〔1996〕127 号）第十一条规定同时废止。

根据上述政策规定，建筑安装业异地施工作业人员工资、薪金所得，由其所在单位依法代扣代缴个人所得税并向工程作业所在地税务机关申报缴纳。

跨省异地施工单位代扣的施工人员工资、薪金所得个人所得税，应向工程作业所在地税务机关办理全员全额扣缴明细申报。对实行全员全额扣缴明细申报的单位，工程作业所在地税务机关不得核定征收个人所得税。

**3. 自 2019 年 1 月 1 日起**

根据新《个人所得税法》第二条的规定，居民个人取得的“工资、薪金所得”为个人应税所得。在计算个人所得税时与“劳务报酬所得”“稿酬所得”及“特许权使用费所得”共计四项作为综合所得，按纳税年度合并计算个人所得税。

《个人所得税法》第十条第二款规定：“扣缴义务人应当按照国家规定办理全员全额扣缴申报，并向纳税人提供其个人所得和已扣缴税款等信息。”

根据上述政策规定精神，自 2019 年 1 月 1 日起，税务机关不再核定征收个人所得税。

**【提示 1】**关于建筑企业在异地承担项目“工资、薪金所得”个人所得税的处理，各地根据不同情况制定有明确的规定，具体以当地税务机关解释为准。

**【提示 2】**少数地区对建筑企业跨地区提供建筑工程作业核定征收个人所得税，因为核定征收的个人所得税无法一一对应到个人，因此，无法并入综合所得计算缴纳个人所得税。

## 5.3 福利费支出涉税业务

企业职工福利费是指企业为职工提供的除职工工资、奖金、津贴、纳入工资总额管理的补贴、职工教育经费、社会保险费和补充养老保险费（年金）、补充医疗保险费及住房公积金以外的福利待遇支出，主要涉及企业所得税、个人所得税的处理。

### 5.3.1　企业“职工福利费”支出的企业所得税处理

根据《国家税务总局关于企业工资薪金及职工福利费扣除问题的通知》（国税函〔2009〕3 号）第三条、《财政部关于企业加强职工福利费财务管理的通知》（财企〔2009〕242 号）第一条的规定，企业职工福利费是指企业为职工提供的除职工工资、奖金、津贴、纳入工资总额管理的补贴、职工教育经费、社会保险费和补充养老保险费（年金）、补充医疗保险费及住房公积金以外的福利待遇支出，包括发放给职工或为职工支付的以下各项现金补贴和非货币性集体福利：

（1）为职工卫生保健、生活等发放或支付的各项现金补贴和非货币性福利，包括职工因公外地就医费用、暂未实行医疗统筹企业职工医疗费用、职工供养直系亲属医疗补贴、职工疗养费用、自办职工食堂经费补贴或未办职工食堂统一供应午餐支出、符合国家有关财务规定的供暖费补贴、防暑降温费等。

（2）企业尚未分离的内设集体福利部门所发生的设备、设施和人员费用，包括职工食堂、职工浴室、理发室、医务所、托儿所、疗养院、集体宿舍等集体福利部门设备、设施的折旧、维修保养费用以及集体福利部门工作人员的工资薪金、社会保险费、住房公积金、劳务费等人工费用。

（3）职工困难补助，或者企业统筹建立和管理的专门用于帮助、救济困难职工的基金支出。

（4）离退休人员统筹外费用，包括离休人员的医疗费及离退休人员其他统筹外费用。企业重组涉及的离退休人员统筹外费用，按照《财政部关于企业重组有关职工安置费用财务管理问题的通知》（财企〔2009〕117 号）执行。国家另有规定的，从其规定。

（5）按规定发生的其他职工福利费，包括丧葬补助费、抚恤费、职工异地安家费、独生子女费、探亲假路费，以及符合企业职工福利费定义但没有包括在本通知各条款项目中的其他支出。

上述符合政策规定的职工福利费支出，根据《企业所得税法实施条例》第四十条的规定，“企业发生的职工福利费支出，不超过工资薪金总额 14%的部分，准予扣除”。即按照规定比例据实扣除。

在会计处理实务中，职工福利是包括在职工薪酬中核算的。一种处理方法是，计提相关福利费（按14%计提）时，借记“管理费用”“工程施工”科目，贷记“应付职工薪酬——职工福利费”科目。企业发放福利费支出时，借记“应付职工薪酬——职工福利费”科目，贷记“现金（银行存款等科目）”科目；年末企业所得税汇算清缴时，“应付职工薪酬——职工福利费”科目若有余额，则表明有计提未实际使用的部分，余额需要做纳税调整增加。

另一种处理方法是，在实际发生时，直接按发生额，借记“应付职工薪酬——职工福利费”科目，贷记“现金（银行存款等科目）”科目；待期末按实际发生额结转至费用时，借记“管理费用”“工程施工”科目，贷记“应付职工薪酬——职工福利费”科目。年末企业所得税汇算清缴时，需要汇总“应付职工薪酬——职工福利费”科目实际发生总金额，若不超过工资薪金总额的14%，可以全部列支，超过部分需要做纳税调整增加。

**案例 5-11**

## 建筑企业职工福利费支出税前列支计算

A建筑公司2017年度发生工资薪金支出总额510万元，职工福利费支出86.25万元，其中管理人员等工资薪金204万元、福利费34.50万元；某直属项目部人员工资薪金306万元，其中直接施工人员福利费45.15万元、现场管理人员福利费6.60万元。A公司涉税及会计处理如下（单位：万元）：

1. 发生职工福利费支出时：

借：管理费用——职工福利费　　34.50
　　工程施工——合同成本——职工福利费　　45.15
　　　　　　——间接费用——职工福利费　　6.60
　贷：应付职工薪酬——职工福利费　　86.25

2. 年终企业所得税汇算清缴时，计算职工福利费列支最高限额为：510×14%＝71.40（万元），则应调增企业所得税应纳税所得额：86.25－71.40＝14.85（万元）。

**【提示】** 为减少疏漏，建议企业对“工程施工——××——职工福利费”科目中的福利费超过税法规定扣除标准的金额在实际发生的当年调增应纳税所得额，在实际结转至主营业务成本的当年则不需要再另行调整应纳税所得额。

## 5.3.2　企业用实物支付“职工福利费”的增值税、企业所得税处理

企业用实物支付“职工福利费”，主要是指企业在节假日、各类庆典、纪念日及日常发放的实物等福利。相关增值税、企业所得税处理如下：

### 1. 增值税处理

对于购进货物等用于福利的处理。根据《增值税暂行条例》第十条第（一）项的规定，纳税人用于集体福利或者个人消费的购进货物、劳务、服务、无形资产和不动产，其进项税额不得从销项税额中抵扣。

对于自产货物等用于福利的处理。《增值税暂行条例实施细则》第四条第（五）项规定：“将自产、委托加工的货物用于集体福利或者个人消费”，视同销售货物。

根据上述政策规定，企业购进的货物、劳务或服务，用于职工福利的，其进项税额不得抵扣销项税额。已经抵扣进项税额的，应当做进项税额转出。但是如果是视同销售处理，则进项税额可以按照正常抵扣处理。

企业将自产、委托加工的货物用于集体福利或者个人消费的，则应视同销售货物。

### 2. 企业所得税处理

《企业所得税法实施条例》第二十五条规定，企业将货物、财产、劳务用于职工福利的，应当视同销售货物、转让财产和提供劳务，但国务院财政、税务主管部门另有规定的除外。根据企业所得税相关政策，视同销售的货物等，其价值按照公允价值确定。

根据上述政策规定，企业用实物支付“职工福利费”的，要视同销售处理，同

时再按照福利费税前列支规定计算税前列支金额。

### 3. 会计处理

在会计处理中，对于需要做进项税额转出的，根据《增值税会计处理规定》（财会〔2016〕22 号文件发布）第二条第（一）项第 1 点的规定，一般纳税人购进货物、加工修理修配劳务、服务、无形资产或不动产，用于集体福利或个人消费等，其进项税额按照现行增值税制度规定不得从销项税额中抵扣的，取得增值税专用发票时，应借记相关成本费用或资产科目，借记"应交税费——待认证进项税额"科目，贷记"银行存款""应付账款"等科目，经税务机关认证后，应借记相关成本费用或资产科目，贷记"应交税费——应交增值税（进项税额转出）"科目。如果一般纳税人购进货物、加工修理修配劳务、服务、无形资产或不动产，用于集体福利或个人消费时，是按照正常销售处理（视同销售），则增值税按照正常销售处理。

根据《增值税会计处理规定》第二条第（二）项第 2 点的规定，企业发生税法上视同销售的行为，应当按照企业会计准则制度相关规定进行相应的会计处理，并对按照现行增值税制度规定计算的销项税额（或采用简易计税方法计算的应纳增值税额），借记"应付职工薪酬""利润分配"等科目，贷记"应交税费——应交增值税（销项税额）"或"应交税费——简易计税"科目（小规模纳税人应计入"应交税费——应交增值税"科目）。

**【提示】**2019 年 11 月 27 日发布的《中华人民共和国增值税法（征求意见稿）》第十一条指出："下列情形视同应税交易，应当依照本法规定缴纳增值税：

（一）单位和个体工商户将自产或者委托加工的货物用于集体福利或者个人消费；

（二）单位和个体工商户无偿赠送货物，但用于公益事业的除外；

（三）单位和个人无偿赠送无形资产、不动产或者金融商品，但用于公益事业的除外；

（四）国务院财政、税务主管部门规定的其他情形。"

第十六条指出："视同发生应税交易以及销售额为非货币形式的，按照市场公允价格确定销售额。"

请读者密切关注后续政策变化。

案例 5-12

## 建筑企业以购买的货物发放福利的涉税及会计处理

A 建筑公司 2018 年 12 月购买电暖器 50 个，用于办公室取暖和发放员工福利，单价 210 元（不含税）、增值税（进项）33.6 元，价税合计 243.6 元。2019 年 1 月份发给管理部门人员 20 台，另外 30 台用于某直属项目部某施工项目工棚办公室取暖。假定员工甲（管理部门人员）当月基本工资 11 000 元，发放季度奖金 800 元，按政策规定扣除的社保等专项扣除 2 400 元，专项附加扣除 1 000 元，减除费用 5 000 元。A 公司相关涉税及会计处理如下：

1. 增值税处理。

A 公司购买电暖器，增值税进项税额可以抵扣销项税额，发放给员工作为福利，应做进项税额转出。

2. 员工甲个人所得税处理。

1 月份预扣预缴应纳税所得额：11 000＋800＋243.6－5 000－2 400－1 000＝3 643.6(元)；

1 月份预扣预缴税额：3 643.6×3%－0＝109.31(元)。

3. 会计处理。

(1) 购进货物时：

借：低值易耗品　10 500

　　应交税费——应交增值税（进项税额）　1 680

　贷：银行存款　12 180

(2) 30 个用于施工项目办公室取暖（假定一次性摊销）：

借：工程施工——间接费用　6 300

　贷：低值易耗品　6 300

(3) 发放福利做进项税额转出：

借：应付职工薪酬——职工福利费　4 872

　贷：低值易耗品　4 200

　　应交税费——应交增值税（进项税额转出）　672

(4) 发放职工工资时（20 人）：

借：应付职工薪酬——工资　　233 812.4
　　　　——工资——代扣个人所得税　　2 186.2
　贷：银行存款　　233 812.4
　　　应交税费——应交个人所得税（预扣）　　2 186.2

（5）缴纳个人所得税时：

借：应交税费——应交个人所得税（预扣）　　2 186.2
　贷：银行存款——应交个人所得税（预扣）　　2 186.2

### 5.3.3 企业内部食堂支出费用的处理

一些建筑企业设立有内部食堂。根据《财政部关于企业加强职工福利费财务管理的通知》（财企〔2009〕242 号）第一条第（二）项的规定，尚未实行分离办社会职能的企业，其内设福利部门所发生的设备、设施和人员费用，企业职工福利费包括职工食堂、职工浴室、理发室、医务所、托儿所、疗养院等集体福利部门的设备、设施及维修保养费用和福利部门工作人员的工资薪金、社会保险费、住房公积金、劳务费等。

根据上述政策规定，企业内部食堂支出的费用应在福利费中列支。

**【提示】**如果内部食堂每月有结余，并通过各种形式发放给员工，则应计入员工当月所得，计算（预扣）个人所得税。

**案例 5-13**

**建筑企业内部食堂费用支出的涉税处理**

A 建筑公司总部为解决员工午餐问题，建立内部食堂，2017 年在“管理费用——福利费”科目中共计支付食堂费用 50 万元，该公司其他各“福利费”明细科目总计支出金额 70 万元，公司工资总额 750 万元。企业所得税汇算清缴时计算如下：

福利费总支出额：50＋70＝120（万元）；

福利费列支限额：750×14%＝105（万元）；

超过限额：120－105＝15（万元）。

2017 年企业所得税汇算清缴调增应纳税所得额 15 万元。

### 5.3.4　企业“福利费”免征个人所得税的范围

根据《个人所得税法》的规定，“福利费、抚恤金、救济金”，免征个人所得税。《个人所得税法实施条例》第十一条规定：“个人所得税法第四条第一款第四项所称福利费，是指根据国家有关规定，从企业、事业单位、国家机关、社会组织提留的福利费或者工会经费中支付给个人的生活补助费；所称救济金，是指各级人民政府民政部门支付给个人的生活困难补助费。”

对于不符合上述规定的“福利费”等支出，根据《国家税务总局关于生活补助费范围确定问题的通知》（国税发〔1998〕155 号）第二条的规定，下列收入不属于免税的福利费范围，应当并入纳税人的工资、薪金收入计征个人所得税：

“（一）从超出国家规定的比例或基数计提的福利费、工会经费中支付给个人的各种补贴、补助；

（二）从福利费和工会经费中支付给本单位职工的人人有份的补贴、补助；

（三）单位为个人购买汽车、住房、电子计算机等不属于临时性生活困难补助性质的支出”。

上述“根据国家有关规定，从企业、事业单位、国家机关、社会团体提留的福利费或者工会经费中支付给个人的生活补助费”，是指根据企业所得税法、工会法等规定的标准和支出内容，其中在企业所得税税前扣除的标准，《企业所得税法》第四十条规定，“企业发生的职工福利费支出，不超过工资薪金总额 14%的部分，准予扣除”；第四十一条规定，“企业拨缴的职工工会经费支出，不超过工资薪金总额 2%的部分，准予扣除”。

根据上述政策规定，对不属于免税范围的福利费应当并入纳税人的工资、薪金收入计征个人所得税。

**案例 5-14**

**建筑企业困难补助、节日补贴的涉税处理**

A 建筑公司总部 2019 年 1 月发放节日食品，总部每个职工发放点心 1 盒，价值 100 元，节日补贴 300 元。员工甲（某项目工程部人员）当月基本工资 11 000 元，发放季度奖金 800 元，按政策规定扣除的社保等 2 400 元，专项附加扣除金额 1 000 元。同时员工甲因家属身患重大疾病，医疗等支出较大，经按照规定审核程序批准，给予一次性困难补助 2 000 元。员工甲当月个人所得税计算如下：

1. 免税收入确定。

根据政策规定，A 公司给予职工的困难补助 2 000 元免征个人所得税。

2. 个人所得税计算。

1 月份员工甲个人收入：11 000＋100＋300＋800＋2 000＝14 200（元）；

1 月份预扣预缴应纳税所得额：14 200－2 000－5 000－2 400－1 000＝3 800（元）；

1 月份预扣预缴税额：3 800×3%－0＝114（元）。

### 5.3.5 企业发放福利性补贴的企业所得税、个人所得税处理

对于企业发放福利性补贴的企业所得税处理，《国家税务总局关于企业工资薪金和职工福利费等支出税前扣除问题的公告》（国家税务总局公告 2015 年第 34 号）第一条“企业福利性补贴支出税前扣除问题”规定：“列入企业员工工资薪金制度、固定与工资薪金一起发放的福利性补贴，符合《国家税务总局关于企业工资薪金及职工福利费扣除问题的通知》（国税函〔2009〕3 号）第一条规定的，可作为企业发生的工资薪金支出，按规定在税前扣除。不能同时符合上述条件的福利性补贴，应作为国税函〔2009〕3 号文件第三条规定的职工福利费，按规定计算限额税前扣除”。

对于个人所得税，按照《国家税务总局关于生活补助费范围确定问题的通知》（国税发〔1998〕155 号）第二条的规定处理。

根据上述政策规定，企业发放的各类福利性补贴，符合国家税务总局公告 2015 年第 34 号中关于合理工资薪金概念规定的，可作为企业发生的工资薪金支出，按规定在税前扣除。同时，不属于免税范围内的福利性支出，应当并入纳税人的工资、薪金收入计征个人所得税。

**案例 5-15**

**建筑企业发放福利性补贴的涉税处理**

A 建筑公司制定的薪金及福利制度规定，员工每月发放 300 元福利补贴，除此

不再发放福利性实物（如食品等），每月支付内部食堂款项30 000元，用于员工伙食。A公司企业所得税、个人所得税处理如下：

1. 根据A公司制定的薪金及福利制度，员工每月发放300元福利补贴，符合“列入企业员工工资薪金制度、固定与工资薪金一起发放的福利性补贴”的情形，因此可作为企业发生的工资薪金支出，并随工资一起计入当月工资薪金总额计算缴纳个人所得税，同时准予计入企业工资薪金总额的基数，作为计算其他各项相关费用扣除的依据。

2. 每月支付内部食堂款项30 000元，用于员工伙食（购买食材等），属于职工福利费支出，年度企业所得税汇算清缴时，与其他属于福利性的支出合并，按规定计算限额在税前扣除。

**【提示】**如果上述企业内部食堂每月有结余，并发放给员工，无论采取现金还是食品形式，均应计入员工当月所得，计算个人所得税。

## 5.3.6 企业发放防暑降温费（防寒费）的企业所得税、个人所得税处理

### 1. 企业所得税处理

根据国家税务总局公告2015年第34号第一条的规定，列入企业员工工资薪金制度、固定与工资薪金一起发放的福利性补贴，符合《国家税务总局关于企业工资薪金及职工福利费扣除问题的通知》（国税函〔2009〕3号）第一条规定的，可作为企业发生的工资薪金支出，按规定在税前扣除。不能同时符合上述条件的福利性补贴，应作为国税函〔2009〕3号文件第三条规定的职工福利费，按规定计算限额税前扣除。

根据上述政策规定，企业按照当地政府（或税务）有关部门规定的月份和金额发放的防暑降温费（防寒费），应属于职工福利费支出。

### 2. 个人所得税处理

根据现行个人所得税政策的规定，工资、薪金所得，是指个人因任职或者受雇而取得的工资、薪金、奖金、年终加薪、劳动分红、津贴、补贴，以及与任职或者受雇有关的其他所得，故个人取得的高温补助（防寒费）要并入工资、薪金所得计算缴纳个人所得税。

另外，暑期对在高温、露天作业的人员供应清凉饮料，属于集体福利支出，不属于雇员的工资、薪金性质的所得，不需要缴纳个人所得税。

**案例 5-16**

**建筑企业发放防暑降温费的涉税及会计处理**

A 建筑公司在 2019 年 6—8 月期间，每月给员工发放高温费 500 元，其中管理层人员 15 人，某直属项目部施工人员 18 人、现场管理人员 2 人。另外，在某直属项目部某项目施工现场，提供酸梅汤等清凉饮料，每月共计支出费用 240 元（不考虑增值税）。A 公司每月相关涉税及会计处理如下：

1. 发放高温费的处理。

A 公司发放的高温费 500 元要计入当月个人所得预扣个人所得税。

| | | |
|---|---|---|
| 借：管理费用——职工福利费——高温费 | 7 500 | |
| 　　工程施工——合同成本——职工福利费 | 9 000 | |
| 　　　　——间接费用——职工福利费 | 1 000 | |
| 　贷：现金 | | 17 500 |

2. 项目现场提供酸梅汤支出的处理。

| | | |
|---|---|---|
| 借：工程施工——间接费用——职工福利费 | 240 | |
| 　贷：现金 | | 240 |

## 5.3.7 企业支付（报销）员工旅游费用的涉税处理

企业组织员工或外单位（有业务关系）相关人员旅游，支付（报销）的旅游费用涉及增值税、企业所得税及个人所得税处理。

### 1. 增值税处理

增值税处理主要是进项税额问题。根据《营业税改征增值税试点实施办法》（财税〔2016〕36 号文件附件 1）第二十七条第（一）项的规定，用于集体福利或者个人消费的购进货物的进项税额不得从销项税额中抵扣。

根据上述政策规定，企业支付的职工旅游费用，取得增值税专用发票的，其进项税额不得从销项税额中抵扣。

**2. 企业所得税处理**

对于企业所得税处理，如果是组织员工旅游，则应计入职工福利费，依据《企业所得税法实施条例》第四十条的规定处理，即“企业发生的职工福利费支出，不超过工资薪金总额 14%的部分，准予扣除”；如果是因业务关系组织外单位人员旅游，则应计入业务招待费，依据《企业所得税法实施条例》第四十三条的规定处理，即“企业发生的与生产经营活动有关的业务招待费，按照发生额的 60%扣除，但最高不得超过当年销售（营业）收入的 5‰”。

**【提示】**在实务中，对于上述组织员工旅游发生的支出，部分地区税务机关在掌握上，对该类支出视为与生产无关的费用，不得税前扣除。具体以当地税务管理机关解释为准。

**3. 个人所得税处理**

《财政部 国家税务总局关于企业以免费旅游方式提供对营销人员个人奖励有关个人所得税政策的通知》（财税〔2004〕11 号）规定，按照我国现行个人所得税法律法规有关规定，对商品营销活动中，企业和单位对营销业绩突出人员以培训班、研讨会、工作考察等名义组织旅游活动，通过免收差旅费、旅游费对个人实行的营销业绩奖励（包括实物、有价证券等），应根据所发生费用全额计入营销人员应税所得，依法征收个人所得税，并由提供上述费用的企业和单位代扣代缴。其中，对企业雇员享受的此类奖励，应与当期的工资薪金合并，按照“工资、薪金所得”项目征收个人所得税；对其他人员享受的此类奖励，应作为当期的劳务收入，按照“劳务报酬所得”项目征收个人所得税。

**案例 5-17**

**建筑企业组织员工及外单位人员旅游发生费用的涉税及会计处理**

A 建筑公司总部 2019 年 3 月组织员工 15 人外出旅游，同行的还有某业务单位人员 3 人。共计支出旅游费 108 000 元，平均每人 6 000 元。委托某商务（旅游）公司全权代办，支付款项后，收到某商务（旅游）公司开具的增值税发票。假定A公司15名员工为管理人员，员工甲1—3月份累计收入49 800元、累计减除费用15 000元、累计专项扣除费用9 000元、累计专项附加扣除金额3 000元，1—2月累计预扣税款360元。相关涉税及会计处理如下：

1. 增值税发票。

根据政策规定，进项税额不得抵扣，可以获取增值税普通发票。

2. 个人所得税计算。

累计预扣预缴应纳税所得额：49 800－15 000－9 000－3 000＝22 800(元)；

当月应预扣预缴税额：22 800×3%－360＝324(元)。

对外单位人员按照“劳务报酬所得”预扣税款：6 000×(1－20%)×20%＝960(元)。

3. 会计处理。

企业组织员工旅游发生的支出属于福利费性质。

| | | |
|---|---|---|
| 借：管理费用——职工福利费 | 90 000 | |
| 　贷：应付职工薪酬——职工福利费 | | 90 000 |
| 借：管理费用——业务招待费 | 18 000 | |
| 　　应付职工薪酬——职工福利费 | 90 000 | |
| 　贷：银行存款（或现金） | | 108 000 |

## 5.3.8 企业员工报销医疗费的企业所得税、个人所得税处理

企业员工报销医疗费涉税业务是指员工就医后报销医疗费用涉及的税收问题。一般情况下，主要涉及企业所得税、个人所得税处理。

### 1. 企业所得税处理

《国家税务总局关于企业工资薪金及职工福利费扣除问题的通知》（国税函〔2009〕3号）第三条第（二）项规定：“为职工卫生保健、生活、住房、交通等所发放的各项补贴和非货币性福利，包括企业向职工发放的因公外地就医费用、未实行医疗统筹企业职工医疗费用、职工供养直系亲属医疗补贴、供暖费补贴、职工防暑降温费、职工困难补贴、救济费、职工食堂经费补贴、职工交通补贴等。”

根据上述政策规定，员工报销的医疗费可以在福利费中列支，并按规定在企业所得税税前扣除。但是如果企业已为职工办理医疗保险，则员工患疾病应当由医疗保险经办机构办理相应额度的报销手续，获得一定数额补偿，此笔款项不应由企业报销，不得在企业所得税税前扣除。如果员工持医疗机构不予报销的票据在企业报销支取，应作为个人所得计征个人所得税。

**2. 个人所得税处理**

如果企业员工患重大疾病，其治疗给家庭带来生活困难，根据《个人所得税法》第四条第一款第四项、《个人所得税法实施条例》第十一条的规定，企业可以生活困难补助的形式，从企业福利费中给予一定的费用报销或直接给予补贴，这部分补贴免予征收个人所得税。

《关于生活补助费范围确定问题的通知》（国税发〔1998〕155号）第一条规定："生活补助费，是指由于某些特定事件或原因而给纳税人本人或其家庭的正常生活造成一定困难，其任职单位按国家规定从提留的福利费或者工会经费中向其支付的临时性生活困难补助。"

因此，如果企业未为职工办理医疗保险，或者虽然办理了医疗保险，但所患为重大疾病，医保报销比例较低，由于治疗给家庭带来生活困难，可以作为生活困难补助给予一定的费用报销或直接给予补贴，免予征收个人所得税。

## 5.3.9　企业支出误餐补贴的企业所得税、个人所得税处理

误餐补贴是指员工因到城市郊区等偏远地点工作，无法及时返回单位就餐而给予的一种补助，一般按实际工作天数计算。这项业务主要涉及企业所得税及个人所得税的处理。

**1. 企业所得税处理**

对于按实际发生支出的误餐补贴是否属于工资薪金范围，目前没有统一的标准。《中央和国家机关差旅费管理办法》（财行〔2013〕531号）第十六条规定："伙食补助费按出差自然（日历）天数计算，按规定标准包干使用"；第十七条规定："财政部分地区制定伙食补助费标准。各省、自治区、直辖市和计划单列市财政厅（局）

负责根据当地经济社会发展水平、市场价格、消费水平等因素，参照所在市公务接待工作餐、会议用餐等标准提出伙食补助费标准报财政部，经财政部统筹研究提出意见反馈地方审核确认后，由财政部统一发布作为中央单位工作人员到相关地区出差的伙食补助费标准”；第十八条规定：“出差人员应当自行用餐。凡由接待单位统一安排用餐的，应当向接待单位交纳伙食费”。

根据上述政策规定，企业可以参照有关规定在合理范围内制定相应的财务管理制度，并根据税收征管的要求报税务管理机关备案，对于其中的“合理范围”，企业可以提供相应的资料（包括数据）与当地税务主管机关进行沟通，以确定合理的标准。发生的支出，根据支出的性质记入不同的会计科目。例如，属于日常管理的，记入“管理费用”科目；属于项目工程管理的，记入“工程施工——合同成本”“工程施工——间接费用”科目。

### 2. 个人所得税处理

根据《财政部 国家税务总局关于误餐补助范围确定问题的通知》（财税字〔1995〕82号）的规定，“误餐补助，是指按财政部门规定，个人因公在城区、郊区工作、不能在工作单位或返回就餐，确实需要在外就餐的，根据实际误餐顿数，按规定的标准领取的误餐费。一些单位以误餐补助名义发给职工的补贴、津贴，应当并入当月工资、薪金所得计征个人所得税”。

建筑企业在执行误餐补助政策时，应以当地财政、税务部门规定的标准为基础，在企业财务制度中明确相关补助标准并按税收征管法规定报税务机关备案。

**案例 5-18**

### 建筑企业误餐补贴支出的涉税及会计处理

A建筑公司某分公司某项目部（项目）在郊区，根据工作安排，分公司工程部人员甲2019年8月共计去项目现场办公8次，公司依据当地财政、税务机关标准制定的误餐补助为15元，共计120元。A公司相关涉税及会计处理如下：

该项补贴没有超过当地财政、税务机关制定的标准，可以按规定税前扣除。

借：工程施工——间接费用　　120

　贷：现金　　120

【提示】在一些地区，当地财政或税务部门制定有误餐补贴的参照标准，企业可依据标准，根据工作情况制定自己的标准报主管税务机关备案。具体以当地税务管理机关解释为准。

## 5.3.10　视同工资薪金的误餐补贴的企业所得税处理

这里所称视同工资薪金的误餐补贴，不是按照实际误餐天数计算发放的（实报实销）。《财政部关于企业加强职工福利费财务管理的通知》（财企〔2009〕242 号）第二条第二款规定："企业给职工发放的节日补助、未统一供餐而按月发放的午餐费补贴，应当纳入工资总额管理。"

根据上述政策规定，如果企业按月发放误餐补贴，则属于工资薪金性质，按工资薪金相关规定处理。

**案例 5-19**

### 建筑企业视同工资薪金的误餐补贴支出的涉税及会计处理

A 建筑公司总部为解决员工午餐问题，2017 年在"应付福利费"科目中每月支付员工每人每天 30 元"午餐补助"，由员工自行解决午餐。假定员工 16 人，员工甲每月工资计税所得额 8 600 元（已经扣除社保公积金），个人所得税计算及会计处理如下：

1. A 公司"午餐补助"实质是按月发给职工的补贴，应当纳入工资总额管理，并按"工资薪金所得"项目代扣代缴个人所得税。

2. 按月发放时（按每月 22 个工作日计算）。

30×16×22＝10 560（元）。

借：管理费用　　10 560

　　贷：应付职工薪酬　　10 560

3. 个人所得税计算。

甲个人计税所得：8 600＋660＝9 260(元)；

甲应缴个人所得税：(9 260－3 500)×20％－555＝597(元)。

【提示】如果误餐补贴支出时间为2018年10月1日至2018年12月31日之间，根据《财政部 税务总局关于2018年第四季度个人所得税减除费用和税率适用问题的通知》（财税〔2018〕98号）第一条的规定，“减除费用统一按照5 000元/月执行，并按照本通知所附个人所得税税率表一计算应纳税额”。因此，

员工甲月应纳税所得额：8 600＋660－5 000＝4 260(元)；

员工甲月应交个人所得税：4 260×10％－210＝216(元)。

自2019年1月1日起，根据新《个人所得税法》的规定，居民个人取得的“工资、薪金所得”与“劳务报酬所得”“稿酬所得”及“特许权使用费所得”共计四项作为综合所得，按纳税年度合并计算个人所得税，年终汇算清缴。

### 5.3.11 离退休人员工资、福利支出的企业所得税、个人所得税处理

离退休人员的工资、福利支出，主要涉及企业所得税税前扣除及个人所得税收入问题。

#### 1. 企业所得税处理

《企业所得税法》第八条规定：“企业实际发生的与取得收入有关的、合理的支出，包括成本、费用、税金、损失和其他支出，准予在计算应纳税所得额时扣除。”

《企业所得税法实施条例》第二十七条规定：“企业所得税法第八条所称有关的支出，是指与取得收入直接相关的支出。

企业所得税法第八条所称合理的支出，是指符合生产经营活动常规，应当计入当期损益或者有关资产成本的必要和正常的支出。”

根据上述政策规定，离退休人员工资、福利支出只要是与企业取得收入有关的、合理的支出，准予在计算应纳税所得额时扣除。反之，与企业取得收入不直接相关的支出，不得在企业所得税前扣除。

国家税务总局在日常工作指导中也有发文强调，如《国家税务总局办公厅关于强化部分总局定点联系企业共性税收风险问题整改工作的通知》（税总办函〔2014〕652号）第一条“离退休人员的工资、福利等与取得收入不直接相关的支出的税前

扣除问题”规定：“按照《中华人民共和国企业所得税法》（以下简称《企业所得税法》）第八条及《中华人民共和国企业所得税法实施条例》第二十七条的规定，与企业取得收入不直接相关的离退休人员工资、福利费等支出，不得在企业所得税前扣除”。

**2. 个人所得税处理**

根据《个人所得税法》第四条第（七）项的规定，“按照国家统一规定发给干部、职工的安家费、退职费、基本养老金或者退休费、离休费、离休生活补助费”，免征个人所得税。

根据上述政策规定，离退休人员按照国家规定取得的退休费、离休费等个人收入，免征个人所得税。但是，对于离退休人员取得的超过国家规定范围（标准）的各项收入，则要按照规定缴纳个人所得税，具体处理如下：

（1）离退休人员取得的超过国家规定范围（标准）的退休费、离休费等收入。

《国家税务总局关于离退休人员取得单位发放离退休工资以外奖金补贴征收个人所得税的批复》（国税函〔2008〕723号）规定：“离退休人员除按规定领取离退休工资或养老金外，另从原任职单位取得的各类补贴、奖金、实物，不属于《中华人民共和国个人所得税法》第四条规定可以免税的退休工资、离休工资、离休生活补助费。根据《中华人民共和国个人所得税法》及其实施条例的有关规定，离退休人员从原任职单位取得的各类补贴、奖金、实物，应在减除费用扣除标准后，按‘工资、薪金所得’应税项目缴纳个人所得税。”

（2）退休人员再任职取得的收入。

《国家税务总局关于个人兼职和退休人员再任职取得收入如何计算征收个人所得税问题的批复》（国税函〔2005〕382号）规定，“退休人员再任职取得的收入，在减除按个人所得税法规定的费用扣除标准后，按‘工资、薪金所得’应税项目缴纳个人所得税”。

根据上述政策规定，对于离退休人员从原任职单位按照国家规定取得的各类退休工资、离休工资及补贴等免征个人所得税。对于退休人员再任职取得的收入，按照“工资、薪金所得”项目缴纳个人所得税。

（3）离退休人员取得的其他收入。

根据《个人所得税法》第四条第（七）项的规定，离退休人员按照国家规定取得的退休费、离休费等个人收入，免征个人所得税。除此，离退休人员取得的其他收入则按照规定缴纳个人所得税，例如，出版（发表）作品取得的稿酬收入、提供劳务取得的劳务报酬、投资取得的分红等，均要按照规定缴纳个人所得税。

（4）离退休人员取得综合所得的处理。

根据个人所得税政策规定，自 2019 年 1 月 1 日起，居民个人取得的“工资、薪金所得”应与取得的“劳务报酬所得”“稿酬所得”及“特许权使用费所得”合并作为综合所得，按纳税年度合并计算个人所得税。支付工资、薪金的企业（代扣代缴义务人）应按月预扣个人所得税，并在取得所得的次年 3 月 1 日至 6 月 30 日内办理汇算清缴。

根据上述政策规定，离退休人员取得的超过国家规定范围（标准）的离退休费等收入、退休人员再任职取得的收入要与取得的“劳务报酬所得”“稿酬所得”及“特许权使用费所得”合并作为综合所得，按纳税年度合并计算个人所得税。年度中按照相关政策预扣税款，年终汇算清缴。

## 5.4 各类社保支出涉税业务

各类社保支出涉税业务是指基本养老保险费、基本医疗保险费、失业保险费、工伤保险费、生育保险费等基本社会保险费和住房公积金等，以及补充保险及商业保险支出的涉税处理。

### 5.4.1 “五险一金”支出的涉税处理

企业交纳“五险一金”的支出，主要涉及企业所得税和个人所得税的计算处理。

#### 1. 企业所得税处理

《企业所得税法实施条例》第三十五条第一款规定：“企业按照国务院有关主管部门或者省级人民政府规定的范围和标准为职工缴纳的基本养老保险费、基本医疗保险费、失业保险费、工伤保险费、生育保险费等基本社会保险费和住房公积金，准予扣除。”

**2. 个人所得税处理**

《财政部 国家税务总局关于基本养老保险费基本医疗保险费失业保险费住房公积金有关个人所得税政策的通知》（财税〔2006〕10 号）第一条第一款规定：“企事业单位按照国家或省（自治区、直辖市）人民政府规定的缴费比例或办法实际缴付的基本养老保险费、基本医疗保险费和失业保险费，免征个人所得税；个人按照国家或省（自治区、直辖市）人民政府规定的缴费比例或办法实际缴付的基本养老保险费、基本医疗保险费和失业保险费，允许在个人应纳税所得额中扣除。

企事业单位和个人超过规定的比例和标准缴付的基本养老保险费、基本医疗保险费和失业保险费，应将超过部分并入个人当期的工资、薪金收入，计征个人所得税。”

该文件第二条规定：“根据《住房公积金管理条例》、《建设部 财政部 中国人民银行关于住房公积金管理若干具体问题的指导意见》（建金管〔2005〕5 号）等规定精神，单位和个人分别在不超过职工本人上一年度月平均工资 12%的幅度内，其实际缴存的住房公积金，允许在个人应纳税所得额中扣除。单位和职工个人缴存住房公积金的月平均工资不得超过职工工作地所在设区城市上一年度职工月平均工资的 3 倍，具体标准按照各地有关规定执行。

单位和个人超过上述规定比例和标准缴付的住房公积金，应将超过部分并入个人当期的工资、薪金收入，计征个人所得税。”

根据“五险一金”的相关计算缴纳政策，其中既有企业为职工缴纳的部分，也有个人缴纳的部分。根据上述税收政策，企业按照政策规定的范围和标准为职工缴纳的部分，准予在企业所得税税前扣除。企业与个人按政策规定的缴费比例或办法实际缴付的部分，允许在个人应纳税所得额中扣除。

## 5.4.2　单位统一为员工购买或者单位和个人共同负担购买符合规定的商业健康保险产品的企业所得税、个人所得税处理

《企业所得税法实施条例》第三十六条规定：“除企业按照国家有关规定为特殊工种职工支付的人身安全保险费和国务院财政、税务主管部门规定可以扣除的其他

商业保险费外，企业为其投资者或者职工支付的商业保险费，不得扣除。”

《财政部 国家税务总局 保监会关于将商业健康保险个人所得税试点政策推广到全国范围实施的通知》（财税〔2017〕39号）第一条规定：“对个人购买符合规定的商业健康保险产品的支出，允许在当年（月）计算应纳税所得额时予以税前扣除，扣除限额为2 400元/年（200元/月）。单位统一为员工购买符合规定的商业健康保险产品的支出，应分别计入员工个人工资薪金，视同个人购买，按上述限额予以扣除。

2 400元/年（200元/月）的限额扣除为个人所得税法规定减除费用标准之外的扣除。”

财税〔2017〕39号文件第四条“关于税收征管”规定：

“（一）在税收征管上，单位统一组织为员工购买或者单位和个人共同负担购买符合规定的商业健康保险产品，单位负担部分应当实名计入个人工资薪金明细清单，视同个人购买，并自购买产品次月起，在不超过200元/月的标准内按月扣除。一年内保费金额超过2 400元的部分，不得税前扣除。以后年度续保时，按上述规定执行。个人自行退保时，应及时告知扣缴单位。个人相关退保信息保险公司应及时传递给税务机关。

（二）对于取得工资薪金所得或连续性劳务报酬所得的个人，自行购买符合规定的商业健康保险产品的，应当及时向代扣代缴单位提供保单凭证。扣缴单位自个人提交保单凭证的次月起，在不超过200元/月的标准内按月扣除。一年内保费金额超过2 400元的部分，不得税前扣除。以后年度续保时，按上述规定执行。个人自行退保时，应及时告知扣缴义务人。”

上述文件为个人所得税税种的相关扣除限额规定，在计算企业所得税时，依然按《企业所得税法实施条例》第三十六条规定执行，即“除企业按照国家有关规定为特殊工种职工支付的人身安全保险费和国务院财政、税务主管部门规定可以扣除的其他商业保险费外，企业为其投资者或者职工支付的商业保险费，不得扣除”。同时在计算个人所得税时，个人购买及单位统一为员工购买符合规定的商业健康保险产品，在2 400元/年（200元/月）限额内的支出部分，在计算工资薪金个人所得税时可以税前扣除，一年内保费金额超过2 400元的部分，不得税前扣除。

【提示】《国家税务总局关于推广实施商业健康保险个人所得税政策有关征管问题的公告》(国家税务总局公告2017年第17号)第五条规定:“保险公司销售符合规定的商业健康保险产品,及时为购买保险的个人开具发票和保单凭证,并在保单凭证上注明税优识别码。个人购买商业健康保险未获得税优识别码的,其支出金额不得税前扣除”;第六条规定:“本公告所称税优识别码,是指为确保税收优惠商业健康保险保单的唯一性、真实性和有效性,由商业健康保险信息平台按照‘一人一单一码’的原则对投保人进行校验后,下发给保险公司,并在保单凭证上打印的数字识别码”。

### 5.4.3 个人从中国境内两处取得工资薪金所得且自行购买商业健康保险的个人所得税扣除处理

根据《国家税务总局关于推广实施商业健康保险个人所得税政策有关征管问题的公告》(国家税务总局公告2017年第17号)第三条第二款的规定,“个人自行购买符合规定的商业健康保险产品的,应及时向扣缴义务人提供保单凭证,扣缴义务人应当依法为其税前扣除,不得拒绝。个人从中国境内两处或者两处以上取得工资薪金所得,且自行购买商业健康保险的,只能选择在其中一处扣除”。

### 5.4.4 企业补充养老保险费、补充医疗保险费等支出的涉税处理

企业支付的补充养老保险费、补充医疗保险费与基本保险支出政策、计算标准不同,具体如下:

#### 1. 企业所得税处理

《企业所得税法实施条例》第三十五条第二款规定:“企业为其投资者或者职工支付的补充养老保险费、补充医疗保险费,在国务院财政、税务主管部门规定的范围和标准内,准予扣除。”

《财政部 国家税务总局关于补充养老保险费、补充医疗保险费有关企业所得税政策问题的通知》(财税〔2009〕27号)规定:“自2008年1月1日起,企业根据

国家有关政策规定，为在本企业任职或者受雇的全体员工支付的补充养老保险费、补充医疗保险费，分别在不超过职工工资总额5%标准内的部分，在计算应纳税所得额时准予扣除；超过的部分，不予扣除。”

根据上述政策规定，企业为其投资者或者职工支付的补充养老保险费、补充医疗保险费分别在不超过职工工资总额5%标准内的部分，在企业所得税汇算清缴计算应纳税所得额时准予扣除，超过的部分不予扣除。

**【提示】**上述政策强调的是为全体员工支付的补充养老保险费、补充医疗保险费可以在规定比例内扣除，如果不是为全体员工购买，仅仅为高管或其他部门员工购买，则不允许按该文件规定扣除。

**2. 个人所得税处理**

《财政部 国家税务总局关于基本养老保险费基本医疗保险费失业保险费住房公积金有关个人所得税政策的通知》（财税〔2006〕10号）第一条规定：“企事业单位按照国家或省（自治区、直辖市）人民政府规定的缴费比例或办法实际缴付的基本养老保险费、基本医疗保险费和失业保险费，免征个人所得税；个人按照国家或省（自治区、直辖市）人民政府规定的缴费比例或办法实际缴付的基本养老保险费、基本医疗保险费和失业保险费，允许在个人应纳税所得额中扣除。

企事业单位和个人超过规定的比例和标准缴付的基本养老保险费、基本医疗保险费和失业保险费，应将超过部分并入个人当期的工资、薪金收入，计征个人所得税。”

根据上述政策规定，个人所得税免税范围不包括补充养老保险费、补充医疗保险费。因此，企业为其投资者或者职工支付的补充养老保险费、补充医疗保险费，应计入员工收入征收个人所得税。

**案例 5-20**

### 商业健康保险费、补充养老保险费、补充医疗保险费支出的个人所得税计算

A建筑公司总部从2017年7月1日开始，为总部全体员工在基本养老等保险外

办理补充养老保险、补充医疗保险。员工甲（管理人员）每月取得工资 9 000 元（工资总额），社保等政策规定的扣除费用 1 450 元，另缴纳商业健康保险费 300 元、补充养老保险费用 550 元、补充医疗保险费用 300 元。企业所得税汇算清缴、个人所得税处理如下：

1. 各项数据计算。

员工甲商业健康险支出限额为每月 200 元，超限额：300－200＝100(元)；

员工甲补充养老保险费及补充医疗保险费支出限额：9 000×5%＝450(元)；

员工甲补充养老保险费支出 550 元，超过限额部分的 100 元不得税前列支；

员工甲补充医疗保险费支出 300 元，没有超过限额，可以全部税前扣除。

2. 当月个人所得税计算。

应税所得额：9 000＋300＋550＋300－1 450－200－3 500＝5 000(元)；

应缴个人所得税：5 000×20%－555＝445(元)。

3. 企业所得税处理。

每月计提时：

借：管理费用——商业健康险、补充养老保险、补充医疗保险　　1 150

　贷：应付职工薪酬——商业健康险、补充养老保险、补充医疗保险　1 150

企业所得税年度汇算清缴时，员工甲补充养老保险费全年超过标准数额：100×12＝1 200（元）；商业健康险全年超过标准数额：100×12＝1 200（元），合计 2 400 元应调增应纳税所得额。

## 5.4.5 企业为员工办理免税之外的各项保险的个人所得税计算时点

《国家税务总局关于单位为员工支付有关保险缴纳个人所得税问题的批复》（国税函〔2005〕318 号）规定："依据《中华人民共和国个人所得税法》及有关规定，对企业为员工支付各项免税之外的保险金，应在企业向保险公司缴付时（即该保险落到被保险人的保险账户）并入员工当期的工资收入，按'工资、薪金所得'项目计征个人所得税，税款由企业负责代扣代缴。"

根据上述政策规定，企业在为员工办理免税之外的各项保险时，个人所得税计税时点为该保险落到被保险人的保险账户时，即落实到具体员工时。

### 5.4.6 企业为员工办理的补充养老保险、商业健康保险退保后的个人所得税、企业所得税处理

《财政部 国家税务总局关于个人所得税有关问题的批复》（财税〔2005〕94号）第一条“关于单位为个人办理补充养老保险退保后个人所得税及企业所得税的处理问题”规定：“单位为职工个人购买商业性补充养老保险等，在办理投保手续时应作为个人所得税的‘工资、薪金所得’，按税法规定缴纳个人所得税；因各种原因退保，个人未取得实际收入的，已缴纳的个人所得税应予以退回。”

根据上述政策规定，补充养老保险退保的，如果个人未实际取得收入，则已缴纳的个人所得税应予以退回。企业所得税方面，按原扣除金额进行纳税调整冲回。即：原补充养老保险在缴纳时是按比例限额扣除的，则退回时，按原扣除金额予以纳税调整增加；原商业健康险在缴纳时未允许税前扣除的，则在退回时不做纳税调整处理。

《国家税务总局关于推广实施商业健康保险个人所得税政策有关征管问题的公告》（国家税务总局公告2017年第17号）第三条第三款规定：“个人未续保或退保的，应于未续保或退保当月告知扣缴义务人终止商业健康保险税前扣除”；第四条第二款规定：“纳税人未续保或退保的，应当及时告知主管税务机关，终止商业健康保险税前扣除”。

根据上述政策规定，商业健康保险个人未续保或退保的，企业要终止商业健康保险的个人所得税税前扣除。

**案例 5-21**

**补充养老保险退保后的个人所得税及企业所得税处理**

A建筑公司总部从2016年开始为总部全体员工在基本养老等保险外，办理补充养老保险、补充医疗保险。员工甲（管理人员）取得工资9 000元（工资总额），社保等政策规定的扣除费用为1 450元，补充养老保险费用550元、补充医疗保险费用300元。如果员工甲2017年1月退出补充养老保险，企业所得税汇算清缴、个人

所得税处理如下：

1. 原个人所得税计算数据。

应税所得额：9 000＋550＋300－1 450－3 500＝4 900(元)；

应缴个人所得税：4 900×20%－555＝425(元)。

2. 退保后个人所得税重新计算。

应税所得额：9 000＋300－1 450－3 500＝4 350(元)；

应缴个人所得税：4 350×10%－105＝330(元)；

差额：(425－330)×12＝1 140(元)。

上述多缴的部分可以向税务机关申请退税。

### 5.4.7　企业年金和职业年金缴费的个人所得税处理

《财政部 人力资源和社会保障部 国家税务总局关于企业年金 职业年金个人所得税有关问题的通知》(财税〔2013〕103 号）第一条“企业年金和职业年金缴费的个人所得税处理”规定：

“1. 企业和事业单位（以下统称单位）根据国家有关政策规定的办法和标准，为在本单位任职或者受雇的全体职工缴付的企业年金或职业年金（以下统称年金）单位缴费部分，在计入个人账户时，个人暂不缴纳个人所得税。

2. 个人根据国家有关政策规定缴付的年金个人缴费部分，在不超过本人缴费工资计税基数的 4%标准内的部分，暂从个人当期的应纳税所得额中扣除。

3. 超过本通知第一条第 1 项和第 2 项规定的标准缴付的年金单位缴费和个人缴费部分，应并入个人当期的工资、薪金所得，依法计征个人所得税。税款由建立年金的单位代扣代缴，并向主管税务机关申报解缴。

4. 企业年金个人缴费工资计税基数为本人上一年度月平均工资。月平均工资按国家统计局规定列入工资总额统计的项目计算。月平均工资超过职工工作地所在设区城市上一年度职工月平均工资 300%以上的部分，不计入个人缴费工资计税基数。

职业年金个人缴费工资计税基数为职工岗位工资和薪级工资之和。职工岗位工资和薪级工资之和超过职工工作地所在设区城市上一年度职工月平均工资 300%以上的部分，不计入个人缴费工资计税基数。”

财税〔2013〕103号文件第六条规定：“本通知所称企业年金，是指根据《企业年金试行办法》（原劳动和社会保障部令第20号）的规定，企业及其职工在依法参加基本养老保险的基础上，自愿建立的补充养老保险制度。所称职业年金是指根据《事业单位职业年金试行办法》（国办发〔2011〕37号）的规定，事业单位及其工作人员在依法参加基本养老保险的基础上，建立的补充养老保险制度。”

《企业年金试行办法》第八条规定：“企业缴费每年不超过本企业上年度职工工资总额的1/12。企业和职工个人缴费合计一般不超过本企业上年度职工工资总额的1/6。”

根据上述政策规定，年金在计入个人账户时，企业为在本单位任职或者受雇的全体职工缴付的年金单位缴费部分及年金个人缴费部分，凡是在政策规定的标准以内的部分，暂不缴纳个人所得税，待个人达到国家规定的退休年龄以后，再按照政策规定缴纳个人所得税。超过规定的标准缴付的年金单位缴费和个人缴费部分，应并入个人当期的工资、薪金所得，依法计征个人所得税。

**案例 5-22**

### 企业年金和职业年金缴费的个人所得税计算

A建筑公司总部从2017年开始为总部全体员工办理企业年金。员工甲（管理人员）上年月平均工资8 000元，社保等扣除800元，年工资总额96 000元。在政策规定的当地平均数之内。员工甲个人缴费金额为200元，企业缴费部分为300元。企业所得税、个人所得税处理如下：

1. 员工甲个人缴费部分。

年缴费：200×12=2 400(元)；

占工资比例：2 400÷96 000=2.5%，低于4%，符合政策规定，暂从个人当期的应纳税所得额中扣除。

2. 企业为员工缴费部分（假定员工月平均工资为8 000元）。

年缴费：300×12=3 600(元)；

企业缴费限额：96 000×(1/12)=8 000(元)；

企业和职工个人缴费合计限额：96 000×(1/6)=16 000(元)；

因企业缴费没有超过限额，在计入个人账户时，个人暂不缴纳个人所得税。

3. 当月员工甲个人所得税计算。

计税所得额：8 000−800−3 500−200=3 500(元)；

个人所得税额：3 500×10%−105=245(元)。

4. 会计处理（以员工甲为例，每月年金）。

借：管理费用——年金　300

　贷：应付职工薪酬——年金　300

**【提示】**根据政策规定，年金在计入个人账户时，暂不缴纳个人所得税，个人达到国家规定的退休年龄以后，再按照政策规定缴纳个人所得税。

## 5.4.8　个人领取年金的个人所得税处理

《财政部 人力资源和社会保障部 国家税务总局关于企业年金 职业年金个人所得税有关问题的通知》（财税〔2013〕103 号）第三条“领取年金的个人所得税处理”规定：

“1. 个人达到国家规定的退休年龄，在本通知实施之后按月领取的年金，全额按照‘工资、薪金所得’项目适用的税率，计征个人所得税；在本通知实施之后按年或按季领取的年金，平均分摊计入各月，每月领取额全额按照‘工资、薪金所得’项目适用的税率，计征个人所得税。

2. 对单位和个人在本通知实施之前开始缴付年金缴费，个人在本通知实施之后领取年金的，允许其从领取的年金中减除在本通知实施之前缴付的年金单位缴费和个人缴费且已经缴纳个人所得税的部分，就其余额按照本通知第三条第 1 项的规定征税。在个人分期领取年金的情况下，可按本通知实施之前缴付的年金缴费金额占全部缴费金额的百分比减计当期的应纳税所得额，减计后的余额，按照本通知第三条第 1 项的规定，计算缴纳个人所得税。

3. 对个人因出境定居而一次性领取的年金个人账户资金，或个人死亡后，其指定的受益人或法定继承人一次性领取的年金个人账户余额，允许领取人将一次性领取的年金个人账户资金或余额按 12 个月分摊到各月，就其每月分摊额，按照本通知

第三条第 1 项和第 2 项的规定计算缴纳个人所得税。对个人除上述特殊原因外一次性领取年金个人账户资金或余额的，则不允许采取分摊的方法，而是就其一次性领取的总额，单独作为一个月的工资薪金所得，按照本通知第三条第 1 项和第 2 项的规定，计算缴纳个人所得税。

4. 个人领取年金时，其应纳税款由受托人代表委托人委托托管人代扣代缴。年金账户管理人应及时向托管人提供个人年金缴费及对应的个人所得税纳税明细。托管人根据受托人指令及账户管理人提供的资料，按照规定计算扣缴个人当期领取年金待遇的应纳税款，并向托管人所在地主管税务机关申报解缴。

5. 建立年金计划的单位、年金托管人，应按照个人所得税法和税收征收管理法的有关规定，实行全员全额扣缴明细申报。受托人有责任协调相关管理人依法向税务机关办理扣缴申报、提供相关资料。”

根据上述政策规定，在财税〔2013〕103 号文件实施之后，个人达到国家规定的退休年龄领取的年金，不论是按年或按季领取，平均分摊计入各月，每月领取额全额按照“工资、薪金所得”项目适用的税率，计征个人所得税。对单位和个人在财税〔2013〕103 号文件实施之前开始缴付年金缴费，个人在该通知实施之后领取年金的，在计算个人所得税时，应减除已经缴纳过个人所得税的部分，就其余额计算缴纳个人所得税。

《财政部 税务总局关于个人所得税法修改后有关优惠政策衔接问题的通知》（财税〔2018〕164 号）第四条“关于个人领取企业年金、职业年金的政策”规定：自 2019 年 1 月 1 日起新《个人所得税法》实施后，“个人达到国家规定的退休年龄，领取的企业年金、职业年金，符合《财政部 人力资源社会保障部 国家税务总局关于企业年金 职业年金个人所得税有关问题的通知》（财税〔2013〕103 号）规定的，不并入综合所得，全额单独计算应纳税款。其中按月领取的，适用月度税率表计算纳税；按季领取的，平均分摊计入各月，按每月领取额适用月度税率表计算纳税；按年领取的，适用综合所得税率表计算纳税。

个人因出境定居而一次性领取的年金个人账户资金，或个人死亡后，其指定的受益人或法定继承人一次性领取的年金个人账户余额，适用综合所得税率表计算纳税。对个人除上述特殊原因外一次性领取年金个人账户资金或余额的，适用月度税率表计算纳税。”

根据财税〔2018〕164 号文件的规定，上述财税〔2013〕103 号文件第三条第 1

项和第 3 项废止。

### 5.4.9　年金基金投资运营收益的个人所得税处理

根据《财政部 人力资源和社会保障部 国家税务总局关于企业年金 职业年金个人所得税有关问题的通知》（财税〔2013〕103 号）第二条的规定，“年金基金投资运营收益分配计入个人账户时，个人暂不缴纳个人所得税”。

## 附录　个人所得税税率表

**附表 1**　　**个人所得税税率表一**

（综合所得适用）

| 级数 | 全年应纳税所得额 | 税率（%） |
|---|---|---|
| 1 | 不超过 36 000 元的 | 3 |
| 2 | 超过 36 000 元至 144 000 元的部分 | 10 |
| 3 | 超过 144 000 元至 300 000 元的部分 | 20 |
| 4 | 超过 300 000 元至 420 000 元的部分 | 25 |
| 5 | 超过 420 000 元至 660 000 元的部分 | 30 |
| 6 | 超过 660 000 元至 960 000 元的部分 | 35 |
| 7 | 超过 960 000 元的部分 | 45 |

说明：1. 本表所称全年应纳税所得额是指依照《个人所得税法》第六条的规定，居民个人取得综合所得以每一纳税年度收入额减除费用六万元以及专项扣除、专项附加扣除和依法确定的其他扣除后的余额。

2. 非居民个人取得工资、薪金所得，劳务报酬所得，稿酬所得和特许权使用费所得，依照本表按月换算后计算应纳税额。

**附表 2**　　**个人所得税税率表二**

（经营所得适用）

| 级数 | 全年应纳税所得额 | 税率（%） |
|---|---|---|
| 1 | 不超过 30 000 元的 | 5 |
| 2 | 超过 30 000 元至 90 000 元的部分 | 10 |
| 3 | 超过 90 000 元至 300 000 元的部分 | 20 |
| 4 | 超过 300 000 元至 500 000 元的部分 | 30 |
| 5 | 超过 500 000 元的部分 | 35 |

说明：本表所称全年应纳税所得额是指依照《个人所得税法》第六条的规定，以每一纳税年度的收入总额减除成本、费用以及损失后的余额。

附表 3 个人所得税税率表三

（非居民个人工资、薪金所得，劳务报酬所得，稿酬所得，特许权使用费所得适用）

| 级数 | 应纳税所得额 | 税率（%） | 速算扣除数 |
|---|---|---|---|
| 1 | 不超过 3 000 元 | 3 | 0 |
| 2 | 超过 3 000 元至 12 000 元的部分 | 10 | 210 |
| 3 | 超过 12 000 元至 25 000 元的部分 | 20 | 1 410 |
| 4 | 超过 25 000 元至 35 000 元的部分 | 25 | 2 660 |
| 5 | 超过 35 000 元至 55 000 元的部分 | 30 | 4 410 |
| 6 | 超过 55 000 元至 80 000 元的部分 | 35 | 7 160 |
| 7 | 超过 80 000 元的部分 | 45 | 15 160 |

附表 4 按月换算后的综合所得税率表

| 级数 | 全月应纳税所得额 | 税率（%） | 速算扣除数 |
|---|---|---|---|
| 1 | 不超过 3 000 元的 | 3 | 0 |
| 2 | 超过 3 000 元至 12 000 元的部分 | 10 | 210 |
| 3 | 超过 12 000 元至 25 000 元的部分 | 20 | 1 410 |
| 4 | 超过 25 000 元至 35 000 元的部分 | 25 | 2 660 |
| 5 | 超过 35 000 元至 55 000 元的部分 | 30 | 4 410 |
| 6 | 超过 55 000 元至 80 000 元的部分 | 35 | 7 160 |
| 7 | 超过 80 000 元的部分 | 45 | 15 160 |

附表 5 个人所得税预扣率表一

（居民个人工资、薪金所得预扣预缴适用）

| 级数 | 累计预扣预缴应纳税所得额 | 预扣率（%） | 速算扣除数 |
|---|---|---|---|
| 1 | 不超过 36 000 元 | 3 | 0 |
| 2 | 超过 36 000 元至 144 000 元的部分 | 10 | 2 520 |
| 3 | 超过 144 000 元至 300 000 元的部分 | 20 | 16 920 |
| 4 | 超过 300 000 元至 420 000 元的部分 | 25 | 31 920 |
| 5 | 超过 420 000 元至 660 000 元的部分 | 30 | 52 920 |
| 6 | 超过 660 000 元至 960 000 元的部分 | 35 | 85 920 |
| 7 | 超过 960 000 元的部分 | 45 | 181 920 |

附表 6 个人所得税预扣率表二

（居民个人劳务报酬所得预扣预缴适用）

| 级数 | 预扣预缴应纳税所得额 | 预扣率（%） | 速算扣除数 |
|---|---|---|---|
| 1 | 不超过 20 000 元 | 20 | 0 |
| 2 | 超过 20 000 元至 50 000 元的部分 | 30 | 2 000 |
| 3 | 超过 50 000 元的部分 | 40 | 7 000 |

Tax Practice and
Case Analysis for
Construction Business

# 第6章
# 建筑企业各项管理支出（间接费用）涉税业务

在建筑企业的日常会计核算中，管理层面的“管理费用”科目与“工程施工——间接费用——管理费用”科目核算的内容基本相同，只是“管理费用”科目发生的支出直接在当期处理，而记入“工程施工——间接费用——管理费用”科目的支出，还要通过一定的核算程序分配记入相关成本核算单位，再按照规定结转进行税前扣除。本章内容包括与管理相关的大多数业务，其中，从业务关联性角度考虑，将福利费与工资薪金一同放在第 5 章叙述。

## 6.1　各项管理费用（间接费用）支出涉税业务

本节内容包括建筑企业在日常管理中发生的各类支出涉及的涉税业务，包括建筑企业管理层的管理费用支出和项目施工中的管理费用（间接费用）支出。为方便查阅，对其中涉及企业所得税税前扣除限额计算的管理费用支出，均单独分节叙述。

### 6.1.1　企业核算的管理费用包括的内容

建筑企业发生的管理费用一般包括两个部分，一是记入“管理费用”科目的支出，主要是管理层的日常管理支出；二是记入“工程施工——间接费用——管理费用”科目的支出，主要是项目部在项目施工中发生的管理费用，从建筑施工企业会计核算角度看，属于合同成本。

《企业所得税法》第八条规定：“企业实际发生的与取得收入有关的、合理的支出，包括成本、费用、税金、损失和其他支出，准予在计算应纳税所得额时扣除。”《企业所得税法实施条例》第三十条规定：“企业所得税法第八条所称费用，是指企业在生产经营活动中发生的销售费用、管理费用和财务费用，已经计入成本的有关费用除外。”

根据上述政策规定，除按政策规定已经计入成本的有关费用外，企业发生的与取得收入有关的、合理的一般性管理费用，准予在当期计算应纳税所得额时扣除。

管理费用核算的主要内容。根据《企业会计准则》所附《会计科目和主要账务处理》的规定，企业“管理费用”科目核算企业为组织和管理企业生产经营所发生的管理费用，包括企业在筹建期间内发生的开办费、董事会和行政管理部门在企业的经营管理中发生的或者应由企业统一负担的公司经费（包括行政管理部门职工工资及福利费、物料消耗、低值易耗品摊销、办公费和差旅费等）、工会经费、董事会费（包括董事会成员津贴、会议费和差旅费等）、聘请中介机构费、咨询费（含顾问费）、诉讼费、业务招待费、房产税、车船税、土地使用税、印花税、技术转让费、矿产资源补偿费、研究费用、排污费等。

《小企业会计准则》第六十五条第（四）项规定："管理费用，是指小企业为组织和管理生产经营发生的其他费用。包括：小企业在筹建期间内发生的开办费、行政管理部门发生的费用（包括：固定资产折旧费、修理费、办公费、水电费、差旅费、管理人员的职工薪酬等）、业务招待费、研究费用、技术转让费、相关长期待摊费用摊销、财产保险费、聘请中介机构费、咨询费（含顾问费）、诉讼费等费用。"

建筑企业发生的间接费用，主要是指企业下属各施工单位（工程项目部）为组织和管理施工生产活动所发生的费用，包括施工、生产单位管理人员工资、奖金、职工福利费、劳动保护费、固定资产折旧费及修理费、物料消耗、低值易耗品摊销、取暖费、办公费、差旅费、财产保险费、工程保修费、排污费等。

其中，属于人工费、材料费、机械使用费和其他直接费等直接成本费用，直接计入有关工程成本，间接费用可先在"工程施工——合同成本"下设置"间接费用"明细科目进行核算，月份终了，再按一定分配标准分配计入有关工程成本。

**【提示】**根据《增值税会计处理规定》（财会〔2016〕22号文件发布）第二条第（二）项第3点第二款的规定，全面试行营业税改征增值税后，"营业税金及附加"科目名称调整为"税金及附加"科目，该科目核算企业经营活动发生的消费税、城市维护建设税、资源税、教育费附加及房产税、土地使用税、车船税、印花税等相关税费；利润表中的"营业税金及附加"项目调整为"税金及附加"项目。

### 6.1.2 企业统一着装费用支出的增值税、企业所得税处理

企业统一着装是指企业为员工统一制作购买服装（司服、工作服），其费用支出

涉及增值税、企业所得税处理。

### 1. 增值税处理

根据《增值税暂行条例》第十条第（一）项的规定，“用于简易计税方法计税项目、免征增值税项目、集体福利或者个人消费的购进货物、劳务、服务、无形资产和不动产”，其进项税额不得从销项税额中抵扣。

建筑企业因工作需要，为员工统一制作购买的服装（司服、工作服），不属于上述政策列举的项目，其取得的增值税专用发票上注明的进项税额，可以抵扣销项税额。

### 2. 企业所得税处理

《国家税务总局关于企业所得税若干问题的公告》（国家税务总局公告 2011 年第 34 号）第二条规定：“企业根据其工作性质和特点，由企业统一制作并要求员工工作时统一着装所发生的工作服饰费用，根据《实施条例》第二十七条的规定，可以作为企业合理的支出给予税前扣除。”

因此，对于上述服装费，只要企业制定出合理的着装规范要求，并与企业日常形象规范相统一，就可以根据员工工作岗位性质的不同，在“管理费用”及“工程施工——合同成本——间接费用”等科目列支。

### 3. 会计处理

在企业的日常会计处理中，属于一般管理部门人员的服装费记入“管理费用”科目，属于项目部管理人员服装费，则记入“工程施工——合同成本——间接费用”科目。涉及增值税的，按照《增值税会计处理规定》第二条第（一）项第 1 点的规定处理。

**案例 6-1**

#### 建筑企业统一着装费用的涉税及会计处理

A 建筑公司 2019 年 8 月 20 日为公司员工统一定制购买一批司服，取得增值税专用发票。其中价格 50 000 元（不含税），增值税（进项）6 500 元。服装共计 25

套，其中市场部（商务部）、财务部等部门15人，直属某项目部10人。A公司相关涉税及会计处理如下：

1. 根据人员工作性质分配记入各科目金额。

“管理费用”科目金额：15×2 000＝30 000(元)；

“工程施工——合同成本——间接费用”科目金额：10×2 000＝20 000(元)。

2. 会计处理。

(1) 购买时：

借：库存商品　　50 000

　　应交税费——应交增值税（进项税额）　　6 500

　贷：银行存款　　56 500

(2) 发放时：

借：管理费用　　30 000

　　工程施工——合同成本——间接费用　　20 000

　贷：库存商品　　50 000

**【提示】**如果企业没有相应的制度规范着装要求，即没有成文的制度，则对于发放的服装，在实务中很可能要归入福利费进行核算，并计入个人所得征收个人所得税。

### 6.1.3 企业直接发放服装补贴的涉税处理

国家税务总局公告2011年第34号第二条规定：“企业根据其工作性质和特点，由企业统一制作并要求员工工作时统一着装所发生的工作服饰费用，根据《实施条例》第二十七条的规定，可以作为企业合理的支出给予税前扣除。”

对于企业发放的服装补贴，根据《国家税务总局关于企业工资薪金及职工福利费扣除问题的通知》（国税函〔2009〕3号）关于合理工资薪金及职工福利费等政策的规定，对企业不是统一制作，而是直接发放的服装费用或报销的服装费用，根据具体情况处理：凡是符合工资薪金政策规定的，作为工资薪金支出处理；符合福利费性质的，作为福利费支出处理，按政策规定税前扣除，同时计入员工当月个人收入征收个人所得税。

在实务中，随工资薪金直接发放的服装补贴，实际上已经具有工资薪金的性质，一般按照工资薪金处理。

案例 6-2

**建筑企业发放服装补贴的涉税及会计处理**

A 建筑企业为提升企业形象，每年为员工统一发放服装补贴，要求按照一定的标准自行购买服装并在上班时间着装，每人补贴 2 000 元，共计 50 000 元。2019 年 9 月 20 日该公司发放服装补贴，公司员工 25 人，其中市场部、财务部等 15 人，直属某项目部 10 人。A 公司相关涉税及会计处理如下：

1. 该公司每年发放的服装补贴已经具有工资薪金的性质，因此按个人所得税的口径，该统一发放的服装补贴应与当月工资合并，一起计算个人所得税。

2. 会计处理。

| | |
|---|---|
| 借：管理费用 | 30 000 |
| 　　工程施工——合同成本——间接费用 | 20 000 |
| 　贷：现金 | 50 000 |

3. 假定该公司员工甲 9 月份工资薪金（不含服装补贴）收入总额 19 800 元，1—8 月累计收入 129 600 元，累计收入减除费用 45 000 元、专项扣除 27 000 元、专项附加扣除 9 000 元，已累计（截至 8 月）预扣税款 3 240 元，则员工甲 9 月份个人所得税计算如下：

累计预扣预缴应纳税所得额：

(19 800＋129 600)＋2 000－45 000－27 000－9 000＝70 400(元)；

9 月份预扣预缴税额：70 400×10％－2 520－3 240＝1 280(元)。

## 6.1.4　企业“劳保用品”支出的增值税、企业所得税处理

合理的劳动保护支出，是指企业为提供各种劳动保护措施、用品等发生的支出。对于工程施工涉及的安全费用支出，按照《国家税务总局关于煤矿企业维简费和高危行业企业安全生产费用企业所得税税前扣除问题的公告》（国家税务总局公告 2011 年第 26 号）的规定执行。

建筑企业一般“劳保用品”支出处理如下：

**1. 企业所得税处理**

根据《企业所得税法实施条例》第四十八条的规定，“企业发生的合理的劳动保护支出，准予扣除”。所称合理的劳动保护支出，是指为提供各种劳动保护措施、用品等发生的支出，因此必须是合理、真实发生的，并取得合法的票据。

根据上述政策规定，只要是合理的劳动保护支出，就可以税前扣除。因此，其支出根据政策性质记入相关科目，并按规定税前扣除。

对于不合理的劳动保护支出，即企业发放的劳保用品如果属于政策规定的“集体福利”性质，则应计入个人所得，征收个人所得税。

**【提示】**实务中，对“合理、真实发生的，并取得合法的票据”的掌握，可以参考原江苏省地方税务局2011年所发“苏地税规〔2011〕13号”文件（该文件已于2018年8月22日被国家税务总局江苏省税务局公告作废，但相关掌握尺度可以在实务中参考），该文件第二十二条规定，企业发生的劳动保护支出，包括购买工作服、手套、安全保护用品、防暑降温用品等，以发票和付款单据为税前扣除凭证。

劳动保护支出应符合以下条件：

（1）用品提供或配备的对象为本企业任职或者受雇的员工；

（2）用品具有劳动保护性质，因工作需要而发生；

（3）数量上能满足工作需要即可；

（4）以实物形式发生。

**2. 增值税处理**

根据《增值税专用发票使用规定》（国税发〔2006〕156号）第十条的规定，商业企业一般纳税人零售的烟、酒、食品、服装、鞋帽（不包括劳保专用部分）、化妆品等消费品不得开具专用发票。因此，对按照规定用途购买和使用的劳保用品，可以开具（取得）增值税专用发票，其进项税额可以抵扣销项税额。

根据《营业税改征增值税试点实施办法》（财税〔2016〕36号文件附件1）第二十七条的规定，用于简易计税方法计税项目、免征增值税项目、集体福利或者个人消费的购进货物，其进项税额不得从销项税额中抵扣。

建筑企业依据政策规定购买的合理的劳保用品，不属于上述政策列举的项目，其取得的增值税专用发票上注明的进项税额，可以抵扣销项税额。

对于不合理的劳动保护支出，即企业发放的劳保用品属于“集体福利”性质的，其进项税额不得抵扣。

### 3. 会计处理

在会计处理中，一般劳保用品支出根据性质确定记入的科目，属于直接为开发项目工作的，例如项目部人员，记入“工程施工——间接费用”科目，属于管理层人员的，记入“管理费用”科目。购入劳保用品涉及增值税处理的，根据《增值税会计处理规定》第二条第（一）项第 1 点的规定，一般纳税人购进货物，按应计入资产的金额，借记“库存商品”科目；按当月已认证的可抵扣增值税额，借记“应交税费——应交增值税（进项税额）”科目；按当月未认证的可抵扣增值税额，借记“应交税费——待认证进项税额”科目；按应付或实际支付的金额，贷记“应付账款”“应付票据”“银行存款”等科目。

**【提示】**劳保用品一般是指确因工作需要为雇员配备或提供的工作服、手套、安全保护用品、防暑降温用品等。实践中，一些企业将洗化用品也放入劳保用品之列，这是不符合规定的。

**案例 6-3**

**建筑企业劳保用品支出的涉税及会计处理**

2019 年 5 月，A 建筑公司为 10 名设计人员购买下工地使用的各类劳保用品，取得增值税专用发票，票面注明价格 3 500 元、进项税额 455 元。A 公司涉税及会计处理如下：

借：管理费用——劳保用品　　3 500
　　应交税费——应交增值税（进项税额）　　455
　贷：银行存款　　3 955

## 6.1.5 企业“劳保用品”支出的个人所得税处理

根据相关政策规定，企业劳保用品支出要在合理范围内，并且由企业统一购买发放。对于不合理的劳保用品支出及直接发放的补贴等，根据国税函〔2009〕3号文件关于合理工资薪金及职工福利费等政策的规定，凡是符合工资薪金政策规定的，作为工资薪金支出处理；符合福利费性质的，作为福利费支出处理。同时根据《国家税务总局关于生活补助费范围确定问题的通知》（国税发〔1998〕155号）第二条第（二）项的规定，从福利费和工会经费中支付给本单位职工的人人有份的补贴、补助等，不属于免税的福利费范围，应当并入纳税人的工资、薪金收入计征个人所得税。

因此，合理的由企业统一办理的劳保用品支出不计入个人所得，对于以劳保用品支出为由的各项支出，则按照政策规定计入个人所得，计算缴纳个人所得税。

**【提示】**一些地区从征管规范出发，对企业的劳保用品支出规定一个限额，在限额以内的，可以税前扣除，并且不计入个人所得。超过限额的，根据性质处理。具体以当地税务管理机关解释为准。

## 6.1.6 私车公用业务的涉税处理

私车公用主要是指企业员工用自己（产权）的车辆为企业服务。涉及企业支付费用的处理以及员工个人取得收入的涉税处理。

### 1. 印花税处理

由《印花税暂行条例》所附《印花税税目税率表》可知，财产租赁合同包括机动车辆租赁合同，由立合同人，按租赁金额千分之一贴花。也就是说，立合同双方都要按规定计算贴花。

**2. 私车公用增值税发票开具**

《国家税务总局关于纳税人申请代开增值税发票办理流程的公告》（国家税务总局公告 2016 年第 59 号）规定，个人发生增值税纳税事项，需要开具增值税发票的，可以向税务机关申请代开，申请代开发票时，需要提供的资料，主要有两项：（1）提交《代开增值税发票缴纳税款申报单》；（2）自然人申请代开发票，提交身份证件及复印件。

根据上述政策规定，企业发生私车公用业务，应在支付员工汽车租赁（使用）费时取得发票，并按"财产租赁所得"计算缴纳增值税及附加、个人所得税。增值税发票由员工到税务机关申请代开，该发票就是入账的合法凭据。

**3. 企业所得税处理**

《企业所得税法》第八条规定："企业实际发生的与取得收入有关的、合理的支出，包括成本、费用、税金、损失和其他支出，准予在计算应纳税所得额时扣除。"

私车公用业务的实质是公司员工在处理公司业务时使用自己的车辆。为体现这种业务，需要公司与员工（车主）签订租借合同（协议），并在合同中注明租借时间、金额、双方权利与义务等事项，由此发生的租车及日常使用费用，凭真实、合法、有效凭据，准予在税前扣除。也就是说，凡未明确应由个人（车主）承担且合同中明确由企业承担的费用，例如汽油费、过路费、停车费等，凭真实、合法、有效凭据准予在税前扣除。凡明确应由个人（车主）承担的费用，例如年检费、车辆购置税、折旧费及保险费等，不得税前扣除。

目前我国大多数地区对私车公用行为有具体的规范，例如《江苏省国家税务局关于企业所得税若干具体业务问题的通知》（苏国税发〔2004〕97 号）第四条规定，"私车公用"发生的费用应凭真实、合理、合法凭据，准予税前扣除。对应由个人承担的车辆购置税、折旧费以及保险费等不得税前扣除。

**4. 会计处理**

在会计处理中，企业私车公用支出属于财产租赁支出，在具体科目上要根据使用情况处理，如果属于管理部门使用，则记入“管理费用”科目，如果属于某项目工程部使用，则记入“工程施工——合同成本——间接费用”科目。涉及增值税的，根据《增值税会计处理规定》第二条第（一）项第1点的规定处理。

**【提示】**在实务中，一般由企业代办申请开具发票，即由企业以员工名义到税务机关代开发票。

**案例 6-4**

## 建筑企业私车公用的涉税及会计处理

A建筑公司因工作需要，2016年12月25日与甲项目部一名员工签订“私车公用”合同，合同约定：公司每月支付租车费5 200元，在租赁期内因汽车使用而发生的汽油费、过路过桥费、停车费等由公司支付，其他由汽车本身承担的费用由员工（车主）自行承担。2017年全年发生汽油费、过路过桥费、停车费等32 000元，相关汽车年检费用、修车费9 600元。2017年相关会计（涉税）处理如下：

1. 支付租车费用，员工要开具发票，员工个人承担的税收计算如下（城市维护建设税等附加计算略）：

每月员工代开票缴纳增值税：5 200÷(1+3%)×3%=151.46(元)；

全年员工代开票缴纳增值税：151.46×12=1 817.52(元)。

计税所得额：(5 200－151.46－800)×(1－20%)=3 398.83(元)(修缮费用以800元为扣除限额)。

每月扣缴个人所得税：3 398.83×20%=679.77(元)；

全年扣缴个人所得税：679.77×12=8 157.24(元)。

2. 因员工是工程部人员，且为某项目服务，则企业的会计处理如下：

借：工程施工——合同成本——间接费用　　62 400

　贷：现金　　62 400

3. 在工作中发生的汽油费、过路过桥、停车费处理如下：

借：工程施工——合同成本——间接费用　　32 000

　贷：现金　　32 000

4. 相关汽车年检费用、修车费9 600元应由个人承担。

【提示】对于汽车维修费，各地掌握的尺度不同。有的地区规定属于个人（车主）费用，不得在企业报销；有的地区规定汽车维修费可以归属为使用当中的费用，在企业报销。企业在实际操作处理时，要咨询当地税务机关的具体规定。

### 6.1.7　企业员工收取“私车公用”租赁费的涉税处理

在企业私车公用业务中，员工收取的“私车公用”租赁费要按照规定缴纳相关税收。

**1. 增值税处理**

根据《营业税改征增值税试点实施办法》（财税〔2016〕36 号文件附件 1）所附《销售服务、无形资产、不动产注释》的规定，“经营租赁服务，是指在约定时间内将有形动产或者不动产转让他人使用且租赁物所有权不变更的业务活动”。因此，企业员工将车辆租赁给企业使用，收取的费用，要按“有形动产租赁所得”税目计算缴纳增值税及附加。

根据《营业税改征增值税试点实施办法》第十六条、第三十四条、第三十五条的相关规定，个人缴纳增值税按照简易计税方法计税。简易计税方法的应纳税额，是指按照销售额和增值税征收率计算的增值税额，不得抵扣进项税额。应纳税额计算公式为：

应纳税额＝销售额×征收率

增值税征收率为 3%。

同时，需要注意个人缴纳增值税的起征点。根据《营业税改征增值税试点实施办法》第四十九条、第五十条的规定，个人发生应税行为的销售额未达到增值税起征点的，免征增值税；达到起征点的，全额计算缴纳增值税。

增值税起征点幅度如下：

（1）按期纳税的，为月销售额 5 000～20 000 元（含本数）。

（2）按次纳税的，为每次（日）销售额 300～500 元（含本数）。

起征点的调整由财政部和国家税务总局规定。省、自治区、直辖市财政厅（局）

和国家税务局应当在规定的幅度内，根据实际情况确定本地区适用的起征点，并报财政部和国家税务总局备案。

根据上述政策规定，在私车公用业务中，个人收取的费用，凡是达到增值税起征点的，要全额按照增值税简易计税方法计算应纳税额。

**【提示】**纳税人已办理税务登记或者临时税务登记，属于按期纳税的，可按规定享受月销售额不到10万元免征增值税优惠。纳税人未办理税务登记或临时税务登记，属于按次纳税的，不可享受月销售额不到10万元免征增值税优惠。但执行按次纳税的有起征点规定，即每次销售额未达到500元的，免征增值税。根据上述规定，个人在与建筑公司签订私车公用出租协议中，虽然是按照年度签订协议，每月收取或者全年一次性收取租金，但是个人不可能去税务机关办理税务登记或者临时经营登记，因此一般情况下只能按次纳税。

### 2. 个人所得税处理

《个人所得税法》第三条第（三）项规定，财产租赁所得，“适用比例税率，税率为百分之二十”；第六条第（四）项规定，“财产租赁所得，每次收入不超过四千元的，减除费用八百元；四千元以上的，减除百分之二十的费用，其余额为应纳税所得额”。

因此，在私车公用业务中，员工收取的租赁费要按照20%的税率计算缴纳个人所得税。

**案例6-5**

### 建筑企业员工收取“私车公用”租赁费的涉税计算

A建筑公司2016年12月25日与员工甲签订汽车（私车）租赁合同，每月支付租赁费5 200元，租赁期为2017年1月至12月。员工每月收取租赁费并开具发票（向税务机关申请代开），应扣缴税额计算如下（假定员工甲应税收入已高于当地增值税起征点，城市维护建设税等附加计算略）：

1. 增值税计算。

应扣缴增值税税额：5 200÷(1+3%)×3%=151.46(元)。

**【提示】**应税行为如果发生在享受优惠政策（小微企业）的期间内，按政策规定执行，一般在代开发票时自动处理。

2. 个人所得税计算。

(1) 不享受增值税优惠的个人所得税处理。

计税所得额：(5 200－151.46)×(1－20%)＝4 038.83(元)；

应缴个人所得税：4 038.83×20%＝807.77(元)。

(2) 享受增值税优惠的个人所得税处理。

如果发生在享受优惠政策（小微企业）的期间内，按政策规定免税。

计税所得额：5 200×(1－20%)＝4 160(元)；

应缴个人所得税：4 160×20%＝832(元)。

**【提示】**实务中，有些企业私车公用支付费用时未按规定开具发票，企业直接将租车的费用支付给员工，则员工取得的租车费会被认定为取得的“工资薪金”所得，合并申报缴纳（预扣）个人所得税。

### 6.1.8　企业支付员工通讯费的企业所得税、个人所得税处理

企业支付员工的通讯费，要根据不同情况进行企业所得税、个人所得税的处理。

#### 1. 企业所得税处理

根据国家税务总局公告 2015 年第 34 号第一条的规定，对于直接发放的通讯费用补贴，凡是“列入企业员工工资薪金制度、固定与工资薪金一起发放的，符合《国家税务总局关于企业工资薪金及职工福利费扣除问题的通知》（国税函〔2009〕3 号）第一条规定的，可作为企业发生的工资薪金支出，按规定在税前扣除。不能同时符合上述条件的福利性补贴，应作为国税函〔2009〕3 号文件第三条规定的职工福利费，按规定计算限额税前扣除”。

在执行通讯费实报实销政策的地区，有的地区还规定了企业所得税税前扣除的

最高限额，在限额以内的据实扣除，超过限额的部分不得税前扣除。

**2. 个人所得税处理**

员工通讯费属于日常公务费用，有的企业采取报销形式，有的企业采取发放补贴形式。对于不同形式的通讯费支出，均有不同的税收政策。

《国家税务总局关于个人所得税有关政策问题的通知》（国税发〔1999〕58号）第二条规定："个人因公务用车和通讯制度改革而取得的公务用车、通讯补贴收入，扣除一定标准的公务费用后，按照'工资、薪金'所得项目计征个人所得税。按月发放的，并入当月'工资、薪金'所得计征个人所得税；不按月发放的，分解到所属月份并与该月份'工资、薪金'所得合并后计征个人所得税。

公务费用的扣除标准，由省级地方税务局根据纳税人公务交通、通讯费用的实际发生情况调查测算，报经省级人民政府批准后确定，并报国家税务总局备案。"

上述政策出台后，各地在执行中均有明细规定，具体分两类：

一是根据上述政策制定扣除标准，这个标准有的是按固定的数额确定，有的是按照通讯费实际支出的比例确定；

二是没有制定扣除标准，而是按照费用支出的性质据实扣除，即单位因工作需要，对个人通讯工具的使用采取实报实销或限额实报实销方式的，可不并入当月工资薪金征收个人所得税，对于以通讯费补贴形式发放的现金，则要并入当月工资薪金征收个人所得税。

**案例6-6**

### 建筑企业支付员工通讯费的涉税及会计处理

A建筑公司2018年每月给某项目部人员实报实销通讯费，项目部员工甲全年共计实报实销6 000元。给财务部人员每月发放通讯费补贴300元，全年共发放通讯费补贴3 600元。假定，财务部会计乙每月工资计税所得（已扣除社保、公积金等其他扣除项目）15 500元。根据当地税务机关制定的标准，直接发放的通讯费补贴应并入当月工资征收个人所得税，对于实报实销的，可不并入当月工资征收个人所得税。当地税务机关同时规定，不论采取何种支付方式，企业所得税税前扣除的最高限额为平均每人每月300元。A公司会计（企业所得税）处理如下：

1. 某项目部门报销处理。

借：工程施工——合同成本——间接费用　　6 000

　贷：现金　　6 000

2. 财务部门报销处理。

借：管理费用　　3 600

　贷：现金　　3 600

3. 2018年1—9月期间，会计乙每月应缴个人所得税计算：

(15 500＋300－3 500)×25%－1 005＝2 070(元)。

4. 企业所得税汇算清缴处理。由于当地规定企业所得税税前扣除的通讯费最高限额为平均每人每月300元，全年为3 600元，因此当年应调增应纳税所得额：6 000－3 600＝2 400（元）。

**【提示】**如果通讯费补贴取得时间为2018年10月1日至2018年12月31日之间，根据《财政部 税务总局关于2018年第四季度个人所得税减除费用和税率适用问题的通知》（财税〔2018〕98号）第一条的规定，“减除费用统一按照5 000元/月执行，并按照本通知所附个人所得税税率表一计算应纳税额”。因此，

会计乙每月应纳税所得额：15 500＋300－5 000＝10 800(元)；

会计乙每月应交个人所得税：10 800×10%－210＝870(元)。

自2019年1月1日起，根据新《个人所得税法》的规定，居民个人取得的“工资、薪金所得”并入综合所得，按纳税年度合并计算个人所得税，年终汇算清缴。每月取得的“工资、薪金所得”按政策规定预扣预缴个人所得税。

## 6.1.9　员工使用企业通讯工具产生费用的企业所得税处理

《企业所得税法》第八条规定：“企业实际发生的与取得收入有关的、合理的支出，包括成本、费用、税金、损失和其他支出，准予在计算应纳税所得额时扣除。”

根据上述政策规定精神，员工因工作需要使用企业提供的通讯工具，其产生的费用，属于企业的日常管理、生产或经营费用，准予在计算应纳税所得额时扣除。同时，其支出属于企业的相关费用，不属于个人所得，不征收个人所得税。

员工因工作需要使用企业提供的通讯工具，因通讯工具登记在企业名下，且是为企业工作所需使用，在会计处理上，其支出的费用要根据使用情况记入不同科目，例如为管理人员支出的费用记入“管理费用”科目，为工程部人员支出的费用记入“工程施工”科目。

### 6.1.10 企业支付员工差旅费的增值税、企业所得税处理

员工差旅费主要是指员工因工出差发生的住宿、伙食及交通费用，涉及的增值税、企业所得税处理如下：

**1. 增值税处理**

2019年4月1日之前，根据《营业税改征增值税试点实施办法》第二十七条第（六）项的规定，纳税人“购进的旅客运输服务、贷款服务、餐饮服务、居民日常服务和娱乐服务”，其进项税额不得从销项税额中抵扣。

自2019年4月1日起，根据《财政部 税务总局 海关总署关于深化增值税改革有关政策的公告》（财政部 税务总局 海关总署公告2019年第39号）第六条的规定，纳税人购进国内旅客运输服务，其进项税额允许从销项税额中抵扣。

对纳税人未取得增值税专用发票的，暂按照以下规定确定进项税额：

（1）取得增值税电子普通发票的，为发票上注明的税额；

（2）取得注明旅客身份信息的航空运输电子客票行程单的，为按照下列公式计算进项税额：

航空旅客运输进项税额＝(票价＋燃油附加费)÷(1＋9％)×9％

（3）取得注明旅客身份信息的铁路车票的，为按照下列公式计算的进项税额：

铁路旅客运输进项税额＝票面金额÷(1＋9％)×9％

（4）取得注明旅客身份信息的公路、水路等其他客票的，按照下列公式计算进项税额：

公路、水路等其他旅客运输进项税额＝票面金额÷(1＋3％)×3％

根据上述政策规定，2019年4月1日之前，企业员工出差，乘坐的火车、飞机

等交通工具，其进项税额不得从销项税额中抵扣。自 2019 年 4 月 1 日起，“纳税人购进国内旅客运输服务，其进项税额允许从销项税额中抵扣”。购进的餐饮等服务，其进项税额仍然不得从销项税额中抵扣。

上述“关于国内旅客运输服务进项税额抵扣”的征管，自 2019 年 9 月 16 日起，根据《国家税务总局关于国内旅客运输服务进项税抵扣等增值税征管问题的公告》（国家税务总局公告 2019 年第 31 号）第一条的规定，具体处理如下：

“（一）《财政部 税务总局 海关总署关于深化增值税改革有关政策的公告》（财政部 税务总局 海关总署公告 2019 年第 39 号）第六条所称“国内旅客运输服务”，限于与本单位签订了劳动合同的员工，以及本单位作为用工单位接受的劳务派遣员工发生的国内旅客运输服务。

（二）纳税人购进国内旅客运输服务，以取得的增值税电子普通发票上注明的税额为进项税额的，增值税电子普通发票上注明的购买方‘名称’‘纳税人识别号’等信息，应当与实际抵扣税款的纳税人一致，否则不予抵扣。

（三）纳税人允许抵扣的国内旅客运输服务进项税额，是指纳税人 2019 年 4 月 1 日及以后实际发生，并取得合法有效增值税扣税凭证注明的或依据其计算的增值税税额。以增值税专用发票或增值税电子普通发票为增值税扣税凭证的，为 2019 年 4 月 1 日及以后开具的增值税专用发票或增值税电子普通发票”。

根据上述政策规定，增值税电子普通发票上注明的购买方“名称”“纳税人识别号”等信息，必须与实际抵扣税款的纳税人一致，才可以抵扣。因此，纳税人在购进国内旅客运输服务时，要关注如何取得符合抵扣要求的票据。

**2. 企业所得税处理**

《企业所得税法》第八条规定：“企业实际发生的与取得收入有关的、合理的支出，包括成本、费用、税金、损失和其他支出，准予在计算应纳税所得额时扣除。”

根据上述政策规定，员工因工作需要出差，发生的合理支出，准予在计算应纳税所得额时扣除。

此外，在实务中，一些建筑企业因在全国各地都有项目，派往异地项目的部分员工长期驻外，企业将这些人员的驻外补贴按月以“差旅补助”的形式单独计算发放，这部分“差旅补助”实际上已具有工资薪金性质，应与工资薪金一并申报个人所得税。

**3. 会计处理**

在企业的日常会计处理中，属于一般管理部门人员的差旅费记入“管理费用”科目，属于项目部管理人员的差旅费，则记入“工程施工——合同成本——间接费用”科目。涉及增值税的，按照《增值税会计处理规定》第二条第（一）项第1点、第2点的规定处理。

**案例 6-7**

**建筑企业支付员工差旅费的涉税及会计处理**

2019 年 7 月，A 建筑公司组织相关人员到外地进行项目投标前期考察，支付高铁车票费用 3 400 元、汽车票（费用）1 200 元（未注明旅客身份信息的公路客票），支付住宿费用取得增值税专用发票，金额 5 600 元、增值税（进项税额）336 元。A 公司相关涉税及会计处理如下：

1. 增值税计算。

铁路旅客运输（高铁）进项税额：$3\,400 \div (1+9\%) \times 9\% = 280.73$(元)。

住宿费用取得增值税专用发票，进项税额 336 元。

2. 会计处理。

| | |
|---|---|
| 借：管理费用 | 9 919.27 |
| 　　应交税费——应交增值税（进项税额） | 616.73 |
| 贷：现金 | 10 536 |

【提示】若某项目部因公出差，则相关费用借记“工程施工——合同成本——间接费用”科目。

## 6.1.11 企业低值易耗品、包装物使用的企业所得税处理

建筑企业在项目施工及日常管理中，需要消耗一定的低值易耗品，例如工具、办公用品等。相关企业所得税及会计处理如下：

根据企业所得税政策，达不到《企业所得税法实施条例》第五十七条规定的固

定资产标准的工具等物品，可以不按照固定资产处理。

企业的低值易耗品是指能多次使用，且使用期限不满一年的物品。在会计处理中，设置“低值易耗品”科目进行核算。

根据企业所得税政策及会计处理原则，低值易耗品的摊销在实务中一般有以下两种摊销方式：

（1）一次摊销法。一次摊销法是指领用周转材料（低值易耗品、包装物）时，将其价值全部一次转入产品成本的方法。这种方法适用于价值低、使用期限短，或易于破损的物品，如玻璃器皿等。采用这种方法摊销周转材料（低值易耗品、包装物）价值时，其最高单价和适用品种必须严格控制，否则会影响各期产品成本负担以及在用低值易耗品的管理，防止损失浪费。

（2）五五摊销法。五五摊销法亦称五成摊销法，就是在低值易耗品领用时先摊销其价值的 50%（五成），报废时再摊销其价值的 50%（扣除残值）的方法。采用这种方法，低值易耗品报废以前在账面上一直保留其价值的一半，表明在使用中的低值易耗品占用着一部分资金，有利于对实物的使用进行管理，防止出现大量的账外物资。这种方法适用于每月领用数和报废数比较均衡的低值易耗品，如果一次领用的低值易耗品数量很大，为了均衡产品成本负担，也可将其摊销额先列入待摊费用，而后分期摊入产品成本。

对于上述各种摊销方式，企业可以自主选择，但一经选择不能随意变动。

在企业日常会计处理中，对采用一次摊销法的，应在领用时将其全部账面价值摊销，借记“工程施工——合同成本”“管理费用”等科目，贷记“低值易耗品”等科目。低值易耗品报废时，将报废的残料价值作为低值易耗品的减少，冲减“工程施工”“管理费用”等科目，借记“原材料——残料”科目，贷记“工程施工——合同成本”“管理费用”等科目。

对采用五五摊销法的，在领用时，按实际成本借记“低值易耗品（在用）”等科目，贷记“低值易耗品（库存）”等科目。根据本月领用的低值易耗品实际成本的 50%，计算当期领用材料的摊销额，借记“工程施工——合同成本”“管理费用”等科目，贷记“低值易耗品（摊销）”等科目，低值易耗品报废时，将报废材料实际成本的 50%扣除残料价值后的差额计入工程施工、管理费用，借记“原材料——残料”科目，借记“低值易耗品（摊销）（已提摊销额）”等科目，借记“工程施工——合同成本（报废低值易耗品实际成本的 50%减去残料价值后的差额）”“管理费用（报废低值易耗品实际成本的50%减去残料价值后的差额）”等科目，贷记“低值易耗品（在用）（报废低值易耗品的实际成本）”等科目。

对上述业务中将残料变卖的，借记“银行存款”科目，贷记“其他业务收入”科目，结转成本时，借记“其他业务成本”科目，贷记“原材料——残料”科目。涉及增值税的，按照《增值税会计处理规定》处理。

**【提示】**《企业会计准则第1号——存货》第二十条规定：“企业应当采用一次转销法或者五五摊销法对低值易耗品和包装物进行摊销，计入相关资产的成本或者当期损益。”

**案例6-8**

**建筑企业低值易耗品使用的企业所得税及会计处理**

2019年7月，A建筑公司甲项目部领用各类文具等低值易耗品，账面价格1 200元，管理部门领用文件夹等低值易耗品，账面价格230元。A公司采取一次摊销法。A公司相关涉税及会计处理如下：

1. 购买相关低值易耗品时：

| | |
|---|---|
| 借：低值易耗品 | 1 430 |
| 　　应交税金——应交增值税（进项税额） | 185.90 |
| 　贷：银行存款 | 1 615.90 |

2. 发出（领用）低值易耗品时：

| | |
|---|---|
| 借：工程施工——合同成本——甲项目 | 1 200 |
| 　　管理费用 | 230 |
| 　贷：低值易耗品 | 1 430 |

## 6.1.12 企业日常各项费用支出专用发票与普通发票选择

营改增后，对于原缴纳营业税的企业，例如建筑企业，在日常报销业务中（非项目材料、设备购进业务），是必须取得增值税专用发票还是可以取得增值税普通发票，要看具体情况。如果是小规模纳税人或者发生的各项支出是用于简易计税项目或者属于不能抵扣进项税额的范围，则取得的进项税额不能抵扣，且会造成一定的涉税风险。因此，可从以下方面考虑：

（1）企业本身是小规模纳税人，则可选择取得增值税普通发票，将价税合计金额计入当期损益；

（2）发生的成本费用用于简易计税项目，则选择简易计税方法征收增值税，因此可以选择取得增值税普通发票；

（3）发生的成本费用用于税法规定的不得抵扣进项税额的经济行为（集体福利、免税项目、个人消费等），可以选择尽量取得增值税普通发票。

此外，无论是适用简易计税方法或一般计税方法征收增值税，若发生日常费用属于不得抵扣增值税进项税额情形的（例如，直接用于职工福利费、餐饮费、金融贷款利息等），均不需要取得增值税专用发票。

## 6.1.13　纳税人支付的道路、桥、闸通行费的增值税进项税额抵扣

根据《财政部 国家税务总局关于租入固定资产进项税额抵扣等增值税政策的通知》（财税〔2017〕90 号）第七条的规定，“自 2018 年 1 月 1 日起，纳税人支付的道路、桥、闸通行费，按照以下规定抵扣进项税额：

（一）纳税人支付的道路通行费，按照收费公路通行费增值税电子普通发票上注明的增值税额抵扣进项税额。

2018 年 1 月 1 日至 6 月 30 日，纳税人支付的高速公路通行费，如暂未能取得收费公路通行费增值税电子普通发票，可凭取得的通行费发票（不含财政票据，下同）上注明的收费金额按照下列公式计算可抵扣的进项税额：

$$\frac{\text{高速公路通行费}}{\text{可抵扣进项税额}}=\frac{\text{高速公路通行费}}{\text{发票上注明的金额}}\div(1+3\%)\times3\%$$

2018 年 1 月 1 日至 12 月 31 日，纳税人支付的一级、二级公路通行费，如暂未能取得收费公路通行费增值税电子普通发票，可凭取得的通行费发票上注明的收费金额按照下列公式计算可抵扣进项税额：

$$\frac{\text{一级、二级公路通行费}}{\text{可抵扣进项税额}}=\frac{\text{一级、二级公路通行费}}{\text{发票上注明的金额}}\div(1+5\%)\times5\%$$

（二）纳税人支付的桥、闸通行费，暂凭取得的通行费发票上注明的收费金额按

照下列公式计算可抵扣的进项税额：

$$\text{桥、闸通行费可抵扣进项税额}=\text{桥、闸通行费发票上注明的金额}\div(1+5\%)\times5\%$$

（三）本通知所称通行费，是指有关单位依法或者依规设立并收取的过路、过桥和过闸费用”。

**案例 6-9**

**纳税人支付的道路、桥、闸通行费增值税进项税额的计算**

A 建筑公司 2018 年 3 月 2 日至 5 日自行驾车去外地考察开发项目，其中支付高速公路通行费 650 元，省道（一级公路）通行费 150 元，均未取得增值税电子普通发票。进项税额计算如下：

高速公路通行费可抵扣进项税额＝650÷(1＋3%)×3%＝18.93(元)；

一级公路通行费可抵扣进项税额＝150÷(1＋5%)×5%＝7.14(元)。

## 6.2 职工教育经费支出涉税业务

职工教育经费是企业提升员工素质的保障，职工教育经费的提取、使用涉及企业所得税税前扣除标准及入账凭证等涉税业务。

### 6.2.1 企业职工教育经费支出的范围

《关于企业职工教育经费提取与使用管理的意见》（财建〔2006〕317 号文件发布）第三条第（五）项规定：“企业职工教育培训经费列支范围包括：

1. 上岗和转岗培训；
2. 各类岗位适应性培训；
3. 岗位培训、职业技术等级培训、高技能人才培训；
4. 专业技术人员继续教育；
5. 特种作业人员培训；
6. 企业组织的职工外送培训的经费支出；

7. 职工参加的职业技能鉴定、职业资格认证等经费支出；

8. 购置教学设备与设施；

9. 职工岗位自学成才奖励费用；

10. 职工教育培训管理费用；

11. 有关职工教育的其他开支。”

根据上述政策规定，企业职工教育培训经费的列支有一定的范围，对于职工参加学历教育、学位教育的学费，如硕士、博士、MBA、EMBA 等与个人有关的教育的学费，都不得计入职工教育经费，且不得在企业所得税税前扣除。

### 6.2.2　企业职工教育经费支出的企业所得税处理

《企业所得税法实施条例》第四十二条规定：“除国务院财政、税务主管部门另有规定外，企业发生的职工教育经费支出，不超过工资薪金总额 2.5%的部分，准予扣除；超过部分，准予在以后纳税年度结转扣除。”

根据上述政策规定，企业职工教育经费支出的计算依据是职工工资薪金总额，税前扣除标准是不超过工资薪金总额 2.5%的部分。

为鼓励企业加大职工教育投入，自 2018 年 1 月 1 日起，执行《财政部 税务总局关于企业职工教育经费税前扣除政策的通知》（财税〔2018〕51 号）第一条规定，即：“企业发生的职工教育经费支出，不超过工资薪金总额 8%的部分，准予在计算企业所得税应纳税所得额时扣除；超过部分，准予在以后纳税年度结转扣除”。

在企业的会计处理中，支付企业职工教育经费时，应先通过借记“应付职工薪酬”科目进行归集，然后通过借记“工程施工——间接费用”“管理费用”等科目，贷记“应付职工薪酬”科目进行结转。

**【提示】**对软件生产企业等，职工教育经费扣除比例为 100%。

**案例 6-10**

**建筑企业职工教育经费支出的涉税及会计处理**

A 建筑公司 2017 年计税职工工资总额为 480 万元（包括项目部自有人员），当年发生的职工教育经费支出为15万元。职工教育经费的计算及会计（涉税）处理如下（单位：万元）：

1. 使用时：

借：应付职工薪酬——职工教育经费 15

贷：银行存款 15

2. 结转时：

借：管理费用——职工教育经费（或“工程施工——间接费用”） 15

贷：应付职工薪酬——职工教育经费 15

3. 年底企业所得税汇算清缴时。

税前列支限额：480×2.5%=12(万元)；

调增企业所得税应纳税所得额：15－12=3(万元)。

### 6.2.3 企业支付职工教育经费取得增值税专用发票的处理

根据《营业税改征增值税试点实施办法》（财税〔2016〕36号文件附件1）所附《销售服务、无形资产、不动产注释》、《营业税改征增值税试点过渡政策的规定》（财税〔2016〕36号文件附件3）第一条第（八）项的规定，纳税人提供的“教育服务，是指提供学历教育服务、非学历教育服务、教育辅助服务的业务活动”。其中“从事学历教育的学校提供的教育服务”免征增值税。

对于一般纳税人提供的教育服务，开具增值税专用发票，免征增值税的不得开具增值税专用发票。

根据上述政策规定，对照企业职工教育经费列支范围，企业在为职工购买教育培训服务时，一般纳税人凡是取得增值税专用发票的，其进项税额可以抵扣销项税额。

## 6.3 工会经费支出涉税业务

工会经费是工会开展活动的重要保障，工会经费的提取、使用涉及企业所得税税前扣除标准及入账凭证等涉税业务。

### 6.3.1 工会经费的来源渠道

根据《中国工会章程》第三十六条的规定，工会经费的来源主要有以下渠道：

“（一）会员缴纳的会费。

（二）企业、事业单位、机关和其他社会组织按全部职工工资总额的百分之二向工会拨缴的经费或者建会筹备金。

（三）工会所属的企业、事业单位上缴的收入。

（四）人民政府和企业、事业单位、机关和其他社会组织的补助。

（五）其他收入”。

上述工会经费来源渠道中的第二项，即企业、事业单位、机关和其他社会组织按全部职工工资总额的 2%向工会拨缴的经费或者建会筹备金，可以根据企业所得税政策规定的比例在税前扣除。

### 6.3.2 工会会员享受工会给予各种优惠待遇和奖励的个人所得税处理

《中国工会章程》第三条第（五）项规定，工会会员“享受工会举办的文化、教育、体育、旅游、疗休养事业、生活救助、法律服务、就业服务等优惠待遇；享受工会给予的各种奖励”。

《国家税务总局关于生活补助费范围确定问题的通知》（国税发〔1998〕155 号）第二条第二款规定，工会会员在享受上述活动待遇时，如果属于人人有份的福利，则按规定计入个人所得，征收个人所得税。

根据上述政策规定，工会会员可以享受工会举办的各种活动，但如果属于“人人有份的福利”，则需要计入个人所得，计算缴纳个人所得税。例如全体人员集体旅游、所有人员统一发放“困难”补贴等，应计入当月个人所得，计算个人所得税。

### 6.3.3 工会经费支出的企业所得税处理

《企业所得税法实施条例》第四十一条规定：“企业拨缴的职工工会经费支出，

不超过工资薪金总额2%的部分，准予扣除。”

根据上述政策规定，计算税前准予扣除的企业拨缴的职工工会经费依据是工资薪金总额，计算标准是2%。其工资薪金总额为按照税法规定在税前扣除的职工工资薪金总额。

在会计处理中，企业实际使用及拨缴工会经费时，先通过借记“应付职工薪酬”科目进行归集，结转时再通过借记“工程施工——间接费用”“管理费用”等科目，贷记“应付职工薪酬”科目进行核算。

在年度企业所得税汇算清缴时，根据《企业所得税法实施条例》第四十一条规定的比例计算税前扣除金额，超过部分不得税前扣除。

**案例 6-11**

**建筑企业工会经费支出的涉税及会计处理**

A建筑公司2017年计税职工工资总额为480万元（包括项目部自有人员），当年拨缴职工工会经费10万元，其工会经费的计算及会计（涉税）处理如下（单位：万元）：

1. 实际拨缴工会专用账户时：

借：应付职工薪酬——工会经费　　10

　贷：银行存款　　10

2. 结转时：

借：管理费用——工会经费（或“工程施工——间接费用”）　　10

　贷：应付职工薪酬——工会经费　　10

3. 年底企业所得税汇算清缴时：

税前列支限额：480×2%=9.6(万元)；

调增企业所得税应纳税所得额：10-9.6=0.4(万元)。

## 6.3.4 工会经费支出入账凭证规定

《国家税务总局关于工会经费企业所得税税前扣除凭据问题的公告》（国家税务总局公告2010年第24号）明确，“根据《工会法》、《中国工会章程》和财政部颁布的《工会会计制度》，以及财政票据管理的有关规定，全国总工会决定从2010年7

月 1 日起，启用财政部统一印制并套印财政部票据监制章的《工会经费收入专用收据》，同时废止《工会经费拨缴款专用收据》”；为加强对工会经费企业所得税税前扣除的管理，“自 2010 年 7 月 1 日起，企业拨缴的职工工会经费，不超过工资薪金总额 2%的部分，凭工会组织开具的《工会经费收入专用收据》在企业所得税税前扣除”。

对委托税务机关代收工会经费的地区，《国家税务总局关于税务机关代收工会经费企业所得税税前扣除凭据问题的公告》（国家税务总局公告 2011 年第 30 号）规定：“为进一步加强对工会经费企业所得税税前扣除的管理，现就税务机关代收工会经费税前扣除凭据问题公告如下：自 2010 年 1 月 1 日起，在委托税务机关代收工会经费的地区，企业拨缴的工会经费，也可凭合法、有效的工会经费代收凭据依法在税前扣除”。

根据以上政策规定，企业拨缴的工会经费，凭合法、有效的工会经费代收凭据，就可以依法在税前扣除。

## 6.4　党团组织活动经费支出涉税业务

企业党组织活动经费是保障党组织正常开展活动的重要条件，如何列支相关费用，中组部正式发文予以明确。

### 6.4.1　企业党组织开展活动开支的范围及标准

关于党组织开展活动可以开支的范围，《中央和国家机关基层党组织党建活动经费管理办法》（财行〔2017〕324 号文件发布）第十条规定：“党建活动经费按支出项目，分别执行下列标准：

（一）城市间交通费、住宿费，参照中央和国家机关差旅费有关规定，按标准执行；个人不得领取交通补助。

（二）伙食费，参照中央和国家机关差旅费有关规定，在差旅费伙食补助费标准内据实报销；一天仅一次就餐的，人均伙食费不超过 40 元；个人不得领取伙食补助。

（三）讲课费，参照中央和国家机关培训费有关标准执行。

（四）租车费，大巴士（25 座以上）每辆每天不超过 1 500 元，中巴士（25 座及以下）每辆每天不超过 1 000 元；租车到常驻地以外的，租车费可以适当增加。

（五）场地费，每半天人均不得超过 50 元。

（六）资料费和其他有关费用经批准后据实报销”。

为严格控制经费的使用，该管理办法第十三条规定：“开展党建活动，要充分发挥党员的主体作用，必须自行组织，不得将活动组织委托给旅行社等其他单位”；第十四条规定：“开展党建活动，要因地制宜，充分利用本地条件；每个基层党组织到常驻地以外开展党建活动原则上每两年不超过一次；要严格控制租用场地举办活动，确需租用的，要选择安全、经济、便捷的场地”；第十五条规定：“开展党建活动，要根据实际情况集体出行。集体出行确需租用车辆的，应当视人数多少租用大巴车或中巴车，不得租用轿车（5 座及以下）。到常驻地以外开展党建活动，一般不得乘坐飞机”；第十六条规定：“开展党建活动，要严格遵守中央八项规定精神，严格执行廉洁自律各项规定。

严禁借党建活动名义安排公款旅游；严禁到党中央、国务院明令禁止的风景名胜区开展党建活动；严禁借党建活动名义组织会餐或安排宴请；严禁组织高消费娱乐健身活动；严禁购置电脑、复印机、打印机、传真机等固定资产以及开支与党建活动无关的其他费用；严禁套取资金设立‘小金库’；严禁发放任何形式的个人补助；严禁转嫁党建活动费用”。

从上述政策规定可以看出，中央和国家机关基层党组织党建活动经费支出有严格的范围和使用限制标准，企业的党组织可以根据该管理办法的规定，在上级党组织的指导下制定相应的党建活动经费管理办法。

### 6.4.2 企业党组织活动经费使用及不足的处理

企业党组织活动经费使用及不足的具体处理方式如下：

#### 1. 党费留存部分

《中共中央组织部 财政部关于企业党组织活动经费问题的通知》（〔89〕组通 2

号）规定："企业党组织活动经费（包括召开党内会议，进行党内宣传教育活动和组织活动，培训党员和申请入党的积极分子，开展表彰优秀党员和先进党支部活动等费用），应按照中央组织部关于党费用途的规定，先由留用的党费中开支，不足部分从企业管理费中解决。

党组织活动经费中从企业管理费列支的部分，每年初由企业党委（总支、支部）根据工作需要和节约的原则编制年度预算，列入企业财务计划。在计划范围内，日常开支由党委书记审批，财务部门报销。

遇有特殊情况需追加经费时，应经党委会议讨论，向财务部门提出，由厂长决定。

企业党委要定期向党员大会或党员代表大会报告党组织活动经费开支情况，接受监督。由企业管理费列支的部分还要接受财务部门的监督。

党费的收缴、使用和管理，要严格按有关规定执行，上级党组织要加强检查和监督。"

根据上述政策规定，企业党组织开展党建活动，其经费使用，首先在留用的党费中开支，不足部分从企业管理费中解决，但是必须经有严格的计划安排、预算。党建活动经费开支范围、标准要接受财务部门的监督，对于违反党的规定的支出不得税前扣除。

### 2. 纳入管理费用的部分

《中共中央组织部 财政部 国务院国资委党委 国家税务总局关于国有企业党组织工作经费问题的通知 》（组通字〔2017〕38 号）第一条规定："国有企业（包括国有独资、全资和国有资本绝对控股、相对控股企业）党组织工作经费主要通过纳入管理费用、党费留存等渠道予以解决。纳入管理费用的部分，一般按照企业上年度职工工资总额 1%的比例安排，每年年初由企业党组织本着节约的原则编制经费使用计划，由企业纳入年度预算"；第二条规定："纳入管理费用的党组织工作经费，实际支出不超过职工年度工资薪金总额 1%的部分，可以据实在企业所得税前扣除。年末如有结余，结转下一年度使用。累计结转超过上一年度职工工资总额 2%的，当年不再从管理费用中安排"。

对于建筑企业，属于项目部相应份额的部分，应记入相关"工程施工——间接费用"科目。

**案例 6-12**

### 建筑企业党组织活动经费列支的处理

A建筑公司为某市国有企业，建立有党委会，每年工作安排及费用年度预算均由党委会制定并报上级党委批准，同时列入企业财务计划。2019年6月根据省委要求组织党建活动，安排部分党员及预备党员赴井冈山开展活动，经费5 400元。费用处理程序及会计处理如下：

1. 经费报销程序。

（1）A公司党委依据省委要求提出活动方案，并列出费用预算；

（2）方案经过A公司党委书记、总经理签字；

（3）活动结束后，实际费用为5 800元，经党委书记、总经理签字后财务部门予以报销。

2. 会计处理。

借：管理费用——党团组织活动　　5 800

　　贷：现金　　5 800

**【提示】**根据《中央和国家机关基层党组织党建活动经费管理办法》（财行〔2017〕324号文件发布）的规定，党建活动必须自行组织，不得将活动组织委托给旅行社等其他单位，否则其费用不予报销。

## 6.4.3 非公有制企业党团组织活动经费的计算依据及标准

《中共中央组织部 财政部 国家税务总局关于非公有制企业党组织工作经费问题的通知》（组通字〔2014〕42号）第一条规定："非公有制企业党组织工作经费主要通过纳入管理费用、党费拨返、财政支持等渠道予以解决。同时，鼓励采取企业赞助、党员自愿捐助等方式，拓宽经费来源"；第二条规定："根据《中华人民共和国公司法》'公司应当为党组织的活动提供必要条件'规定和中办发〔2012〕11号文件'建立并落实税前列支制度'等要求，非公有制企业党组织工作经费纳入企业管理费列支，不超过职工年度工资薪金总额1%的部分，可以据实在企业所得税前扣除”；第三条规定：“非公有制企业党组织工作经费仍然不足的，上级党组织要从留存的党费中适当拨补。党员交纳的党费，可根据企业规模、党员数量等具体情况，全额或大部分返拨给企业党组织，用于开展党的活动”。

根据上述政策规定，非公有制企业党组织工作经费纳入企业管理费列支，其列支计算的依据为职工年度工资薪金总额，税前列支标准为不超过职工年度工资薪金总额 1%的部分。

**【提示】**根据《中共中央组织部 财政部 国家税务总局关于非公有制企业党组织工作经费问题的通知》（组通字〔2014〕42 号）相关规定，非公有制企业党组织工作经费必须用于党的活动，使用范围包括：召开党内会议，开展党内宣传教育活动和组织活动；组织党员和入党积极分子教育培训；表彰先进基层党组织、优秀共产党员和优秀党务工作者；走访、慰问和补助生活困难党员；订阅或购买用于开展党员教育的报刊、资料和设备；维护党组织活动场所及设施等。

## 6.4.4 非公有制企业党团组织活动经费的企业所得税处理

根据政策规定，非公有制企业党组织工作经费纳入企业管理费列支，不超过职工年度工资薪金总额 1%的部分，可以据实在企业所得税税前扣除。因此发生的经费支出记入“管理费用——党组织活动经费”科目处理，年终企业所得税汇算清缴时，按比例计算，进行税前扣除。

对于建筑企业，属于项目部相应份额的部分，应记入相关“工程施工——间接费用”科目。

关于在企业所得税汇算清缴中党组织工作经费的填报，《中华人民共和国企业所得税年度纳税申报表（A 类，2017 年版）》（国家税务总局公告 2017 年第 54 号发布）规定，应在 A104000《期间费用明细表》项目第 24 行“二十四、党组织工作经费”中填列；在 A105000《纳税调整项目明细表》项目第 29 行“（十六）党组织工作经费”中填列。填报纳税人根据有关文件规定，为创新基层党建工作、建立稳定的经费保障制度发生的党组织工作经费及纳税调整情况。

**案例 6-13**

**非公有制企业党团组织活动经费的计算**

A 建筑公司为三个自然人股东成立的有限责任公司，建立有党的组织（支部），2019 年该公司计税职工工资总额为 350 万元，组织党员活动 3 次，支付相关费用 3.6 万元。相关会计（涉税）处理如下（单位：万元）：

1. 组织活动发生费用时。

借：管理费用——党员活动　　3.6

　贷：银行存款　　3.6

2. 年底企业所得税汇算清缴时。

活动经费列支最高限额：350×1%＝3.5(万元)；

超过标准金额：3.6－3.5＝0.1(万元)。

因此，要调增 2019 年度企业所得税应纳税所得额 0.1 万元。

## 6.5 业务招待费支出涉税业务

合理的业务招待费支出，是企业开展正常生产经营活动所必需的一项成本费用。其最主要的涉税业务就是企业所得税的税前扣除。

### 6.5.1 企业业务招待费支出的企业所得税处理

根据《企业所得税法实施条例》第四十三条的规定，企业发生的与生产经营活动有关的业务招待费，按照发生额的 60%扣除，但最高不得超过当年销售（营业）收入的 5‰。

业务招待费是企业出于生产、经营的需要，为联系业务或促销、处理社会关系等而发生的支出。目前在税收政策中没有一个具体的列举项目，在实务中，一般情况下业务招待费的范围包括在招待中发生的餐饮、香烟、食品、礼品、娱乐活动等。对企业申报扣除的业务招待费，税务机关要求提供证明资料的，应提供证明真实发生的足够的有效凭证或资料。不能提供的，不得在税前扣除。证明资料内容包括支出金额、商业目的、与被招待人的业务关系、招待的时间地点。

企业投资者或雇员的个人娱乐支出和业余爱好支出不得作为业务招待费申报扣除。

在会计处理中，企业发生的与生产经营活动有关的业务招待费涉及多个会计科目。对于建筑企业而言，如果招待业务是与企业日常运营管理相关的，记入“管理费用”科目，如果与施工项目有关，则记入“工程施工——间接费用——管理费用”科目。年度汇算清缴时，再按政策调整。

**案例 6-14**

### 建筑企业业务招待费的涉税及会计处理

A 建筑公司 2019 年全年发生业务招待费 154 000 元，其中“管理费用”科目 92 000 元，“工程施工”科目 62 000 元。2019 年销售（营业）收入为 132 000 000 元。假定业务招待费全部是宴请支出，相关会计处理如下：

1. 企业会计处理。

| | | |
|---|---|---|
| 借：管理费用——业务招待费 | 92 000 | |
| 　　工程施工——间接费用——业务招待费 | 62 000 | |
| 　贷：现金 | | 154 000 |

2. 企业所得税汇算清缴。

业务招待费发生限额：154 000×60%＝92 400（元）；

最高标准限额：132 000 000×5‰＝660 000(元)。

由于业务招待费发生额的 60%为 92 400 元，低于最高标准限额 660 000 元，因此 A 建筑公司 2019 年业务招待费税前扣除限额为 92 400 元，超标准的 61 600 元做纳税调增处理。

## 6.5.2　企业业务招待费中礼品支出（单位）的增值税、企业所得税处理

企业在日常的各项活动中经常发生赠送礼品的业务。根据《增值税暂行条例实施细则》第四条第（八）项的规定，纳税人将“将自产、委托加工或者购进的货物无偿赠送其他单位或者个人”的行为，视同销售货物。

根据《国家税务总局关于企业处置资产所得税处理问题的通知》（国税函〔2008〕828号）第二条第（一）项的规定，企业将资产移送他人“用于交际应酬”等的情形，因资产所有权属已发生改变而不属于内部处置资产，应按规定视同销售确定收入。

《国家税务总局关于企业所得税有关问题的公告》（国家税务总局公告2016年第80号）第二条规定：“企业发生《国家税务总局关于企业处置资产所得税处理问题的通知》（国税函〔2008〕828号）第二条规定情形的，除另有规定外，应按照被移送资产的公允价值确定销售收入。”

根据上述政策规定，企业在各类业务招待活动中，将货物（或物品）无偿赠送其他单位的，在增值税处理上应视同销售货物。同时，因资产所有权属已发生改变而不属于内部处置资产，还应按规定视同销售确定收入，进行企业所得税处理。

对企业有关的赠送物品行为，如果确定属于“业务招待费”性质，在年度企业所得税汇算清缴时，还要按照规定的比例计算税前扣除数额。

**案例 6-15**

## 业务招待费中礼品支出的增值税、企业所得税处理

A建筑公司（一般纳税人）在2019年5月某项目洽谈会上，赠送给某业务关联单位小型电暖器10个，取得增值税专用发票上注明价格为683.80元，增值税（进项）88.89元，价税合计772.69元。该公司相关涉税及会计处理如下：

1. 购进小型电暖器时：

借：库存商品　683.80

　　应交税费——应交增值税（进项税额）　88.89

　贷：银行存款　772.69

2. 赠送小型电暖器时：

借：销售费用——业务招待费　772.69

　贷：库存商品　683.80

　　应交税费——应交增值税（销项税额）　88.89

【提示】一般情况下，从会计角度赠送不做收入处理。对于企业所得税，如果企业从市场上正常购买货物（礼品）在短期内就赠送的，其公允价值等于市场购买价。由于 A 公司赠送礼品行为已经按照视同销售（计提销项税额）处理了，因此不涉及进项税额转出处理。

### 6.5.3　企业业务招待费支出（个人）的增值税进项税额处理

根据《营业税改征增值税试点实施办法》（财税〔2016〕36 号文件附件 1）第二十七条第（一）项的规定，纳税人用于个人消费的购进货物，其进项税额不得从销项税额中抵扣。纳税人的交际应酬消费属于个人消费。

根据上述政策规定，对于企业在宴请、招待外单位人员（个人）等活动中，取得的餐饮发票、住宿发票、旅游发票或其他增值税普通发票等，则不能计算进项税额抵扣。对于企业购买物品取得了增值税专用发票，但最终用于业务招待赠送给个人的，其进项税额应做转出处理。

【提示】企业如果将赠送给个人的礼品按照视同销售（计提销项税额）进行了处理，则进项税额可以抵扣。

### 6.5.4　企业各种活动中的礼品支出的个人所得税处理

企业各种活动中礼品支出的个人所得税处理分为两个时间段。

**1. 在 2019 年 1 月 1 日之前，按照“其他所得”项目处理**

《财政部 国家税务总局关于企业促销展业赠送礼品有关个人所得税问题的通知》（财税〔2011〕50 号）第二条第 2 点规定：“企业在年会、座谈会、庆典以及其他活动中向本单位以外的个人赠送礼品，对个人取得的礼品所得，按照‘其他所得’项目，全额适用 20%的税率缴纳个人所得税”；第三条规定：“企业赠送的礼品是自产产品（服务）的，按该产品（服务）的市场销售价格确定个人的应税所得；是外购商品（服务）的，按该商品（服务）的实际购置价格确定个人的应税所得”。

根据上述政策规定，企业在各种活动中赠送的礼品，如果是向本单位以外的个人赠送，则要按“其他所得”项目，全额适用20%的税率代扣代缴个人所得税。如果礼品是自产的，按市场价（公允价值）确定价格。

**2. 自2019年1月1日起，按照“偶然所得”项目处理**

《财政部 税务总局关于个人取得有关收入适用个人所得税应税所得项目的公告》（财政部 税务总局公告2019年第74号）第三条规定：“企业在业务宣传、广告等活动中，随机向本单位以外的个人赠送礼品（包括网络红包，下同），以及企业在年会、座谈会、庆典以及其他活动中向本单位以外的个人赠送礼品，个人取得的礼品收入，按照‘偶然所得’项目计算缴纳个人所得税，但企业赠送的具有价格折扣或折让性质的消费券、代金券、抵用券、优惠券等礼品除外。

前款所称礼品收入的应纳税所得额按照《财政部 国家税务总局关于企业促销展业赠送礼品有关个人所得税问题的通知》（财税〔2011〕50号）第三条规定计算。”

根据上述政策规定，企业在各种活动中的礼品支出要进行个人所得税处理，在2019年1月1日之前，按照“其他所得”项目处理，根据新《个人所得税法》的规定，自2019年1月1日起，按照“偶然所得”项目处理。

**案例6-16**

**建筑企业业务招待费中礼品支出的增值税、个人所得税处理**

A建筑公司为一般纳税人，适用一般计税方法计税。2017年春节年会、座谈会上，赠送给外单位人员小型数码器件30个，取得增值税专用发票上注明价格为2 550元，增值税（进项）433.50元，价税合计2 983.50元。A公司相关涉税及会计处理如下：

1. 涉税处理。

（1）个人所得税。

一般情况下，企业赠送个人礼品代扣的个人所得税由企业承担，因此，需要将不含税所得换算为含税所得。

应税所得：2 983.50÷(1－20％)＝3 729.38(元)；

应纳税额：3 729.38×20％＝745.88(元)。

(2) 购买小型数码器件的增值税进项税额不得抵扣，如果在前期购买时已经抵扣，则应做进项税额转出。

2. 会计处理。

(1) 购进货物时：

借：库存商品　2 550

　应交税费——应交增值税（进项税额）　433.50

　贷：银行存款　2 983.50

(2) 支出礼品时：

借：销售费用——业务招待费　2 983.50

　贷：应交税费——应交增值税（进项税额转出）　433.50

　　库存商品　2 550

(3) 计提个人所得税时：

借：销售费用——业务招待费　745.88

　贷：应交税费——应交个人所得税　745.88

**【提示】**如果企业赠送给外单位人员的小型数码器件按照视同销售（计提销项税额）处理，则不需要进行进项税额处理。

## 6.5.5 企业购买礼品卡支出的涉税处理

### 1. 单用途商业预付卡的涉税处理

(1) 可以开具增值税普通发票，不得开具增值税专用发票。根据《国家税务总局关于营改增试点若干征管问题的公告》（国家税务总局公告2016年第53号）第三条第（一）项的规定，支付机构销售多用途卡取得的等值人民币资金，或者接受多用途卡持卡人充值取得的充值资金，不缴纳增值税。支付机构可按照该公告第九条的规定，向购卡人、充值人开具增值税普通发票，不得开具增值税专用发票。

单用途商业预付卡（以下简称单用途卡），是指发卡企业按照国家有关规定发行的，仅限于在本企业、本企业所属集团或者同一品牌特许经营体系内兑付货物或者服务的预付凭证。

发卡企业，是指按照国家有关规定发行单用途卡的企业。售卡企业，是指集团发卡企业或者品牌发卡企业指定的，承担单用途卡销售、充值、挂失、换卡、退卡等相关业务的本集团或同一品牌特许经营体系内的企业。

（2）按照现行规定缴纳增值税。根据国家税务总局公告2016年第53号第三条第（二）项的规定，售卡方因发行或者销售单用途卡并办理相关资金收付结算业务取得的手续费、结算费、服务费、管理费等收入，应按照现行规定缴纳增值税。

（3）不得向持卡人开具增值税发票。根据国家税务总局公告2016年第53号第三条第（三）项的规定，持卡人使用单用途卡购买货物或服务时，货物或者服务的销售方应按照现行规定缴纳增值税，且不得向持卡人开具增值税发票。

（4）销售方在收到售卡方结算的销售款时，不得开具增值税专用发票。根据国家税务总局公告2016年第53号第三条第（四）项的规定，销售方与售卡方不是同一个纳税人的，销售方在收到售卡方结算的销售款时，应向售卡方开具增值税普通发票，并在备注栏注明“收到预付卡结算款”，不得开具增值税专用发票。

售卡方从销售方取得的增值税普通发票，作为其销售单用途卡或接受单用途卡充值取得预收资金不缴纳增值税的凭证，留存备查。

**2. 支付机构预付卡的涉税处理**

（1）不得开具增值税专用发票。根据国家税务总局公告2016年第53号第四条第（一）项的规定，支付机构销售多用途卡取得的等值人民币资金，或者接受多用途卡持卡人充值取得的充值资金，不缴纳增值税。支付机构可按照该公告第九条的规定，向购卡人、充值人开具增值税普通发票，不得开具增值税专用发票。

支付机构，是指取得中国人民银行核发的《支付业务许可证》，获准办理“预付卡发行与受理”业务的发卡机构和获准办理“预付卡受理”业务的受理机构。

支付机构预付卡（以下简称多用途卡），是指发卡机构以特定载体和形式发行的，可在发卡机构之外购买货物或服务的预付价值。

（2）按照现行规定缴纳增值税。根据国家税务总局公告2016年第53号第四条第（二）项的规定，支付机构因发行或者受理多用途卡并办理相关资金收付结算业务取得的手续费、结算费、服务费、管理费等收入，应按照现行规定缴纳增值税。

（3）不得向持卡人开具增值税发票。根据国家税务总局公告 2016 年第 53 号第四条第（三）项的规定，持卡人使用多用途卡，向与支付机构签署合作协议的特约商户购买货物或服务，特约商户应按照现行规定缴纳增值税，且不得向持卡人开具增值税发票。

（4）特约商户收到支付机构结算的销售款时，不得开具增值税专用发票。根据国家税务总局公告 2016 年第 53 号第四条第（四）项的规定，特约商户收到支付机构结算的销售款时，应向支付机构开具增值税普通发票，并在备注栏注明“收到预付卡结算款”，不得开具增值税专用发票。

支付机构从特约商户取得的增值税普通发票，作为其销售多用途卡或接受多用途卡充值取得预收资金不缴纳增值税的凭证，留存备查。

根据上述政策规定，实务中，企业购买单用途卡、多用途卡可以取得增值税普通发票，但无法取得增值税专用发票，因此没有进项税额抵扣。

**案例 6-17**

## 建筑企业购买礼品卡支出的涉税及会计处理

C 建筑公司 2017 年 11 月购入 AB 超市购物卡 10 000 元，取得增值税普通发票。2017 年 12 月将其中 8 000 元赠送给外单位人员，2 000 元作为职工福利费。会计处理如下：

1. 购入预付卡时：

| | | |
|---|---|---|
| 借：预付账款——AB 超市 | 10 000 | |
| 　贷：银行存款 | | 10 000 |

2. 使用预付卡时：

| | | |
|---|---|---|
| 借：管理费用——业务招待费 | 8 000 | |
| 　　应付职工薪酬——职工福利费 | 2 000 | |
| 　贷：预付账款——AB 超市 | | 10 000 |

3. 核算职工福利费时：

| | | |
|---|---|---|
| 借：管理费用——职工福利费 | 2 000 | |

贷：应付职工薪酬——职工福利费 2 000

4. 计提个人所得税时：

(1) 赠送外单位个人的礼品，在2019年1月1日前，应按“其他所得”代扣代缴个人所得税。

借：其他应收款——接受赠送人 1 600

贷：应交税费——应交个人所得税 1 600

(2) 用于职工福利费的2 000元，应并入各职工当月工资总额，一并计算个人所得税。

**【提示】**在实际业务中，上述赠送外单位个人礼品的个人所得税，即其他应收款1 600元一般无法收回（不可能在赠送时现金收回个人所得税金额），因此，应转入或直接核算计入“营业外支出”。但该营业外支出由于纳税义务人不是企业，属于与生产经营无关的支出，不能在企业所得税税前扣除，应在年末企业所得税汇算清缴时，做纳税调整增加处理。

对于赠送外单位个人的礼品，根据《财政部 税务总局关于个人取得有关收入适用个人所得税应税所得项目的公告》（财政部 税务总局公告2019年第74号）第三条的规定，自2019年1月1日起，按照“偶然所得”项目计算缴纳个人所得税。

### 6.5.6 企业购买购物卡支出记入相关费用科目的时点

根据《国家税务总局关于营改增试点若干征管问题的公告》（国家税务总局公告2016年第53号）第三条、第四条的规定，售卡方向购卡人、充值人出售购物卡时需开具增值税普通发票，不得开具增值税专用发票。

根据《企业所得税法》第八条的规定，“企业实际发生的与取得收入有关的、合理的支出，包括成本、费用、税金、损失和其他支出，准予在计算应纳税所得额时扣除”。

对于购卡企业来说，购入的卡如果没有实际使用不得税前扣除。可以暂时记入“其他应收款——购物卡”科目，实际使用时按规定记入“管理费用”及“工程施工——间接费用”科目。其中用于福利的，记入福利费明细科目，用于业务招待的，记入业务招待费科目。

**案例 6-18**

**建筑企业用购物卡购物的涉税及会计处理**

A 建筑公司 2019 年 8 月 20 日购买 2 张 B 超市购物卡，每张卡 1 000 元，交给行政部门购买办公用品。会计及涉税处理如下：

1. 购入购物卡时：

借：预付账款（其他应收款）——购物卡　　2 000

　贷：银行存款　　2 000

B 超市开具增值税普通发票，开具发票时需采取编码开票，选择 601“预付卡销售和充值”，发票税率栏应填写“不征税”。

2. 行政部门购买办公用品时：

行政部门购买的办公用品在报销时，需要提供购物时取得的货物小票作为实际业务发生的证明附件。

借：管理费用——办公用品　　2 000

　贷：预付账款（其他应收款）——购物卡　　2 000

## 6.6　广告宣传费支出涉税业务

广告宣传费是企业为了自身宣传或开发项目宣传而发生的费用，对于建筑企业而言，主要是为了业务内容的营销而发生的广告宣传费。

### 6.6.1　企业广告合同的印花税处理

由《印花税暂行条例》所附《印花税税目税率表》可知，加工承揽合同包括广告合同，由立合同人（双方）按加工或承揽收入万分之五贴花。

《印花税暂行条例》第五条规定：“印花税实行由纳税人根据规定自行计算应纳税额，购买并一次贴足印花税票（以下简称贴花）的缴纳办法。”

根据上述政策规定，签订合同的双方均要按规定计算贴花。同时，印花税必须

“一次贴足印花税票”，即同一份合同，必须按照合同金额一次贴足印花税票。

案例 6-19

**建筑企业广告合同的贴花计算**

A 建筑公司 2019 年 9 月 20 日与 B 广告公司签订一份广告合同，合同注明价格为 40 万元，增值税为 2.4 万元。印花税计算如下：

应缴印花税：400 000×0.000 5＝200(元)。

借：税金及附加　200

　贷：应交税费——应交印花税　200

**【提示】**计算印花税时，价税合一的合同按价税合一金额计算，价税分开的合同按其实际价格计算。

## 6.6.2 企业广告宣传物品（礼品）支出的增值税、企业所得税处理

企业广告宣传物品（礼品）支出涉税处理主要是指企业在广告宣传活动中，将货物（或物品）无偿赠送其他单位或者个人的增值税、企业所得税处理。

### 1. 增值税处理

根据《增值税暂行条例实施细则》第四条第（八）项的规定，企业“将自产、委托加工或者购进的货物无偿赠送其他单位或者个人”的行为，视同销售货物。其价值的确定按照《增值税暂行条例实施细则》第十六条的规定处理。

### 2. 企业所得税处理

根据《国家税务总局关于企业处置资产所得税处理问题的通知》（国税函〔2008〕828 号）第二条第（一）项的规定，企业将资产移送他人“用于市场推广或销售”的情形，因资产所有权属已发生改变而不属于内部处置资产，应按规定视同销售确定收入。

《国家税务总局关于企业所得税有关问题的公告》（国家税务总局公告 2016 年第

80 号）第二条规定："企业发生《国家税务总局关于企业处置资产所得税处理问题的通知》（国税函〔2008〕828 号）第二条规定情形的，除另有规定外，应按照被移送资产的公允价值确定销售收入。"

根据上述政策规定，企业在广告宣传活动中，将货物（或物品）无偿赠送其他单位或者个人，在增值税上应视同销售货物处理。同时，因资产所有权属已发生改变而不属于内部处置资产，还应按规定视同销售确定收入，进行企业所得税处理。

**案例 6-20**

### 广告宣传物品（礼品）支出的涉税及会计处理

A 建筑装饰公司为一般纳税人。2019 年 4 月庆祝成立 30 周年之际，借助"五一"劳动节开展家庭装修套餐推广活动，在闹市区赠送给阅读住房装修资料的市民价值 90.4 元的小型电暖器，取得增值税专用发票上注明价格为 80 元，增值税（进项）10.4 元。A 公司相关涉税及会计处理如下：

1. 购进小型电暖器时（以单件为例）：

| | | |
|---|---|---|
| 借：库存商品 | 80 | |
| 　　应交税费——应交增值税（进项税额） | 10.4 | |
| 　贷：银行存款 | | 90.4 |

2. 赠送小型电暖器时：

| | | |
|---|---|---|
| 借：销售费用——广告宣传费 | 90.4 | |
| 　贷：库存商品 | | 80 |
| 　　　应交税费——应交增值税（销项税额） | | 10.4 |

## 6.6.3　企业广告宣传物品（礼品）支出的个人所得税处理

在 2019 年 1 月 1 日之前，《财政部 国家税务总局关于企业促销展业赠送礼品有关个人所得税问题的通知》（财税〔2011〕50 号）第二条第 1 点规定："企业在业务宣传、广告等活动中，随机向本单位以外的个人赠送礼品，对个人取得的礼品所得，按照'其他所得'项目，全额适用 20%的税率缴纳个人所得税"；第三条规定："企业赠送的礼品是自产产品（服务）的，按该产品（服务）的市场销售价格确定个人的应税所得；是外购商品（服务）的，按该商品（服务）的实际购置价格确定个人的应税所得”。

根据上述政策规定，在2019年1月1日之前，企业在业务宣传、广告等活动中，随机向本单位以外的个人赠送礼品，即和“买一赠一”“捆绑销售”等销售行为无关的赠送礼品，要按照“其他所得”项目代扣代缴个人所得税。

自2019年1月1日起，根据《财政部 税务总局关于个人取得有关收入适用个人所得税应税所得项目的公告》（财政部 税务总局公告2019年第74号）第三条的规定，上述“其他所得”项目涉及的内容，按照“偶然所得”项目处理，具体处理内容不变。

**案例6-21**

### 广告宣传物品（礼品）支出的个人所得税计算

A建筑修饰公司为一般纳税人。2019年5月庆贺公司成立30周年之际，借助“五一”劳动节开展家庭装修套餐推广活动，在闹市区赠送给阅读家庭装修资料的市民价值80元的小型电暖器，取得增值税专用发票上注明价格为68.38元，增值税额为11.62元。个人所得税处理如下（以单件为例）：

1. 税款计算。

一般情况下，企业赠送个人礼品代扣的个人所得税由企业承担，因此，需要将不含税所得换算为含税所得。

应税所得：80÷(1－20%)＝100(元)；

应纳税额：100×20%＝20(元)。

2. 会计处理。

(1) 计提个人所得税时：

借：销售费用——广告宣传费　　20

　　贷：应交税费——应交个人所得税　　20

(2) 实际代扣代缴个人所得税时：

借：应交税费——应交个人所得税　　20

　　贷：银行存款　　20

【提示】企业赠送个人礼品代扣代缴的个人所得税计入销售费用，属于代他人承担的税费，不得在企业所得税税前列支，在年度企业所得税汇算清缴时应当做纳税调增处理。

## 6.7　财务（借款）费用涉税业务

财务费用，一般是指企业为筹集生产经营所需资金等而发生的各项费用。本节内容主要包括建筑企业在运营中发生的各类借款及利息支出的涉税业务。

### 6.7.1　银行借款合同的印花税处理

根据《印花税暂行条例》及所附《印花税税目税率表》的规定，借款合同是指银行及其他金融组织与借款人（不包括银行同业拆借）签订的借款合同，由立合同人按借款金额万分之零点五贴花。单据作为合同使用的，按合同贴花。

《国家税务局关于对借款合同贴花问题的具体规定》（国税地字〔1988〕第 30 号）第二条规定："关于对流动资金周转性借款合同的贴花问题。借贷双方签订的流动资金周转性借款合同，一般按年（期）签订，规定最高限额，借款人在规定的期限和最高限额内随借随还。为此，在签订流动资金周转借款合同时，应按合同规定的最高借款限额计税贴花。以后，只要在限额内随借随还，不再签新合同的，就不另贴印花。"

根据上述政策规定，建筑企业在取得银行等金融机构贷款后，在计算上可以当年贷款数额计算贴花，即以"银行借款"科目（某金融机构明细科目）贷方数据计算。在以后年度，如果"银行借款"科目（某金融机构明细科目）贷方数据金额增加，只对增加部分计算贴花，只要金额不增加就不再另贴印花。

此外，根据上述政策规定，"借款合同是指银行及其他金融组织和借款人（不包括银行同业拆借）所签订的借款合同"，因此，非金融机构或组织与单位及个人之间、个人与个人之间订立的借款合同和银行间同业拆借以及企业集团内部的借款凭证都不贴花。

**案例 6-22**

### 银行借款合同的印花税计算

A建筑公司2017年7月28日向B银行贷款8 000万元，2017年8月4日到账5 000万元，2018年8月6月归还2 000万元，2019年2月28日到账4 000万元。A公司印花税计算及会计处理如下（单位：万元）：

1. 2017年8月4日第一次取得B银行的贷款。

应缴印花税：5 000×0.000 05=0.25(万元)。

借：税金及附加　　0.25

　贷：应交税费——应交印花税　　0.25

2. 2018年8月6月归还部分贷款，“银行借款”贷方科目金额为3 000万元，不涉及计算贴花。

3. 2019年2月28日到账贷款4 000万元，“银行借款”贷方科目金额为7 000万元。

应缴印花税：(7 000−5 000)×0.000 5=0.1(万元)。

借：税金及附加　　0.1

　贷：应交税费——应交印花税　　0.1

## 6.7.2 建筑企业借款垫资利息支出的企业所得税处理

### 1. 借款费用包括的范围

根据《企业会计准则第17号——借款费用》相关条款，借款费用，是指企业因借款而发生的利息及其他相关成本。借款费用包括借款利息、折价或者溢价的摊销、辅助费用以及因外币借款而发生的汇兑差额等。

### 2. 借款费用资本化及当期费用化处理

根据《企业会计准则第17号——借款费用》相关条款，只有满足相关条件的借款费用才能资本化。《企业所得税法实施条例》第三十七条规定：“企业在生产经营活动中发生的合理的不需要资本化的借款费用，准予扣除。企业为购置、建造固定资产、无形资产和经过 12 个月以上的建造才能达到预定可销售状态的存货发生借款的，在有关资产购置、建造期间发生的合理的借款费用，应当作为资本性支出计入有关资产的成本，并按照本条例有关规定扣除。”

根据上述政策规定，建筑企业自身“为购置、建造固定资产、无形资产和经过 12 个月以上的建造才能达到预定可销售状态的存货发生借款的”，其利息支出要按照规定进行资本化处理。但对于建筑企业为承接项目垫资的行为，因为项目属于建设方，不属于建筑企业，建筑企业的垫资行为属于维持企业日常运行所需资金的性质，因此，其借款发生的利息支出，应记入“财务费用”科目，在当期处理。

**案例 6-23**

**建筑企业借款垫资利息支出的涉税及会计处理**

A 建筑公司 2019 年 1 月 1 日向 B 银行借款 2 000 万元，用于项目施工垫资，贷款期限 1 年，年利率 7%，年利息 140 万元。A 公司相关涉税及会计处理如下（单位：万元）：

每年支付利息会计处理：

借：财务费用——利息　140

　贷：银行存款　140

## 6.7.3　建筑企业借款利息支出的税前扣除标准

对于建筑企业的借款利息支出，在会计处理中，一般情况下企业向非金融机构借款的利息支出，与企业向金融机构借款的利息支出的处理基本一致，主要区别是企业所得税的处理。根据《企业所得税法实施条例》第三十八条第（二）项的规定，企业在生产经营活动中发生的“非金融企业向非金融企业借款的利息支出，不超过按照金融企业同期同类贷款利率计算的数额的部分”利息支出，准予税前扣除。

根据上述政策规定，对于建筑企业的借款利息支出，凡是向银行等金融企业借款的，按照合同约定支付利息；向非金融机构借款的，发生的利息支出，在限额以内的，可以税前扣除。

对于在实务中上述“金融企业同期同类贷款利率确定”的具体操作，《国家税务总局关于企业所得税若干问题的公告》（国家税务总局公告2011年第34号）第一条规定，“根据《实施条例》第三十八条规定，非金融企业向非金融企业借款的利息支出，不超过按照金融企业同期同类贷款利率计算的数额的部分，准予税前扣除。鉴于目前我国对金融企业利率要求的具体情况，企业在按照合同要求首次支付利息并进行税前扣除时，应提供‘金融企业的同期同类贷款利率情况说明’，以证明其利息支出的合理性。

‘金融企业的同期同类贷款利率情况说明’中，应包括在签订该借款合同当时，本省任何一家金融企业提供同期同类贷款利率情况。该金融企业应为经政府有关部门批准成立的可以从事贷款业务的企业，包括银行、财务公司、信托公司等金融机构。‘同期同类贷款利率’是指在贷款期限、贷款金额、贷款担保以及企业信誉等条件基本相同下，金融企业提供贷款的利率。既可以是金融企业公布的同期同类平均利率，也可以是金融企业对某些企业提供的实际贷款利率”。

**案例6-24**

### 建筑企业向非金融机构借款支付利息的涉税及会计处理

A建筑公司2019年1月1日向B公司借款1 000万元，用于项目施工垫资，贷款期限1年，年利率7%，年利息70万元。假定金融企业同期同类贷款利率为6%，A公司相关涉税及会计处理如下（单位：万元）：

借：财务费用——利息　　70

　贷：其他应付款——B公司　　70

按金融企业同期同类贷款利率计算利息：1 000×6%=60(万元)。

超过政策规定标准：70-60=10（万元），企业所得税年度汇算清缴时，应调整增加应纳税所得额10万元。

**【提示】**上述A公司如果能提供“金融企业的同期同类贷款利率情况说明”证明金融机构借款给非金融机构收取利息有不低于7%利率的案例，可以不做纳税调整。

### 6.7.4　企业向个人借款支付利息的增值税、企业所得税处理

#### 1. 增值税处理

根据《营业税改征增值税试点实施办法》（财税〔2016〕36 号文件附件 1）第三条、第十六条、第十九条、第三十四条及第三十五条的规定，个人为小规模纳税人，适用简易计税方法计税，征收率为 3%。

根据上述政策规定，在企业向个人借款的业务中，个人收取的利息要按照规定缴纳增值税，即按照小规模纳税人依据上述政策规定的方式计算缴纳增值税。一般情况下，根据各地具体规定，应在税务机关代开增值税发票。企业支付利息取得增值税发票，不得抵扣进项税额（无进项税额抵扣）。

#### 2. 企业所得税处理

《国家税务总局关于企业向自然人借款的利息支出企业所得税税前扣除问题的通知》（国税函〔2009〕777 号）第二条规定："企业向除第一条规定以外的内部职工或其他人员借款的利息支出，其借款情况同时符合以下条件的，其利息支出在不超过按照金融企业同期同类贷款利率计算的数额的部分，根据税法第八条和税法实施条例第二十七条规定，准予扣除。

（一）企业与个人之间的借贷是真实、合法、有效的，并且不具有非法集资目的或其他违反法律、法规的行为；

（二）企业与个人之间签订了借款合同。"

根据上述政策规定，企业与个人之间签订了借款合同，有明确的商业目的，支付的利息可以在规定的限额以内税前扣除。

**【提示】**《个人所得税法》第二条第（六）项规定，居民个人取得利息所得，应缴纳个人所得；第三条第（三）项规定，利息所得，适用比例税率，税率为 20%；第六条第（六）项规定，利息所得，以每次收入额为应纳税所得额。

**案例 6-25**

**建筑企业向个人借款支付利息的涉税及会计处理**

2019 年 5 月 20 日，A 建筑公司向自然人甲借款 100 万元，签订了合同，借款期限 3 个月，年利率为 8%，金融企业同期同类贷款利率为 6%。A 公司计提利息时相关涉税及会计处理如下（单位：万元）：

计提利息：(100×8%)×(3÷12)=2(万元)。

借：财务费用——利息　　2

　贷：其他应付款——甲　　2

按金融企业同期同类贷款利率计算：(100×6%)×(3÷12)=1.5(万元)；

超过政策规定标准：2−1.5=0.5(万元)。

年度企业所得税汇算清缴时，应调整增加应纳税所得额 0.5 万元。

A 公司支付利息的票据为由税务机关代开的增值税普通发票。

**【提示】** 自然人甲取得利息收入的增值税计算：

甲不含税销售额：2÷(1+3%)=1.94(万元)；

甲应交增值税：1.94×3%=0.06(万元)。

## 6.7.5　企业向外出借资金取得利息收入的增值税、企业所得税处理

### 1. 增值税处理

根据《营业税改征增值税试点实施办法》第一条、第十五条的规定，不论是金融机构还是非金融机构和个人，凡是在中华人民共和国境内提供金融服务的单位和个人，均为增值税纳税人；金融服务业增值税税率为 6%。

《营业税改征增值税试点实施办法》所附《销售服务、无形资产、不动产注释》规定，“金融服务，是指经营金融保险的业务活动。包括贷款服务、直接收费金融服务、保险服务和金融商品转让”；“贷款，是指将资金贷与他人使用而得利息收入的业务活动”。

根据上述政策规定，建筑企业将资金借给其他企业使用取得的利息收入，属于

增值税“金融服务——贷款”税目，适用税率为 6%。根据相关规定，企业收取利息可以开具增值税普通发票。

### 2. 企业所得税处理

《企业所得税法》第六条第（五）项规定，企业以货币形式和非货币形式从各种来源取得的收入，为收入总额，包括利息收入。

《企业所得税法实施条例》第十八条规定：“企业所得税法第六条第（五）项所称利息收入，是指企业将资金提供他人使用但不构成权益性投资，或者因他人占用本企业资金取得的收入，包括存款利息、贷款利息、债券利息、欠款利息等收入。

利息收入按照合同约定的债务人应付利息的日期确认收入的实现。”

根据上述政策规定，企业将自有资金借给其他企业使用收取的利息，应计入企业的收入总额，申报缴纳企业所得税。

一般情况下，存款利息收入记入“财务费用”科目，出借资金取得的收入记入“其他业务收入”科目。

**案例 6-26**

### 建筑企业利息收入的涉税及会计处理

A 建筑公司为一般纳税人，2019 年 7 月 1 日借给 B 公司款项 1 000 万元，借款期限 1 年，年利率为 9%，年利息 90 万元（含税）。A 公司取得利息收入的增值税（附加略）计算及会计处理如下：

1. 增值税计算。

不含税销售额：90÷(1+6%)=84.91(万元)；

应缴增值税：84.91×6%=5.09(万元)。

A 公司开具增值税普通发票，票面金额 90 万元（假定利息一次性支付）。

2. 会计（企业所得税）收入确认（单位：万元）。

(1) 取得利息收入时：

| | |
|---|---|
| 借：银行存款 | 90 |
| 　贷：应收利息 | 84.91 |
| 　　　应交税费——应交增值税（销项税额） | 5.09 |

(2) 确定当年收入时：

2019 年确认收入：84.91×(5÷12)=35.38(万元)。

借：应收利息　　35.38

　贷：其他业务收入　　35.38

2019 年度企业所得税汇算清缴中利息收入应该为 84.91 万元，所以应该纳税调整增加：84.91－35.38=49.53（万元）。

**【提示】**根据《企业会计准则》所附《会计科目和主要账务处理》及《企业会计制度》相关规定，“财务费用”科目主要核算企业为筹集生产经营所需资金等而发生的筹资费用，包括利息支出（减利息收入）、汇兑损益以及相关的手续费、企业发生的现金折扣或收到的现金折扣等。企业将资金借给其他企业使用的业务不属于“为筹集生产经营所需资金”业务，其收取的利息可以记入“其他业务收入”科目，如果在日常核算中记入“财务费用”科目，则容易在增值税的计算上出现疏漏。

## 6.7.6 企业支付金融机构利息取得增值税发票的处理

《营业税改征增值税试点实施办法》第二十七条第（六）项规定，购进的贷款服务，其进项税额不得从销项税额中抵扣。

《营业税改征增值税试点有关事项的规定》（财税〔2016〕36 号文件附件 2）第一条第（四）项第 3 点规定：“纳税人接受贷款服务向贷款方支付的与该笔贷款直接相关的投融资顾问费、手续费、咨询费等费用，其进项税额不得从销项税额中抵扣”。

根据上述政策规定，企业在日常购进的贷款服务中，其进项税额不得从销项税额中抵扣，包括向贷款方支付的与该笔贷款直接相关的投融资顾问费、手续费、咨询费等费用，其进项税额均不得从销项税额中抵扣。因此，在此种不能抵扣进项税额的情形下，接受贷款服务的企业一般索要增值税普通发票即可。

**【提示】**《营业税改征增值税试点实施办法》所附《销售服务、无形资产、不动产注释》规定：“金融服务，是指经营金融保险的业务活动。包括贷款服务、直接收费金融服务、保险服务和金融商品转让。”

根据《营业税改征增值税试点实施办法》第十五条的规定，金融服务业增值税税率为6%。

**案例6-27**

**金融机构开具利息增值税发票的处理**

A建筑公司2019年7月28日向B银行贷款3 000万元，贷款期限1年，年利息180万元（含税），同时发生相关辅助费用80万元（含税）。A公司与B银行相关处理如下：

1. B银行处理。

（1）B银行收取利息增值税计算。

不含税销售额：180÷(1+6%)=169.81(万元)；

应缴增值税：169.81×6%=10.19(万元)。

B银行开具增值税普通发票，票面金额180万元（假定利息一次性支付）。

（2）B银行收取辅助费用增值税计算。

不含税销售额：80÷(1+6%)=75.47(万元)；

应缴增值税：75.47×6%=4.53(万元)。

B银行开具增值税普通发票，票面金额80万元。

2. A公司处理。

A公司支付利息、相关辅助费用，根据政策，其进项税额均不得从销项税额中抵扣，因此可以取得增值税普通发票。

## 6.7.7　企业投资者投资未到位而发生的利息支出的企业所得税处理

《国家税务总局关于企业投资者投资未到位而发生的利息支出企业所得税前扣除问题的批复》（国税函〔2009〕312号）规定："关于企业由于投资者投资未到位而发生的利息支出扣除问题，根据《企业所得税法实施条例》第二十七条规定，凡企业投资者在规定期限内未缴足其应缴资本额的，该企业对外借款所发生的利息，相当于投资者实缴资本额与在规定期限内应缴资本额的差额应计付的利息，其不属于企业合理的支出，应由企业投资者负担，不得在计算企业应纳税所得额时扣除。"

具体计算不得扣除的利息时，应以企业一个年度内每一账面实收资本与借款余额保持不变的期间作为一个计算期，每一计算期内不得扣除的借款利息按该期间借款利息发生额乘以该期间企业未缴足的注册资本占借款总额的比例计算，公式为：

$$\frac{企业每一计算期}{不得扣除的借款利息}=\frac{该期间}{借款利息额}\times\frac{该期间未缴足}{注册资本额}\div\frac{该期间}{借款额}$$

企业一个年度内不得扣除的借款利息总额为该年度内每一计算期不得扣除的借款利息额之和。

**【提示】**鉴于现有公司法关于公司注册资本实行认缴制的有关规定，如果公司章程未约定出资期限，上述文件在执行时有可能产生一定的争议，具体以当地主管税务机关解释为准。

**案例 6-28**

**建筑企业投资者投资未到位而发生的利息支出的处理**

A 建筑公司成立于 2017 年 4 月 15 日。注册资本金为 5 000 万元，公司章程规定 2017 年 12 月 31 日之前全部到位。三个投资方注册时一次性到位资金 4 000 万元，剩余 1 000 万元资金截止到 2019 年 12 月 31 日尚未到位。该公司为项目运作需要，于 2018 年 1 月从某银行贷款 2 000 万元，利率为 7%，贷款期限为 1 年。A 公司 2018 年税前利息列支计算如下：

2018 年利息：2 000×7%＝140(万元)。

因此，投资款未到位而不可税前扣除利息：140×(2 000－1 000)÷2 000＝70(万元)。

企业所得税处理如下：

如果该笔贷款属于流动资金贷款，则 1 000 万元未到位投资款对应的已计入期间费用的贷款利息 70 万元，不得在当年税前列支，即当年企业所得税汇算清缴应调增应纳税所得额 70 万元。

## 6.7.8 企业关联方利息支出的企业所得税处理

根据《财政部 国家税务总局关于企业关联方利息支出税前扣除标准有关税收政

策问题的通知》（财税〔2008〕121 号）的规定，企业接受关联方债权性投资利息支出的税前扣除按以下政策处理：

"一、在计算应纳税所得额时，企业实际支付给关联方的利息支出，不超过以下规定比例和税法及其实施条例有关规定计算的部分，准予扣除，超过的部分不得在发生当期和以后年度扣除。

企业实际支付给关联方的利息支出，除符合本通知第二条规定外，其接受关联方债权性投资与其权益性投资比例为：

（一）金融企业，为 5：1；

（二）其他企业，为 2：1。

二、企业如果能够按照税法及其实施条例的有关规定提供相关资料，并证明相关交易活动符合独立交易原则的；或者该企业的实际税负不高于境内关联方的，其实际支付给境内关联方的利息支出，在计算应纳税所得额时准予扣除。

三、企业同时从事金融业务和非金融业务，其实际支付给关联方的利息支出，应按照合理方法分开计算；没有按照合理方法分开计算的，一律按本通知第一条有关其他企业的比例计算准予税前扣除的利息支出。

四、企业自关联方取得的不符合规定的利息收入应按照有关规定缴纳企业所得税"。

根据上述政策规定，企业关联方利息支出在企业所得税税前扣除，要按照规定的债权性投资与权益性投资比例计算，对于不符合限制比例的，要进行（特别）纳税调整，超过的部分不得在发生当期和以后年度扣除。其中对于支付给境内关联方的利息支出，如果企业的实际税负不高于境内关联方，即不减少企业总体企业所得税的，不进行（特别）纳税调整，在计算应纳税所得额时准予扣除。

**【提示】**根据《特别纳税调查调整及相互协商程序管理办法》（国家税务总局公告 2017 年第 6 号发布）第三十八条的规定，"实际税负相同的境内关联方之间的交易，只要该交易没有直接或者间接导致国家总体税收收入的减少，原则上不作特别纳税调整"。因此，在企业所得税处理中，一般境内企业之间无偿使用资金，只要不符合特别纳税调整的相关条件，则不做收入处理。

案例 6-29

### 建筑企业关联方利息支出的计算处理

B公司是A建筑公司的股东之一，在注册资金3 000万元中占有2 000万元份额。2019年3月1日，B公司借款给A公司资金5 000万元用于日常运行，借款期限为1年，年利率为6%，与金融机构同期同类贷款相符。A公司相关涉税及会计处理如下（单位：万元）：

1. 利息计算。

年利息：5 000×6%=300(万元)；

当年应计利息：300×(10÷12)=250(万元)。

2019年计提利息。

借：财务费用——利息　　250

　贷：其他应付款　　250

2. 关联利息税前扣除限额计算。

关联方债权性投资与其权益性投资比例为2∶1，B公司权益性投资为2 000万元，则对应债权性投资应为4 000万元，B公司借款中1 000万元对应的利息不得税前扣除。

年利息：1 000×6%=60(万元)；

当年应计利息：60×(10÷12)=50(万元)。

2019年末，假设企业不能够提供相关资料，证明相关交易活动符合独立交易原则；且当年A公司盈利，B公司亏损，A公司实际税负高于B公司，因此2019年度企业所得税汇算清缴时，A公司应调增应纳税所得额50万元。

**【提示】**关于增值税发票。B公司收取利息需要缴纳增值税，开具增值税普通发票。

## 6.8 公益捐赠涉税业务

对外捐赠是指企业自愿无偿将其有权处分的合法财产赠送给合法的受赠人用于

与生产经营活动没有直接关系的公益事业的行为。企业对外捐赠应当遵循《中华人民共和国公益事业捐赠法》以及其他有关法律、法规的规定，通过依法成立的公益性社会团体和公益性非营利的事业单位或者县级以上人民政府及其组成部门进行。特殊情况下，也可以通过合法的新闻媒体等进行。

根据相关政策，对于非公益性捐赠，捐赠人要视同销售处理，被捐赠人取得的捐赠收入要计入收入总额。

## 6.8.1　企业对外公益性捐赠的原则

《财政部关于加强企业对外捐赠财务管理的通知》（财企〔2003〕95 号）第二条规定："企业对外捐赠一般应当遵循以下原则和要求：

（一）自愿无偿。企业对外捐赠后，不得要求受赠方在融资、市场准入、行政许可、占有其他资源等方面创造便利条件，从而导致市场不公平竞争。

（二）权责清晰。企业经营者或者其他职工不得将企业拥有的财产以个人名义对外捐赠，企业对外捐赠有权要求受赠人落实自己正当的捐赠意愿。

（三）量力而行。企业已经发生亏损或者由于对外捐赠将导致亏损或者影响企业正常生产经营的，除特殊情况以外，一般不能对外捐赠。

（四）诚实守信。企业按照内部议事规范审议决定并已经向社会公众或者受赠对象承诺的捐赠，必须诚实履行。"

企业的相关支出如果违反上述原则，即与对方有相关的利益交换，则不属于捐赠。

## 6.8.2　企业对外公益性捐赠的类型

根据财企〔2003〕95 号文件第三条的规定，企业的对外捐赠一般有以下类型：

"（一）公益性捐赠，即向教育、科学、文化、卫生医疗、体育事业和环境保护、社会公共设施建设的捐赠。

（二）救济性捐赠，即向遭受自然灾害或者国家确认的'老、少、边、穷'等地区以及慈善协会、红十字会、残疾人联合会、青少年基金会等社会团体或者困难的社会弱势群体和个人提供的用于生产、生活救济、救助的捐赠。

（三）其他捐赠，即除上述捐赠以外，企业出于弘扬人道主义目的或者促进社会发展与进步的其他社会公共福利事业的捐赠”。

根据《财政部 国家税务总局 民政部关于公益性捐赠税前扣除有关问题的通知》（财税〔2008〕160 号）第三条的规定，用于公益事业的捐赠支出，是指《中华人民共和国公益事业捐赠法》规定的向公益事业的捐赠支出，具体范围包括：

“（一）救助灾害、救济贫困、扶助残疾人等困难的社会群体和个人的活动；

（二）教育、科学、文化、卫生、体育事业；

（三）环境保护、社会公共设施建设；

（四）促进社会发展和进步的其他社会公共和福利事业”。

## 6.8.3 企业对外公益性捐赠的渠道

根据《企业所得税法实施条例》第五十一条的规定，“企业所得税法第九条所称公益性捐赠，是指企业通过公益性社会团体或者县级以上人民政府及其部门，用于《中华人民共和国公益事业捐赠法》规定的公益事业的捐赠”。

根据财税〔2008〕160 号文件第五条的规定，在捐赠中涉及的“县级以上人民政府及其部门和国家机关”均指县级（含县级，下同）以上人民政府及其组成部门和直属机构。

根据相关政策规定，上述公益性社会团体需要资格认定。在实务操作中，进行公益性捐赠的企业可以查询相关文件列举的资格认定名单，同时在年度汇算清缴时，基层税务部门也会就此问题进行指导明确。

## 6.8.4 负责接受捐赠事宜的县级以上人民政府及其部门的资格认定

根据《财政部 国家税务总局 民政部关于公益性捐赠税前扣除有关问题的补充通知》（财税〔2010〕45 号）第一条的规定，“企业或个人通过获得公益性捐赠税前扣除资格的公益性社会团体或县级以上人民政府及其组成部门和直属机构，用于公益事业的捐赠支出，可以按规定进行所得税税前扣除。

县级以上人民政府及其组成部门和直属机构的公益性捐赠税前扣除资格不需要

认定”。

### 6.8.5 公益性社会团体的条件

《企业所得税法实施条例》第五十一条规定：“企业所得税法第九条所称公益性捐赠，是指企业通过公益性社会团体或者县级以上人民政府及其部门，用于《中华人民共和国公益事业捐赠法》规定的公益事业的捐赠。”

根据上述政策规定，企业公益性捐赠，如果要在税前扣除，则捐赠必须通过相关团体或政府部门。

《企业所得税法实施条例》第五十二条规定：“本条例第五十一条所称公益性社会团体，是指同时符合下列条件的基金会、慈善组织等社会团体：

（一）依法登记，具有法人资格；

（二）以发展公益事业为宗旨，并不以营利为目的；

（三）全部资产及其增值为该法人所有；

（四）收益和营运结余主要用于设立目的的事业；

（五）终止后的剩余财产不归属任何个人或者营利组织；

（六）不经营与其设立目的无关的业务；

（七）有健全的财务会计制度；

（八）捐赠者不以任何形式参与社会团体财产的分配；

（九）国务院财政、税务主管部门会同民政主管部门等登记管理部门规定的其他条件。”

根据上述政策规定，组织捐赠的团体必须依法符合条件。

根据财税〔2008〕160 号文件第四条的规定，公益性社会团体（社会团体）是指依据国务院发布的《基金会管理条例》和《社会团体登记管理条例》的规定，经民政部门依法登记并符合规定条件的基金会、慈善组织等公益性社会团体。

财税〔2010〕45 号文件第三条规定：“对获得公益性捐赠税前扣除资格的公益性社会团体，由财政部、国家税务总局和民政部以及省、自治区、直辖市、计划单列市财政、税务和民政部门每年分别联合公布名单。名单应当包括当年继续获得公益性捐赠税前扣除资格和新获得公益性捐赠税前扣除资格的公益性社会团体。

企业或个人在名单所属年度内向名单内的公益性社会团体进行的公益性捐赠支出，可按规定进行税前扣除。”

财税〔2010〕45号文件第五条第二款规定：“对于通过公益性社会团体发生的公益性捐赠支出，主管税务机关应对照财政、税务、民政部门联合公布的名单予以办理，即接受捐赠的公益性社会团体位于名单内的，企业或个人在名单所属年度向名单内的公益性社会团体进行的公益性捐赠支出可按规定进行税前扣除；接受捐赠的公益性社会团体不在名单内，或虽在名单内但企业或个人发生的公益性捐赠支出不属于名单所属年度的，不得扣除。”

根据上述政策规定，公益性社会团体需要资格认定，并每年公布名单，企业只要是在名单所属年度内向名单内的公益性社会团体进行的公益性捐赠支出，就可按规定进行税前扣除，否则不得税前扣除。

**【提示】**公益性社会团体具体资格认定见下列文件：

《国家税务总局关于公益性捐赠税前扣除有关问题的通知》（财税〔2008〕160号）（其中第六条、第七条停止执行）；

《财政部 国家税务总局 民政部关于公益性捐赠税前扣除有关问题的补充通知》（财税〔2010〕45号）；

《财政部 国家税务总局 民政部关于公益性捐赠税前扣除资格确认审批有关调整事项的通知》（财税〔2015〕141号）等。

## 6.8.6 企业对外公益性捐赠的范围

财企〔2003〕95号文件第四条规定：“企业可以用于对外捐赠的财产包括现金、库存商品和其他物资。企业生产经营需用的主要固定资产、持有的股权和债权、国家特准储备物资、国家财政拨款、受托代管财产、已设置担保物权的财产、权属关系不清的财产，或者变质、残损、过期报废的商品物资，不得用于对外捐赠。

企业对外捐赠的受益人应当为企业外部的单位、社会弱势群体或者个人。对企业内部职工、与企业在经营或者财务方面具有控制与被控制关系的单位，企业不得给予捐赠。

企业以营利为目的自办或者与他人共同举办教育、气文化、卫生、体育、科学、环境保护等经营实体的，应当作为对外投资管理。

企业为宣传企业形象、推介企业产品发生的赞助性支出，应当按照广告费用进行管理。对于政府有关部门、机构、团体或者某些个人强令的赞助，企业应当依法拒绝。”

根据上述政策规定，企业对外捐赠超过政策许可范围的，不适用企业所得税捐赠扣除的税收政策，应根据不同性质，按相关税收政策处理。

## 6.8.7 企业对外公益性捐赠的财务处理

根据财企〔2003〕95号文件第六条的相关规定，“企业对外捐赠应当控制在当年企业财务预算幅度内，按照批准的方案执行，并按照国家税收法律法规的规定申报纳税扣除”。

“企业为捐赠资产提供运输、保管以及举办捐赠仪式等所发生的费用，应当作为期间费用处理，不得挂账。企业负责对外捐赠的主管人员和其他直接责任人员，不得以任何借口向受赠人或者受益人索要或者收受回扣、佣金、信息费、劳务费等财物。

企业经过董事会或者经理（厂长）办公会审议，并且国有及国有控股企业上报国有资本持有单位批准，公司制企业按照《中华人民共和国公司法》以及公司章程等有关规定批准，将修建的交通、通信、供水、供电等社会公共设施无偿移交当地人民政府或者有关部门的，可以核减资本公积金，并应当与接受方签订相关协议，双方办理资产交接手续。

由于战争、自然灾害等不可抗力原因，企业所拥有的财产被当地县级及县级以上人民政府或人民武装组织征用的，扣除当地政府或人民武装组织依法补偿金后的差额，应当作为资产损失处理”。

根据上述政策规定，在会计处理中，对于企业为捐赠资产提供运输、保管以及举办捐赠仪式等所发生的费用，记入“营业外支出”科目；对于国有企业将修建的交通、通信、供水、供电等社会公共设施无偿移交当地人民政府或者有关部门的，记入“资本公积”科目；对于由于战争、自然灾害等不可抗力原因，企业所拥有的财产被当地政府征用的，扣除当地政府或人民武装组织依法补偿金后的差额，记入

“营业外支出”科目。

### 6.8.8 企业对外公益性捐赠支出的企业所得税处理

《企业所得税法》第九条规定，“企业发生的公益性捐赠支出，在年度利润总额12%以内的部分，准予在计算应纳税所得额时扣除；超过年度利润总额12%的部分，准予结转以后三年内在计算应纳税所得额时扣除”。

《企业所得税法实施条例》第五十三条规定，企业发生的公益性捐赠支出，不超过年度利润总额12%的部分，准予扣除。

年度利润总额，是指企业按照国家统一会计制度的规定计算的年度会计利润。

《财政部 税务总局关于公益性捐赠支出企业所得税税前结转扣除有关政策的通知》(财税〔2018〕15号）第一条规定：“企业通过公益性社会组织或者县级（含县级）以上人民政府及其组成部门和直属机构，用于慈善活动、公益事业的捐赠支出，在年度利润总额12%以内的部分，准予在计算应纳税所得额时扣除；超过年度利润总额12%的部分，准予结转以后三年内在计算应纳税所得额时扣除。

本条所称公益性社会组织，应当依法取得公益性捐赠税前扣除资格。

本条所称年度利润总额，是指企业依照国家统一会计制度的规定计算的大于零的数额。”

财税〔2018〕15号文件第五条规定：“本通知自2017年1月1日起执行。2016年9月1日至2016年12月31日发生的公益性捐赠支出未在2016年税前扣除的部分，可按本通知执行。”

根据上述政策规定，从2017年1月1日起，税法原规定的企业捐赠支出只能在当年税前扣除的政策，补充为可以结转到以后三年扣除，实际上可以享受总共四年的扣除。

### 6.8.9 公益性捐赠支出政策变化后企业以前年度的公益性捐赠支出的处理

财税〔2018〕15号文件第二条规定：“企业当年发生及以前年度结转的公益性捐赠支出，准予在当年税前扣除的部分，不能超过企业当年年度利润总额的12%。”

第三条规定："企业发生的公益性捐赠支出未在当年税前扣除的部分，准予向以后年度结转扣除，但结转年限自捐赠发生年度的次年起计算最长不得超过三年。"

第四条规定："企业在对公益性捐赠支出计算扣除时，应先扣除以前年度结转的捐赠支出，再扣除当年发生的捐赠支出。"

根据上述政策规定，企业公益性捐赠支出不论是当年支出还是以前年度的支出，按照年度顺序准予在当年税前扣除的部分（总额），不能超过企业当年年度利润总额的 12%。

**案例 6-30**

### 公益性捐赠支出税前扣除计算（1）

A 建筑公司 2017 年向 B 儿童基金会捐赠资金 30 万元，B 儿童基金会在 2017 年度财政、税务、民政部门联合公布的公益性社会团体名单中。A 公司 2017 年年度会计利润总额为 800 万元（假定无纳税调整事项，应纳税所得额也为 800 万元），假定没有其他调整项目。捐赠税前扣除计算如下：

（1）捐赠限额：800×12%=96(万元)。

（2）捐赠金额 30 元万低于限额，可以全额在税前扣除。

（3）扣除捐赠后应缴企业所得税：800×25%=200(万元)。

**案例 6-31**

### 公益性捐赠支出税前扣除计算（2）

A 建筑公司 2017—2020 年的利润总额均为 1 000 万元，该企业 2017 年公益捐赠额为 400 万元，2018—2020 年未发生公益性捐赠。

根据《财政部 国家税务总局关于公益性捐赠支出企业所得税税前结转扣除有关政策的通知》（财税〔2018〕15 号）的相关规定，各年公益性捐赠税前扣除限额如下：

该企业 2017 年公益性捐赠税前扣除限额：1 000×12%=120（万元），当年应调增应纳税所得额 280 万元；

该企业 2018 年公益性捐赠税前扣除限额：1 000×12%=120（万元），当年应调减应纳税所得额 120 万元；

该企业 2019 年公益性捐赠税前扣除限额：1 000×12%＝120（万元），当年应调减应纳税所得额 120 万元；

该企业 2020 年公益性捐赠税前扣除限额：1 000×12%＝120（万元），年初剩余 40 万元尚未调减应纳税所得额，因此，当年可调减应纳税所得额 40 万元。

### 6.8.10 企业对外公益性捐赠支出的票据

财企〔2003〕95 号文件第六条第二款规定："企业实际发生的对外捐赠支出，应当依据受赠方出具的省级以上财政部门统一印（监）制的捐赠收据或者捐赠资产交接清单确认；救灾、济贫等对困难的社会弱势群体和个人的捐赠，无法索取省级以上财政部门统一印（监）制的捐赠收据的，应当依据城镇街道、农村乡村等基层政府组织出具的证明和企业法定负责人审批的捐赠报告确认。"

财税〔2010〕45 号文件第五条规定："对于通过公益性社会团体发生的公益性捐赠支出，企业或个人应提供省级以上（含省级）财政部门印制并加盖接受捐赠单位印章的公益性捐赠票据，或加盖接受捐赠单位印章的《非税收入一般缴款书》收据联，方可按规定进行税前扣除。"

根据上述政策规定，凡是不符合规定的票据，不能在税前扣除。

### 6.8.11 企业将购买的货物对外公益性捐赠的增值税处理

根据《财政部 海关总署 国家税务总局关于支持汶川地震灾后恢复重建有关税收政策问题的通知》（财税〔2008〕104 号）第四条第 1 点的规定，" 自 2008 年 5 月 12 日起，对单位和个体经营者将自产、委托加工或购买的货物通过公益性社会团体、县级以上人民政府及其部门捐赠给受灾地区的，免征增值税、城市维护建设税及教育费附加"。

根据《关于支持鲁甸地震灾后恢复重建有关税收政策问题的通知》（财税〔2015〕27 号）第四条第 1 点的规定，"自 2014 年 8 月 3 日起，对单位和个体经营者将自产、委托加工或购买的货物，通过公益性社会团体、县级以上人民政府及其部门捐赠给受灾地区的，免征增值税、城市维护建设税及教育费附加"。

除以上专项规定外，企业将自产、委托加工或购买的货物对外公益性捐赠的均视同销售处理。

### 6.8.12　企业对外公益性捐赠的特定事项处理

《国家税务总局关于企业所得税执行中若干税务处理问题的通知》（国税函〔2009〕202 号）第三条“关于特定事项捐赠的税前扣除问题”规定：“企业发生为汶川地震灾后重建、举办北京奥运会和上海世博会等特定事项的捐赠，按照《财政部 海关总署 国家税务总局关于支持汶川地震灾后恢复重建有关税收政策问题的通知》（财税〔2008〕104 号）、《财政部 国家税务总局 海关总署关于 29 届奥运会税收政策问题的通知》（财税〔2003〕10 号）、《财政部 国家税务总局关于 2010 年上海世博会有关税收政策问题的通知》（财税〔2005〕180 号）等相关规定，可以据实全额扣除。企业发生的其他捐赠，应按《企业所得税法》第九条及《实施条例》第五十一、五十二、五十三条的规定计算扣除。”

财税〔2008〕104 号文件第四条第 2 点规定：“自 2008 年 5 月 12 日起，对企业、个人通过公益性社会团体、县级以上人民政府及其部门向受灾地区的捐赠，允许在当年企业所得税前和当年个人所得税前全额扣除。”

财税〔2015〕27 号文件第四条第 2 点规定：“自 2014 年 8 月 3 日起，对企业、个人通过公益性社会团体、县级以上人民政府及其部门向受灾地区的捐赠，允许在当年企业所得税前和当年个人所得税前全额扣除。”

《财政部 税务总局 海关总署关于北京 2022 年冬奥会和冬残奥会税收政策的通知》（财税〔2017〕60 号）第三条第（一）项规定：“对企业、社会组织和团体赞助、捐赠北京 2022 年冬奥会、冬残奥会、测试赛的资金、物资、服务支出，在计算企业应纳税所得额时予以全额扣除。”

《关于企业扶贫捐赠所得税税前扣除政策的公告》（财政部、税务总局、国务院扶贫办公告 2019 年第 49 号）第一条规定：“自 2019 年 1 月 1 日至 2022 年 12 月 31 日，企业通过公益性社会组织或者县级（含县级）以上人民政府及其组成部门和直属机构，用于目标脱贫地区的扶贫捐赠支出，准予在计算企业所得税应纳税所得额时据实扣除。在政策执行期限内，目标脱贫地区实现脱贫的，可继续适用上述政策。”

根据以上政策规定，对于抗震救灾等特定事项捐赠，允许全额扣除。企业发生的其他捐赠，应按《企业所得税法》第九条及《企业所得税法实施条例》第五十一条、第五十二条、第五十三条的规定计算扣除。

**【提示】**关于企业对外公益性捐赠按《企业所得税法》第九条规定的计算扣除，均按2017年中华人民共和国主席令第六十四号规定执行，即“企业发生的公益性捐赠支出，在年度利润总额12%以内的部分，准予在计算应纳税所得额时扣除；超过年度利润总额12%的部分，准予结转以后三年内在计算应纳税所得额时扣除”。

## 6.8.13 企业对外公益性捐赠的印花税处理

《印花税暂行条例》第四条第（二）款规定，“财产所有人将财产赠给政府、社会福利单位、学校所立的书据”，免纳印花税。

财税〔2008〕104号文件第四条第3点规定：“财产所有人将财产（物品）直接捐赠或通过公益性社会团体、县级以上人民政府及其部门捐赠给受灾地区或受灾居民所书立的产权转移书据，免征应缴纳的印花税。”

财税〔2015〕27号文件第四条第3点规定：“对财产所有人将财产（物品）直接捐赠或通过公益性社会团体、县级以上人民政府及其部门捐赠给受灾地区或受灾居民所书立的产权转移书据，免征印花税。”

除上述专项规定外，均按规定贴花。

Tax Practice and

Case Analysis for

Construction Business

# 第 7 章

# 建筑企业固定资产购置及租赁涉税业务

本章主要内容为固定资产（房屋）的购置、租赁及处置等业务，对于施工机械设备等固定资产的购买业务已在第 4 章做了讲解，故本章涉及的施工机械设备等固定资产业务主要是租赁（出租）等相关业务。

## 7.1　固定资产（房屋）涉税业务

房屋的购置主要涉及进项税额的处理、价格的构成，同时还涉及房产税、城镇土地使用税的计算缴纳。

### 7.1.1　企业购置房屋的增值税、企业所得税处理

建筑企业购置房屋，主要用于经营办公等，购置房屋的增值税、企业所得税处理如下：

#### 1. 增值税处理

增值税处理主要是进项税额的处理。《增值税暂行条例》第八条第（一）项、第（四）项规定，纳税人购进不动产支付或者负担的增值税额，为进项税额。准予从销项税额中抵扣的包括“从销售方取得的增值税专用发票上注明的增值税额”；“自境外单位或者个人购进劳务、服务、无形资产或者境内的不动产，从税务机关或者扣缴义务人取得的代扣代缴税款的完税凭证上注明的增值税额”。

根据上述政策规定，从 2016 年 5 月 1 日起，一般纳税人购进的不动产，只要取得规定的抵扣票据且不属于不得抵扣的项目，其进项税额可以从销项税额中抵扣。

根据政策规定，进项税额的抵扣在两个时间段的处理有所不同。

（1）在 2019 年 4 月 1 日之前，分两年抵扣。根据《不动产进项税额分期抵扣暂行办法》（国家税务总局公告 2016 年第 15 号发布）第二条的规定，“增值税一般纳税人（以下称纳税人）2016 年 5 月 1 日后取得并在会计制度上按固定资产核算的不动产，以及 2016 年 5 月 1 日后发生的不动产在建工程，其进项税额应按照本办法有关规定分 2 年从销项税额中抵扣，第一年抵扣比例为 60%，第二年抵扣比例为 40%。

取得的不动产，包括以直接购买、接受捐赠、接受投资入股以及抵债等各种形

式取得的不动产。

纳税人新建、改建、扩建、修缮、装饰不动产，属于不动产在建工程”。

该抵扣暂行办法第四条规定：“纳税人按照本办法规定从销项税额中抵扣进项税额，应取得2016年5月1日后开具的合法有效的增值税扣税凭证。

上述进项税额中，60%的部分于取得扣税凭证的当期从销项税额中抵扣；40%的部分为待抵扣进项税额，于取得扣税凭证的当月起第13个月从销项税额中抵扣。”

（2）自2019年4月1日起，一次性抵扣。《财政部 税务总局 海关总署关于深化增值税改革有关政策的公告》（财政部 税务总局 海关总署公告2019年第39号）第五条规定：“自2019年4月1日起，《营业税改征增值税试点有关事项的规定》（财税〔2016〕36号印发）第一条第（四）项第1点、第二条第（一）项第1点停止执行，纳税人取得不动产或者不动产在建工程的进项税额不再分2年抵扣。此前按照上述规定尚未抵扣完毕的待抵扣进项税额，可自2019年4月税款所属期起从销项税额中抵扣。”

（3）不得抵扣的情形。根据《营业税改征增值税试点实施办法》（财税〔2016〕36号文件附件1）第二十七条的规定，用于简易计税方法计税项目、免征增值税项目、集体福利或者个人消费的购进不动产。其中涉及的不动产，仅指专用于上述项目的不动产，其进项税额不得从销项税额中抵扣。

**2. 企业所得税处理**

企业所得税的处理主要是计税基础的确定及折旧的提取。

（1）对于计入固定资产的房屋的入账价值。《企业所得税法实施条例》第五十八条第（一）项规定：“外购的固定资产，以购买价款和支付的相关税费以及直接归属于使该资产达到预定用途发生的其它支出为计税基础”。

由于增值税是价外税，根据上述政策规定，企业购入的不动产，凡是进项税额可以从销项税额中抵扣的，不计入固定资产入账价值（计税基础）。

（2）对于计入固定资产的房屋的折旧。根据《企业所得税法实施条例》第五十九条、第六十条的规定，计入固定资产的房屋按照直线法计算的折旧，准予扣除。

企业应当从固定资产使用月份的次月起计算折旧；停止使用的固定资产，应当从停止使用月份的次月起停止计算折旧。

企业应当根据固定资产的性质和使用情况，合理确定固定资产的预计净残值。

固定资产的预计净残值一经确定，不得变更。

除国务院财政、税务主管部门另有规定外，房屋、建筑物，计算折旧的最低年限为20年。

### 3. 会计处理

根据《增值税会计处理规定》（财会〔2016〕22号文件发布）第二条第（一）项的规定，企业购进不动产或不动产在建工程按规定进项税额分年抵扣的账务处理。一般纳税人自2016年5月1日后取得并按固定资产核算的不动产或者2016年5月1日后取得的不动产在建工程，其进项税额按现行增值税制度规定自取得之日起分2年从销项税额中抵扣的，应当按取得成本，借记“固定资产”“在建工程”等科目，按当期可抵扣的增值税额，借记“应交税费——应交增值税（进项税额）”科目，按以后期间可抵扣的增值税额，借记“应交税费——待抵扣进项税额”科目，按应付或实际支付的金额，贷记“应付账款”“应付票据”“银行存款”等科目。尚未抵扣的进项税额待以后期间允许抵扣时，按允许抵扣的金额，借记“应交税费——应交增值税（进项税额）”科目，贷记“应交税费——待抵扣进项税额”科目。

一般纳税人自2019年4月1日后取得并按固定资产核算的不动产或者2019年4月1日后取得的不动产在建工程，应当按取得成本，借记“固定资产”“在建工程”等科目，按可抵扣的增值税额，借记“应交税费——应交增值税（进项税额）”科目，按应付或实际支付的金额，贷记“应付账款”“应付票据”“银行存款”等科目。

**案例7-1**

### 建筑企业2019年4月1日前取得不动产的涉税及会计处理

A建筑公司（一般纳税人）于2018年6月购入办公用房，按照固定资产进行核算，取得增值税专用发票，价款为500万元（不含税）。A公司相关涉税及会计处理如下（单位：万元）：

1. 2018年6月，购入固定资产时。

该房产增值税进项税额：500×10%=50(万元)；

可于当年抵扣的进项税额：50×60%=30(万元)；

可于第二年抵扣的进项税额：50×40%=20(万元)。

借：固定资产　500
　　应交税费——应交增值税（进项税额）　30
　　　　　　——待抵扣进项税额　20
　贷：银行存款　550

2. 2019年4月，由于政策变化，将待抵扣进项税额转入进项税额。

借：应交税费——应交增值税（进项税额）　20
　贷：应交税费——待抵扣进项税额　20

案例7-2

**建筑企业2019年4月1日后取得不动产的涉税及会计处理**

A建筑公司（一般纳税人）于2019年4月购入一处生产用厂房，并按照固定资产进行核算，取得增值税专用发票，价款为500万元（不含税）。A公司相关涉税及会计处理如下（单位：万元）：

该房产增值税进项税额：500×9%=45（万元）。

借：固定资产　500
　　应交税费——应交增值税（进项税额）　45
　贷：银行存款　545

### 7.1.2 企业购置房屋涉及的其他税种处理

企业购置房屋除涉及增值税、企业所得税处理外，还涉及印花税、契税、房产税、城镇土地使用税的处理，具体如下：

**1. 印花税处理**

由《印花税暂行条例》所附《印花税税目税率表》可知，"产权转移书据"税目的范围"包括财产所有权"，由"立据人""按所载金额万分之五贴花"。

根据上述政策规定，签订房屋买卖合同的双方均要按规定贴花。

**2. 契税处理**

《中华人民共和国契税暂行条例》（以下简称《契税暂行条例》）第一条规定：

“在中华人民共和国境内转移土地、房屋权属，承受的单位和个人为契税的纳税人，应当依照本条例的规定缴纳契税。”

根据上述政策规定，企业购置房屋，由承受房屋的一方缴纳契税。

**3. 房产税处理**

《中华人民共和国房产税暂行条例》（以下简称《房产税暂行条例》）第三条第一款规定：“房产税依照房产原值一次减除 10%至 30%后的余值计算缴纳。具体减除幅度，由省、自治区、直辖市人民政府规定”；第四条规定：“房产税的税率，依照房产余值计算缴纳的，税率为 1.2%”。

根据上述政策规定，拥有房屋使用权且自用的房产应按照规定缴纳房产税。

此外，企业购置房屋时，如果土地使用权记入“无形资产”科目，其土地使用权价值仍然要计入房产原值。根据《财政部 国家税务总局关于安置残疾人就业单位城镇土地使用税等政策的通知》（财税〔2010〕121 号）第三条的规定，“对按照房产原值计税的房产，无论会计上如何核算，房产原值均应包含地价，包括为取得土地使用权支付的价款、开发土地发生的成本费用等。宗地容积率低于 0.5 的，按房产建筑面积的 2 倍计算土地面积并据此确定计入房产原值的地价”。

**4. 城镇土地使用税处理**

《中华人民共和国城镇土地使用税暂行条例》（以下简称《城镇土地使用税暂行条例》）第二条规定：“在城市、县城、建制镇、工矿区范围内使用土地的单位和个人，为城镇土地使用税（以下简称土地使用税）的纳税人，应当依照本条例的规定缴纳土地使用税”；第三条规定：“土地使用税以纳税人实际占用的土地面积为计税依据，依照规定税额计算征收”。

根据上述政策规定，企业购置的房屋，按实际占用土地面积计算缴纳城镇土地使用税。计税时间从办理权属变更手续或实际使用的次月开始。

**案例 7-3**

**建筑企业购置房屋的涉税及会计处理**

A 建筑公司成立于 2019 年 4 月 18 日，当月购入办公楼一幢，取得增值税专用发票，价值500万元（不含税），增值税（进项税额）45万元，占地面积1 000平方米，记入“固定资产”科目。假定当地规定的契税税率为3%，房产税（自用）规定扣除30%为余值，城镇土地使用税单位税额为15元/平方米。A公司相关涉税及会计处理如下：

1. 涉税处理及计算。

增值税进项税额45万元可以抵扣销项税额；

印花税：500×0.000 5=0.25(万元)；

契税：500×3%=15(万元)；

年应缴房产税：500×(1−30%)×1.2%=4.2(万元)；

年应缴城镇土地使用税：1 000×0.001 5=1.5(万元)。

2. 会计处理（单位：万元）。

(1) 购入房屋（固定资产）时：

| | | |
|---|---|---|
| 借：固定资产——房屋 | 500 | |
| 　　应交税费——应交增值税（进项税额） | 45 | |
| 　贷：银行存款 | | 545 |

(2) 缴纳契税时：

| | | |
|---|---|---|
| 借：固定资产——房屋 | 15 | |
| 　贷：应交税费——契税 | | 15 |

(3) 计算城镇土地使用税时（年）：

| | | |
|---|---|---|
| 借：税金及附加——城镇土地使用税 | 1.5 | |
| 　贷：应交税费——应交城镇土地使用税 | | 1.5 |

(4) 计算房产税时（年）：

| | | |
|---|---|---|
| 借：税金及附加——房产税 | 4.2 | |
| 　贷：应交税费——应交房产税 | | 4.2 |

**【提示】**上述案例中，为按年计算的房产税、城镇土地使用税（税额），2019年4月购入的房产，其房产税、城镇土地使用税当年按照8个月缴纳，即2019年房产税：4.2×8÷12=2.8（万元）；城镇土地使用税：1.5×8÷12=1（万元）。

### 7.1.3　企业购置的毛坯房屋初次装修费用的涉税处理

从企业所得税政策角度看，根据《企业所得税法实施条例》第五十六条的规定，企业的固定资产，以历史成本为计税基础。所称历史成本，是指企业取得该项资产时实际发生的支出。

对于具体计价，根据《企业所得税法实施条例》第五十八条的规定，“外购的固定资产，以购买价款和支付的相关税费为计税基础”。

从会计处理角度看，外购固定资产的成本，包括购买价款、相关税费、使固定资产达到预定可使用状态前所发生的可归属于该项资产的运输费、装卸费、安装费和专业人员服务费等。

根据上述政策做出判断的关键是“资产达到预定可使用状态前所发生的必要支出构成”，对于购买的“装修房”，由于已经“达到预定可使用状态”，因此其购买价格或全部成本（含装修成本）就是“固定资产——房屋”的价值。对于购买的毛坯房，因不属于可使用状态，在性质上属于需要“安装”的固定资产，因此，作为“达到预定可使用状态前所发生的必要支出”的装修费用支出，就构成该房屋的固定资产价值。

在会计处理中，外购的需要装修的毛坯房，应先转入“在建工程”科目，待装修工程完工交付使用时，再转入“固定资产”科目。

**案例 7-4**

**建筑企业购置毛坯房屋初次装修费用的涉税及会计处理**

A 建筑公司 2019 年 5 月购买一幢写字楼用于办公，该幢楼建筑面积 5 000 平方米，取得增值税专用发票，房屋价格 2 700 万元，增值税 243 万元（进项税额）。假定 2019 年 6 月开始委托 B 装修公司装修，2019 年 9 月装修完毕，每平方米装修费用 0.05 万元（不含税）。A 公司相关涉税及会计处理如下：

1. 成本计算。

房屋购买成本：2 700 万元；

装修成本：5 000×0.05＝250(万元)；

装修进项税额：250×0.09＝22.5(万元)；

房屋总成本：2 700＋250＝2 950(万元)。

2. 会计处理（单位：万元）。

(1) 购买房屋时：

| | | |
|---|---|---|
| 借：固定资产——房屋 | 2 700 | |
| 应交税费——应交增值税（进项税额） | 243 | |
| 贷：银行存款 | | 2 943 |

(2) 装修时记入“在建工程”科目：

| | | |
|---|---|---|
| 借：在建工程——房屋 | 2 700 | |
| 贷：固定资产——房屋 | | 2 700 |

(3) 支出装修费用时：

| | | |
|---|---|---|
| 借：在建工程——房屋 | 250 | |
| 应交税费——应交增值税（进项税额） | 22.5 | |
| 贷：银行存款（或原材料等科目） | | 272.5 |

(4) 装修完毕交付使用：

| | | |
|---|---|---|
| 借：固定资产——房屋 | 2 950 | |
| 贷：在建工程——房屋 | | 2 950 |

### 7.1.4 企业自有房屋后续装修费用的企业所得税处理

从企业所得税政策角度看，《企业所得税法》第十三条规定，“固定资产的大修理支出、其他应当作为长期待摊费用的支出”作为长期待摊费用，按照规定摊销的，准予扣除。

《企业所得税法实施条例》第五十八条第（六）项规定：“改建的固定资产，除企业所得税法第十三条第（一）项、第（二）项规定外，以改建过程中发生的改建支出增加计税基础。”

从会计处理角度看，固定资产的后续支出是指固定资产在使用过程中发生的更新改造支出、修理费用等。固定资产的更新改造等后续支出，满足固定资产确认条件的，应当计入固定资产成本，如有被替换的部分，应扣除其账面价值；不满足固定资产确认条件的固定资产修理费用等，应当在发生时计入当期损益。

根据上述政策规定，房屋后续的装修、维修及大修（或称更新改造）等支出可分为以下三类：

### 1. 资本化大修

房屋后续的装修、维修及大修（或称更新改造）等支出，凡是符合资本化要求的要进行资本化处理。

关于符合资本化处理的条件及摊销年限，《企业所得税法实施条例》第六十九条规定："企业所得税法第十三条第（三）项所称固定资产的大修理支出，是指同时符合下列条件的支出：

（一）修理支出达到取得固定资产时的计税基础 50%以上；

（二）修理后固定资产的使用年限延长 2 年以上。

企业所得税法第十三条第（三）项所规定的支出，按照固定资产尚可使用年限分期摊销"。

根据上述政策规定，其中对于修理支出达到取得固定资产时的计税基础 50%以上，且修理后固定资产的使用年限延长 2 年以上的，要按照长期待摊费用处理，其待摊年限要按照固定资产尚可使用年限确定，分期摊销。一般情况下，这类大修主要针对房屋已经破损且影响正常使用的情况。

### 2. 一般性大修或达不到大修条件的维修

《企业所得税法实施条例》第七十条规定："企业所得税法第十三条第（四）项所称其他应当作为长期待摊费用的支出，从支出发生月份的次月起，分期摊销，摊销年限不得低于 3 年。"

根据上述政策规定，对于一般装饰性装修或达不到政策规定的大修条件的，应作为"其他应当作为长期待摊费用的支出"，其摊销年限根据其使用周期应不得低于 3 年。

### 3. 计入当期损益的修补

对于一般临时性修补，例如玻璃破损、墙体渗水等，凡是不符合资本化条件的，应当在发生时计入当期损益。

此外，根据《企业会计准则第 4 号——固定资产》第五条的规定，"固定资产的各组成部分具有不同使用寿命或者以不同方式为企业提供经济利益，适用不同折旧率或折旧方法的，应当分别将各组成部分确认为单项固定资产"，应单独入账核算。

因此，在大修或支出低于大修条件的维修中，如果涉及电梯、中央空调等大型设备的更换，则原并入房屋固定资产价值的电梯、中央空调等大型设备应单独核算。

案例 7-5

**建筑企业自有房屋后续大修、装修费用的处理**

A 建筑公司 2014 年 4 月购买 2 层写字楼用于办公，记入“固定资产”科目，价格 1 200 万元。2018 年 12 月 A 公司决定重新对房屋进行装修，2019 年 3 月 20 日开始装修，在装修工程中，变卖拆除的原计入成本中的各类装饰性材料、物品等取得收入 2 万元（未抵扣过进项税），2019 年 6 月装修完成，支出装修费用 50 万元。假定装修公司为小规模纳税人，开具的是增值税普通发票，无进项税额抵扣，A 公司相关涉税及会计处理如下（单位：万元）：

1. 2014 年 4 月购买房屋（原入账价值）。

借：固定资产——自用　　1 200

　贷：银行存款　　1 200

2. 装修事项的会计处理。

（1）变卖材料及物品时：

借：银行存款/现金　　2

　贷：营业外收入　　2

（2）装修费核算时：

借：长期待摊费用　　50

　贷：银行存款/现金　　50

（3）分 3 年摊销装修费，2019 年应摊销装修费：50÷36×6＝8.33（万元）。

借：管理费用　　8.33

　贷：长期待摊费用　　8.33

### 7.1.5 企业自有房屋后续大修更换设备的企业所得税处理

自有房屋后续大修更换设备，主要是指原计入房屋成本的电梯、中央空调等设备需要更换的业务。根据《企业所得税法》第十三条的规定，“固定资产的大修理支出、其他应当作为长期待摊费用的支出”作为长期待摊费用，按照规定摊销的，准予扣除。

《企业所得税法实施条例》第六十九条规定："企业所得税法第十三条第（三）项所称固定资产的大修理支出，是指同时符合下列条件的支出：

（一）修理支出达到取得固定资产时的计税基础 50％以上；

（二）修理后固定资产的使用年限延长 2 年以上。

企业所得税法第十三条第（三）项所规定的支出，按照固定资产尚可使用年限分期摊销。"

在会计处理中，根据相关处理原则，固定资产的各组成部分具有不同使用寿命或者以不同方式为企业提供经济利益，适用不同折旧率或折旧方法的，应当分别将各组成部分确认为单项固定资产，应单独入账核算。

因此，在大修或支出低于大修条件的维修中，如果涉及电梯、中央空调等大型设备的更换，则原并入房屋成本的电梯、中央空调等大型设备应单独核算。对于自行建造的房屋，电梯、中央空调等大型设备也应单独核算。

**【提示】**《财政部 税务总局关于设备 器具扣除有关企业所得税政策的通知》（财税〔2018〕54 号）第一条规定："企业在 2018 年 1 月 1 日至 2020 年 12 月 31 日期间新购进的设备、器具，单位价值不超过 500 万元的，允许一次性计入当期成本费用在计算应纳税所得额时扣除，不再分年度计算折旧；单位价值超过 500 万元的，仍按企业所得税法实施条例、《财政部 国家税务总局关于完善固定资产加速折旧企业所得税政策的通知》（财税〔2014〕75 号）、《财政部 国家税务总局关于进一步完善固定资产加速折旧企业所得税政策的通知》（财税〔2015〕106 号）等相关规定执行"；第二条规定："本通知所称设备、器具，是指除房屋、建筑物以外的固定资产"。

根据上述政策规定，企业在 2018 年 1 月 1 日至 2020 年 12 月 31 日期间购置的除房屋、建筑物以外的固定资产，可以选择一次性计入当期成本费用在计算应纳税所得额时扣除，不再分年度计算折旧。

### 7.1.6　企业自有房屋后续大修更换设备的房产税计税原值处理

企业在房屋后续大修时，会更换一些大型设备，例如消防设施、中央空调、电梯等，涉及房产税计税原值的处理。

《国家税务总局关于进一步明确房屋附属设备和配套设施计征房产税有关问题的通知》（国税发〔2005〕173号）第一条规定："为了维持和增加房屋的使用功能或使房屋满足设计要求，凡以房屋为载体，不可随意移动的附属设备和配套设施，如给排水、采暖、消防、中央空调、电气及智能化楼宇设备等，无论在会计核算中是否单独记账与核算，都应计入房产原值，计征房产税"；第二条规定："对于更换房屋附属设备和配套设施的，在将其价值计入房产原值时，可扣减原来相应设备和设施的价值；对附属设备和配套设施中易损坏、需要经常更换的零配件，更新后不再计入房产原值"。

根据上述政策规定，电梯、中央空调等以房屋为载体，不可随意移动的附属设备和配套设施，均是房产税的计税原值构成部分。对于单独入账的相关设备，凡是属于"不可随意移动的附属设备和配套设施"，均要计入房产税的计税房产原值。

此外，因为房产税的计税依据是房屋及与房屋不可分割的部分的原值，不涉及固定资产的折旧，因此与房屋不可分割的部分涉及的设备等均以原值作为房产税的计税依据。

案例7-6

### 建筑企业自有房屋后续大修更换设备的涉税及会计处理

A建筑公司2019年3月5日对自用的办公大楼进行电梯更换，2019年4月5日工程完毕，总计费用50.20万元，其中电梯价格45万元（不含税），增值税5.20万元。办公大楼原值1 600万元，包括电梯等各种附属设备和配套设施，其中原电梯价值35万元，累计折旧27万元，清理变卖收入2万元。假定当地规定的房产余值为原值减除30%，A公司相关涉税及会计处理如下：

1. 房产税计算。

原房产税计税原值：1 600万元；

现房产税计税原值：1 600－35＋45＝1 610(万元)；

房产税年应缴税额：1 610×(1－30%)×1.2%＝13.52(万元)；

2019年应缴税款：1 610×(1－30%)×1.2%×(8÷12)＋1 600×(1－30%)×1.2%×(4÷12)＝13.49(万元)。

2. 会计处理（单位：万元）。

（1）新增电梯：

借：固定资产——电梯　45

　　应交税费——应交增值税（进项税额）　5.20

　贷：银行存款　50.20

（2）清理旧电梯：

①借：固定资产清理——电梯　8

　　累计折旧　27

　贷：固定资产——电梯　35

②借：银行存款　2

　贷：固定资产清理　1.96

　　应交税费——应交增值税（简易计税）　0.04

③借：营业外支出　6.04

　贷：固定资产清理　6.04

## 7.2 企业处置房屋的涉税处理

企业处置房屋主要涉及处置损益的处理与土地增值税的处理，同时还涉及房产税、城镇土地使用税纳税义务的终止的确认等涉税业务。

### 7.2.1 企业转让2016年4月30日前自建房屋的增值税处理

建筑企业依据自身资源自建房屋，对于企业转让2016年4月30日前自建的房屋，《纳税人转让不动产增值税征收管理暂行办法》（国家税务总局公告2016年第14号发布）第三条第（二）款、第（四）款规定，“一般纳税人转让其2016年4月30日前自建的不动产，可以选择适用简易计税方法计税，以取得的全部价款和价外费用为销售额，按照5%的征收率计算应纳税额。纳税人应按照上述计税方法向不动产所在地主管税务机关预缴税款，向机构所在地主管税务机关申报纳税”。

“一般纳税人转让其2016年4月30日前自建的不动产，选择适用一般计税方法计税的，以取得的全部价款和价外费用为销售额计算应纳税额。纳税人应以取得的全部价款和价外费用，按照5%的预征率向不动产所在地主管税务机关预缴税款，向机构所在地主管税务机关申报纳税”。

根据上述政策规定，对纳税人转让其2016年4月30日前自建的不动产，可以自行选择适用简易计税方法或一般计税方法计税。在实务中，因为转让2016年4月30日前自建的不动产没有增值税进项税额可以抵扣，所以企业会选择简易计税方法。

案例7-7

**建筑企业转让2016年4月30日前自建房屋的增值税计算**

A建筑公司2019年4月转让于2010年自建的一处办公房，转让价款为200万元（含税）。A公司为一般纳税人，增值税计算如下：

1. 选择简易计税方法应缴增值税：200÷(1+5%)×5%=9.52(万元)。

2. 选择简易计税方法在办公房所在地预缴税款（机构所在地只需申报即可）：200÷(1+5%)×5%=9.52(万元)。

选择一般计税方法增值税销项税额（处理方式与转让2016年5月1日后自建的不动产，适用一般计税方法一致）：200÷(1+9%)×9%=16.51(万元)。

## 7.2.2 企业转让2016年5月1日以后自建房屋的增值税处理

《纳税人转让不动产增值税征收管理暂行办法》第三条第（六）项规定，“一般纳税人转让其2016年5月1日后自建的不动产，适用一般计税方法，以取得的全部价款和价外费用为销售额计算应纳税额。纳税人应以取得的全部价款和价外费用，按照5%的预征率向不动产所在地主管税务机关预缴税款，向机构所在地主管税务机关申报纳税”。

根据上述政策规定，一般纳税人转让其2016年5月1日后自建的不动产，只能适用一般计税方法，不得选择简易计税方法计税。

案例7-8

**建筑企业转让2016年5月1日以后自建房屋的增值税计算**

A建筑公司2019年5月转让于2016年6月自建的一处办公房，转让价款为220万元（含税）。A公司为一般纳税人，增值税计算如下：

在办公房所在地预缴税款：220÷(1+9%)×5%=10.09(万元)。

增值税销项税额：220÷(1+9%)×9%=18.17(万元)。

### 7.2.3　企业转让旧房的企业所得税处理

根据《企业会计准则第 4 号——固定资产》第二十三条的规定，企业出售、转让、报废固定资产或发生固定资产毁损，应当将处置收入扣除账面价值和相关税费后的金额计入当期损益。固定资产的账面价值是固定资产成本扣减累计折旧和累计减值准备后的金额。

在具体处理上，按旧房的账面价值，借记“固定资产清理”科目，按已计提的累计折旧，借记“累计折旧”科目，按其账面原价，贷记“固定资产”科目。

转让旧房取得的收入，借记“银行存款”科目，贷记“固定资产清理”“应交税费——应交增值税（销项税额）”科目。

转让旧房过程中应支付的相关税费及其他费用，借记“固定资产清理”科目，贷记“银行存款”“应交税费”等科目。

转让完成后，“固定资产清理”科目如为贷方余额，借记“固定资产清理”科目，贷记“资产处置损益”科目；反之，借记“资产处置损益”科目，贷记“固定资产清理”科目。

根据《企业所得税法》关于收入、支出的政策规定，上述转让旧房处理完毕后，如果有盈余，即“营业外收入”科目有贷方余额，则结转当年所得，计算缴纳企业所得税；如果发生亏损，即“营业外支出”科目有借方余额，则可以在企业所得税税前扣除。

**案例 7-9**

**建筑企业转让旧房的涉税及会计处理**

B建筑公司 2019 年 4 月转让于 2010 年 6 月购置的一处办公房，转让价款为 200 万元。办公房账面原价为 103 万元，已计提折旧 36 万元。转让时按简易计税方法缴纳增值税 9.52 万元，城市维护建设税与教育费附加、地方教育附加合计 1.15 万元，印花税 1 000 元，土地增值税 17 万元。

会计处理如下（单位：万元）：

1. 将旧房转入“固定资产清理”科目。

借：固定资产清理　67

　　累计折旧　36

　贷：固定资产　103

2. 取得转让收入时。

借：银行存款　200

　贷：固定资产清理　190.48

　　　应交税费——简易计税　9.52

3. 转让过程中应支付的城市维护建设税、教育费附加与地方教育附加及印花税、土地增值税合计18.15万元。

借：固定资产清理　18.15

　贷：应交税费　18.15

4. 结转“固定资产清理”科目。

借：固定资产清理　105.33

　贷：资产处置损益　105.33

**【提示】**根据《土地增值税暂行条例》及其实施细则的规定，转让旧房提供评估价格的，应按房屋及建筑物的评估价格、取得土地使用权所支付的地价款和按国家统一规定交纳的有关费用以及在转让环节缴纳的税金（不包括增值税）作为扣除项目金额计征土地增值税。

《国家税务总局关于营改增后土地增值税若干征管规定的公告》（国家税务总局公告2016年第70号）第六条规定：“营改增后，纳税人转让旧房及建筑物，凡不能取得评估价格，但能提供购房发票的，《中华人民共和国土地增值税暂行条例》第六条第一、三项规定的扣除项目的金额按照下列方法计算：

（一）提供的购房凭据为营改增前取得的营业税发票的，按照发票所载金额（不扣减营业税）并从购买年度起至转让年度止每年加计5%计算。

（二）提供的购房凭据为营改增后取得的增值税普通发票的，按照发票所载价税合计金额从购买年度起至转让年度止每年加计5%计算。

（三）提供的购房发票为营改增后取得的增值税专用发票的，按照发票所载不含增值税金额加上不允许抵扣的增值税进项税额之和，并从购买年度起至转让年度止每年加计5%计算。”

## 7.2.4 企业转让不动产无法提供取得时发票的处理

企业转让不动产应当提供取得时的发票，可以按照有关政策差额缴纳增值税。对于无法提供发票的，《国家税务总局关于纳税人转让不动产缴纳增值税差额扣除有关问题的公告》（国家税务总局公告2016年第73号）第一条规定：“纳税人转让不动产，按照有关规定差额缴纳增值税的，如因丢失等原因无法提供取得不动产时的发票，可向税务机关提供其他能证明契税计税金额的完税凭证等资料，进行差额扣除。”

对于扣除的方法，该公告第二条规定：“纳税人以契税计税金额进行差额扣除的，按照下列公式计算增值税应纳税额：

（一）2016年4月30日及以前缴纳契税的

增值税应纳税额=[全部交易价格(含增值税)－契税计税金额(含营业税)]÷(1+5%)×5%

（二）2016年5月1日及以后缴纳契税的

增值税应纳税额=[全部交易价格(含增值税)÷(1+5%)－契税计税金额(不含增值税)]×5%”

如果纳税人同时保留取得不动产时的发票和其他能证明契税计税金额的完税凭证等资料，根据该公告第三条的规定，“应当凭发票进行差额扣除”。

根据上述政策规定，企业转让不动产如由于丢失等原因无法提供取得不动产时的发票，可向税务机关提供其他能证明契税计税金额的完税凭证等资料，进行差额扣除；否则不能进行差额扣除。

## 7.2.5 企业转让旧房签订合同的印花税处理

答：根据《印花税暂行条例》的规定，转让旧房签订的合同按产权转移书据征收印花税。按合同所载金额的万分之五贴花。

一般情况下，如果合同分别记载价税，则可以按不含税价计算。产权转移书据由立据人贴花，所立书据以合同方式签订的，应由持有书据的各方分别按全额贴花。

**案例 7-10**

**建筑企业转让旧房合同的印花税计算**

B建筑公司2019年4月转让一处办公房，合同记载总金额为200万元，印花税计算如下：

应缴印花税：2 000 000×0.000 5=1 000(元)。

### 7.2.6 企业处置（转让）房屋，房产税、城镇土地使用税纳税义务截止时间的确定

对于企业处置（转让）房屋，房产税、城镇土地使用税纳税义务截止时间的确定，《财政部 国家税务总局关于房产税城镇土地使用税有关问题的通知》（财税〔2008〕152号）第三条规定：纳税人因房产、土地的实物或权利状态发生变化而依法终止房产税、城镇土地使用税纳税义务的，其应纳税款的计算应截止到房产、土地的实物或权利状态发生变化的当月末。

根据上述政策规定，企业处置（转让）房屋的，“实物或权利状态发生变化”的时点，是确定转让人房产税、城镇土地使用税纳税义务截止而购买人税纳税义务发生的节点。在实务中，根据不同的情况，一般有合同签订、变更产权、实际交接等节点。在具体处理时，一是要掌握当地税务机关的具体征管规定；二是买卖双方要协调好相关节点，防止漏缴税款。

## 7.3 企业出租、承租房屋的涉税业务

企业出租房屋、承租房屋涉及合同印花税的计算。出租房屋收取的租金涉及增值税、企业所得税、房产税及城镇土地使用税的处理，承租房屋则涉及增值税、企业所得税的处理。

## 7.3.1　企业出租房屋收取租金的增值税处理

企业出租房屋取得租金收入的增值税涉税业务主要是增值税的计算及纳税义务发生时间的确认。

### 1. 增值税计算方法

对一般纳税人且适用一般计税方法的，根据《营业税改征增值税试点实施办法》(财税〔2016〕36号文件附件1）第十五条、第十六条、第二十一条、第二十条、第二十三条、第二十四条的规定，纳税人出租房屋，属于“不动产租赁”税目，适用税率为11%，具体计算如下：

先计算销售额：销售额＝含税销售额÷(1＋税率)；

再计算销项税额：销项税额＝销售额×税率；

最后计算应纳税额：应纳税额＝当期销项税额－当期进项税额。

如果当期销项税额小于当期进项税额不足抵扣，其不足部分可以结转下期继续抵扣。进项税额，是指纳税人购进货物、加工修理修配劳务、服务、无形资产或者不动产，支付或者负担的增值税额。

根据税率变化政策规定，上述公式中的税率，自2018年5月1日起至2019年4月1日，由11%调整为10%。自2019年4月1日起，由10%调整为9%。

### 2. 增值税简易计税方法的选择

《营业税改征增值税试点有关事项的规定》(财税〔2016〕36号文件附件2）第一条第（九）项第1点规定：“一般纳税人出租其2016年4月30日前取得的不动产，可以选择适用简易计税方法，按照5%的征收率计算应纳税额。纳税人出租其2016年4月30日前取得的与机构所在地不在同一县（市）的不动产，应按照上述计税方法在不动产所在地预缴税款后，向机构所在地主管税务机关进行纳税申报。”

根据上述政策规定，出租2016年4月30日前取得的房屋，在计算增值税时，可以选择适用简易计税方法，按照5%的征收率计算应纳税额。

对于出租2016年5月1日后取得的房屋，根据《营业税改征增值税试点有关事项的规定》第一条第（九）项第3点的规定，“一般纳税人出租其2016年5月1日后取得的、与机构所在地不在同一县（市）的不动产，应按照3%的预征率在不动产所在地预缴税款后，向机构所在地主管税务机关进行纳税申报”。

**3. 增值税纳税义务发生时间**

《营业税改征增值税试点实施办法》第四十五条第（二）项规定，纳税人提供租赁服务采取预收款方式的，其纳税义务发生时间为收到预收款的当天。

根据上述政策规定，合同约定采取预收款方式收取租金的，其纳税义务发生时间为收到预收款的当天。

**案例 7-11**

**建筑企业收取房租增值税及附加的计算**

B建筑公司 2018 年 7 月 25 日与 A 公司签订租赁合同，租赁 A 公司的某写字楼用于办公，租期 3 年，每年租金 60 万元（含税），A 公司一次性收取租金 180 万元。假定 A 公司 8 月份进项税额为 6.50 万元，则增值税及附加计算如下：

1. 增值税计算。

不含税销售额：180÷(1＋10％)＝163.64(万元)；

销项税额：163.64×10％＝16.36(万元)；

应纳税额：16.36－6.50＝9.86(万元)。

2. 城市维护建设税：9.86×7％＝0.69(万元)。

3. 教育费附加：9.86×3％＝0.30(万元)。

4. 地方教育附加（假设当地征收率为 2％)：9.86×2％＝0.20（万元)。

**【提示】**上例中，如果合同中将价税分别列明，即价格为 163.64 万元、增值税为 16.36 万元，则印花税为：163.64×0.001＝0.164（万元)。

**案例 7-12**

**建筑企业出租 2016 年 4 月 30 日前取得房屋的增值税计算**

B建筑公司（一般纳税人）2018 年 7 月 25 日与 A 公司签订租赁合同，租赁 A 公司房屋，假定该房屋为 2015 年 4 月 25 日取得，租期 3 年，用于办公，每年租金 60 万元（含税），A 公司一次性收取租金 180 万元。假定 A 公司 8 月份进项税额为 6.50 万元，则增值税计算如下：

1. 增值税计算（附加等略）。

发票按180万元金额全额开具普通发票（假定选择适用简易计税方法）。增值税在开具发票时一次性完税，企业所得税可以按所属期结转收入成本。

不含税销售额：180÷(1+5%)=171.43(万元)；

本期应交增值税税额：171.43×5%=8.57(万元)；

本期留抵进项税额：6.50万元。（选择简易计税方法，因为此进项税额可用于抵扣其他一般计税业务产生的销项税额，仅在此项简易计税的出租业务中不能针对性抵扣）。

2. 会计处理（单位：万元）。

| | |
|---|---|
| 借：银行存款 | 180 |
| 贷：其他业务收入 | 57.14 |
| 应交税费——应交增值税（简易计税） | 8.57 |
| 预收账款 | 114.29 |

## 7.3.2 企业出租房屋收取租金的企业所得税处理

《企业所得税法实施条例》第九条规定："企业应纳税所得额的计算，以权责发生制为原则，属于当期的收入和费用，不论款项是否收付，均作为当期的收入和费用；不属于当期的收入和费用，即使款项已经在当期收付，也不作为当期的收入和费用。"

对于租赁收入，《国家税务总局关于贯彻落实企业所得税法若干税收问题的通知》（国税函〔2010〕79号）第一条第一款规定，收取的房屋租金应在租赁合同约定的租赁期内，分期均匀计入相关年度。

对于租期跨年度且租金提前一次性支付的，国税函〔2010〕79号文件第一条第一款规定："根据《实施条例》第十九条的规定，企业提供固定资产、包装物或者其他有形资产的使用权取得的租金收入，应按交易合同或协议规定的承租人应付租金的日期确认收入的实现。其中，如果交易合同或协议中规定租赁期限跨年度，且租金提前一次性支付的，根据《实施条例》第九条规定的收入与费用配比原则，出租人可对上述已确认的收入，在租赁期内，分期均匀计入相关年度收入"。

根据上述政策规定，在对企业收取房屋租金进行企业所得税处理时，其收入与成本要进行配比，因此与租金收入相关的成本、费用应与租金收入同时在租赁合同约定的租赁期内，分期均匀计入相关年度。

在企业日常会计处理中，根据《增值税会计处理规定》（财会〔2016〕22号文件发布）第二条第（二）项第1点的规定，企业出租房屋收取租金，应当按应收或已收的金额，借记"应收账款""银行存款"等科目，按取得的收入金额，贷记"其他业务收入"等科目，按现行增值税制度规定计算的销项税额（或采用简易计税方法计算的应纳增值税额），贷记"应交税费——应交增值税（销项税额）"或"应交税费——简易计税"科目（小规模纳税人应贷记"应交税费——应交增值税"科目）。

## 7.3.3 企业出租房屋涉及的其他税种的处理

企业出租房屋涉及的其他税种包括印花税、房产税及城镇土地使用税，具体处理如下：

### 1. 印花税处理

根据《印花税暂行条例》所附《印花税税目税率表》的规定，财产租赁合同包括租赁房屋，由立合同人，按租赁金额千分之一贴花。

《印花税暂行条例》第五条规定："印花税实行由纳税人根据规定自行计算应纳税额，购买并一次贴足印花税票（以下简称贴花）的缴纳办法。"

根据上述政策规定，签订合同的出租方、承租方均要按规定计算贴花。同时，印花税必须"一次贴足印花税票"，即同一份合同必须按照合同金额一次贴足印花税票。

### 2. 房产税处理

根据《房产税暂行条例》第三条、第四条的规定，"房产出租的，以房产租金收入为房产税的计税依据"，税率为12%。

《财政部 国家税务总局关于营改增后契税、房产税、土地增值税、个人所得税计税依据问题的通知》（财税〔2016〕43号）第二条规定："房产出租的，计征房产税的租金收入不含增值税。"

根据上述政策规定，营改增后，计征房产税的租金收入为不含增值税的收入。

### 3. 城镇土地使用税处理

根据《城镇土地使用税暂行条例》第二条、第三条的规定，在城市、县城、建制镇、工矿区范围内使用土地的单位和个人，为城镇土地使用税的纳税人，应当依照该条例的规定缴纳城镇土地使用税；城镇土地使用税以纳税人实际占用的土地面积为计税依据，依照规定税额计算征收。

《关于土地使用税若干具体问题的解释和暂行规定》（国税地字〔1988〕第 15 号文件发布）第四条规定："土地使用税由拥有土地使用权的单位或个人缴纳。拥有土地使用权的纳税人不在土地所在地的，由代管人或实际使用人纳税；土地使用权未确定或权属纠纷未解决的，由实际使用人纳税；土地使用权共有的，由共有各方分别纳税。"

根据上述政策规定，在房屋租赁行为中，由拥有土地使用权且出租房屋的一方缴纳城镇土地使用税。对于拥有某栋房产部分产权的，依据土地使用证（或房屋产权证）上注明的实际占用面积计算税款，没有土地使用证的，按实际分摊的土地面积计算税款。

**案例 7-13**

#### 建筑企业收取房屋租金的综合涉税及会计处理

A 建筑公司 2018 年 7 月 25 日与 B 公司签订租赁合同，将某写字楼出租给 B 公司，租期 3 年，每年租金 60 万元（含税价），A 公司一次性收取租金 180 万元。租用楼层面积为 1 200 平方米，其他楼层已经出售。写字楼总面积为 8 400 平方米，实际占用土地面积为 2 000 平方米。假定当地城镇土地使用税单位税额为 15 元/平方米（市中心，一级土地）。假定 A 公司 8 月份进项税额为 6.50 万元，A 公司已经申报缴纳了印花税 0.18 万元、增值税 9.86 万元、城市维护建设税 0.69 万元、教育费附加及地方教育附加 0.49 万元、房产税 19.64 万元、城镇土地使用税 0.43 万元。则 A 公司 2018 年度相关会计处理与所得结转如下（单位：万元）：

1. 涉税计算。

(1) 印花税：180×0.001=0.18(万元)；

(2) 房产税：

不含税销售额：180÷(1+10%)=163.64(万元)；

应缴房产税：163.64×12%=19.64(万元)。

(3) 城镇土地使用税：

租用房屋实际占用面积：2 000×(1 200÷8 400)=285.71(平方米)；

应缴城镇土地使用税：285.71×15=0.43(万元)。

(4) 增值税计算。

不含税销售额：180÷(1+10%)=163.64(万元)；

销项税额：163.64×10%=16.36(万元)；

应纳税额：16.36-6.50=9.86(万元)。

(5) 城市维护建设税：9.86×7%=0.69(万元)。

(6) 教育费附加及地方教育附加：9.86×3%+9.86×2%=0.49(万元)。

2. 会计处理。

(1) 印花税、城镇土地使用税直接记入“税金及附加”科目。

借：税金及附加——印花税 0.18

——城镇土地使用税 0.43

贷：应交税费——应交印花税 0.18

——应交城镇土地使用税 0.43

(2) 房产税等结转记入“税金及附加”科目。

①缴纳时：

借：应交税费——应交房产税 19.64

——应交城市维护建设税 0.69

——应交教育费附加及地方教育附加 0.49

贷：银行存款——房产税 19.64

——城市维护建设税 0.69

——教育费附加及地方教育附加 0.49

②结转时：

借：税金及附加——房产税 19.64

——城市维护建设税 0.69

——教育费附加及地方教育附加 0.49

贷：应交税费——应交房产税 19.64

——应交城市维护建设税 0.69

——应交教育费附加及地方教育附加 0.49

（3）配比确认收入。

①一次性收到房租时：

借：银行存款 180

贷：预收账款——租金收入 163.64

应交税费——应交增值税（销项税额） 16.36

②每年结转时：

借：预收账款——租金收入 54.55

贷：其他业务收入 54.55

## 7.3.4 企业出租房屋的折旧处理

《企业所得税法》第八条规定："企业实际发生的与取得收入有关的、合理的支出，包括成本、费用、税金、损失和其他支出，准予在计算应纳税所得额时扣除。"

《企业所得税法实施条例》第五十六条规定："企业的各项资产，包括固定资产、生物资产、无形资产、长期待摊费用、投资资产、存货等，以历史成本为计税基础。

前款所称历史成本，是指企业取得该项资产时实际发生的支出。

企业持有各项资产期间产生资产增值或者减值，除国务院财政、税务主管部门规定可以确认损益外，不得调整该资产的计税基础。"

企业将房屋转入"投资性房地产"用于出租的，根据上述企业所得税收入与成本的配比原则，其租金收入与折旧等成本形成配比。同时，税法规定的固定资产计税基础为历史成本，因此，不论是"采用成本模式计量"还是"采用公允价值模式计量"的投资性房地产（出租），均可以按照原入账的历史成本提取（计算）折旧，按规定在税前扣除。

**【提示】** 根据《企业会计准则第 3 号——投资性房地产》及其应用指南的相关规定，企业出租的房屋要转入“投资性房地产”科目核算。对采用成本模式对投资性房地产进行后续计量的，应当按照《企业会计准则第 4 号——固定资产》和《企业会计准则第 6 号——无形资产》的规定，对投资性房地产进行计量，计提折旧或摊销；对采用公允价值模式计量的，不对投资性房地产计提折旧或进行摊销，应当以资产负债表日投资性房地产的公允价值为基础调整其账面价值，公允价值与原账面价值之间的差额计入当期损益。

在企业所得税处理中，以公允价值模式计量的，公允价值与原账面价值之间的差额计入当期损益，不得计入应纳税所得，同时也不得按照税法规定依据折旧金额做纳税调减。

**案例 7-14**

**建筑企业出租房屋提取折旧的处理**

B建筑公司 2018 年 7 月 25 日与 A 公司签订租赁合同，租赁 A 公司某写字楼用于办公，租期 3 年，每年租金 60 万元（含税），A 公司一次性收取租金 180 万元。出租房屋价值 500 万元，摊销期 20 年，假定没有余值。则 A 公司 2018 年度相关折旧会计处理如下（单位：万元）：

年折旧额：500÷20＝25(万元)。

借：其他业务支出——折旧 25

贷：累计折旧 25

## 7.3.5 企业承租房屋支付房屋租赁费的增值税进项税额处理

企业支付房租取得增值税专用发票的，根据《营业税改征增值税试点实施办法》第十八条第一款及关于一般纳税人的规定，一般纳税人发生应税行为适用一般计税方法计税，应开具增值税专用发票，取得发票的一方（支付款项），其进项税额可以抵扣。

企业支付房租取得增值税普通发票的，根据《营业税改征增值税试点实施办法》

第十八条第二款、第十九条及关于简易计税方法的规定，对小规模纳税人，或发生应税行为适用简易计税方法计税的一般纳税人，可开具增值税普通发票，取得发票的一方（支付款项），不得计算进项税额；也可以（根据付款方需要）到不动产所属地主管税务机关代开增值税专用发票，取得发票的一方（支付款项），其进项税额可以抵扣。

**【提示】**关于出租方增值税计算。《纳税人提供不动产经营租赁服务增值税征收管理暂行办法》（国家税务总局公告2016年第16号发布）第三条第（一）项第一款规定："一般纳税人出租其2016年4月30日前取得的不动产，可以选择适用简易计税方法，按照5%的征收率计算应纳税额"；第三条第（一）项第二款规定："一般纳税人出租其2016年5月1日后取得的不动产，适用一般计税方法计税"；第四条第（一）项规定，小规模纳税人出租不动产，按照5%的征收率计算应纳税额。个体工商户和其他个人出租住房，照5%的征收率减按1.5%计算应纳税额。

**案例7-15**

## 建筑企业支付房屋租金的增值税进项税额计算

A建筑公司2018年6月10日与B公司签订租赁合同，租赁B公司某写字楼用于总部办公，租期3年，每年租金60万元（含税），A公司一次性支付租金180万元；在某施工项目现场附近向C公司租赁房屋供现场管理之用，租期1年，支付年租金20万元；在另外一个施工项目附近向D公司租赁房屋用作该项目现场管理之用，租期1年，支付年租金30万元。假设B、C、D公司为一般纳税人，其中B公司出租的房屋为2016年5月1日后取得，适用一般计税方法；C公司出租的房屋为2016年4月30日前取得，选择一般计税方法；D公司出租的房屋为2016年4月30日前取得，选择适用简易计税方法。则A公司增值税处理如下：

B公司取得租金收入，适用一般计税方法计税，应开具专用发票。A公司进项税额：180÷(1+10%)×10%=16.36（万元），可以抵扣。

C公司取得租金收入，可以选择一般计税方法计税，可以开具专用发票。A公司进项税额：20÷(1+10%)×10%=1.82（万元），可以抵扣。

D公司取得租金收入，选择适用简易计税方法，按照5%的征收率计算应纳税额，可开具普通发票，A公司没有进项税额抵扣；也可以开具增值税专用发票，A公司可以做相应抵扣。

### 7.3.6 企业支付房屋租金的企业所得税处理

根据《企业所得税法实施条例》第四十七条的规定，企业根据生产经营活动的需要以经营租赁方式租入固定资产发生的租赁费，按照租赁期限均匀扣除（摊销）。

对于建筑企业，其支付（摊销）的房屋租赁费，如果租赁的房屋是作为企业日常办公使用，在会计处理上记入“管理费用”科目；如果租赁的房屋是为工程项目所用，例如建筑工人宿舍、生活用房、材料仓库等，则记入“工程施工——间接费用”科目。

上述业务涉及增值税（进项税额）的，根据《增值税会计处理规定》（财会〔2016〕22号文件发布）第二条第（一）项第1点的规定，一般纳税人购进服务，按应计入相关成本费用的金额，借记“管理费用”等科目；按当月已认证的可抵扣增值税额，借记“应交税费——应交增值税（进项税额）”科目；按当月未认证的可抵扣增值税额，借记“应交税费——待认证进项税额”科目；按应付或实际支付的金额，贷记“应付账款”“应付票据”“银行存款”等科目。

**案例 7-16**

**建筑企业支付房屋租金的涉税及会计处理**

A建筑公司2018年7月25日与B公司签订租赁合同，租用B公司某写字楼用于办公，租期3年，每年支付租金60万元（含税价），A公司一次性支付租金180万元；在项目现场附近向C公司租赁房屋供现场管理之用，租期1年，支付年租金20万元；在项目附近向D公司租赁房屋作为工人宿舍等生活用房，租期1年，支付年租金30万元。支付租金后收到增值税发票，票面注明增值税进项税额情况分别为：B公司开具的发票注明进项税额：16.36万元；C公司开具的发票注明进项税额：1.82万元；D公司开具的发票注明进项税额：2.73万元。A公司相关会计处理及计算如下：

1. 不含税租金计算。

(1) 支付B公司三年租金，开具的发票注明进项税额16.36万元、不含税租金163.64万元。每年不含税租金54.55万元，根据配比原则，2018年度可税前扣除金额计算如下：

2018年度可税前扣除金额：54.55×(5÷12)＝22.73(万元)。

(2) C公司开具的发票注明进项税额1.82万元、不含税租金18.18万元。根据配比原则，2018年度可税前扣除金额计算如下：

2018年度可税前扣除金额：18.18×(5÷12)＝7.58(万元)。

(3) D公司开具的发票注明进项税额2.73万元、不含税租金27.27万元。根据配比原则，2018年度可税前扣除金额计算如下：

2018年度可税前扣除金额：27.27×(5÷12)＝11.36(万元)。

2. 会计（企业所得税）处理（单位：万元）。

(1) 支付租金取得发票时：

| | | |
|---|---|---|
| 借：长期待摊费用——B公司 | 163.64 | |
| ——C公司 | 18.18 | |
| ——D公司 | 27.27 | |
| 应交税费——应交增值税（进项税额） | 20.91 | |
| 贷：银行存款 | | 230 |

(2) 配比结转成本：

| | | |
|---|---|---|
| 借：管理费用 | 22.73 | |
| 工程施工——间接费用 | 7.58 | |
| 应付职工薪酬——职工福利费 | 11.36 | |
| 贷：长期待摊费用——B公司 | | 22.73 |
| ——C公司 | | 7.58 |
| ——D公司 | | 11.36 |

### 7.3.7　企业对租入房屋的装修费支出的增值税、企业所得税处理

企业对租入房屋进行改变房屋结构的装修，增值税上主要是进项税额的处理，

企业所得税上则是对支出费用的摊销处理。

**1. 增值税处理**

企业支付承租房屋装修费的增值税处理主要是增值税进项税额及发票的处理。根据《营业税改征增值税试点实施办法》所附《销售服务、无形资产、不动产注释》及相关条款的规定，一般纳税人提供房屋修饰装修的，按照“装饰服务”税目计算增值税（销项税额）。支付修饰装修费用的一方，可以取得增值税专用发票，其票面注明的进项税额可以抵扣销项税额。

对于增值税发票，根据《营业税改征增值税试点实施办法》第十八条、第十九条的规定，如果提供装饰服务的是一般纳税人且选择适用一般计税方法，则可以开具增值税专用发票，其进项税额可以抵扣；如果提供装饰服务的一般纳税人选择适用简易计税方法，或者是小规模纳税人，其发生应税行为适用简易计税方法计税，应开具增值税普通发票。

自 2019 年 3 月 1 日起，根据《国家税务总局关于扩大小规模纳税人自行开具增值税专用发票试点范围等事项的公告》（国家税务总局公告 2019 年第 8 号）的规定，建筑业小规模纳税人发生增值税应税行为，需要开具增值税专用发票的，可以自愿使用增值税发票管理系统，按照适用的征收率自行开具增值税专用发票。

**2. 企业所得税处理**

企业对租入房屋装修费支出的企业所得税处理主要是支出费用的摊销。《企业所得税法》第十三条第（四）项规定：“在计算应纳税所得额时，企业发生的下列支出作为长期待摊费用，按照规定摊销的，准予扣除：

（一）已足额提取折旧的固定资产的改建支出；

（二）租入固定资产的改建支出；

（三）固定资产的大修理支出；

（四）其他应当作为长期待摊费用的支出。”

根据上述政策规定，企业对租入房屋的装修费支出应作为长期待摊费用摊销。

关于具体摊销方式，对于改变房屋结构等的装修，根据《企业所得税法实施条例》第六十八条的规定，“企业所得税法第十三条第（二）项所称固定资产的改建支出，是指改变房屋或者建筑物结构、延长使用年限等发生的支出；企业所得税法第十三条第（二）项所规定的支出，按照合同约定的剩余租赁期限分期摊销”。

对于不改变房屋结构的一般性装修，根据《企业所得税法实施条例》第七十条的规定，应从支出发生月份的次月起，分期摊销，摊销年限不得低于 3 年。

根据上述政策规定，需改变房屋或者建筑物结构、延长使用年限的装修支出，属于租入固定资产的改建支出，其支出应作为长期待摊费用，按合同约定的剩余期限分期摊销，准予扣除。其他一般性装修，按照“其他应当作为长期待摊费用的支出”处理。

**案例 7-17**

### 建筑企业对承租房屋装修费支出的涉税及会计处理

A 建筑公司 2019 年 5 月 2 日签订房屋租赁合同，租期 4 年，用于日常办公。5 月 5 日与 E 装饰工程公司签订装修合同，合同金额 120 万元（含税）。该装修不改变房屋结构，假定 7 月 25 日装修完工，A 公司支付合同款。假定 E 装饰工程公司为一般纳税人，A 公司进项税额处理如下：

1. 增值税计算。

E 公司不含税价格：120÷(1+9%)=110.09(万元)；

E 公司销项税额：110.09×9%=9.91(万元)。

A 公司接受 E 公司开具的增值税专用发票，进项税额 9.91 万元可以抵扣。

2. A 公司会计处理（单位：万元）。

（1）支付装修费：

借：长期待摊费用　　110.09

　　应交税费——应交增值税（进项税额）　　9.91

　贷：银行存款　　120

（2）摊销装修费：

装修费作为长期待摊费用，应按不低于 3 年的期限摊销，但如果租赁期大于 3 年，从配比原则出发，一般应按租赁期摊销。

年应摊销额：110.09÷4=27.52(万元)。

借：管理费用　　27.52

　贷：长期待摊费用　　27.52

**案例 7-18**

**建筑企业对承租房屋改变房屋结构的装修费支出的涉税及会计处理**

A 建筑公司 2019 年 5 月 2 日签订房屋租赁合同，5 月 5 日与 E 装饰工程公司签订装修合同，合同金额 120 万元（含税），房屋租期为 5 年，用于企业正常办公。假定 7 月 25 日完工，并支付装修款。在装修中，将部分承重墙改变、顶棚重新翻盖，且屋内原 6 个大房间改造成 18 个独立的小房间。假定 E 装饰工程公司为一般纳税人，则 A 公司相关处理如下（单位：万元）：

1. 支付装修款取得发票时。

借：长期待摊费用——E 公司　　110.09

　　应交税费——应交增值税（进项税额）　　9.91

　贷：银行存款　　120

2. 配比结转成本。

上述情况属于改变房屋或者建筑物结构、延长使用年限的支出，应作为改建支出，在合同约定剩余期限摊销。租期为 60 个月，还剩余 57 个月，摊销金额计算如下：

每月应摊销装修金额：110.09÷57＝1.93（万元）；

2019 年当年（5 个月）摊销金额为 9.65 万元。

借：管理费用　　9.65

　贷：长期待摊费用——E 公司　　9.65

## 7.3.8 企业向个人（自然人）租赁房屋的涉税处理

在房屋租赁业务中，单位向个人租赁房屋与单位之间租赁房屋业务所涉及的税收政策无重大区别，不同之处在于出租房屋的个人涉税处理。同时，根据《国家税务总局关于营业税改征增值税委托地税局代征税款和代开增值税发票的通知》（税总函〔2016〕145 号）第二条第（四）项的规定，其他个人出租不动产，承租方不属于其他个人的，纳税人缴纳增值税后可以向税务局申请代开增值税专用发票。其他个人出租不动产，可以向税务局申请代开增值税普通发票。

因此，建筑企业租赁个人房屋，可以取得增值税专用发票，其进项税额可以抵扣。

【提示】个人出租房屋涉税处理。

1. 增值税。《营业税改征增值税试点有关事项的规定》（财税〔2016〕36 号文件附件 2）第一条第（九）项第 5 点、第 6 点规定：“其他个人出租其取得的不动产（不含住房），应按照 5%的征收率计算应纳税额。

个人出租住房，应按照 5%的征收率减按 1.5%计算应纳税额。”

《国家税务总局关于全面推开营业税改征增值税试点有关税收征收管理事项的公告》（国家税务总局公告 2016 年第 23 号）第四条第（六）项规定：“个人出租住房适用优惠政策减按 1.5%征收，纳税人自行开具或者税务机关代开增值税发票时，通过新系统中征收率减按 1.5%征收开票功能，录入含税销售额，系统自动计算税额和不含税金额，发票开具不应与其他应税行为混开。”

国家税务总局公告 2016 年第 23 号第六条第（四）项规定：“其他个人采取预收款形式出租不动产，取得的预收租金收入，可在预收款对应的租赁期内平均分摊，分摊后的月租金收入不超过 3 万元的，可享受小微企业免征增值税优惠政策。”

《财政部 国家税务总局关于营改增后契税 房产税 土地增值税 个人所得税计税依据问题的通知》（财税〔2016〕43 号）第五条规定：“免征增值税的，确定计税依据时，成交价格、租金收入、转让房地产取得的收入不扣减增值税额。”

2. 房产税。

个人出租非居住房屋，按租金收入（不含增值税）12%征收房产税；个人出租居住用房，按租金收入（不含增值税）4%征收。

3. 个人所得税。

个人取得财产租赁所得，应纳个人所得税。财产租赁所得适用比例税率，税率为 20%。财产租赁所得每次收入不超过 4 000 元的，减除费用 800 元；4 000 元以上的，减除 20%的费用，其余额为应纳税所得额。计算公式如下：

（1）每月租金不超过 4 000 元的。

应纳税额＝应纳税所得额×适用税率＝[每月租金－允许扣除的项目－修缮费用(800 元为限)－800]×20%。

（2）每月租金在 4 000 元以上的。

应纳税额＝应纳税所得额×适用税率＝[每月租金－允许扣除的项目－修缮费用(800 元为限)]×(1－20%)×20%。

**案例 7-19**

## 建筑企业支付个人房屋租金的处理（1）

A 建筑公司 2017 年 7 月 25 日与某自然人甲签订非住房房屋租赁合同，年租金 100 000 元，租期 3 年。A 公司代办相关税费缴纳，应扣缴税额计算如下（城市维护建设税等附加计算略）：

1. 增值税计算（出租方甲）。

不含税销售额：100 000÷(1＋5％)＝95 238.10(元)；

应纳税额：95 238.10×5％＝4 761.90(元)。

上述所称的非住房主要是商铺、写字间等非居住性用房。

因分摊后个人取得的月租金不足 3 万元，可享受小微企业免征增值税优惠政策，因此只能取得增值税普通发票，没有进项税额抵扣。

2. 房产税计算（因免征增值税，房产税计税依据为含税价。出租方甲，为简化三年合并计算）。

房产税：100 000×12％＝12 000(元)。

3. 个人所得税计算（出租方甲，为简化三年合并计算）。

月租金：100 000÷12＝8 333.33(元)；

应缴个人所得税：[100 000×(1－20％)－12 000]×20％＝13 600(元)。

4. 会计处理（为简化三年合并计算）。

| | | |
|---|---|---|
| 借：管理费用 | 100 000 | |
| 贷：银行存款 | | 74 400 |
| 应交税费——应交代扣个人所得税 | | 13 600 |
| 其他应付款——应交代扣房产税 | | 12 000 |

**【提示】**有些省市从征管角度出发，对相关房屋租赁采取代扣代缴（委托）制度，具体以当地税务机关征管规定为准。

**案例 7-20**

## 建筑企业支付个人房屋租金的处理（2）

A 建筑公司 2017 年 1 月 1 日与某自然人甲签订非住房房屋租赁合同，年租金

400 000 元，租期 1 年。A 公司代办相关税费缴纳，应扣缴税额计算如下（城市维护建设税等附加计算略）：

1. 增值税计算（出租方甲）。

不含税销售额：400 000÷(1+5%)=380 952.38(元)；

应纳税额：380 952.38×5%=19 047.62(元)。

上述所称非住房主要是商铺、写字间等非居住性用房。

因分摊后个人取得的月租金超过 3 万元，不能享受小微企业免征增值税优惠政策，按规定计算缴纳增值税，可以申请开具增值税专用发票。

2. 房产税计算（出租方甲）。

房产税：380 952.38×12%=45 714.29(元)。

3. 个人所得税计算（出租方甲）。

月租金：380 952.38÷12=31 746.03(元)；

应缴个人所得税：[380 952.38×(1−20%)−45 714.29]×20%=51 809.52(元)。

**【提示】**根据《国家税务总局关于营业税改征增值税委托地税局代征税款和代开增值税发票的通知》（税总函〔2016〕145 号）第二条第（四）项的规定，其他个人出租不动产，承租方不属于其他个人的，纳税人缴纳增值税后可以向税务机关申请代开增值税专用发票。

根据上述政策规定，个人出租不动产，只要承租方不属于其他个人或不属于法律规定不得取得增值税专用发票的情况下，就可以向税务机关申请代开增值税专用发票。

### 7.3.9　企业承租（出租）的房屋城镇土地使用税纳税人的确定

《关于土地使用税若干具体问题的解释和暂行规定》（国税地字〔1988〕第 15 号文件发布）第四条规定："土地使用税由拥有土地使用权的单位或个人缴纳。拥有土地使用权的纳税人不在土地所在地的，由代管人或实际使用人纳税"。

根据上述政策规定，在房屋租赁业务中，城镇土地使用税由拥有土地使用权的出租方缴纳，如果拥有土地使用权的纳税人不在土地所在地，则由代管人或实际使用人纳税。

## 7.4 其他各项资产租赁涉税业务

建筑企业在运行中，会发生租入或租出各类资产（非不动产）等业务，如租赁施工机械、运输车辆等，涉及印花税、企业所得税及相关增值税的处理等。由于租入施工机械业务已在工程施工章节做了讲解，本节仅介绍出租施工机械、运输工具等业务。

### 7.4.1 设备（包括运输工具）租赁合同的印花税计算

由《印花税暂行条例》所附《印花税税目税率表》可知，财产租赁合同包括租赁机动车辆合同，由立合同人按租赁金额千分之一贴花。也就是说，立合同的各方均要按规定贴花。

《印花税暂行条例》第五条规定："印花税实行由纳税人根据规定自行计算应纳税额，购买并一次贴足印花税票（以下简称贴花）的缴纳办法。"

根据上述政策规定，签订合同的出租方、承租方均要按规定计算贴花。同时，印花税必须"一次贴足印花税票"，即同一份合同必须按照合同金额一次贴足印花税票。

**案例 7-21**

**设备（包括运输工具）租赁合同印花税的计算**

A建筑公司因项目施工管理需要，2019年12月25日与F汽车租赁公司签订合同，从2020年1月1日开始租用一辆小型汽车，用于日常办公使用，期限3年，按年支付租金，年租金50 000元，增值税额6 500元。A公司印花税计算如下：

应缴印花税：150 000×0.1‰＝150(元)。

**【提示】**合同价格为含税56 500元，则按照56 500元计算贴花，如果合同价格价税分开，则按照50 000元计算贴花。

### 7.4.2　企业租用运输工具支付租赁费的增值税、企业所得税处理

建筑企业出于项目施工需要，经常租用汽车运输建材等物资，相关增值税、企业所得税处理如下：

**1. 增值税处理**

根据《营业税改征增值税试点实施办法》（财税〔2016〕36 号文件附件 1）所附《销售服务、无形资产、不动产注释》及相关条款的规定，对于取得收入的一方，按照“有形动产经营租赁服务”税目计算增值税（销项税额）；对于支付费用的一方，可以取得增值税专用发票（一般纳税人），其票面注明的进项税额可以抵扣销项税额。

对于发票的开具，根据《营业税改征增值税试点实施办法》第十八条第一款的规定，如果汽车租赁公司是一般纳税人，则可以开具增值税专用发票，其进项税额可以抵扣；根据该实施办法第十九条的规定，如果汽车租赁公司是小规模纳税人，其发生应税行为适用简易计税方法计税，则开具增值税普通发票。

**2. 企业所得税处理**

根据《企业所得税法实施条例》第四十七条的规定，企业根据生产经营活动的需要以经营租赁方式租入固定资产发生的租赁费，按照租赁期限均匀扣除。

在企业日常会计处理中，根据《增值税会计处理规定》（财会〔2016〕22 号文件发布）第二条第（一）项第 1 点的规定，一般纳税人购进服务（支付汽车租赁费），按应计入相关成本费用或资产的金额，借记“工程施工”“管理费用”等科目，按当月已认证的可抵扣增值税额，借记“应交税费——应交增值税（进项税额）”科目，按当月未认证的可抵扣增值税额，借记“应交税费——待认证进项税额”科目，按应付或实际支付的金额，贷记“应付账款”“应付票据”“银行存款”等科目。

**案例 7-22**

**建筑企业支付汽车租赁费的涉税及会计处理**

A 建筑公司出于项目施工管理需要，2018 年 7 月 25 日与 F 汽车租赁公司签订

合同，从2018年8月1日开始租用一辆小型汽车（不同时配备司机），用于日常办公需要，期限3年，按年支付租金，年租金5万元（含税）。合同约定，因汽车使用产生的各项费用，包括汽油费、过路过桥费等由A公司支付，其他费用由F公司支付，F公司为增值税一般纳税人。A公司相关会计（企业所得税）处理如下（单位：万元）：

假定2018年7月支付租赁费并取得专用发票。

进项税额计算：5÷(1+16%)×16%=0.69(万元)。

借：工程施工——甲项目　4.31

　　应交税费——应交增值税（进项税额）　0.69

　贷：银行存款　5

## 7.4.3 企业出租机械设备的增值税、企业所得税处理

建筑企业对于暂时不用的施工机械可以用来出租，以取得租金收入，相关增值税、企业所得税处理如下：

### 1. 增值税处理

建筑企业出租机械设备，根据《营业税改征增值税试点实施办法》所附《销售服务、无形资产、不动产注释》及相关条款的规定，对于取得的收入，按照“有形动产经营租赁服务”税目计算增值税（销项税额）。

对于出租机械设备，采取预收款方式收取租金的，根据《营业税改征增值税试点实施办法》第四十五条第（二）项的规定，“纳税人提供租赁服务采取预收款方式的，其纳税义务发生时间为收到预收款的当天”。

根据税率调整政策规定，自2018年5月1日起至2019年4月1日期间，有形动产租赁的税率，由17%调整为16%。自2019年4月1日起，有形动产租赁的税率，由16%调整为13%。

### 2. 企业所得税处理

根据《企业所得税法》第六条第（六）项的规定，企业的收入总额包括“租金收入”。《企业所得税法实施条例》第十九条规定：“企业所得税法第六条第（六）项

所称租金收入，是指企业提供固定资产、包装物或者其他有形资产的使用权取得的收入。”

对于租赁收入的确认，《国家税务总局关于贯彻落实企业所得税法若干税收问题的通知》（国税函〔2010〕79 号）第一条第一款规定：“根据《实施条例》第十九条的规定，企业提供固定资产、包装物或者其他有形资产的使用权取得的租金收入，应按交易合同或协议规定的承租人应付租金的日期确认收入的实现。其中，如果交易合同或协议中规定租赁期限跨年度，且租金提前一次性支付的，根据《实施条例》第九条规定的收入与费用配比原则，出租人可对上述已确认的收入，在租赁期内，分期均匀计入相关年度收入”。

**案例 7-23**

### 建筑企业出租设备的涉税及会计处理

2019 年 5 月 3 日，A 建筑公司（一般纳税人）与 B 建筑公司（一般纳税人）签订合同，将 2 台单价 60 万元的施工机械出租给 B 公司，租赁期间为 2019 年 5 月 5 日至 2019 年 11 月 5 日，租金 14 万元（含税），税率 13%。A 公司相关涉税及会计处理如下：

1. 涉税计算。

销售额：14÷(1+13%)=12.39(万元)；

销项税额：12.39×13%=1.61(万元)。

2. 会计处理（单位：万元）。

(1) 出租设备收取租金时（一次性确认收入，也可以分年度确认收入）：

借：银行存款　　14

　贷：其他业务收入　　12.39

　　　应交税费——应交增值税（销项税额）　　1.61

(2) 2019 年度租期计提设备折旧时：

假定折旧年限 10 年，无残值，每台设备月折旧额：0.5 万元，租期 6 个月，2 台设备共计提折旧：2×0.5×6=6（万元）。

借：其他业务支出——××设备折旧　　6

　贷：累计折旧——××设备折旧　　6

### 7.4.4 企业租入固定资产、不动产用于免征增值税项目、集体福利等的进项税额处理

根据《增值税暂行条例》第十条第（一）项的规定，“用于简易计税方法计税项目、免征增值税项目、集体福利或者个人消费的购进货物、劳务、服务、无形资产和不动产”，其进项税额不得从销项税额中抵扣。

（1）2018 年 1 月 1 日之前。根据《营业税改征增值税试点实施办法》第二十七条第（一）项的规定，“用于简易计税方法计税项目、免征增值税项目、集体福利或者个人消费的购进货物、加工修理修配劳务、服务、无形资产和不动产”，其进项税额不得从销项税额中抵扣。“其中涉及的固定资产、无形资产、不动产，仅指专用于上述项目的固定资产、无形资产（不包括其他权益性无形资产）、不动产。纳税人的交际应酬消费属于个人消费”。

（2）自 2018 年 1 月 1 日起。《财政部 国家税务总局关于租入固定资产进项税额抵扣等增值税政策的通知》（财税〔2017〕90 号）第一条规定：“自 2018 年 1 月 1 日起，纳税人租入固定资产、不动产，既用于一般计税方法计税项目，又用于简易计税方法计税项目、免征增值税项目、集体福利或者个人消费的，其进项税额准予从销项税额中全额抵扣。”

根据上述政策规定，纳税人租入固定资产、不动产，同时用于政策列举的增值税项目，其进项税额准予从销项税额中全额抵扣。但如果单独用于简易计税项目、免税项目、集体福利或者个人消费，则其进项税额不得从销项税额中抵扣。

Tax Practice and
Case Analysis for
Construction Business

# 第 8 章
# 建筑企业增值税发票开具及抵扣等涉税业务

增值税发票开具与使用是企业在日常业务处理中经常遇到的问题，随着发票管控力度的加大，需要严格按照发票管理制度和规定办理相关业务，因此不仅要严格按照政策规定开具发票，还要严格按照政策规定取得发票，这就需要企业全面了解发票管理的政策规定。本章主要分析代开发票、自行开具发票、发票违规处罚等问题。

## 8.1　委托税务机关开具增值税发票

委托税务机关开具增值税发票的主要是小规模纳税人、自然人等，可以在涉及需要开具发票的业务时提出申请。在国、地税机构合并之前，为方便纳税人代开发票，国、地税机构之间采取业务委托形式以及设置国、地税合作的办税服务厅办理代开发票业务，国、地税机构合并之后，业务完全统一，相关业务程序更加简单明了。

### 8.1.1　纳税人申请代开发票需要提供的资料

根据《国家税务总局关于纳税人申请代开增值税发票办理流程的公告》（国家税务总局公告 2016 年第 59 号）第一条的规定，纳税人在税务机关的办税服务厅代开发票，需要提供的资料如下：

（1）提交《代开增值税发票缴纳税款申报单》；

（2）自然人申请代开发票，提交身份证件及复印件。

其他纳税人申请代开发票，提交加载统一社会信用代码的营业执照（或税务登记证或组织机构代码证）、经办人身份证件及复印件。

**【提示】**国地税合并后，纳税人委托税务机关开具增值税发票，流程及所需资料没有变化，区别是不再按机构区分业务。各地都根据具体情况，制定有相应的代开票申请管理流程。

### 8.1.2　纳税人销售取得的不动产和其他个人出租不动产代开增值税发票业务需要提供的资料

根据国家税务总局公告 2016 年第 59 号第三条、《国家税务总局关于加强和规范税务机关代开普通发票工作的通知》(国税函〔2004〕1024号)第二条第(五)项的规定,纳税人销售取得的不动产和其他个人出租不动产代开增值税发票业务所需资料如下:

(1)申请代开发票人的合法身份证件;

(2)付款方(或接受劳务服务方)对所购物品品名(或劳务服务项目)、单价、金额等出具的书面确认证明。

**【提示】**在实务中,很多个人出租不动产代开增值税发票业务,是由承租方代为办理的,这里要注意的是,承租方只是代为办理,纳税人还是出租房屋的个人,其缴纳的各项税收不得在承租方列支。

### 8.1.3 个人出租不动产可以向税务机关申请代开增值税专用发票的前提条件

根据《国家税务总局关于营业税改征增值税委托地税局代征税款和代开增值税发票的通知》(税总函〔2016〕145号)第二条第(四)项的规定,其他个人出租不动产,承租方不属于其他个人的,纳税人缴纳增值税后可以向税务机关申请代开增值税专用发票。

根据上述政策规定,个人出租不动产,只有承租方不属于其他个人或不属于法律规定不得取得增值税专用发票的情况下,才可以向税务机关申请代开增值税专用发票。因此,企业租用个人房屋,可以取得个人向税务机关申请代开的增值税专用发票。尤其是建筑业项目部租用个人房屋作为项目办公场所的,应该取得房东个人向税务机关申请代开的增值税专用发票。

## 8.2 纳税人自开增值税发票

纳税人自开增值税发票主要是指纳税人通过增值税发票管理新系统开具增值税专用发票等业务。

## 8.2.1 建筑业纳税人开票选择的商品编码

根据《国家税务总局关于增值税发票管理若干事项的公告》(国家税务总局公告 2017 年第 45 号)第一条的规定,“自 2018 年 1 月 1 日起,纳税人通过增值税发票管理新系统开具增值税发票(包括:增值税专用发票、增值税普通发票、增值税电子普通发票)时,商品和服务税收分类编码对应的简称会自动显示并打印在发票票面‘货物或应税劳务、服务名称’或‘项目’栏次中。包含简称的《商品和服务税收分类编码表》”。

根据上述政策规定,自 2018 年 1 月 1 日起,纳税人通过增值税发票管理新系统开具增值税发票,商品和服务税收分类编码对应的简称会打印在发票票面“货物或应税劳务、服务名称”或“项目”栏次中,包含简称的《商品和服务税收分类编码表》。也就是说,税务机关可以通过系统监控纳税发票的开具,同时接受发票的企业必须审核发票是否有编码,没有编码的发票属于“废票”,不得入账。

建筑业企业不管是一般纳税人还是小规模纳税人,对外提供建筑服务时自行开具增值税(专用)发票,选择的商品编码是:3050000000000000000 建筑服务(3050100000000000000 工程服务;3050200000000000000 安装服务;3050300000000000000 修缮服务;3050400000000000000 装饰服务;3059900000000000000 其他建筑服务)。

## 8.2.2 纳税人通过增值税发票管理新系统开具增值税发票未按规定选择正确编码的处理

对于违反选择编码规定的,《中华人民共和国发票管理办法》(以下简称《发票管理办法》)第二十二条第一款规定:“开具发票应当按照规定的时限、顺序、栏目,全部联次一次性如实开具,并加盖发票专用章”。《增值税专用发票使用规定》(国税发〔2006〕156 号)第十一条规定,专用发票的开具,必须“项目齐全,与实际交易相符”。

根据上述政策规定,纳税人开具的发票没有编码的,属于栏目或项目不全。根据《发票管理办法》第三十五条第一款的规定,纳税人“未按照规定的时限、顺序、栏目,全部联次一次性开具发票,或者未加盖发票专用章的”,由税务机关责令改正，可以处 1 万元以下的罚款；有违法所得的予以没收。

《发票管理办法》第二十二条规定："任何单位和个人不得有下列虚开发票行为：

（一）为他人、为自己开具与实际经营业务情况不符的发票；

（二）让他人为自己开具与实际经营业务情况不符的发票；

（三）介绍他人开具与实际经营业务情况不符的发票"。

根据上述政策规定，对于纳税人在开具发票时，未选择正确的商品和服务税收分类编码的行为，属于开具与实际经营业务情况不符的发票，根据政策规定属于虚开发票行为。

《发票管理办法》第三十七条第一款规定："违反本办法第二十二条第二款的规定虚开发票的，由税务机关没收违法所得；虚开金额在 1 万元以下的，可以并处 5 万元以下的罚款；虚开金额超过 1 万元的，并处 5 万元以上 50 万元以下的罚款；构成犯罪的，依法追究刑事责任。"

## 8.2.3 建筑企业开具增值税（专用）发票的要点

《国家税务总局关于全面推开营业税改征增值税试点有关税收征收管理事项的公告》（国家税务总局公告 2016 年第 23 号）规定，提供建筑服务，纳税人自行开具或者税务机关代开增值税发票时，应在发票的备注栏注明建筑服务发生地县（市、区）名称及项目名称。

《国家税务总局关于营改增后土地增值税若干征管规定的公告》（国家税务总局公告 2016 年第 70 号）规定，"营改增后，土地增值税纳税人接受建筑安装服务取得的增值税发票，应按照《国家税务总局关于全面推开营业税改征增值税试点有关税收征收管理事项的公告》（国家税务总局公告 2016 年第 23 号）规定，在发票的备注栏注明建筑服务发生地县（市、区）名称及项目名称，否则不得计入土地增值税扣除项目金额"。

## 8.2.4 建筑企业授权第三方施工企业开票的处理

按照增值税管理有关规定，业务、资金和发票必须"三流一致"。《国家税务总局关于进一步明确营改增有关征管问题的公告》（国家税务总局公告 2017 年第 11 号）规定，建筑企业与发包方签订建筑合同后，以内部授权或者三方协议等方式，授权集团内其他纳税人（以下称“第三方”）为发包方提供建筑服务，并由第三方直接与发包方结算工程款的，由第三方缴纳增值税并向发包方开具增值税发票，与发包方签订建筑合同的建筑企业不缴纳增值税。发包方可凭实际提供建筑服务的纳税人开具的增值税专用发票抵扣进项税额。

### 8.2.5　可以自行开具增值税专用发票的小规模纳税人（行业）

《国家税务总局关于扩大小规模纳税人自行开具增值税专用发票试点范围等事项的公告》（国家税务总局公告 2019 年第 8 号）第一条规定，自 2019 年 3 月 1 日起，“将小规模纳税人自行开具增值税专用发票试点范围由住宿业，鉴证咨询业，建筑业，工业，信息传输、软件和信息技术服务业，扩大至租赁和商务服务业，科学研究和技术服务业，居民服务、修理和其他服务业”。

《国家税务总局关于实施第二批便民办税缴费新举措的通知》（税总函〔2019〕243 号）第一条规定：“全面推行小规模纳税人自行开具增值税专用发票。税务总局进一步扩大小规模纳税人自行开具增值税专用发票范围，小规模纳税人（其他个人除外）发生增值税应税行为、需要开具增值税专用发票的，可以自愿使用增值税发票管理系统自行开具。”

为了进一步便利小微企业开具增值税专用发票，试点行业的所有小规模纳税人均可以自愿使用增值税发票管理系统自行开具增值税专用发票，不受月销售额标准的限制。也就是说，月销售额未超过 10 万元（含本数，以一个季度为一个纳税期的，季度销售额未超过 30 万元）的试点行业小规模纳税人，发生增值税应税行为，需要开具增值税专用发票的，可以选择使用增值税发票管理系统自行开具。

### 8.2.6　二手车销售统一发票的开具规定

国家税务总局公告 2017 年第 45 号第三条规定，“自 2018 年 4 月 1 日起，二手车交易市场、二手车经销企业、经纪机构和拍卖企业应当通过增值税发票管理新系统开具二手车销售统一发票。

二手车销售统一发票‘车价合计’栏次仅注明车辆价款。二手车交易市场、二手车经销企业、经纪机构和拍卖企业在办理过户手续过程中收取的其他费用，应当单独开具增值税发票。

通过增值税发票管理新系统开具的二手车销售统一发票与现行二手车销售统一发票票样保持一致。发票代码编码规则调整为：第1位为0，第2—5位代表省、自治区、直辖市和计划单列市，第6—7位代表年度，第8—10位代表批次，第11—12位为17。发票号码为8位，按年度、分批次编制。

单位和个人可以登录全国增值税发票查验平台（https://inv-veri.chinatax.gov.cn），对增值税发票管理新系统开具的二手车销售统一发票信息进行查验”。

根据上述政策规定，二手车交易市场、二手车经销企业、经纪机构和拍卖企业应当通过增值税发票管理新系统开具二手车销售统一发票，因此，接受发票的企业要严格审核查验发票信息。

自2020年5月1日至2023年12月31日期间，从事二手车经销业务的纳税人销售其收购的二手车，根据《国家税务总局关于明确二手车经销等若干增值税征管问题的公告》（国家税务总局公告2020年第9号）第一条的规定，按以下规定执行：

“1. 纳税人减按0.5%征收率征收增值税，并按下列公式计算销售额：

销售额＝含税销售额/(1＋0.5%)

本公告发布后出台新的增值税征收率变动政策，比照上述公式原理计算销售额。

2. 纳税人应当开具二手车销售统一发票。购买方索取增值税专用发票的，应当再开具征收率为0.5%的增值税专用发票。”

### 8.2.7 保险机构代收车船税增值税发票的开具

《国家税务总局关于保险机构代收车船税开具增值税发票问题的公告》（国家税务总局公告2016年第51号）规定，“保险机构作为车船税扣缴义务人，在代收车船税并开具增值税发票时，应在增值税发票备注栏中注明代收车船税税款信息。具体包括：保险单号、税款所属期（详细至月）、代收车船税金额、滞纳金金额、金额合计等。该增值税发票可作为纳税人缴纳车船税及滞纳金的会计核算原始凭证”。

根据上述政策规定，接受发票的企业，要严格审核发票信息，特别是发票备注栏中注明代收车船税税款信息，信息不全的不能作为会计核算原始凭证。

## 8.3　发票开具中的各项相关业务

本节主要介绍一些特殊的发票开具事项，这些发票开具事项在日常业务中经常会遇到，如果处理不当则会产生一定的风险。

### 8.3.1　开具（或取得）符合规定的增值税普通发票要点

开具（或取得）符合规定的增值税普通发票主要有以下三个要点：

一是票面信息。《国家税务总局关于增值税发票开具有关问题的公告》（国家税务总局公告 2017 年第 16 号）第一条规定，“自 2017 年 7 月 1 日起，购买方为企业的，索取增值税普通发票时，应向销售方提供纳税人识别号或统一社会信用代码；销售方为其开具增值税普通发票时，应在‘购买方纳税人识别号’栏填写购买方的纳税人识别号或统一社会信用代码。不符合规定的发票，不得作为税收凭证”。

二是实际业务。国家税务总局公告 2017 年第 16 号第二条规定，“销售方开具增值税发票时，发票内容应按照实际销售情况如实开具，不得根据购买方要求填开与实际交易不符的内容。销售方开具发票时，通过销售平台系统与增值税发票税控系统后台对接，导入相关信息开票的，系统导入的开票数据内容应与实际交易相符，如不相符应及时修改完善销售平台系统”。

根据上述政策规定，开具增值税普通发票时，购买方的纳税人识别号或统一社会信用代码也要作为票据信息在票面反映，并接受税务机关的监控。不符合规定的发票不得作为税收凭证。

三是购买方取得发票时，企业名称应与其统一社会信用代码吻合。实务中，经常发生不吻合的情况，如购买方名称标注为分公司，社会信用代码用的却是总公司代码；购买方名称标注为总公司，社会信用代码用的却是分公司代码，这种不吻合情况在建筑行业设有总分机构的较大企业中比较多见。

## 8.3.2 建筑企业购买工程材料时发票编码的注意事项

《国家税务总局关于修订〈增值税专用发票使用规定〉的通知》（国税发〔2006〕156号）规定：一般纳税人销售货物或者提供应税劳务可汇总开具专用发票。汇总开具专用发票的，同时使用防伪税控系统开具《销售货物或者提供应税劳务清单》，并加盖财务专用章或者发票专用章。基于此规定，没有供应商开具的销售清单，诸如“材料一批”、汇总运输发票、办公用品和劳动保护用品等的发票，不可以抵扣增值税。因此，建筑企业在采购建筑材料、设备、办公用品、劳保用品和运输劳务时，如果供应商开具增值税专用发票，在增值税专用发票的摘要里填写“材料一批”、“设备一批”、“办公用品”、“劳保用品”和“汇总运输”时，必须在合同的发票条款中约定：供应商和运输方必须提供其防伪税控系统开具的《销售货物或者提供应税劳务清单》，并加盖发票专用章。

## 8.3.3 增值税一般纳税人开具红字增值税发票的处理

在实务中，增值税一般纳税人开具增值税专用发票（以下简称“专用发票”）后，发生销货退回、开票有误、应税服务中止等情形但不符合发票作废条件，或者因销货部分退回及发生销售折让，需要开具红字专用发票的，按以下方法处理：

首先是增值税发票管理新系统数据录入。根据《国家税务总局关于红字增值税发票开具有关问题的公告》（国家税务总局公告2016年第47号）第一条第（一）项的规定，购买方取得专用发票已用于申报抵扣的，购买方可在增值税发票管理新系统（以下简称“新系统”）中填开并上传《开具红字增值税专用发票信息表》（以下简称《信息表》），在填开《信息表》时不填写相对应的蓝字专用发票信息，应暂依《信息表》所列增值税税额从当期进项税额中转出，待取得销售方开具的红字专用发票后，与《信息表》一并作为记账凭证。

购买方取得专用发票未用于申报抵扣、但发票联或抵扣联无法退回的，购买方填开《信息表》时应填写相对应的蓝字专用发票信息。

销售方开具专用发票尚未交付购买方，以及购买方未用于申报抵扣并将发票联及抵扣联退回的，销售方可在新系统中填开并上传《信息表》。销售方填开《信息表》时应填写相对应的蓝字专用发票信息。

其次是主管税务机关对录入信息的处理。根据国家税务总局公告 2016 年第 47 号第一条第（二）项的规定，主管税务机关通过网络接收纳税人上传的《信息表》，系统自动校验通过后，生成带有“红字发票信息表编号”的《信息表》，并将信息同步至纳税人端系统中。

再次是销售方开具红字发票。根据国家税务总局公告 2016 年第 47 号第一条第（三）项的规定，“销售方凭税务机关系统校验通过的《信息表》开具红字专用发票，在新系统中以销项负数开具。红字专用发票应与《信息表》一一对应”。

最后是信息校验。对相关信息及数据有疑问的，根据国家税务总局公告 2016 年第 47 号第一条第（四）项的规定，纳税人也可凭《信息表》电子信息或纸质资料到税务机关对《信息表》内容进行系统校验。

### 8.3.4　税务机关代开红字专用发票的处理

国家税务总局公告 2016 年第 47 号第二条规定，“税务机关为小规模纳税人代开专用发票，需要开具红字专用发票的，按照一般纳税人开具红字专用发票的方法处理”。

### 8.3.5　纳税人开具红字增值税普通发票的处理

国家税务总局公告 2016 年第 47 号第三条规定，“纳税人需要开具红字增值税普通发票的，可以在所对应的蓝字发票金额范围内开具多份红字发票。红字机动车销售统一发票需与原蓝字机动车销售统一发票一一对应”。

### 8.3.6　走逃（失联）企业存续经营期间开具异常增值税扣税凭证的情形

#### 1. 走逃（失联）企业的判断

根据《国家税务总局关于走逃（失联）企业开具增值税专用发票认定处理有关问题的公告》（国家税务总局公告 2016 年第 76 号）第一条的规定，“走逃（失联）

企业，是指不履行税收义务并脱离税务机关监管的企业。

根据税务登记管理有关规定，税务机关通过实地调查、电话查询、涉税事项办理核查以及其他征管手段，仍对企业和企业相关人员查无下落的，或虽然可以联系到企业代理记账、报税人员等，但其并不知情也不能联系到企业实际控制人的，可以判定该企业为走逃（失联）企业”。

**2. 异常凭证的判断**

根据国家税务总局公告2016年第76号第二条第（一）项的规定，走逃（失联）企业存续经营期间发生下列情形之一的，所对应属期开具的增值税专用发票列入异常增值税扣税凭证（以下简称“异常凭证”）范围。

（1）商贸企业购进、销售货物名称严重背离的；生产企业无实际生产加工能力且无委托加工，或生产能耗与销售情况严重不符，或购进货物并不能直接生产其销售的货物且无委托加工的。

（2）直接走逃失踪不纳税申报，或虽然申报但通过填列增值税纳税申报表相关栏次，规避税务机关审核比对，进行虚假申报的。

在日常税收征管中判定走逃（失联）企业时，各地基层税务机关都制定有严格的流程及纸质文书，流程中的这些纸质文书需要妥善保存，作为认定的法律文书。

**【提示】**异常凭证范围见《国家税务总局关于异常增值税扣税凭证管理等有关事项的公告》（国家税务总局公告2019年第38号）第一条规定。

## 8.3.7 增值税一般纳税人取得异常凭证的处理

在日常税收征管中，对发现的一般纳税人取得异常凭证情况的，要及时处理，具体如下：

**1. 异常凭证范围**

《国家税务总局关于异常增值税扣税凭证管理等有关事项的公告》（国家税务总局公告2019年第38号）第一条规定：“符合下列情形之一的增值税专用发票，列入异常凭证范围：

（一）纳税人丢失、被盗税控专用设备中未开具或已开具未上传的增值税专用发票；

（二）非正常户纳税人未向税务机关申报或未按规定缴纳税款的增值税专用发票；

（三）增值税发票管理系统稽核比对发现‘比对不符’‘缺联’‘作废’的增值税专用发票；

（四）经税务总局、省税务局大数据分析发现，纳税人开具的增值税专用发票存在涉嫌虚开、未按规定缴纳消费税等情形的。”

**2. 增值税一般纳税人取得的增值税专用发票列入异常凭证范围的处理**

《国家税务总局关于异常增值税扣税凭证管理等有关事项的公告》（国家税务总局公告 2019 年第 38 号）第三条规定：“增值税一般纳税人取得的增值税专用发票列入异常凭证范围的，应按照以下规定处理：

（一）尚未申报抵扣增值税进项税额的，暂不允许抵扣。已经申报抵扣增值税进项税额的，除另有规定外，一律作进项税额转出处理。

（二）尚未申报出口退税或者已申报但尚未办理出口退税的，除另有规定外，暂不允许办理出口退税。适用增值税免抵退税办法的纳税人已经办理出口退税的，应根据列入异常凭证范围的增值税专用发票上注明的增值税额作进项税额转出处理；适用增值税免退税办法的纳税人已经办理出口退税的，税务机关应按照现行规定对列入异常凭证范围的增值税专用发票对应的已退税款追回。

纳税人因骗取出口退税停止出口退（免）税期间取得的增值税专用发票列入异常凭证范围的，按照本条第（一）项规定执行。

（三）消费税纳税人以外购或委托加工收回的已税消费品为原料连续生产应税消费品，尚未申报扣除原料已纳消费税税款的，暂不允许抵扣；已经申报抵扣的，冲减当期允许抵扣的消费税税款，当期不足冲减的应当补缴税款。

（四）纳税信用 A 级纳税人取得异常凭证且已经申报抵扣增值税、办理出口退税或抵扣消费税的，可以自接到税务机关通知之日起 10 个工作日内，向主管税务机关提出核实申请。经税务机关核实，符合现行增值税进项税额抵扣、出口退税或消费税抵扣相关规定的，可不作进项税额转出、追回已退税款、冲减当期允许抵扣的消费税税款等处理。纳税人逾期未提出核实申请的，应于期满后按照本条第（一）

项、第（二）项、第（三）项规定作相关处理。

（五）纳税人对税务机关认定的异常凭证存有异议，可以向主管税务机关提出核实申请。经税务机关核实，符合现行增值税进项税额抵扣或出口退税相关规定的，纳税人可继续申报抵扣或者重新申报出口退税；符合消费税抵扣规定且已缴纳消费税税款的，纳税人可继续申报抵扣消费税税款。”

该公告第四条规定：“经税务总局、省税务局大数据分析发现存在涉税风险的纳税人，不得离线开具发票，其开票人员在使用开票软件时，应当按照税务机关指定的方式进行人员身份信息实名验证。”

### 8.3.8 被盗、丢失增值税专用发票的处理

《国家税务总局关于被盗、丢失增值税专用发票有关问题的公告》（国家税务总局公告2016年第50号）规定：“为方便纳税人，税务总局决定取消纳税人的增值税专用发票发生被盗、丢失时必须统一在《中国税务报》上刊登‘遗失声明’的规定。

本公告自发布之日起施行。《国家税务总局关于被盗、丢失增值税专用发票的处理意见的通知》（国税函〔1995〕292号）同时废止。”

《中华人民共和国发票管理办法实施细则》第三十一条规定：“使用发票的单位和个人应当妥善保管发票。发生发票丢失情形时，应当于发现丢失当日书面报告税务机关，并登报声明作废。”

根据上述规定，被盗、丢失增值税专用发票虽然不需要统一在《中国税务报》上刊登“遗失声明”，但仍需要登报发表“遗失声明”。

2019年7月24日，《国家税务总局关于公布取消一批税务证明事项以及废止和修改部分规章规范性文件的决定》（国家税务总局令第48号）规定，“删去《中华人民共和国发票管理办法实施细则》（国家税务总局令第25号公布，国家税务总局令第37号、第44号修改）第三十一条中的‘并登报声明作废’”；“将《税收票证管理办法》（国家税务总局令第28号公布）第四十六条修改为：‘纳税人遗失已完税税收票证需要税务机关另行提供的，如税款经核实确已缴纳入库或从国库退还，税务机关应当开具税收完税证明或提供原完税税收票证复印件’”。

国家税务总局令第48号公布后，纳税人遗失发票的，不再要求必须登报声明作废，可根据具体情况向税务机关申请“开具税收完税证明或提供原完税税收票证复

印件”。

## 8.3.9　企业销售或购买单用途卡增值税发票开具处理

《国家税务总局关于营改增试点若干征管问题的公告》（国家税务总局公告 2016 年第 53 号）第三条规定：“单用途商业预付卡（以下简称‘单用途卡’）业务按照以下规定执行：

（一）单用途卡发卡企业或者售卡企业（以下统称‘售卡方’）销售单用途卡，或者接受单用途卡持卡人充值取得的预收资金，不缴纳增值税。售卡方可按照本公告第九条的规定，向购卡人、充值人开具增值税普通发票，不得开具增值税专用发票。

单用途卡，是指发卡企业按照国家有关规定发行的，仅限于在本企业、本企业所属集团或者同一品牌特许经营体系内兑付货物或者服务的预付凭证。

发卡企业，是指按照国家有关规定发行单用途卡的企业。售卡企业，是指集团发卡企业或者品牌发卡企业指定的，承担单用途卡销售、充值、挂失、换卡、退卡等相关业务的本集团或同一品牌特许经营体系内的企业。

（二）售卡方因发行或者销售单用途卡并办理相关资金收付结算业务取得的手续费、结算费、服务费、管理费等收入，应按照现行规定缴纳增值税。

（三）持卡人使用单用途卡购买货物或服务时，货物或者服务的销售方应按照现行规定缴纳增值税，且不得向持卡人开具增值税发票。

（四）销售方与售卡方不是同一个纳税人的，销售方在收到售卡方结算的销售款时，应向售卡方开具增值税普通发票，并在备注栏注明‘收到预付卡结算款’，不得开具增值税专用发票。

售卡方从销售方取得的增值税普通发票，作为其销售单用途卡或接受单用途卡充值取得预收资金不缴纳增值税的凭证，留存备查。”

根据上述政策规定，企业购买单用途卡可以取得增值税普通发票，但无法取得增值税专用发票，因此没有进项税额抵扣。

## 8.3.10　企业销售或购买多用途卡开具或接受增值税发票的处理

《国家税务总局关于营改增试点若干征管问题的公告》（国家税务总局公告 2016

年第 53 号）第四条规定："支付机构预付卡（以下称'多用途卡'）业务按照以下规定执行：

（一）支付机构销售多用途卡取得的等值人民币资金，或者接受多用途卡持卡人充值取得的充值资金，不缴纳增值税。支付机构可按照本公告第九条的规定，向购卡人、充值人开具增值税普通发票，不得开具增值税专用发票。

支付机构，是指取得中国人民银行核发的《支付业务许可证》，获准办理'预付卡发行与受理'业务的发卡机构和获准办理'预付卡受理'业务的受理机构。

多用途卡，是指发卡机构以特定载体和形式发行的，可在发卡机构之外购买货物或服务的预付价值。

（二）支付机构因发行或者受理多用途卡并办理相关资金收付结算业务取得的手续费、结算费、服务费、管理费等收入，应按照现行规定缴纳增值税。

（三）持卡人使用多用途卡，向与支付机构签署合作协议的特约商户购买货物或服务，特约商户应按照现行规定缴纳增值税，且不得向持卡人开具增值税发票。

（四）特约商户收到支付机构结算的销售款时，应向支付机构开具增值税普通发票，并在备注栏注明'收到预付卡结算款'，不得开具增值税专用发票。

支付机构从特约商户取得的增值税普通发票，作为其销售多用途卡或接受多用途卡充值取得预收资金不缴纳增值税的凭证，留存备查。"

根据上述政策规定，企业购买多用途卡可以取得增值税普通发票，但无法取得增值税专用发票，因此没有进项税额。

## 8.3.11 企业提供劳务派遣服务选择差额纳税的增值税发票开具处理

根据《财政部 国家税务总局关于进一步明确全面推开营改增试点有关劳务派遣服务、收费公路通行费抵扣等政策的通知》（财税〔2016〕47 号）第一条的规定，不论是一般纳税人提供劳务派遣服务，还是小规模纳税人提供劳务派遣服务，凡是选择差额纳税的纳税人，向用工单位收取用于支付给劳务派遣员工工资、福利和为其办理社会保险及住房公积金的费用，不得开具增值税专用发票，可以开具普通发票。

劳务派遣服务，是指劳务派遣公司为了满足用工单位对于各类灵活用工的需求，将员工派遣至用工单位，接受用工单位管理并为其工作的服务。

根据上述政策规定，接受用工的企业支付给选择差额纳税的劳务派遣公司用于支付劳务派遣员工工资、福利和为其办理社会保险及住房公积金的费用，可以取得增值税普通发票。

### 8.3.12　纳税人提供人力资源外包服务的增值税发票开具处理

根据财税〔2016〕47 号文件第三条第（一）项的规定，纳税人提供人力资源外包服务，按照经纪代理服务缴纳增值税，其销售额不包括受客户单位委托代为向客户单位员工发放的工资和代理缴纳的社会保险、住房公积金。向委托方收取并代为发放的工资和代理缴纳的社会保险、住房公积金，不得开具增值税专用发票，可以开具普通发票。

一般纳税人提供人力资源外包服务，可以选择适用简易计税方法，按照 5%的征收率计算缴纳增值税。

### 8.3.13　建筑企业提供劳务分包服务的增值税发票开具处理

建筑劳务分包作业，是指施工承包单位或者专业分包单位（均可作为劳务作业的发包人）将其承揽工程中的劳务作业发包给劳务分包单位（即劳务作业承包人）完成的活动。

《营业税改征增值税试点有关事项的规定》（财税〔2016〕36 号文件附件 2）第一条第（七）项第 1 款规定："一般纳税人以清包工方式提供的建筑服务，可以选择适用简易计税方法计税。"

根据上述政策规定，提供劳务分包服务的纳税人可以按照简易计税 3%的征收率或者一般纳税 9%的税率开具增值税（专用）发票。

### 8.3.14　建筑企业出租施工设备时配备操作人员的增值税发票开具处理

《财政部 国家税务总局关于明确金融 房地产开发 教育辅助服务等增值税政策的通知》（财税〔2016〕140 号）规定，纳税人将建筑施工设备出租给他人使用并配备操作人员的，按照“建筑服务”缴纳增值税。基于上述规定，应该按照“建筑服务”开具发票而不是按照“租赁服务”开具发票。

## 8.4 违反发票开具规定的相关处罚

违反发票规定的相关处罚，主要是指依据税收征管法、发票管理办法等对违法发票规定的各项业务进行处理，以及对当事企业、当事人进行处罚。

### 8.4.1 利用他人虚开发票偷税的处理

根据《国家税务总局关于纳税人取得虚开的增值税专用发票处理问题的通知》（国税发〔1997〕134 号）第一条的规定，受票方利用他人虚开的专用发票，向税务机关申报抵扣税款进行偷税的，应当依照《税收征收管理法》及有关规定追缴税款，处以偷税数额 50%以上 5 倍以下的罚款；进项税金大于销项税金的，还应当调减其留抵的进项税额。利用虚开的专用发票进行骗取出口退税的，应当依法追缴税款，处以骗税数额 1 倍以上 5 倍以下的罚款。

### 8.4.2 从第三方等取得发票偷税的处理

根据国税发〔1997〕134 号文件第二条的规定，在货物交易中，购货方从销售方取得第三方开具的专用发票，或者从销货地以外的地区取得专用发票，向税务机关申报抵扣税款或者申请出口退税的，应当按偷税、骗取出口退税处理，依照《税收征收管理法》及有关规定追缴税款，处以不缴或者少缴的税款 50%以上 5 倍以下的罚款，或处骗取税款 1 倍以上 5 倍以下的罚款。

### 8.4.3 利用他人虚开或从第三方等取得发票未申报抵扣税款的处理

根据国税发〔1997〕134 号文件第三条的规定，纳税人以该通知第一条、第二条所列的方式取得专用发票未申报抵扣税款，或者未申请出口退税的，应当依照

《中华人民共和国发票管理办法》有关规定处理。

《发票管理办法》第三十七条规定："违反本办法第二十二条第二款的规定虚开发票的，由税务机关没收违法所得；虚开金额在 1 万元以下的，可以并处 5 万元以下的罚款；虚开金额超过 1 万元的，并处 5 万元以上 50 万元以下的罚款；构成犯罪的，依法追究刑事责任。"

## 8.4.4　利用虚开的专用发票进行偷税等构成犯罪的处理

根据国税发〔1997〕134 号文件第四条的规定，"利用虚开的专用发票进行偷税、骗税，构成犯罪的，税务机关依法进行追缴税款等行政处理，并移送司法机关追究刑事责任"。

## 8.4.5　增值税发票票面信息不符的处理

根据《国家税务总局关于〈国家税务总局关于纳税人取得虚开的增值税专用发票处理问题的通知〉的补充通知》（国税发〔2000〕182 号）第一条的规定，对购货方取得的增值税专用发票所注明的销售方名称、印章与其进行实际交易的销售方不符的，即国税发〔1997〕134 号文件第二条规定的"购货方从销售方取得第三方开具的专用发票"的情况，无论购货方（受票方）与销售方是否进行了实际的交易，增值税专用发票所注明的数量、金额与实际交易是否相符，购货方向税务机关申请抵扣进项税款或者出口退税的，对其均应按偷税或者骗取出口退税处理。

## 8.4.6　纳税人从销货地以外的地区取得专用发票的处理

根据国税发〔2000〕182 号文件第二条的规定，对购货方取得的增值税专用发票为销售方所在省（自治区、直辖市和计划单列市）以外地区的，即国税发〔1997〕134 号文件第二条规定的"从销货地以外的地区取得专用发票"的情况，无论购货方（受票方）与销售方是否进行了实际的交易，增值税专用发票所注明的数量、金额与实际交易是否相符，购货方向税务机关申请抵扣进项税款或者出口退税的，对其均应按偷税或者骗取出口退税处理。

### 8.4.7 购货方明知发票有问题仍接受并使用的处理

根据国税发〔2000〕182号文件第三条的规定，对其他有证据表明购货方明知取得的增值税专用发票系销售方以非法手段获得的，即国税发〔1997〕134号文件第一条规定的“受票方利用他人虚开的专用发票，向税务机关申报抵扣税款进行偷税”的情况，无论购货方（受票方）与销售方是否进行了实际的交易，增值税专用发票所注明的数量、金额与实际交易是否相符，购货方向税务机关申请抵扣进项税款或者出口退税的，对其均应按偷税或者骗取出口退税处理。

### 8.4.8 购货方与销售方存在真实交易的处理

根据《国家税务总局关于纳税人善意取得虚开的增值税专用发票处理问题的通知》（国税发〔2000〕187号）的规定，在购货方（受票方）不知道取得的增值税专用发票是销售方虚开（即纳税人善意取得虚开的增值税专用发票）的情况下，对购货方的处理为：购货方与销售方存在真实的交易，销售方使用的是其所在省（自治区、直辖市和计划单列市）的专用发票，专用发票注明的销售方名称、印章、货物数量、金额及税额等全部内容与实际相符，且没有证据表明购货方知道销售方提供的专用发票是以非法手段获得的，对购货方不以偷税或者骗取出口退税论处。但应按有关规定不予抵扣进项税款或者不予出口退税；购货方已经抵扣的进项税款或者取得的出口退税，应依法追缴。

**【提示】**《国家税务总局关于纳税人对外开具增值税专用发票有关问题的公告》（国家税务总局公告2014年第39号）规定：“纳税人通过虚增增值税进项税额偷逃税款，但对外开具增值税专用发票同时符合以下情形的，不属于对外虚开增值税专用发票：

一、纳税人向受票方纳税人销售了货物，或者提供了增值税应税劳务、应税服务；

二、纳税人向受票方纳税人收取了所销售货物、所提供应税劳务或者应税服务的款项，或者取得了索取销售款项的凭据；

三、纳税人按规定向受票方纳税人开具的增值税专用发票相关内容，与所销售货物、所提供应税劳务或者应税服务相符，且该增值税专用发票是纳税人合法取得、并以自己名义开具的。受票方纳税人取得的符合上述情形的增值税专用发票，可以作为增值税扣税凭证抵扣进项税额。”

### 8.4.9　能够重新从销售方取得合法有效票据的处理

根据国税发〔2000〕187 号文件的规定，在购货方（受票方）不知道取得的增值税专用发票是销售方虚开（即纳税人善意取得虚开的增值税专用发票）的情况下，对购货方的处理为：购货方能够重新从销售方取得防伪税控系统开出的合法、有效专用发票的，或者取得手工开出的合法、有效专用发票且取得了销售方所在地税务机关已经或者正在依法对销售方虚开专用发票行为进行查处证明的，购货方所在地税务机关应依法准予抵扣进项税款或者出口退税。

### 8.4.10　进项税款得到抵扣前知道发票是销售方以非法手段获得的处理

根据国税发〔2000〕187 号文件的规定，在购货方（受票方）不知道取得的增值税专用发票是销售方虚开（即纳税人善意取得虚开的增值税专用发票）的情况下，对购货方的处理为：如有证据表明购货方在进项税款得到抵扣、或者获得出口退税前知道该专用发票是销售方以非法手段获得的，对购货方应按国税发〔1997〕134 号和国税发〔2000〕182 号文件的规定处理。

### 8.4.11　非法票据作为财务报销凭证及在企业所得税税前扣除的处理

发票是在购销商品、提供或者接受服务以及从事其他经营活动中，开具、收取的收付款凭证。根据《发票管理办法》第二十一条的规定，不符合规定的发票不得作为财务报销凭证，任何单位和个人有权拒收。

《企业所得税税前扣除凭证管理办法》（国家税务总局公告 2018 年第 28 号发布）第十二条规定："企业取得私自印制、伪造、变造、作废、开票方非法取得、虚开、填写不规范等不符合规定的发票，以及取得不符合国家法律、法规等相关规定的其他外部凭证，不得作为税前扣除凭证。"

根据上述政策规定，无论什么情况，不是按规定取得的发票以及填写不规范的发票，均属于非法票据，不得作为财务报销凭证，也就是不能作为企业所得税税前扣除的凭证。

## 8.4.12 取得虚开的增值税发票及其他各项票据，且能够重新从销售方（对方）取得合法、有效发票（票据）的企业所得税处理

根据《发票管理办法》第二十一条及《企业所得税税前扣除凭证管理办法》第十二条等相关规定，税前扣除必须是合法有效且填写正确的发票，因此虚开的增值税发票及其他各项票据，无论是在什么情况下取得的，都不能作为企业所得税税前扣除的凭据，除善意取得虚开的增值税专用发票外，其他行为均要依据法律法规给予严厉处罚。

《企业所得税法》第八条规定："企业实际发生的与取得收入有关的、合理的支出，包括成本、费用、税金、损失和其他支出，准予在计算应纳税所得额时扣除。"

《企业所得税税前扣除凭证管理办法》第十三条规定："企业应当取得而未取得发票、其他外部凭证或者取得不合规发票、不合规其他外部凭证的，若支出真实且已实际发生，应当在当年度汇算清缴期结束前，要求对方补开、换开发票、其他外部凭证。补开、换开后的发票、其他外部凭证符合规定的，可以作为税前扣除凭证。"

根据上述政策规定，对纳税人取得虚开的增值税发票及其他各项票据，有证据表明业务（购货）是真实合法的，且购货方能够重新从销售方取得按规定流程系统开出的合法、有效专用发票的，则可以在企业所得税税前扣除。

**【提示】**纳税人取得虚开的增值税专用发票，除具有善意情节外，其他行为均首先要接受税务机关依据法律法规给予的处罚，其后再根据政策规定按要求取得发票在税前列支。

### 8.4.13　无法重新从销售方（对方）取得合法、有效增值税发票及其他各项票据的企业所得税处理

根据《企业所得税法》第八条及《企业所得税税前扣除凭证管理办法》第十三条等相关规定，对纳税人取得虚开的增值税发票及其他各项票据，有证据表明业务（购货）是真实合法的，且购货方能够重新从销售方（对方）取得按规定流程系统开出的合法、有效增值税发票及其他各项票据的，则可以在企业所得税税前扣除。

对于因种种原因已经无法取得发票的，《企业所得税税前扣除凭证管理办法》第十四条规定："企业在补开、换开发票、其他外部凭证过程中，因对方注销、撤销、依法被吊销营业执照、被税务机关认定为非正常户等特殊原因无法补开、换开发票、其他外部凭证的，可凭以下资料证实支出真实性后，其支出允许税前扣除：

（一）无法补开、换开发票、其他外部凭证原因的证明资料（包括工商注销、机构撤销、列入非正常经营户、破产公告等证明资料）；

（二）相关业务活动的合同或者协议；

（三）采用非现金方式支付的付款凭证；

（四）货物运输的证明资料；

（五）货物入库、出库内部凭证；

（六）企业会计核算记录以及其他资料。

前款第一项至第三项为必备资料"。

根据上述政策规定，对方如果不属于上述特殊状态，而是处于正常营业状态，则必须取得规定的发票。

### 8.4.14　利用（取得）他人（第三方）虚开的发票，且能够重新从销售方取得合法、有效专用发票的企业所得税处理

根据企业所得税相关政策原则，税前扣除必须有合法有效的票据，因此购货方利用（取得）他人虚开的专用发票、从第三方开具、从销货地以外的地区取得的专用发票，都不能作为企业所得税税前扣除的凭据。

根据增值税政策规定，购货方利用（取得）他人虚开的专用发票、从第三方开具、从销货地以外的地区取得专用发票以及在进项税款得到抵扣前知道该专用发票是销售

方以非法手段获得的，这些均具有主观上的故意，要按照相关法律法规给予处罚。

对于企业所得税，根据《企业所得税法》第八条及《企业所得税税前扣除凭证管理办法》第十三条等相关规定，如果购货方能够从真实的销售方取得合法有效票据，且真实的销售方已经进行了税务处理，则其发生的成本可以在企业所得税税前扣除。

**【提示】**除增值税专用发票外，其他各项发票及票据，也要按照上述政策规定处理。

## 8.4.15 利用（取得）他人（第三方）虚开发票，且无法重新从销售方取得合法、有效专用发票的企业所得税处理

根据企业所得税相关政策原则，税前扣除必须有合法有效的票据，因此购货方利用（取得）他人虚开的专用发票、从第三方开具、从销货地以外的地区取得的专用发票，都不能作为企业所得税税前扣除的凭据。

在因上述行为接受税务机关给予的行政处罚后，根据《企业所得税法》第八条及《企业所得税税前扣除凭证管理办法》第十三条的规定，如果可以重新取得发票，可以作为企业所得税税前扣除的凭据，对于由于种种原因已经无法取得发票的，《企业所得税税前扣除凭证管理办法》第十四条规定："企业在补开、换开发票、其他外部凭证过程中，因对方注销、撤销、依法被吊销营业执照、被税务机关认定为非正常户等特殊原因无法补开、换开发票、其他外部凭证的，可凭以下资料证实支出真实性后，其支出允许税前扣除：

（一）无法补开、换开发票、其他外部凭证原因的证明资料（包括工商注销、机构撤销、列入非正常经营户、破产公告等证明资料）；

（二）相关业务活动的合同或者协议；

（三）采用非现金方式支付的付款凭证；

（四）货物运输的证明资料；

（五）货物入库、出库内部凭证；

（六）企业会计核算记录以及其他资料。

前款第一项至第三项为必备资料"。

根据上述政策规定，对方如果不属于上述特殊状态，而是处于正常营业状态，

则必须取得规定的发票。

【提示】除增值税专用发票外，其他各项发票及票据，也要按照上述政策规定处理。

## 8.4.16　相应支出不得在发生年度税前扣除的凭证的情形

《企业所得税税前扣除凭证管理办法》第六条规定："企业应在当年度企业所得税法规定的汇算清缴期结束前取得税前扣除凭证"；第十五条规定："汇算清缴期结束后，税务机关发现企业应当取得而未取得发票、其他外部凭证或者取得不合规发票、不合规其他外部凭证并且告知企业的，企业应当自被告知之日起 60 日内补开、换开符合规定的发票、其他外部凭证。其中，因对方特殊原因无法补开、换开发票、其他外部凭证的，企业应当按照本办法第十四条的规定，自被告知之日起 60 日内提供可以证实其支出真实性的相关资料"；第十六条规定："企业在规定的期限未能补开、换开符合规定的发票、其他外部凭证，并且未能按照本办法第十四条的规定提供相关资料证实其支出真实性的，相应支出不得在发生年度税前扣除"。

根据上述政策规定，如果企业在汇算清缴期结束后，仍然有应当取得而未取得发票、其他外部凭证或者取得不合规发票、不合规其他外部凭证情形的，要按照规定取得发票，否则不论业务是否真实，相应支出不得在发生年度税前扣除。

## 8.4.17　企业以前年度应当取得而未取得发票等在以后年度取得的处理

《企业所得税税前扣除凭证管理办法》第十七条规定："除发生本办法第十五条规定的情形外，企业以前年度应当取得而未取得发票、其他外部凭证，且相应支出在该年度没有税前扣除的，在以后年度取得符合规定的发票、其他外部凭证或者按照本办法第十四条的规定提供可以证实其支出真实性的相关资料，相应支出可以追补至该支出发生年度税前扣除，但追补年限不得超过五年。"

根据上述政策规定，在追补年限内进行处理时，还要按规定调整相应年度企业所得税应纳税所得额。